CHRONIQUE

D'ARTHUR DE RICHEMONT

CONNÉTABLE DE FRANCE, DUC DE BRETAGNE

(1393-1458)

PAR

GUILLAUME GRUEL

PUBLIÉE POUR LA SOCIÉTÉ DE L'HISTOIRE DE FRANCE

PAR

ACHILLE LE VAVASSEUR

A PARIS
LIBRAIRIE RENOUARD
H. LAURENS, SUCCESSEUR
LIBRAIRE DE LA SOCIÉTÉ DE L'HISTOIRE DE FRANCE
RUE DE TOURNON, N° 6
—
M DCCC XC

CHRONIQUE

D'ARTHUR DE RICHEMONT

IMPRIMERIE DAUPELEY-GOUVERNEUR

A NOGENT-LE-ROTROU.

EXTRAIT DU RÈGLEMENT.

Art. 14. — Le Conseil désigne les ouvrages à publier, et choisit les personnes les plus capables d'en préparer et d'en suivre la publication.

Il nomme, pour chaque ouvrage à publier, un Commissaire responsable, chargé d'en surveiller l'exécution.

Le nom de l'éditeur sera placé à la tête de chaque volume.

Aucun volume ne pourra paraître sous le nom de la Société sans l'autorisation du Conseil, et s'il n'est accompagné d'une déclaration du Commissaire responsable, portant que le travail lui a paru mériter d'être publié.

Le Commissaire responsable soussigné déclare que l'édition de la Chronique d'Arthur de Richemont, *préparée par M. Achille* Le Vavasseur, *lui a paru digne d'être publiée par la* Société de l'Histoire de France.

Fait à Paris, le 30 novembre 1890.

Signé : Mis DE BEAUCOURT.

' *Certifié :*

Le Secrétaire de la Société de l'Histoire de France,

A. DE BOISLISLE.

INTRODUCTION

I.

BIOGRAPHIE DE GUILLAUME GRUEL.

§ I.

Famille de Guillaume Gruel (XIVᵉ-XVᵉ siècle).

La *Chronique d'Arthur de Richemont,* par Guillaume Gruel, figure dans toutes les grandes collections de mémoires sur l'histoire de France; mais les éditeurs sont unanimes à reconnaître leur complète ignorance sur la vie de ce biographe, dont le travail, qualifié d'apologie, n'est consulté qu'avec la plus grande défiance. Après avoir insinué timidement qu'il devait être Breton, on affirme peut-être avec quelque témérité qu'il habitait, en 1427, la paroisse de Saint-Étienne à Rennes[1]; un manuscrit de sa chronique lui donne le titre de gentilhomme ordinaire de la maison du connétable de Richemont[2]; enfin, MM. Vallet de Viriville et J. Quicherat prétendent, avec raison, il est vrai, mais sans fournir la preuve de leur assertion, que Raoul Gruel et Guillaume étaient frères[3], tandis que M. Petitot nie l'exis-

---

1. Article de P. Levot dans la *Biographie bretonne,* I, p. 849, reproduit dans la *Nouv. Biographie gén.,* t. XXII, p. 243.
2. Bibl. nat., ms. fr. 18697 ou ms. S, fol. 23 r°.
3. Article de M. Vallet de Viriville sur Raoul Gruel, dans la

tence de textes établissant cette parenté, que M. Cosneau, le dernier historien de Richemont, admet sans la considérer comme absolument certaine[1]. En ajoutant à ces indications isolées quelques détails tirés uniquement de la *Chronique de Richemont,* l'on aura le sommaire complet de ce que l'on sait actuellement sur Guillaume Gruel et sa famille. De patientes recherches nous ont permis, malgré l'extrême rareté des documents, d'arriver à des conclusions plus certaines et d'élargir ce cadre trop restreint.

Le nom de cette famille, originaire de la Bretagne orientale[2], apparaît dans les actes dès le XIVe siècle, et les Gruel, gens de petite noblesse, fournissent alors à l'Église et aux armées ducales plusieurs moines et écuyers, dont nous ne connaissons guère que les noms. En 1320, nous trouvons parmi les moines de Saint-Méen un Raoul Gruel, qualifié de « prieur des plaids[3]. » En 1398, Frère Simon Gruel représente le monastère de Saint-Melaine dans un procès porté devant le Parlement de Bretagne, siégeant à Rennes[4]. Dans le même siècle, un Guillaume Gruel figure dans la montre d'Olivier de Montauban, faite à Dinan, le 16 janvier 1357[5]; il porte le titre d'écuyer : nous sommes donc en présence d'une famille noble. C'est sans doute le même que l'on voit quelques années plus tard, en juin 1363, au service de Maurice Mauvinet[6]. On lit dans le *Dictionnaire* d'Ogée, à l'article Qué-

---

Nouv. Biographie gén., t. XXII; J. Quicherat, *Procès de Jeanne d'Arc,* 1847, IV, p. 315.

1. Collection Petitot, VIII, 405; Cosneau, *le Connétable de Richemont,* 1886, p. 469.
2. Cf. ci-dessous, p. xviij.
3. « Prior placitorum. » *Preuves* de D. Morice, I, 1296. Saint-Méen (sanctus Mevennus ou Mevennius), cant., Ille-et-Vilaine; cf. sur ce monastère : *Gallia christiana,* XIV, 1018 et suiv.
4. *Preuves* de D. Morice, II, 687.
5. *Ibid.,* I, 1504.
6. *Ibid.,* I, 1558.

dillac[1], qu'en 1400, le domaine de la Bodinaye appartenait à un personnage de ce nom. Au mois de mai 1418, un autre Guillaume fait partie des hommes d'armes désignés pour accompagner le duc Jean VI dans son voyage à la Cour de France, et il reçoit douze livres pour ses gages du mois d'avril. En octobre, il lui est fait un nouveau paiement pour le même objet, et il doit toujours suivre le duc lorsque celui-ci ira vers le Roi pour travailler à rétablir la paix[2]. Quand, à la fin de 1424, Richemont, revenu à des sentiments plus patriotiques et désireux de profiter des bonnes dispositions du Roi de France à son égard, se rendit à Angers, où se tenait la Cour, il emmena une nombreuse escorte, dans laquelle on remarque un Raoul Gruel qui fait partie de la maison même du futur connétable, et un Guillaume Gruel placé sous les ordres de Guillaume de Montauban[3]. Avant de poursuivre cette étude, il nous faut identifier ces Guillaume Gruel, ainsi mentionnés à diverses reprises au XIVe et au XVe siècle.

Albert Le Grand, dans ses *Vies des saints de la Bretagne*[4], distingue deux Guillaume Gruel; l'aîné, auteur d'une chronique de Jean le Conquérant, ouvrage qui nous est inconnu, et le jeune « chroniqueur des ducs François Ier, Pierre II, Artus III et François II; » pour l'histoire de la bienheureuse Françoise d'Amboise, il a emprunté à ce dernier plusieurs mentions contenues « ès chapitres 57, 59 du livre I; 42, 45, 46, 47 et 48 du livre III; 10, 16, 17, 18 et 21 du livre IV[5]. » Ce renvoi se réfère, croyons-nous, à un manuscrit perdu de la *Chronique de Richemont*, qui ne

---

1. *Dict. historique et géographique de la Bretagne*, 1853, II, 386. Quédillac, Ille-et-Vilaine, arr. de Montfort, cant. de Saint-Méen.
2. *Preuves* de D. Morice, II, 967-969.
3. *Ibid.*, II, 1147, acte du 6 octobre 1424.
4. Cf. *Vie du bienheureux Charles de Blois* dans l'édit. de 1637, p. 348, et dans l'édit. de 1837, p. 600.
5. Cf. édit. de 1637, p. 335, et édit. de 1837, p. 585.

nous est pas parvenue ainsi subdivisée; la période qu'elle embrasse correspond en effet au règne de quatre ducs, mais commence à Jean VI pour finir à la mort d'Arthur III. C'est peut-être par une déplorable erreur qu'Albert Le Grand attribue à Guillaume le jeune une chronique de François II, et ne parle pas de celle de Jean VI : il est clair que chacun des livres qu'il indique comprend l'histoire d'un duc; or, d'après sa citation, il n'aurait rien emprunté au livre II, contenant précisément l'histoire du duc Pierre, époux de Françoise d'Amboise, dont il a raconté la vie. En outre, on trouve dans la notice consacrée à cette princesse au moins deux mentions qui paraissent tirées de la partie de notre chronique correspondant au règne de Jean VI; la première, se rapportant aux années 1430 et 1431, a trait aux difficultés survenues alors entre le seigneur de Thouars et Georges de la Trémoille, et aux premières négociations entamées pour le mariage de Françoise d'Amboise; la seconde relate la maladie et la mort de Jeanne de France, duchesse de Bretagne, arrivée en 1433[1]. Il est fort présumable que les deux chapitres presque consécutifs du livre I, auxquels Albert Le Grand renvoie dans sa citation, contenaient les deux mentions que nous venons de signaler, et que par suite ce livre I renfermait, non l'histoire de François Ier, comme il le dit par erreur, mais celle de Jean VI, l'ouvrage entier s'arrêtant à la mort d'Arthur III.

Celui qu'Albert Le Grand appelle Guillaume Gruel le jeune est donc, à notre avis, le chroniqueur de Richemont. Quant à Guillaume l'aîné, il vivait certainement encore au commencement du xve siècle, puisqu'il a écrit l'histoire de Jean le Conquérant, mort seulement le 1er novembre 1399, et c'est sans doute le personnage désigné par Ogée comme possesseur, en 1400, d'une métairie à la Bodinaye, paroisse de Quédillac. Il est absolument impossible de déterminer

---

[1]. Gruel, p. 76, 80 et 81, et *Vies des saints*, 1837, p. 547-549.

mirent à son biographe des renseignements, fort concis du reste, sur cette période, notamment sur le voyage d'Angers.

On trouve dans les registres des réformations de la noblesse de Bretagne d'autres mentions que l'on doit encore appliquer à ce Guillaume l'aîné. C'est lui qui est signalé en 1427 comme propriétaire de la métairie de la Bodinaye à Quédillac[1]; à la même époque, il résidait à Rennes, en la paroisse de Toussaints[2], et avait en outre un hôtel, franc de fouage, dans la paroisse de Saint-Étienne-lès-Rennes[3]. Les résultats de l'enquête des réformateurs montrent que la famille de notre chroniqueur était d'une noblesse incontestable. Guillaume l'aîné, qui abandonna sans doute la carrière des armes à l'époque où Richemont devint connétable, mourut probablement avant 1441, puisqu'en cette année sa métairie de la Bodinaye appartenait à Raoul Gruel[4].

Raoul, seigneur de la Motte-Boutier[5], du chef de sa femme, est le personnage le plus considérable de cette famille, et il paraît avoir joui de tous temps d'une certaine faveur auprès d'Arthur de Richemont. Comme jusqu'en 1425 il est le principal inspirateur du récit de Guillaume le jeune, nous croyons utile de résumer ici les renseignements que nous avons pu réunir sur sa vie, ce qui nous aidera en outre à déterminer ultérieurement les moyens d'information dont notre chroniqueur disposait.

1. Cf. ci-dessus, p. v.
2. Communication de M. Pol de Courcy, d'après un registre de réformation.
3. « Reffrmation de l'évêché de Rennes faitte en l'an 1427... Sainct-Estienne près Rennes : Enqueste des exempts de la susdite paroisse faitte par Jamet Baude et Eon Pofraye, commissaires. Nobles : ... Guillaume Gruel. » (Bibl. Mazarine, ms. fr. n° 1879, fol. 1, r° et 12 v°; ce ms. du xvii° s. est intitulé : « Réformation de la noblesse des évêchés de Rennes et de Dol. »)
4. Cf. ci-dessus, p. v.
5. La Motte, domaine situé à Pleugueneuc, Ille-et-Vilaine, arr. de Saint-Malo, cant. de Tinténiac.

En voyant la métairie de la Bodinaye passer des mains de Guillaume l'aîné dans celles de Raoul, nous avons été porté à croire que celui-ci était fils du premier. En 1474, Guillaume le jeune est exempté de payer les droits de rachat dus au duc par suite de la mort de messire Arthur Gruel, « son neveu[1]; » cet Arthur, qu'il ne faut pas confondre avec son fils aîné, qualifié seigneur de Saint-Jean et de la Motte et qui vivait encore en 1487, étant le fils aîné de Raoul Gruel et de Marie Boutier sa femme, il en résulte que Raoul est le frère de Guillaume, et sans aucun doute son frère aîné, puisqu'il est mentionné dans la chronique comme témoin oculaire dès 1420, tandis que Guillaume ne parle de lui-même qu'en 1434[2]. Le titre de chevalier qui lui fut conféré, le

---

1. Bibl. nat., ms. fr. 22318, p. 17.
2. Voir le *Tableau généalogique*, ci-dessous, p. xxj. Nous indiquons dans ce tableau ce que nous savons sur Arthur Ier. (Bibl. nat., ms. fr. 22318, p. 1030; *ibid.*, Pièces orig. du Cabinet des titres, ms. 480, fol. 19.) Son fils Arthur II naquit en janvier 1458, époque où il fut baptisé. (*Preuves* de D. Morice, II, 1724.) En 1473, il est dispensé par le duc de payer les droits de rachat dus après la mort de sa mère Brigitte Boutier. (Bibl. nat., Collection de Bretagne, ms. fr. 22318, p. 1030.) En 1480, il est poursuivi par l'évêque de Saint-Brieuc pour excès commis dans le palais épiscopal (*ibid.*, p. 628), et arrêté pour ce fait au mois de mai de l'année suivante (*ibid.*, p. 629). Au commencement de 1481, il fait partie de cinquante lances placées sous les ordres de Bertrand du Parc. (*Preuves* de D. Morice, III, 389.) Il devient lui-même capitaine de vingt lances en 1486 (ms. fr. 22318, p. 549), et prête serment au duc l'année suivante, en qualité de capitaine de Ploërmel. (*Preuves* de D. Morice, III, 542.) En 1513, un Arthur est encore signalé comme seigneur de la Haye-Boutier, domaine de la paroisse de Rozlandrieux, dans l'évêché de Dol. (Bibl. municipale de Nantes, ms. fr. 54756, t. II, fol. 28 v°. Rozlandrieux, Ille-et-Vilaine, arr. de Saint-Malo, cant. de Dol.) Ce dernier personnage ne figure pas dans notre *Tableau généalogique*, parce que nous n'avons pu découvrir la place qui lui appartient. Nous avons laissé de côté pour la même raison Eustache Gruel, dont notre chroniqueur signale (p. 136) la bravoure au siège de Montereau,

rôle relativement important qu'il joua dans diverses négociations entreprises par le connétable suffiraient pour indiquer qu'il était le chef de la famille.

Les Gruel étaient vassaux des seigneurs de Montauban, dont ils devinrent plus tard les alliés par le sang [1]; c'est dans leur maison que Raoul remplit d'abord les fonctions auxquelles étaient tenus les jeunes nobles vis-à-vis de leur suzerain. En 1420, Guillaume de Montauban [2] le donna, en qualité d'écuyer tranchant, au comte de Richemont, alors prisonnier du Roi d'Angleterre. Deux ans plus tard, il menait à bonne fin la difficile négociation, qui amena le mariage de son nouveau maître avec Mme de Guyenne, sœur du duc de Bourgogne, et veuve du Dauphin Louis; il assista en personne à ce mariage, célébré le 10 octobre 1423, à Dijon [3]. La même année, il recevait une double mission auprès des Cours de France et de Bourgogne [4]. En 1424, il faisait le voyage d'Angers dans la suite de Richemont [5]. Pendant les conférences qui précédèrent le traité d'Arras (1435), Richemont députa vers le duc d'Orléans, alors à Calais, Henri de Villeblanche et Raoul Gruel, chargés de s'enquérir des intentions du célèbre prisonnier [6].

Raoul se montre aussi brave guerrier qu'habile diplomate, puisqu'en 1439, il est armé chevalier sous les murs

---

en 1437. Le *Compte de Guillaume Ripault* (Pièce just. XXVII) mentionne deux fois Eustache Gruel.

  1. Par le mariage d'Arthur Gruel, fils de Raoul, avec Brigitte Boutier, petite-fille de Jean Boutier et d'Isabeau de Montauban. (Du Paz, *Hist. généalogique de plusieurs maisons illustres de Bretagne*, édit. 1620, p. 459; cf. le *Tableau généalogique*, ci-dessous, p. xxj.)

  2. Gruel, p. 21, note 2.

  3. *Ibid.*, p. 26 et 27; *Preuves* de D. Morice, II, 1173, 1174.

  4. Gruel, p. 30; D. Félibien, *Hist. de Paris*, 1725, IV, 589 [1].

  5. Cf. ci-dessus, p. iij.

  6. Gruel, p. 103.

d'Avranches. Il accompagne, en 1442, le connétable dans le Midi et prépare son second mariage avec Jeanne d'Albret[1]. A partir de cette époque, il n'est plus mentionné dans la chronique rédigée par son frère; mais il n'en continue pas moins à bien servir son maître. En effet, devenu capitaine de Solidor, et chambellan, il reçoit, à la fin de 1457 et au commencement de l'année suivante, plusieurs présents et pensions de Richemont, qui a ceint la couronne ducale. Arthur III donne en outre à son fidèle serviteur une marque de faveur spéciale en consentant à être le parrain de son petit-fils Arthur Gruel[2].

A une date qu'il est impossible de déterminer exactement, Raoul épousa Marie Boutier, dame de la Motte, fille de Jean Boutier et de Raoulete de Senedavi; il en eut trois fils : Arthur, qui est le père du filleul de Richemont, Robert et Charles; les deux derniers ne laissèrent pas de postérité[3]. Nous ignorons la date de la mort de Marie Boutier; mais nous savons que, le lieu de sa sépulture ayant fait l'objet d'une contestation de la part de Guillaume de la Barre, seigneur de la Colombière, celui-ci dirigea contre l'abbé de Beaulieu et Arthur Gruel des poursuites dont nous ne connaissons pas le résultat[4]. Raoul mourut au commencement de 1463, avant le 16 mai[5].

Ajoutons, en terminant, que sa descendance s'éteignit au commencement du XVIe siècle, et que l'on y rattache à tort un Claude Gruel, seigneur de la Frette, que l'on trouve mentionné dans un acte de 1596, conservé aux Archives nationales[6].

1. Gruel, p. 155 et 178.
2. *Preuves* de D. Morice, II, 1710, 1725, 1726, 1716, 1724.
3. Cf. le *Tableau généalogique,* ci-dessous, p. xxj.
4. Bibl. nat., ms. fr. 22318, p. 620.
5. Cf. ci-dessous, p. xvj.
6. Cf. le *Tableau généalogique,* p. xxj; Michaud, *Biographie universelle,* XVII, 633; Arch. nat., K 106, n° 3.

§ II.

GUILLAUME GRUEL BIOGRAPHE DU CONNÉTABLE DE RICHEMONT.

(Né vers 1410, mort entre 1474 et 1482.)

Nous ne savons rien de précis sur la jeunesse de Guillaume, frère puîné de Raoul, et auteur de la *Chronique d'Arthur de Richemont*, quoiqu'il ne soit pas tout à fait aussi inconnu que M. Petitot veut bien le dire[1]. Il parle rarement de lui-même dans son œuvre, et c'est toujours d'une manière très brève. En ajoutant à ces renseignements par trop concis ceux que nous offrent les rares documents qui mentionnent notre chroniqueur, nous allons essayer de donner sur sa vie quelques nouveaux détails.

Né dans les dix premières années du XVe siècle, il fut sans doute élevé, comme Raoul, dans la maison des seigneurs de Montauban, dont il parle souvent dans la première partie de son récit. Vers 1425, c'est-à-dire cinq années après son frère, il entra au service de Richemont, devenu connétable de France. C'est ce qui ressort clairement du passage qui termine la chronique, passage dans lequel il se présente comme témoin oculaire à partir de cette époque et déclare n'avoir plus besoin de chercher ses renseignements auprès de ceux qui étaient « en la compaignie » de Richemont « avant qu'il fust connestable[2]. » Dès lors, il suit son nouveau maître dans la plupart de ses expéditions militaires. A la fin de 1434, entre le 17 octobre et le 13 décembre, fête de sainte Lucie, Guillaume, préposé, avec deux autres hommes d'armes, à la garde de Robert de Saarbruck, damoiseau de Commercy, prisonnier sur parole, s'acquitta,

---

1. *Collection de Mémoires*, VIII, 405.
2. Gruel, p. 232, 233.

paraît-il, assez mal de sa mission ; car le sire de Commercy, mécontent des procédés des gens d'armes du connétable, oublia, comme cela lui arrivait trop souvent, ses solennelles promesses, et trouva moyen d'échapper à ses trop confiants gardiens. Guillaume, ainsi pris en faute, ne manque pas de faire ressortir, à juste titre, d'ailleurs, la mauvaise foi de son prisonnier [1].

En juin 1435, on le trouve près de Richard, comte d'Étampes, l'un des frères de Richemont ; la comtesse d'Étampes ayant mis au monde un fils, qui devint plus tard duc sous le nom de François II, Guillaume fut chargé de porter cette heureuse nouvelle au connétable, alors sur le point de se rendre au congrès d'Arras [2]. Il ne l'accompagna certainement pas dans ce voyage ; car il n'eût pas manqué de donner de plus amples détails sur le rôle de Richemont dans les longues conférences qui précédèrent la conclusion du traité. Il resta, croyons-nous, avec les troupes françaises qui guerroyaient aux environs de Paris, puis se rendit à Parthenay, la principale des seigneuries du connétable et son séjour habituel lorsqu'il n'était pas en campagne. L'expression « s'en vint veoir madame de Guyenne, » que la chronique applique à Richemont, donne à entendre que Guillaume précéda son maître à Parthenay ; la mention des passages multipliés de la comtesse d'Étampes par cette ville ne peut laisser de doute sur le séjour qu'y fit alors Guillaume Gruel [3].

Quel rôle joua-t-il ensuite dans la campagne de l'Ile-de-France et de la Champagne, qui amena la reddition de Paris et des places voisines? La chronique et les documents ne

---

1. Gruel, p. 95, 96 ; *Chronique du doyen de Saint-Thiébaut de Metz*, dans l'*Hist. de Lorraine* de D. Calmet, 1728, II, 218.

2. Gruel, p. 101 et notes 2, 4 ; Anselme, *Histoire généalogique*, I, 463.

3. Gruel, p. 110.

nous apprennent rien sur ce point. Cependant il assista à la plupart des faits d'armes de cette époque ; les détails précis et circonstanciés qu'il donne dans cette partie de son récit sont là pour le prouver. En 1440, durant le siège de Meaux, Richemont, maître de la ville, mais non de l'île du Marché, confia la garde du pont qui reliait l'une à l'autre à des écuyers de sa maison, au nombre desquels se trouvait Guillaume[1]. La rapidité avec laquelle il passe sur les événements militaires qui signalèrent la campagne du Bourbonnais et de l'Auvergne, entreprise par le Roi et le connétable contre les seigneurs coalisés, indique que Gruel n'assista en personne qu'aux débuts de la Praguerie. La mention de la mort du seigneur de Rostrenen, si singulièrement encadrée dans le contexte, nous porte à croire qu'il résidait alors à Paris[2]. Il est bon de remarquer que Mme de Guyenne y était arrivée le 24 décembre 1438[3], et n'avait probablement pas quitté cette ville depuis lors. Gruel fut-il à cette époque attaché à sa personne? Le fait ne nous paraît pas invraisemblable; toujours est-il que, dans son testament du 14 janvier 1442, elle n'oublia pas de lui faire un legs assez considérable[4]. En cette même année, il suivit dans le Midi le Roi et le connétable qui se rendaient sous les murs de Tartas pour empêcher cette place de tomber dans les mains des Anglais, et, sept mois à peine après la mort de Mme de Guyenne, il assista, ainsi que Raoul son frère, au mariage de Richemont avec Jeanne d'Albret, célébré à Nérac, le 29 août[5]. Gruel énumère les chevaliers et écuyers de la suite du connétable qui furent présents à cette solennité, et c'est dans ce passage précieux que le chroniqueur, jugeant son travail assez

1. Gruel, p. 153.
2. *Ibid.*, p. 160.
3. *Ibid.*, p. 141.
4. Ce testament a été publié par M. Cosneau, dans *le Connétable de Richemont*, p. 586-596; cf. p. 591.
5. Gruel, p. 178, 179.

avancé pour avoir quelque prix, revendique l'honneur de l'avoir composé. Il quitta l'armée royale en même temps que Richemont, rappelé en Bretagne pour assister à l'entrée solennelle à Rennes du nouveau duc François. Gruel recevait alors dix écus de gage par mois à titre d'écuyer du connétable[1].

Quelques années plus tard, en 1450, nous le retrouvons prenant une part active à la campagne de Normandie; à Formigny, il combat à côté du connétable, puis est commis à la garde des otages après la reddition des villes de Caen et de Cherbourg[2]. La conquête de la province étant terminée, le Roi en confia le gouvernement au connétable de Richemont, qui y séjourna la plupart du temps, de 1451 à 1455[3]. Pendant la même période, Gruel resta vraisemblablement à Parthenay; remarquons, en effet, la nuance des termes employés dans la chronique : il dit ailleurs[4] que Richemont laissa à Paris Mme de Guyenne fort malade et « s'en alla à Parthenay; » or, on sait qu'alors Gruel se trouvait à Paris. Au contraire, dans le passage qui nous occupe[5], il met toujours, en parlant des voyages faits par Richemont de Normandie à Parthenay, « puis s'en vint à Parthenay; » cette expression, plusieurs fois répétée à quelques lignes de distance, indique clairement que Gruel ne suivit pas alors le connétable, ce que l'on eût d'ailleurs pu conclure de l'extrême brièveté des renseignements qu'il a donnés sur le séjour de Richemont en Normandie, la cessation des hostilités ne suffisant pas à expliquer une telle concision.

Il ne fait plus dès lors aucune mention de lui dans sa

---

1. Cosneau, le Connétable de Richemont, p. 657; cf. à la Bibl. nat., ms. fr. 20684, fol. 219 r°.
2. Gruel, p. 206, 213 et 214.
3. Ibid., p. 217 et suiv.; cf. la note 1 de la p. 219.
4. Ibid., p. 172.
5. Ibid., p. 217 et suiv.

chronique; cependant nous pouvons encore suivre ses traces pendant quelque temps, grâce à des textes publiés par D. Morice dans les *Preuves* de son *Histoire de Bretagne*, et à des extraits de la collection manuscrite dite de Bretagne, conservée à la Bibliothèque nationale. De même que Raoul, il resta près de la personne de Richemont, devenu duc[1], et reçut alors plusieurs marques de bienveillance. Arthur III, voulant confier les villes de son duché à des hommes sûrs et dévoués, institua, le 5 octobre 1457, divers capitaines de places, parmi lesquels nous retrouvons bon nombre des compagnons d'armes de Guillaume, et il n'oublia pas ce dernier qui fut nommé capitaine de Dol[2]. Il conserva néanmoins le titre d'écuyer résidant, et recevait en cette qualité une pension du nouveau duc, au commencement de 1458. Le 10 juillet de cette même année, il fut chargé, avec le sire de Châteauneuf, de faire passer les montres qui devaient avoir lieu dans l'évêché de Dol, le 1er septembre suivant[3]. La situation des capitaines de Dol était assez difficile, l'évêque et le duc se disputant le droit de pourvoir à la garde de la place[4]; nous savons, il est vrai, qu'en mai 1456, l'évêque Alain, cardinal de Sainte-Praxède, reconnaissait que la garde de la ville et du château appartenait au duc, qui avait en outre divers autres droits[5]; mais,

1. *Preuves* de D. Morice, II, 1722.
2. *Ibid.*, 1710; cf. Bibl. nat., ms. fr. 22318, p. 570.
3. *Ibid.*, 1725, 1716.
4. Voir aux archives de la Loire-Inférieure, E 184, un cahier en papier d'une écriture du xve siècle contenant le « Sommaire des causes... déférées en appel au Parlement », dans lequel on lit : « Ensuyvent aucunes causes des regayres de Bretaigne autresfoys dévolus par apel en la Court de Parlement de Bretaigne... Du regaire de Doul : Entre l'évesque de Doul et le procureur de Rennes, sur le débat de la garde et capitaienie de la ville et chasteau de Doul. »
5. « Adveu baillé au duc par Allain, cardinal de Sainte-Praxède, évesque de Dol, par lequel il cognoist que la garde des ville et

malgré cet aveu, signé par l'évêque et scellé de son sceau, de nouvelles difficultés s'élevèrent bientôt entre l'autorité ecclésiastique et le pouvoir militaire. Dans la première moitié de 1458, Jean Le Chevrier, « se disant scelleur de l'évêque de Dol, » ayant manifesté certaines prétentions que Gruel refusait d'admettre, il en résulta un différend que Macé de la Monneraie, lieutenant de Dinan, fut chargé d'examiner par lettres du 10 juillet de cette année[1]. Guillaume eut-il gain de cause ? Nous ne le savons pas ; mais il ne conserva pas longtemps ses fonctions de capitaine, car on voit que, dès le 10 janvier 1459, il est remplacé par Jean Chauvin, chevalier, qui prête alors le serment accoutumé[2].

Le 16 mai 1463, il fut exempté du paiement des droits de rachat dus par suite de la mort de Raoulete de Senedavi, belle-mère de Raoul Gruel. A quel titre Guillaume était-il débiteur en cette circonstance ? Sans doute comme gardien des enfants de son frère décédé[3]. Il eut plus tard à remplir le

cité de Dol avecq le château, appellé la tour Morice, appartient au duc, et qu'il peut en la dite ville faire bastir telles forteresses que bon luy semblera et que les appellations des juges et son regaire ressortent à la Cour de Rennes, et de là en Parlement, et jouir des regaires et temporel, le siège vacquant, le tenir en sa main, y commettre et instituer tous officiers de justice et de recepte. Datté en may 1456 ; signé de sa main et scellé. Et outre que le dit duc a droit d'avoir sceaux et tabellionnage en la dite ville de Dol. » (Bibl. nat., ms. fr. 22319, p. 450.)

1. *Preuves* de D. Morice, II, 1717.

2. « Es diz jour et an [10⁶ jour de janvier 1458 (anc. st.)] messire Jehan Chauvin, chevalier, a fait semblable serment et promesse [se porter bien et loyaument et faire tout ce qui sera pertinent], touchant la cappitenie de Dol, et en a baillé plèges Eonnet Sauvage, seigneur du Plesseix-Guériff, et Jehan Couedor, quelx se y sont constituez en semblable forme. » (Archives de la Loire-Inférieure, E 141, page 4.)

3. Le ms. fr. 22318 de la Bibl. nat. contient deux mentions relatives à la mort de Raoulete de Senedavi : « Maintenue pour messires Artur Gruel et Raoul Gruel sur un enfeu en l'église de

même office auprès de ses arrière-neveux ; car, ainsi que nous l'avons dit plus haut, en 1474, il fut encore exempté de droits semblables à payer après la mort de son neveu Arthur[1].

A partir de cette époque, le nom de Guillaume Gruel disparaît complètement des actes et de l'histoire. Aussi ne pouvons-nous déterminer qu'approximativement la date de sa mort. Disons d'abord que nous ne pouvons accepter celle de 1504, qui est donnée, sans preuves à l'appui, par M. Potier de Courcy, dans son *Nobiliaire et Armorial de Bretagne*[2]. A notre avis, Guillaume était mort depuis longtemps ; en effet, le chanoine Le Baud, qui a écrit avant 1482 sa première *Compilation des cronicques... des Bretons*, met à profit le travail de Gruel avec une liberté qu'il n'aurait certainement pas eue si ce dernier avait été là pour revendiquer la propriété de son œuvre ; nous aurons d'ailleurs à revenir en détail sur cette question[3]. Qu'un Guillaume Gruel soit mort en 1504, nous ne le contestons pas, ce nom paraît avoir été assez répandu : on trouve des Gruel dans le Perche, en Normandie et jusqu'en Dauphiné[4] ; mais il ne s'agit pas, à cette date, du chroniqueur de Richemont, qui mourut, selon toute probabilité, peu après 1474 et avant 1482.

Saint-Bria, en l'évêché de Saint-Malo, auquel enfeu ils ont depuis naguères fait inhumer Raoullette de Senedavi, ayeulle du dict messire Artur. » (Ms. cité, p. 621.) « Don à Guillaume Gruel du rachat escheu par le décez de feüe Raoulete de Senedavy, autrefois femme de feu Jean Botier. 16 may 1463. » (Ms. cité, p. 625.)

1. Ci-dessus, p. viij.
2. Voir la 2ᵉ édition, 1862, I, 388.
3. Cf. ci-dessous, p. xxij et suiv.
4. *Cartulaire de l'abbaye de la Trappe*, dans le *Bulletin de la Société historique et archéologique de l'Orne*, 1885, t. IV, pièces 38, 39 et 40 ; Arch. nat., JJ 145, fol. 124 v° ; Bibl. nat., ms. fr. 20486, fol. 110.

§ III.

Lieu d'origine, situation sociale et relations de Guillaume Gruel.

La famille de Guillaume était vraisemblablement originaire de Quédillac en Bretagne, localité distante de deux lieues environ de Montauban, où se trouvait le domaine de la Houssaye-Gruel, qui était, au xve siècle, nous ne savons par suite de quelles mutations, passé entre les mains de Jean Le Léonnais[1]. Cependant, si les Gruel avaient aliéné la terre à laquelle était attaché leur nom, ils en avaient conservé une autre à Quédillac même, celle de la Bodinaye, dont nous avons déjà eu l'occasion de parler, et ils possédaient deux hôtels, l'un à Rennes et l'autre à Saint-Étienne-lès-Rennes; de plus, Raoul acquit, par son mariage avec Marie Boutier, la seigneurie de la Motte, à Pleugueneuc[2], paroisse située à sept ou huit lieues au plus de Quédillac. Nous avons déjà indiqué les rapports féodaux qui devaient exister entre la famille de notre chroniqueur et les seigneurs de Montauban[3]. Raoul gagna sur le champ de bataille le titre de chevalier; Guillaume, qui, dans certains manuscrits de sa chronique, est rangé parmi les gens de « grant faczon[4], » ne semble pas avoir obtenu le même honneur. En effet, dans les énu-

---

[1]. Cf. ci-dessus, p. iij, note 1, et p. v, note 2.

[2]. C'est sans doute le même domaine qu'Ogée (*Dict. hist. et géogr. de la province de Bretagne*, nouv. édit., II, 298) indique sous le nom de la Motte-Gruel, comme appartenant, en 1500, à Charles Gruel; la terre de la Motte-Boutier, qui n'est plus signalée à cette dernière date, était devenue la Motte-Gruel en passant dans la famille de notre chroniqueur.

[3]. Cf. ci-dessus, p. ix.

[4]. Gruel, p. 179, note 1.

mérations d'écuyers nouvellement créés chevaliers sous les murs de Sillé-le-Guillaume, en 1434, à la prise de Montereau, en 1437, et près d'Avranches, vers Noël 1439[1], ils sont tous qualifiés par Gruel de « missire », titre qu'ils ne portent pas auparavant dans la chronique ou dans les textes[2]. Raoul Gruel, plusieurs fois mentionné avant 1440, est appelé pour la première fois « missire » à cette date, où il reçut l'ordre de la chevalerie, titre qu'il conserve dans la suite du récit. Or, on ne voit pas que Guillaume ait été armé chevalier, ni qu'il soit traité comme tel dans les actes; c'était seulement un écuyer noble.

Il a consigné, dans sa chronique, à diverses reprises, les noms de plusieurs de ses compatriotes : Eustache de la Houssaye, Jean Le Léonnais, Olivier Labbé, Jean Riou, qui tous possédaient des manoirs à Quédillac, les Le Vayer, propriétaires de la métairie de Champeaux à Saint-Étienne-lès-Rennes[3]. Le centre des relations de cette famille est dans la partie de la Bretagne orientale comprise entre Rennes, Plegueneuc et Saint-Méen, cadre dont Quédillac et Montauban occupent le centre.

Les mariages de Raoul et d'Arthur son fils, le premier avec Marie de la Motte-Boutier, le second avec Brigitte de la Haye-Boutier, rattachaient la famille de notre chroniqueur aux seigneurs de Montauban, de Beaumanoir et de la Hunaudaye[4]. Guillaume avait donc dans le sein même de sa famille des relations avec des personnages dont le nom revient souvent dans son récit, et qui sont autant de témoins

---

1. Gruel, p. 85, 137, 155.
2. Pour Guillaume de Vendel, par exemple, mentionné p. 137, cf. *Preuves* de D. Morice, II, 1174, 1626.
3. Cf. ci-dessus, p. v, note 2; bibl. Mazarine, ms. fr. 1879, fol. 12 v°.
4. Voir le *Tableau généalogique*, ci-dessous, p. xxj; *Hist. généalogique de plusieurs maisons illustres de Bretagne*, par Du Paz, 1620, p. 475 et 459.

oculaires, auprès desquels il a pu prendre des renseignements exacts et de la plus haute valeur. En outre, tous ces chevaliers et écuyers peu connus qu'il énumère parfois sont ses compagnons d'armes, et, lorsque l'âge et les fatigues de plusieurs campagnes l'obligèrent à abandonner la carrière militaire, il dut conserver avec eux les rapports suivis que fait naître ordinairement une longue confraternité d'armes, et réunis ils aimaient sans doute à se rappeler les dangers courus en commun, les victoires remportées et les villes gagnées. Guillaume put alors rectifier, d'après leurs récits, des erreurs que des souvenirs confus ou des notes incomplètes avaient introduites dans sa narration, combler quelques lacunes de son travail, et écrire, sous la dictée de ces vieux guerriers, une histoire militaire presque complète de la première moitié du XVe siècle.

TABLEAU GÉNÉALOGIQUE
DE
LA FAMILLE DE GUILLAUME GRUEL

Alain Boutier, seigneur de la Motte, épouse :
1° Alliotte de Mathelien, dame de la Claye,
dont il a :

Jeanne Boutier,
mariée à Jean de Beaumanoir, seigneur du Besso ;

2° ? ; il a de sa seconde femme :

Jean Boutier, seigneur de la Motte, fils aîné, épouse Raoulete de Senedavi, morte en avril 1463.

Guillaume Boutier, abbé de Beaulieu.

Guillaume Gruel l'aîné, père (?) de

Marie Boutier, dame de la Motte, épouse Raoul Gruel.

Guillaume Gruel, chroniqueur du connétable de Richemont.

Arthur I Gruel, seigneur de la Motte et de la Bodinaye, épouse Brigitte de la Haye-Boutier, et meurt avant le 29 novembre 1474.

Robert, mort sans héritiers directs en avril 1506.

Charles, mort sans héritiers directs.

Arthur II, seigneur de Saint-Jean et de la Motte, épouse Jeanne de Couvran.

Françoise Gruel, fille unique, épouse le seigneur de Pleumaugat et meurt sans héritiers directs.

II.

COMPOSITION ET SOURCES
DE LA CHRONIQUE D'ARTHUR DE RICHEMONT.

§ I.

Lieu et date de composition de la chronique.

Il est assez difficile de déterminer d'après le contenu de la chronique le lieu où elle a été rédigée; Gruel cite un très grand nombre de villes situées dans les régions les plus diverses, sur lesquelles il possède des renseignements généralement exacts; on ne peut par suite ranger son travail parmi les chroniques purement locales, ni en tirer des conclusions précises pour la question que nous venons de poser. Cependant il est présumable que Guillaume a passé la fin de sa vie dans un des domaines que sa famille possédait dans la Bretagne orientale[1]. Est-ce à Rennes, ou à Quédillac? Nous savons qu'en 1441 la métairie de la Bodinaye, située dans cette dernière localité, était entre les mains de Raoul Gruel[2]; aucun texte ne nous dit exactement à qui appartenaient, dans la deuxième moitié du XVe siècle, les possessions des Gruel à Rennes; néanmoins il est possible que Gruel habitât cette dernière ville lorsqu'il commença à rédiger sa chronique; en effet, donnant à l'année 1422 des détails assez étendus sur la reconstruction des fortifications de Rennes faites par les conseils de Richemont, il termine la description des travaux accomplis par ces mots « comme

---

[1]. Gruel ne cite pour ainsi dire pas une seule localité de l'ouest de la Bretagne, qu'il ne paraît pas connaître.

[2]. Cf. ci-dessus, p. v.

povés veoir, » qui semblent indiquer que le chroniqueur les avait alors sous les yeux[1]. Remarquons en outre qu'il ne manque jamais de signaler l'entrée solennelle des nouveaux ducs de Bretagne à Rennes[2].

Il conçut le projet de composer sa chronique bien avant de l'exécuter, et dut prendre au jour le jour de nombreuses notes qu'il n'eut plus ensuite qu'à réunir dans un ordre chronologique plus ou moins rigoureux. Il est évident qu'il mit ces notes en œuvre seulement après la mort d'Arthur III; plusieurs passages dispersés de la chronique ne laissent aucun doute à cet égard, notamment le début : « Cy commence la cronique de très hault et très exellant prince de bon memoire Artur..... qui regna trop petit en Bretaigne, car il ne fut duc que quinze moys[3]. »

Gruel a donc commencé son travail après le 26 décembre 1458; il était certainement terminé avant 1482, puisque Le Baud l'a intercalé dans la *Compilation* qu'il présenta vers cette époque à Jean de Derval, seigneur de Châteaugiron[4]. Mais il nous semble possible de restreindre notablement ce laps de temps. Il faut remarquer en effet que Gruel ne dit

---

1. Gruel, p. 24.
2. *Ibid.*, p. 180, 216 et 224.
3. *Ibid.*, p. 1, et en outre *ibid.*, p. 11 : « monseigneur Richart de Bretaigne, qui puis après fut conte d'Estempes et seigneur de Cliczon; » p. 17, 18, la relation de la bataille d'Azincourt qui n'a été écrite qu'après 1436 (cf. ci-dessous, p. xxx); p. 29 : « il convenoit passer par Normandie qu'il [Bedford] tenoit pour lors; » p. 36 : « et trouva le royaume le plus au bas que jamais fut et le laissa le plus entier qu'il fut passé à cccc ans; » p. 76 : « et là fut entreprins le mariage de monseigneur Pierres de Bretaigne, qui puis fut duc, et de madamoiselle Françoyse d'Amboyse qui puis fut duchesse; » p. 93 : « le duc de Bar qui est à present Roy de Cecille; » p. 180 : « ... maistre Robert de la Riviere qui puis fut evesque de Rennes; » p. 232 : « et depuis sa mort, la duchesse Katherine, son espouse, a fait parachever les cloaistres... »
4. Cf. ci-dessous, p. xxvij.

rien du rôle néfaste joué par Arthur de Montauban dans le différend, qui s'éleva entre le duc François et son frère Gilles et qui aboutit à l'assassinat de ce dernier [1]. Cette réserve, qui montre l'attachement de Gruel pour ses anciens maîtres, nous porte à croire que cet épisode fut relaté à une époque où Arthur de Montauban vivait encore, c'est-à-dire avant 1468. Évidemment Gruel connaît toutes ces choses « qui furent données à entendre » au Roi et au duc François. Il se tait, par prudence d'abord, pour ne pas s'aventurer sur un terrain fort épineux; il est facile de constater qu'il ne jouit pas de la même liberté que Le Baud et Albert Le Grand, qui nous montrent Arthur de Montauban animé alors d'une grande perversité; ensuite Gruel devait avoir quelque répugnance à rappeler les méfaits d'Arthur, dont la famille touchait de si près à la sienne, et qui, devenu à la fin de sa vie moine célestin, fut bientôt promu archevêque de Bordeaux. En outre il pouvait craindre de déplaire à Jean de Montauban, qui mourut en 1466 [2].

Vers la fin de son récit, Gruel fait une allusion, d'ailleurs assez brève, aux difficultés qui surgirent entre le duc Arthur III et « l'evesque de Nantes, nommé Guillaume de Malestroit, » prélat que l'on trouve appelé « le plus mauveis ribauld traître que vous veistes oncques [3]. » Guillaume de Malestroit, évêque de Nantes en 1443, se démit de cette dignité au commencement de 1462, époque où il fut nommé archevêque de Thessalonique; il mourut au Mans le 17 août 1492 [4]. Or il faut remarquer que Gruel prend la précaution de spécifier l'évêque de Nantes dont il s'agit, d'où l'on pourrait présumer que Guillaume n'occupait plus le siège de Nantes au moment où le chroniqueur écrivait. Une autre

---

1. Gruel, p. 191-193; Albert Le Grand, *Vies des saints de Bretagne*, 1837, p. 553, 554; Bibl. nat., ms. fr. 8266, fol. 367 v°, col. 2.
2. *Nouv. Biographie gén.*, XXXVI, p. 113 et 114.
3. Gruel, p. 228.
4. *Gallia christiana*, XIV, 829.

remarque qui est encore plus digne d'attention, c'est que Gruel n'eût sans doute pas osé, même sous l'égide d'autrui, appeler « ribauld traître » un prélat occupant le siège épiscopal de Nantes, c'est-à-dire un des personnages les plus considérables de Bretagne. La disgrâce que dénote l'éloignement de Guillaume de Malestroit en 1462 pouvait seule permettre une telle hardiesse d'expression.

En résumé la chronique du connétable de Richemont, commencée après la mort de ce dernier, écrite certainement entre 1459 et 1482, a été très probablement terminée après 1462 et avant 1466, date de la mort de Jean de Montauban.

§ II.

Sources de la chronique.

Gruel ne cite aucune source écrite; faut-il le croire sur parole lorsqu'il affirme avoir vu lui-même la plupart des faits dont il nous a transmis le récit, et avoir eu connaissance des autres par des rapports de témoins oculaires? Il n'est pas besoin de démontrer tout l'intérêt que présente la solution de cette question pour déterminer la valeur historique de la biographie du connétable. Sommes-nous en présence d'un travail original écrit entièrement par un contemporain et sous la dictée de contemporains, ou bien n'est-ce qu'un ouvrage de seconde main, basé sur des chroniques antérieures, une sorte de compilation dans laquelle l'écuyer de Richemont aura intercalé çà et là quelques souvenirs personnels? Les analogies frappantes qui existent entre sa chronique et certains passages de la partie correspondante des *Croniques annaulx* et de la première *Compilation* du chanoine Le Baud donnent à cette question une importance capitale; mais le peu de renseignements que l'on possède sur l'origine, les sources et la date de la rédaction des *Croniques annaulx,* le silence que garde P. Le Baud sur les annales bretonnes, dont il a tiré la fin de sa première *Compilation,* en rendent la solution embarrassante. Ces deux ouvrages, il ne faut pas l'oublier, ne sont que des compilations, des assemblages de chroniques ou d'extraits de chroniques plus ou moins bien reliés entre eux, tandis que Gruel revendique hautement l'honneur d'avoir écrit son ouvrage à l'aide de ses souvenirs et de ses informations personnelles : ce qui établit déjà une présomption en faveur de l'originalité de la biographie du connétable.

Examinons d'abord les liens qui unissent les *Croniques annaulx* et la chronique de Gruel.

Les *Croniques annaulx,* dont nous ne connaissons que des fragments (de 593 à 1463), publiés par D. Lobineau [1], étaient un recueil d'extraits, principalement en latin, de chroniques anciennes, de chartes et même de légendes, qui aurait été formé vers 1464 [2]. Mais de ce que cette compilation s'arrête en 1463, on n'en peut conclure avec certitude qu'elle ait été faite dès l'année suivante ; la date de 1464, attribuée à la formation de ce recueil, est donc purement hypothétique et ne peut nous arrêter dans notre argumentation. Pour constater l'étroite parenté qui existe entre les *Croniques annaulx* et l'œuvre de Gruel, il suffit d'y lire la relation de la campagne de Richemont dans le Maine et la région voisine; la version latine des *Croniques annaulx* reproduit littéralement le passage de Gruel [3]. Quel est le texte original? On serait porté à croire au premier abord que Gruel est le traducteur, puisque nous savons qu'il n'a connu qu'indirectement les événements de cette époque; cependant il n'en est certainement rien. Il est évident en effet que le

---

1. *Hist. de Bretagne,* II, 351-368.
2. Bibl. nat., Collection de Bretagne, ms. fr. 22326, p. 319.
3. Gruel, p. 9, 10; *Croniques annaulx* dans l'*Hist. de Bretagne* de D. Lobineau, II, 366, 367.

compilateur des *Croniques annaulx* traduit un texte français qu'il a sous les yeux ; son vocabulaire de latiniste n'étant pas très riche, il est obligé de reproduire des mots français dont il ne trouve pas l'équivalent en latin ; c'est ce qui lui arrive la plupart du temps pour les noms propres et même, ce qui est important à remarquer, pour des noms communs, par exemple, dans ce cas « cepit *d'assault* Sillé... » Assurément, si le compilateur avait eu le choix dans l'expression de cette idée, il n'eût pas intercalé le mot « d'assault » au milieu de sa phrase latine ; s'il le fait, c'est parce qu'il veut rendre entièrement la pensée exprimée par son devancier, c'est parce qu'il agit en traducteur consciencieux, qui sacrifie l'élégance et la correction à l'exactitude. Cette partie des *Croniques annaulx* est donc la version latine d'un texte français, qui sans doute n'est autre que la chronique de Gruel, composée entre 1462 et 1466. Dans quelle mesure le compilateur a-t-il utilisé la biographie de Richemont, il est impossible de le dire d'une manière précise, puisque nous n'avons que des extraits des *Croniques annaulx;* mais il nous suffit d'avoir montré que très probablement son ouvrage, loin de compter parmi les sources de la chronique de Gruel, n'en est, au moins dans le passage ci-dessus indiqué, qu'une traduction d'ailleurs très fidèle.

Arrivons maintenant à l'examen des rapports que nous avons signalés entre la première *Compilation* de Le Baud et notre chronique. Les renseignements sont un peu moins rares ; nous savons que Pierre Le Baud composa sa *Compilation des cronicques et ystoires des Bretons* avant 1482, puisqu'il en fit hommage à Jean de Derval, seigneur de Châteaugiron, mort le 31 mai de cette année[1]. D. Lobineau reproduit dans son *Histoire de Bretagne*[2] une miniature tirée de l'ancien manuscrit de cette compilation, qui

---

1. Levot, *Biographie bretonne,* 1852, I, 335.
2. I, 822.

représente Le Baud à genoux offrant son livre à Jean de Châteaugiron, assis et entouré de quelques dames et seigneurs. Puisque nous sommes amené à parler de cet ancien manuscrit, signalé par D. Morice[1] comme se trouvant de son temps à la Bibliothèque du Roi, disons que, contrairement à l'opinion exprimée par Gaillard[2], l'indication donnée par D. Morice devait être exacte : si le manuscrit de la première *Compilation* de Le Baud sortit pour un temps de la Bibliothèque du Roi, il y est rentré et se trouve aujourd'hui classé sous le n° 8266 du fonds français (supplément) ; après le texte de l'ouvrage[3], on trouve la miniature reproduite dans l'*Histoire de Bretagne* de D. Lobineau.

Nous n'énumérerons pas ici tous les points de contact que nous avons remarqués entre la *Compilation* de Le Baud et la chronique de Gruel; il est facile de s'en rendre compte à l'aide des extraits que nous donnons dans nos pièces justificatives[4]. Dès 1847, M. J. Quicherat n'avait pas hésité à considérer la biographie du connétable de Richemont comme la source principale de la partie correspondante de l'ouvrage du chanoine Le Baud[5]. A vrai dire, les deux auteurs sont contemporains, ils ont écrit à une dizaine d'années d'intervalle; mais, à priori, entre un compilateur comme Le Baud et un biographe spécial comme Gruel, il n'est pas permis de refuser au second le titre d'auteur original. Les passages communs aux deux auteurs offrent ce caractère particulier qu'ils concernent tout spécialement la Bretagne. Ainsi Le Baud ne dit pas un mot de la prise de Giac par le connétable, épisode raconté avec assez de détails par Gruel[6]; même silence de Le Baud pour les événements étrangers à la

1. *Hist. de Bretagne*, I, 7.
2. *Notices et Extraits des mss. de la Bibliothèque royale*, VII, 415.
3. Au fol. 393 v°.
4. Pièce just. I.
5. *Procès de Jeanne d'Arc*, IV, 315.
6. Gruel, p. 46-50.

Bretagne, qui remplissent les chapitres XLII-XLVIII[1]; l'intervention de la Pucelle le fait sortir de sa réserve ordinaire pour tout ce qui rentre dans l'histoire générale; il omet presque entièrement le chapitre LI[2], puis les chapitres LIII, LV, LVI, LVII[3], et d'autres concernant la campagne de l'Ile-de-France qui aboutit à la prise de Paris, événement que le compilateur breton ne fait guère que rappeler en passant. Ces indications, que nous pourrions multiplier encore, tendent à montrer dans quelle mesure et d'après quelle méthode Le Baud a utilisé la chronique de Gruel, qui n'est d'ailleurs pas la seule source mise en œuvre par le compilateur dans cette partie de son récit. Quelquefois il date d'une manière plus précise l'événement raconté par son devancier : il nous apprend ainsi l'année du mariage de Jeanne de France avec le duc de Bretagne[4], celle de la révolte de Saint-Brieuc[5]. Si l'on admet que Gruel est le plagiaire, comment expliquer qu'il ait omis ces dates et plusieurs autres? Il est bien plus vraisemblable de croire que Le Baud, compilant plusieurs chroniques antérieures, a complété les renseignements contenus dans la biographie du connétable; mais, en général, lorsque celui-ci est directement mis en scène dans les événements concernant spécialement la Bretagne, Le Baud ne fait que paraphraser la chronique de Gruel. Nous demanderons à ceux qui pourraient conserver quelque doute sur ce fait de citer la chronique à laquelle Le Baud a emprunté la fausse date de 1421 (pour 1422) qu'il assigne à la mort de Henri V, roi d'Angleterre, et à celle de Charles VI; évidemment ce ne peut être qu'à l'œuvre de Gruel, qui a précisément commis cette erreur[6]. Dans la

1. Gruel, p. 57-68.
2. *Ibid.,* p. 71.
3. *Ibid.,* p. 80, 82-101.
4. L, fol. 338 v°, col. 2; Gruel, p. 5.
5. L, fol. 339 r°, col. 1; Gruel, p. 7.
6. L, fol. 352 v°, col. 1; Gruel, p. 27, 28.

seconde *Histoire de Bretagne* que Le Baud entreprit plus tard sur l'ordre de la Reine Anne, duchesse de Bretagne, il eut soin de rectifier cette date[1]. Donc, même pour la partie de son récit antérieure à 1425, Gruel n'a pas utilisé de sources écrites, et sa chronique a été traduite dans certains passages des *Croniques annaulx*, mise en œuvre et parfois copiée presque littéralement dans la première *Compilation* de Le Baud.

Rien ne s'oppose à ce que nous ajoutions foi à l'affirmation de Guillaume Gruel, lorsqu'il divise lui-même sa chronique en deux parties au point de vue des sources : la première entièrement inspirée par la tradition orale et s'étendant jusqu'à la nomination de Richemont connétable de France, en 1425; la seconde écrite, sinon entièrement, au moins en majeure partie, par un témoin oculaire.

Dans la première partie, le récit de la bataille d'Azincourt est sans doute l'un de ceux que Gruel apprit de la bouche même de Richemont[2]. Le chroniqueur nous le donne bien à entendre lorsqu'il raconte que, vers le milieu de 1436, son maître, passant par Azincourt, au retour d'un voyage dans les états du duc de Bourgogne, « devisa à ceulx qui là estoient comme la bataille avoit esté[3]. » Il serait téméraire d'affirmer que la scène de la « decongnoissance » provient de la même source : Richemont, fait prisonnier à la bataille d'Azincourt, retrouva en Angleterre sa mère qu'il n'avait pas revue depuis sa première jeunesse; cette longue séparation empêcha son fils de la reconnaître; l'épisode est rapporté en termes fort touchants par le chroniqueur. Il ne resta auprès de Richemont, pendant son séjour en Angleterre, qu'un seul serviteur nommé Catuit[4]. Le fait même

---

1. Le Baud, *Hist. de Bretagne*, édit. d'Hozier, 1638, p. 462.
2. Gruel, p. 233.
3. *Ibid.*, p. 126.
4. *Ibid.*, p. 19.

de la mention de ce personnage permettrait peut-être de le considérer comme l'inspirateur de ce récit. Gruel n'ayant pu se procurer d'autres détails sur la captivité de Richemont, sa chronique présente une lacune de près de cinq années dont il n'est nullement question. Selon toute apparence, il a connu par son frère Raoul la plupart des événements qui suivent jusqu'à 1425; en effet, celui-ci, faisant partie depuis 1420 de la maison de Richemont[1], se trouvait par suite en rapport constant avec lui; à partir de cette année jusqu'au voyage de Richemont à Angers[2], il n'est pas mentionné moins de cinq fois. Ces fréquentes citations, le rôle important que la chronique lui attribue dans les événements de cette période nous le désignent clairement comme l'inspirateur des chapitres XVII à XXV.

Dans la seconde partie de la chronique (1425-1458), Gruel nous apparaît presque toujours comme un témoin oculaire, et s'il mentionne quelque événement sur lequel il ne possède que des renseignements de seconde main, il le fait avec une brièveté caractéristique. Nous ne serions pas surpris qu'il eût eu à sa disposition, outre ses propres notes et les communications de ses compagnons d'armes, certaines pièces d'archives, notamment des rôles d'hommes d'armes et des lettres émanant du connétable. Si l'on rapproche, en effet, les renseignements contenus dans une lettre adressée par Richemont aux habitants de Lyon, le 28 juillet 1425, de l'énumération des seigneurs qui se joignirent à lui pendant son différend avec le Roi, on peut supposer que Gruel a eu connaissance soit d'une copie de cette lettre, soit encore, ce qui serait aussi vraisemblable, d'un rôle contenant les noms des gens d'armes qui vinrent alors se ranger sous la bannière de son maître[3].

1. Gruel, p. 21.
2. *Ibid.*, p. 34.
3. Cf. Gruel, p. 37, et la lettre du 28 juillet 1425, dans la *Revue*

Nous devons signaler également certaines analogies que nous avons remarquées entre quelques passages de l'œuvre de Gruel et les chroniques de Berry et de Mathieu d'Escouchy. La campagne entreprise par le connétable en mars 1434 est racontée parfois en termes presque identiques dans la chronique de Gruel, et, d'une manière plus abrégée, dans celle de Berry[1]; mais celui-ci ne donne aucun détail qu'on ne rencontre dans l'œuvre du premier, dont le récit est en outre plus complet. Si l'on admettait que l'un des deux chroniqueurs a eu connaissance du travail de l'autre, évidemment ce passage de la biographie du connétable devrait, et par son étendue et par les matières qui y sont traitées, être considéré comme la source originale. Cependant il ne faut peut-être pas trop s'étonner de la ressemblance dont nous venons de donner un exemple, puisque les deux chroniqueurs étaient bien souvent témoins oculaires des faits qu'ils ont rapportés, et que de plus le premier, en sa qualité de roi d'armes de France, et le second, comme écuyer du connétable, se trouvaient dans une situation également favorable pour suivre de près les opérations militaires.

Le chapitre XXXII de la chronique de Mathieu d'Escouchy nous paraît en majeure partie extrait, non du *Recouvrement de Normandie* par Berry, que M. de Beaucourt indique avec raison comme la source générale utilisée dans cette partie[2], mais de la chronique de Gruel, notamment le récit des voyages du connétable vers le duc de Bretagne, de

---

d'histoire nobiliaire, directeur M. Sandret, 1882, p. 457, et en tirage à part dans les *Lettres du connétable de Richemont,* publiées par M. de Beaucourt, 1883, gr. in-8°, p. 5.

1. Comparer notamment l'indication du jour et du lieu assigné comme rendez-vous aux Français sous les murs de Sillé-le-Guillaume dans Gruel, p. 83, et dans Berry, édit. de D. Godefroy, *Hist. de Charles VII,* p. 387.

2. *Chronique de Mathieu d'Escouchy,* t. I, p. XXXVIII.

la fortification de Saint-Aubin[1], des courses faites aux environs de Fougères, de la prise de Saint-James de Beuvron et de Mortain, enfin de l'attaque dirigée sur Tombelaine[2].

On remarque une grande concordance entre les différentes relations du « recouvrement de Normandie »; mais, si nous reconnaissons l'auteur de l'ouvrage qui porte ce nom comme un témoin oculaire, nous ne pouvons accorder le même titre à Mathieu d'Escouchy, qui a dû, à notre avis, utiliser, non seulement le travail de Berry, mais aussi la biographie de Richemont, spécialement pour le récit de la bataille de Formigny et de la prise de Vire. Parmi les mentions caractéristiques communes aux chroniques de Gruel et de Mathieu d'Escouchy, nous citerons : 1° l'arrivée pendant la nuit à Saint-Lô d'un messager envoyé au connétable par le comte de Clermont[3]; 2° la présence d'un moulin à vent dans l'endroit occupé par Richemont sur le champ de bataille[4]; 3° le soin pris par le connétable et le comte de Clermont de faire enterrer les morts[5]; 4° le séjour des deux comtes à Saint-Lô pour « eulx refreschir[6] »; 5° bien que Mathieu d'Escouchy fixe à 4,000 francs et Gruel à 4,000 écus la rançon de Henry de Norbery, capitaine anglais de Vire, il y a des analogies d'expression entre les deux auteurs[7].

---

1. Cet événement n'est pas signalé dans le *Recouvrement;* cf. *Cronicques de Normendie,* édit. Hellot, p. 102.

2. Gruel, p. 195 et suiv.; *Chronique de Mathieu d'Escouchy,* I, 171-175.

3. Gruel, p. 205; *Chronique de Mathieu d'Escouchy,* I, 279-280; *Cronicques de Normendie,* p. 145.

4. Gruel, p. 206; *Chronique de Mathieu d'Escouchy,* I, 283; *Cronicques de Normendie,* p. 146.

5. Gruel, p. 208; *Chronique de Mathieu d'Escouchy,* I, 285; les *Cronicques de Normendie* ne mentionnent pas ce fait, cf. p. 147.

6. Gruel, p. 208; *Chronique de Mathieu d'Escouchy,* I, 286; cette mention fait défaut dans les *Cronicques de Normendie,* p. 148.

7. Gruel, p. 208; *Chronique de Mathieu d'Escouchy,* I, 287; mention moins complète dans les *Cronicques de Normendie,* p. 148.

Puisque Gruel nous a signalé à diverses reprises sa présence dans la campagne de la Basse-Normandie, nous n'avons aucune raison pour hésiter à le reconnaître, après cette étude comparative, comme auteur d'une œuvre entièrement originale qui paraît avoir été discrètement utilisée dans la *Chronique de Mathieu d'Escouchy*.

III.

ÉDITIONS ET MANUSCRITS.

§ I.

Éditions.

Dans le commencement du xviie siècle, Théodore Godefroy, comprenant l'importance de l'œuvre de Gruel, en donna une première édition[1], d'après un manuscrit qui lui fut communiqué par le savant Peiresc[2]. C'est à tort que Œttinger[3] et la *Nouvelle Biographie générale*, celle-ci reproduisant un article de M. P. Levot dans la *Biographie bretonne*, indiquent une édition antérieure sous le titre de : *Histoire du vaillant chevalier Arthus, fils du duc de Bretaigne*, 1521 (*aliàs* 1522), in-4° gothique[4]. Nous sommes persuadé qu'elle n'a jamais existé. Les autres bibliographies anciennes et modernes, les catalogues des grandes bibliothèques des deux derniers siècles, notamment ceux que

---

1. *Histoire d'Artus III, duc de Bretaigne, et connestable de France. Contenant ses mémorables faicts depuis l'an 1413 jusques à l'an 1457.* De nouveau mise en lumière par Théodore Godefroy. Paris, Abraham Pacard, 1622, in-4°.
2. Cf. ci-dessous, p. xliij.
3. *Bibliographie biographique universelle*, 1854, I, 69.
4. *Nouv. Biographie gén.*, XXII, 243.

firent dresser le duc de Coislin[1] et Baluze[2], ne la mentionnent pas. La *Bibliothèque historique* n'en parle pas davantage[3]; cependant c'est assurément cet ouvrage qui est la source de l'erreur commise par MM. Œttinger et P. Levot; en effet, l'article placé immédiatement avant celui qui est consacré à la vie du connétable de Richemont mentionne une *Histoire du vaillant chevalier Artus*...[4] sous le titre même attribué dans la *Bibliographie biographique universelle* et dans la *Biographie bretonne* à la première édition de la chronique de Gruel. Or, bien que nous n'ayons pu retrouver l'ouvrage auquel il est fait allusion, nous pouvons affirmer qu'il ne s'agit pas de la biographie de Richemont; les termes mêmes de ce titre l'indiquent suffisamment. Il n'est pas possible qu'un éditeur ait jamais songé à publier la chronique de Gruel sans mettre en tête de son volume le nom de Richemont et son titre de connétable de France. Le « vaillant chevalier Artus » auquel est consacré l'ouvrage de 1521-1522, c'est le célèbre héros de la Table-Ronde au vi[e] siècle, dont la vie a donné lieu à tant de fables. On s'explique difficilement que MM. Œttinger et P. Levot aient fait cette singulière confusion; car, parlant du même ouvrage dans un autre article, auquel ces deux bibliographes se réfèrent évidemment en attribuant à cette édition la date de 1521[5], le rédacteur de la *Bibliothèque historique* prend la peine de nous avertir qu'il est question d'un roman[6]. Nous ne croyons

1. Cf. un *Extrait du catalogue des mss. de Coislin* dans la Collection de Bretagne, à la Bibl. nat., ms. fr. 22326, p. 723. On ne trouve pas l'indication des éditions dans le catalogue imprimé en 1686 (cf. ci-dessous, p. xlv).
2. Cf. un *Extrait du catalogue de la bibliothèque des livres imprimés de Baluze, mort en* 1718, dans la Collection de Bretagne, *ibid.*, p. 717.
3. T. III, 1771, n° 31426.
4. *Ibid.*, III, n° 31425.
5. Cf. ci-dessus, p. xxxiv.
6. *Bibliothèque historique*, III, n° 35362.

pas, comme lui, que ce soit une histoire fabuleuse d'Arthur Ier, mort assassiné en 1203. Il existe en effet à la Bibliothèque nationale[1] un récit des exploits du héros fameux qui, le premier, illustra au VIe siècle le nom d' « Artus ». Or dans ce volume, après le titre[2] proprement dit, deux gravures et une table des 89 chapitres dont il se compose, le titre de départ, placé au recto du premier folio numéroté, porte : « Cy commence le premier chapitre de l'histoire du vaillant et preux chevalier Artus, filz du duc de Bretaigne[3]. » Le *desinit* est conçu dans les mêmes termes[4], qui sont, il faut le remarquer, presque identiques à ceux par lesquels on désigne la prétendue édition de 1521 ou 1522. Pour nous, le volume que nous avons examiné à la Bibliothèque nationale doit être une édition de l'ouvrage signalé dans les deux articles de la *Bibliothèque historique* que nous avons cités, ouvrage qui n'a rien de commun avec la chronique de Gruel.

On pourrait nous opposer les termes employés par Th. Godefroy dans le titre de son édition *Histoire ... de nouveau mise en lumière*[5]. Ces expressions indiquent seulement que Th. Godefroy vient de donner au public un ouvrage qui n'a pas été composé par lui, mais par un auteur antérieur; l'éditeur a la bonne foi d'avertir, d'une manière trop peu explicite peut-être, qu'il ne fait que reproduire le travail d'un autre : tel est le sens véritable de cet intitulé.

---

1. Réserve. Y². 102, petit in-4º gothique à 2 colonnes, sans date.

2. « S'ensuyt le Rommant des merveilleux faitz du vaillant et preux chevalier Artus de Bretaigne. »

3. *Ibid.*, 1er fol. numéroté.

4. « Cy finist le livre du vaillant chevalier Artus, filz du duc de Bretaigne, nouvellement imprimé à Paris pour Jehan Bouffon, demourant en la rue Neufve Nostre Dame, à l'enseigne Sainct Nicolas. » (*Ibid.*, fol. 173 rº.)

5. Cf. ci-dessus, p. xxxiv, note 1.

L'expression « mise en lumière, » qu'on lit dans le titre d'un manuscrit de notre chronique[1], pouvait fort bien se trouver aussi en tête du manuscrit de Tournai, de sorte que Th. Godefroy n'aurait fait que la reproduire en la modifiant légèrement.

Puisque nous avons été amené à parler de ce titre, faisons remarquer que les deux dates extrêmes attribuées à la chronique par le premier éditeur (1413-1457) sont également inexactes; elle comprend la vie entière du connétable et va du 24 août 1393, date de sa naissance, jusqu'au 26 décembre 1458, époque de sa mort. Si, comme le fait remarquer Lenglet[2], le récit offre beaucoup de concision jusqu'en 1413, cette brièveté n'a pas lieu de surprendre et s'explique par la jeunesse même de Richemont; il ne faut donc pas faire croire que son biographe n'a écrit qu'une œuvre incomplète.

Nous allons maintenant apprécier la valeur de cette première édition, avec d'autant plus de soin qu'elle a été l'unique source de toutes celles qui ont été publiées dans la suite.

Le manuscrit que Th. Godefroy utilisa appartenait certainement à la même famille que le manuscrit de Nantes qui a servi de base à l'établissement de notre texte[3]; on ne peut juger par l'édition s'il était aussi correct dans la forme que ce dernier; pour le fond du récit, il présentait à peu près les mêmes inexactitudes. Th. Godefroy, n'ayant eu qu'un seul manuscrit à sa disposition, ne put en corriger les mauvaises leçons; aussi a-t-il contribué à répandre plusieurs erreurs dont Gruel ne saurait être rendu responsable. C'est ainsi que dans tous les ouvrages généraux, même dans la *Nouvelle Biographie générale* de Didot[4] et le *Diction-*

---

1. Bibl. nat., ms. fr. 18697 ou ms. S, fol. 23 r°.
2. *Méthode historique,* IV, 158.
3. Cf. ci-dessous, p. lxj et suiv.
4. Article de M. Vallet de Viriville, t. III, 1861, p. 391.

naire des dictionnaires, publié actuellement sous la direction de M. P. Guérin[1], on lit que Richemont fut duc de Bretagne le 22 septembre 1456 (pour 1457), et mourut le 26 décembre 1457 (pour 1458).

Th. Godefroy a certainement apporté au texte de son manuscrit des modifications qui ne sont pas toujours heureuses. Nous ne lui ferons pas un grand reproche d'avoir imprimé « Artus troisiesme », alors que son manuscrit portait certainement « deuziesme[2] », Richemont étant, comme on sait, le troisième duc de Bretagne de ce nom ; mais, pourquoi écrire « Artus » pour « Artur[3] », bonne leçon que donnait son manuscrit, comme celui de Nantes[4] ? Il est regrettable de voir le prénom de Richemont ainsi défiguré par pure fantaisie. L'éditeur ne se fait pas faute de substituer un mot à un autre lorsque le sens de la phrase lui paraît exiger un changement qui, en réalité, n'est aucunement nécessaire[5]. Il remplace les termes trop archaïques, à son gré, par des périphrases inutiles qui ne servent qu'à modifier la physionomie du texte sans l'éclaircir[6]. Croyant le compléter, il y ajoutera une mention[7], changera les mots et arrivera parfois à faire de graves contresens[8]. Ainsi, d'après lui, les Anglais qui occupaient Vire en Normandie auraient été obligés, lors de la reddition de cette place aux Français, en 1450, de donner 4,000 écus pour la rançon de leur capitaine Henry de Norbery, fait prisonnier antérieurement à la bataille de Formigny, quand, en réalité, ce furent les Anglais qui reçurent cette somme en exécution d'une des

---

1. P. 559, 560.
2. Leçon reproduite par D. Godefroy, *Hist. de Charles VII*, p. 741.
3. C'est la seconde forme que le connétable employait.
4. Cf. ci-dessous, p. xliij.
5. Gruel, p. 4, note 3.
6. *Ibid.*, p. 114, note 1, p. 170, note 2.
7. *Ibid.*, p. 92, note 4.
8. *Ibid.*, p. 9, note 1, p. 154, note 4, p. 166, note 1.

clauses du traité de reddition [1]. Nous pourrions citer encore d'autres méprises de ce genre [2].

En outre, que d'omissions à signaler, la plupart fort courtes, il est vrai, mais qui, dans des cas spéciaux, peuvent avoir des conséquences regrettables! L'édition de Th. Godefroy ne fait pas mention de la mort de Charles VI, mention qui ne nous est fournie que par un seul manuscrit [3]. En supprimant, quelques lignes plus loin, une longue liste d'écuyers qui assistèrent au premier mariage de Richemont, il nous laisse ignorer qu'un Gruel (Raoul) fut présent à cette solennité, ce qui est utile à connaître pour déterminer les sources de cette partie du récit [4]. N'est-il pas intéressant de savoir que, selon notre chroniqueur, Arthur de Richemont était autorisé par Charles VII à prendre l'avis des ducs de Bourgogne et de Savoie avant d'accepter l'épée de connétable [5]? Pourquoi omettre ailleurs un membre de phrase où est spécifié le nombre des hommes d'armes qui, sous les ordres du connétable, secoururent la place de Sillé-le-Guillaume [6]? Pourquoi cette suppression arbitraire de tant de noms de personnes [7] et de lieux [8]? Nous n'entreprendrons pas de donner ici une liste, assez fastidieuse d'ailleurs, des autres omissions et incorrections qu'on relève dans cette édition, attendu que nous signalons les plus importantes dans les notes qui accompagnent notre texte [9].

1. Gruel, p. 208; cf. *Chronique de Mathieu d'Escouchy*, I, 287.
2. Cf. notamment p. 137, note 1.
3. Édit. de 1622, p. 17; Gruel, p. 28.
4. Édit. de 1622, p. 18; Gruel, p. 30.
5. Édit. de 1622, p. 20; Gruel, p. 35.
6. Édit. de 1622, p. 55; Gruel, p. 83, note 3.
7. Gruel, p. 33, note 1, p. 69, note 4, p. 123, note 3, p. 136, note 2, etc.
8. *Ibid.*, p. 81, note 1, p. 187, note 1, p. 202, note 1, p. 223, note 2, etc.
9. Cf. notamment p. 143, note 4, p. 150, note 1, p. 154, note 2, p. 153, notes 1 et 2, p. 174, note 2.

L'édition de Th. Godefroy a été réimprimée trente-neuf ans plus tard, par son fils Denys, dans son *Histoire de Charles VII*[1], sous ce titre inexact : *Extrait d'une histoire particulière d'Artus III, duc de Bretagne et connestable de France, contenant ses mémorables faits depuis l'an 1393 jusques à 1457*. Nous ne savons pour quel motif Denys Godefroy donne le titre modeste d'*Extraits* au texte qu'il réédite. On y trouve, en effet, l'œuvre entière de Gruel, mais bien défigurée. Théodore avait déjà rajeuni nombre d'expressions archaïques; son fils achève cette inutile besogne; de plus, la fréquente répétition des titres de « monseigneur », « messire » gêne le nouvel éditeur qui les supprime. Que n'a-t-il mis tant de soin à combler les lacunes du texte de 1622, et à rectifier l'orthographe de certains noms propres par une nouvelle collation avec son manuscrit, enfin à redresser ces erreurs chronologiques qui rendent parfois la chronique de Gruel dangereuse à consulter! Il est permis de se demander quel but il se proposait en reproduisant ainsi l'édition antérieure sans amélioration ou éclaircissements.

Le texte mutilé de D. Godefroy a été réimprimé à la fin du siècle dernier dans une collection bien oubliée aujourd'hui, nous voulons parler de la *Collection universelle des mémoires particuliers relatifs à l'histoire de France*[2]. L'éditeur, louant sans réserve la suppression « d'une multitude de répétitions, de dénominations purement honorifiques, dont la monotonie dans l'original est dégoûtante, » a préféré bien à tort le texte de D. Godefroy à celui donné par son père. Il est regrettable de trouver un jugement aussi erroné à côté d'appréciations fort justes sur le caractère de Richemont et sur la valeur historique de sa biographie[3]. A

---

1. Publiée en 1661, cf. p. 741-792.
2. La chronique de Gruel se trouve dans le t. VII. Paris, 1785, in-8°, p. 225 et suiv.
3. *Ibid.*, p. 225 et suiv.

la suite de ce texte si défectueux, l'éditeur a placé quelques extraits des chroniqueurs contemporains, extraits beaucoup trop courts, il est vrai, mais qui révèlent néanmoins un commencement de critique historique. Pour contrôler une chronique, il ne suffit pas de la comparer avec celles de Berry, de Jean Chartier et des autres historiographes généraux du règne de Charles VII : c'est aux textes originaux, aux chartes qu'il faut surtout recourir, et aussi aux petites chroniques locales qui ont une supériorité incontestable pour le récit des évènements qui se sont passés dans la région qu'elles concernent.

L'édition de D. Godefroy n'a pas eu depuis lors les honneurs immérités de l'impression; mais le texte publié par Th. Godefroy a été reproduit plusieurs fois, et toujours avec des altérations de plus en plus grandes.

Les savants qui, dans la première moitié de ce siècle, publièrent nos grandes collections de chroniques n'eurent garde d'omettre l'œuvre de Guillaume Gruel. MM. Petitot[1], Michaud et Poujoulat[2], Buchon[3] placèrent la vie du connétable de Richemont à côté des chroniques de Monstrelet, de Mathieu d'Escouchy, du *Journal d'un bourgeois de Paris* et des autres annalistes de cette période. Depuis Th. Godefroy jusqu'à M. Buchon, les éditeurs ont mis tous leurs soins à rajeunir le texte de la biographie de Richemont; et, s'ils rencontrent quelques termes, difficiles à transformer ou à expliquer, ils simplifient la question en les supprimant. Ajoutons en terminant que M. J. Quicherat a publié dans son *Procès de Jeanne d'Arc*[4] le très court fragment de la

---

1. *Collection complète des mémoires relatifs à l'histoire de France*, t. VIII. Paris, 1819, in-8º.

2. *Nouvelle Collection de mémoires pour servir à l'histoire de France*, t. III. Paris, 1836, in-8º.

3. *Panthéon littéraire : Choix de chroniques et mémoires relatifs à l'histoire de France, avec notices biographiques*. Paris, 1838, gr. in-8º.

4. T. IV, p. 315 et suiv.

chronique de Gruel concernant les relations de la Pucelle avec Richemont.

§ II.

Manuscrits.

1° *Manuscrit de Nantes ou ms. N.*

M. P. Levot, dans l'article de sa *Biographie bretonne*, consacré à Guillaume Gruel, signale une excellente copie de sa chronique à la bibliothèque de Nantes[1]. Ce manuscrit, placé dans le catalogue de M. E. Péhant[2] sous le n° 48383, est aujourd'hui le n° 966 des manuscrits de cette bibliothèque.

C'est un beau manuscrit du xve siècle, sur vélin, in-4° de 66 fol., d'une écriture très régulière ; l'initiale du premier mot de chaque chapitre est en or, avec dessin d'ornement sur fond bleu et rose pâle à l'intérieur et à l'extérieur des panses ; les titres des chapitres sont écrits à l'encre rouge et les alinéas sont également indiqués par un signe à l'encre rouge ; la reliure est en maroquin rouge avec hermines sur les plats et des tranches dorées. Au fol. 1 r° on voit, en tête de la chronique, les armes de Bretagne avec la devise « em buhez a ma vi. » Immédiatement au-dessus, une main moderne a ajouté, nous ne savons pour quel motif, la date de 1460 ; rien ne permet d'affirmer que la chronique fût alors composée ; ce ne peut donc être la date de transcription du manuscrit.

Les trois quarts du fol. 9 r° sont restés en blanc : le copiste se proposait sans doute d'y représenter la prise de l'épée de

---

[1]. *Biographie bretonne*, I, 849 ; cf. *Nouv. Biographie gén.*, XXII, 243.

[2]. *Catalogue méthodique de la bibliothèque publique de la ville de Nantes*. Nantes, 1859-1874, 6 vol. in-8°.

connétable par Richemont, indiquée dans la page précédente.
Des places ont aussi été laissées pour des miniatures qui n'ont
pas reçu d'exécution aux fol. 53 r°, 58 v°, 63 v°. Dans la
marge du fol. 42 v° et au bas du fol. 59 v°, on voit un dessin
qui paraît figurer une main tenant une plume. Au fol. 51 r°,
on a ajouté en marge la mention suivante : « Guillaume Gruel
autheur de ces cronicques. » On ne connaît ni le nom du
copiste, ni la provenance de ce précieux manuscrit. Il est
assez naturel de trouver les armes de Bretagne en tête de
la chronique de Richemont; on n'en peut tirer aucune
conclusion sur la destination de cette copie, la seule qui
présente les formes orthographiques du xve siècle; considé-
rée à ce point de vue, elle doit reproduire assez exactement
le texte original. On y trouve les leçons « ay », « ai »
pour « oy », « oi » : Crepi en Valays[1], Blays[2], Dun le Ray[3],
Pontaise[4].

2° *Manuscrit de Tournai ou ms. T.*

Dans ce manuscrit, aujourd'hui perdu, le texte commen-
çait ainsi : « Chronique du très haut et très excellent prince
Artur 2. de ce nom, extraict de la ligne de Bretagne, en son
vivant comte de Richemont, seigneur de Partenay, connestable de France, et en la fin de ses jours duc de Bretaine 2.
et ne fut duc que 15. mois[5]. » Il appartenait au commencement du xviie siècle à D. de Villers, chanoine et chancelier
de l'église cathédrale de Tournai. Le 29 novembre 1618,
celui-ci offrit[6] au savant Peiresc, conseiller au Parlement

---

1. Gruel, p. 154.
2. *Ibid.*, p. 157, 158.
3. *Ibid.*, p. 49.
4. *Ibid.*, p. 170.
5. Sanderus, *Bibliotheca Belgica mss.*, 1641, I, 214, 215.
6. Pièce just. n° IV.

de Provence, de le lui communiquer, en l'engageant à faire imprimer l'œuvre de Gruel; sa proposition fut acceptée, comme on le voit, par une lettre de Peiresc, datée de Paris, 7 mai 1619, dans laquelle, après avoir entretenu le chanoine de Villers de plusieurs objets de curiosité que celui-ci lui avait prêtés, il ajoute : « J'ai reçu la boitte de vos antiques et *votre Arthur*[1]. » Peiresc, à son tour, transmit ce manuscrit à Théodore Godefroy, qui l'eut à sa disposition environ un an et en exécuta une copie de sa propre main. Le 20 juillet 1620, Peiresc, rentré en possession du manuscrit, le renvoyait au chanoine de Villers[2]. Après la mort de ce dernier, le texte de la chronique de Gruel passa, avec ses autres livres, dans la bibliothèque de la cathédrale de Tournai, où il se trouvait en 1641, lorsque Sanderus publia son catalogue des manuscrits de Belgique[3]. Que devint-il ensuite? Nous l'ignorons : il est encore signalé dans la *Bibliothèque historique de la France,* en 1771[4]; mais l'auteur parlant d'après le témoignage de Sanderus, rien ne prouve que le manuscrit du chanoine de Villers fût encore à cette époque dans la bibliothèque de la cathédrale. Nous avons acquis la certitude qu'il ne s'y trouve plus actuellement; il n'existe pas davantage dans la bibliothèque de la ville, ni dans celles de Mons, et de Bourgogne à Bruxelles, qui possèdent des volumes provenant des anciennes bibliothèques de Tournai.

3° *Manuscrit de Théodore Godefroy.*

Entre le 7 mai 1619 et le 20 juillet 1620, Théodore

---

1. Bibliothèque de Carpentras : lettres de M. de Peiresc à M. de Villiers, 6ᵉ volume à la date. (Communication de M. Barrès, conservateur de la bibliothèque et du musée d'Inguimbert.)
2. Pièce just. V.
3. Sanderus, *Bibliotheca Belgica mss.*, p. 211, 214.
4. *Bibliothèque historique,* par Lelong et Fevret de Fontette, III, n° 35383.

Godefroy transcrivit le texte du manuscrit de Tournai[1]. Nous n'avons pu retrouver cette copie; cependant au fol. 518 r° du volume 240 du fonds Godefroy, à la bibliothèque de l'Institut, on lit dans une table des matières : « 1 Histoire du connestable de Richemont; » mais la chronique de Gruel manque dans le volume même. Bien que l'on possède les deux éditions de Théodore et de Denys Godefroy, la perte du manuscrit exécuté par le premier est néanmoins très regrettable : on eût pu sans doute y découvrir, à côté des modifications faites par l'un et l'autre, une reproduction plus fidèle du texte du manuscrit de Tournai, dont nous déplorons également la disparition.

4° Manuscrit français 18697 de la Bibliothèque nationale ou ms. S.

Ce manuscrit, qui provient de la collection du chancelier Séguier, est un in-fol. en papier, de 209 fol., plus 1 fol. *bis* (le fol. 93), avec reliure en parchemin; les fol. 1-23 manquent. Au commencement se trouve la table des chapitres de la chronique de Gruel et des autres matières contenues dans le volume; cette table, d'une écriture plus récente que celle du texte, a été ajoutée après la mutilation du manuscrit; car elle ne mentionne pas les matières de la partie absente. Au bas de ce même fol., qui n'est pas compris dans le numérotage, est collée une petite note imprimée qui renferme l'histoire de ce manuscrit : « Ex Bibliotheca Mss. Coisliniana, olim Segueriana, quam Illust. Henricus Du Cambout, Dux de Coislin, Par Franciæ, Episcopus Metensis, etc., Monasterio S. Germani à Pratis legavit. An. M. DCC. XXXII. »

La plus ancienne mention de ce texte se trouve dans le *Catalogue des manuscrits de la bibliothèque de défunt monseigneur le chancelier Séguier*[2], publié sans nom

---

1. Cf. ci-dessus, p. xliv.
2. Édité à Paris, chez François Le Cointe, 1686, in-12.

d'auteur. A cette époque, il passa sans doute, avec les autres livres du chancelier, à son petit-fils, Henri-Charles du Cambout de Coislin, évêque de Metz, de 1697 à 1732. Celui-ci, qui était aussi abbé de Saint-Germain-des-Prés, déposa tous ses manuscrits, avant 1720, dans la bibliothèque de cette abbaye et, par acte du 1er mai 1731, les légua aux religieux[1]. La chronique d'Arthur de Bretagne forma le volume 300 de la « Bibliotheca Coisliniana San.-Germanensis[2]. » L'ancien n° 1600, que l'on trouve sur le premier fol. non numéroté, indique sans doute la cote que ce manuscrit porta lorsque, après 1735, les Bénédictins distribuèrent les volumes de Séguier dans leurs collections.

En 1794, elles furent transportées à la Bibliothèque nationale, où la chronique de Gruel forma le manuscrit 1056 du fonds Saint-Germain français, puis, nous l'avons dit, le n° 18697 du fonds français.

La biographie de Richemont, qui va du fol. 23 r° au fol. 120 v°, a été transcrite entièrement par la même main dans la fin du XVIe siècle ; l'écriture aux liaisons enchevêtrées est assez difficile à lire. Le texte primitif a été corrigé et annoté au moins par quatre personnes.

Le principal correcteur est celui qui a transcrit, aux fol. 121 et 122 r°, une liste d'évêques de Nantes jusqu'à l'épiscopat d'Amaury d'Acigné, en 1462[3]. C'est le seul qui ait retouché le texte même de la chronique ; nous aurons à revenir[4] sur le travail de ce personnage, dont nous regrettons de ne pouvoir donner le nom : nous avons retrouvé son écriture dans le ms. latin 6003 de la Bibliothèque nationale,

---

1. *Le Cabinet des mss. de la Bibl. nat.*, par M. L. Delisle, t. II, p. 99 ; *le Chancelier Séguier*, par M. R. Kerviler, 1874, p. 166.

2. Montfaucon, *Bibliotheca bibliothecarum mss. nova*, 1739, t. II, p. 1073, col. 1, E.

3. Cf. l'écriture de cette liste avec celle des corrections des fol. 51 v° et 98 r° ; la fin de la liste émane d'une autre main.

4. Cf. ci-dessous, p. lviij.

et dans le n° 3912 de la bibliothèque de l'Arsenal[1]. Il a transcrit, dans le ms. latin 6003, à la suite du *Chronicon Briocense*[2], une épitaphe d'un roi des Bretons, une liste des ducs de Bretagne jusqu'à François II, composée en 1470, une liste de rois anglais, de ducs normands et une « Chronologia Angliæ; » ces différents documents sont suivis de la signature de d'Argentré. Cette circonstance pourrait faire croire que le ms. 18697 a peut-être été copié, ou au moins revisé pour Bertrand d'Argentré[3], qui, d'après son *Histoire de Bretagne,* paraît avoir connu, non seulement la première *Compilation* de Le Baud, traduite par lui en latin[4], mais aussi la chronique de Gruel; nous n'en voulons pour preuve que l'énumération des hommes d'armes faits chevaliers à la prise de Montereau[5], passage qui ne se trouve ni dans la première *Compilation* de Le Baud, ni dans l'*Histoire de Bretagne* que celui-ci composa ensuite[6]. De plus, il faut remarquer que d'Argentré a mis en tête de son *Histoire de Bretagne* une liste d'évêques de Nantes[7], ce qui révèle chez lui et le correcteur du 18697, qui en a ajouté une à la suite de la chronique de Gruel, une même préoccupation.

D'un second personnage émanent la note marginale du fol. 98 r° : « Guillaume Gruel, autheur de ce livre, » et le titre même de la chronique[8]. Ces deux additions ont été

---

1. Ce ms. 3912 contient des copies de pièces relatives à l'histoire de Bretagne et aux fol. 85-133 la *Chronique de Jean de Saint-Paul,* éditée en 1881, par M. A. de la Borderie.
2. Fol. 143 v° à 147 v°.
3. Né à Vitré en 1519, mort en 1590.
4. P. Levot, *Biographie bretonne,* II, 163, article Le Baud.
5. D'Argentré, *Hist. de Bretagne,* 1618, p. 795 ; Gruel, p. 137.
6. Cf. Bibl. nat., ms. fr. 8266, fol. 362 ; et *Hist. de Bretagne,* par Le Baud, édit. d'Hozier, 1638, p. 485. Cette édition est postérieure à celles de l'*Histoire* de d'Argentré ; mais celui-ci eût pu avoir consulté le manuscrit du second travail de Le Baud.
7. Édit. de 1618, p. 47 à 57.
8. Fol. 23 r°.

faites à une époque plus ou moins antérieure à 1686, puisque le *Catalogue des mss. de la bibliothèque de ... Séguier*, dont nous avons parlé[1], reproduit la première partie de ce titre. La même main a écrit dans le ms. latin 6003 de la Bibliothèque nationale le titre du *Chronicon Briocense*[2], et celui de la traduction latine de la *Compilation* de Le Baud faite par d'Argentré[3].

Les notes marginales des fol. 76 v°, 89 r°, 90 r° (1re note), 118 v° sont d'une troisième écriture[4]. La deuxième note du fol. 90 r°, relative à la mort du bâtard Alexandre de Bourbon[5], est l'œuvre de celui qui a mentionné, au fol. 122 v°, les difficultés survenues à cause du droit de présentation à l'évêché de Nantes, droit que la duchesse Anne revendiqua expressément dans le traité de son mariage avec Louis XII.

5° *Manuscrit français 5037 de la Bibliothèque nationale ou ms. C.*

Nous retrouvons le texte de notre chronique à la Bibliothèque nationale dans le ms. fr. 5037 ; c'est un petit in-fol. en papier, de 306 fol. ; la biographie du connétable comprend les fol. 43 r° à 119 v°, qui sont d'une écriture du commencement du XVIe siècle. Il fit d'abord partie de la collection de Jacques-Auguste de Thou[6], magistrat et historien, qui mourut à Paris, le 7 mai 1617, laissant une bibliothèque de la plus haute valeur. Notre chronique figure dans le catalogue de ses manuscrits qui fut dressé au mois de novembre de cette année[7], par Pierre et Jacques

---

1. Cf. ci-dessus, p. xlv.
2. Au verso du fol. qui précède le fol. 1.
3. Ms. lat. 6003, fol. 150 r°.
4. Cf. Gruel, p. 132, note 3, p. 160, note 1, p. 162, note 2, p. 227, note 2.
5. *Ibid.*, 162, note 2.
6. Au bas du fol. 2 r° on lit : « Jacobi Aug. Thuani. »
7. *Nouv. Biographie gén.*, XLV, 255 ; Bibl. nat., Collection Dupuy, ms. 653, fol. 3 r° et 152 r°.

Dupuy, et imprimé en 1679, après avoir subi diverses modifications, par les soins de Joseph Quesnel[1]. Jacques Dupuy, le dernier survivant des deux frères, mourut le 17 novembre 1656, léguant ses manuscrits à M. de Thou[2]. Celui-ci, quelques années plus tard, résolut de se débarrasser de ces précieuses collections; il vendit, en 1679, ou en 1680, les imprimés et les manuscrits modernes au président à mortier Charron de Ménars, et les manuscrits anciens à Colbert[3]. Le volume renfermant la chronique de Gruel suivit le sort de ces derniers et entra dans la bibliothèque de l'illustre ministre, où il porta le n° 1810[4]; de là il passa, cinquante-deux ans plus tard, avec les autres manuscrits de Colbert, dans la Bibliothèque royale, qui reçut ces richesses considérables le 11 et le 12 septembre 1732[5]; il fut alors classé sous le n° 9675^{33}, et fait aujourd'hui partie du fonds français. Ce manuscrit ne présente, comme le suivant, aucune division en chapitres.

6° *Manuscrit français 5507 de la Bibliothèque nationale ou ms. B.*

La Bibliothèque nationale possède un troisième exemplaire de la chronique de Gruel dans le ms. fr. 5507 : c'est un

---

1. *Catalogus bibliothecæ Thuanæ a clariss. V. V. Petro et Jacobo Puteanis, ordine alphabetico primùm distributus; tum secundùm scientias et artes à clariss. viro Ismaele Bullialdo digestus; nunc vero editus à Josepho Quesnel, Parisino et bibliothecario, cum indice alphabetico authorum.* Parisiis, MDCLXXIX, 2 vol. in-8°. La mention de la chronique de Richemont se trouve dans le t. II, p. 455.

2. M. L. Delisle, *Cabinet des mss.*, I, 423, ne donne pas, croyons-nous, les prénoms de ce personnage; il s'agit vraisemblablement de Jacques-Auguste, président des requêtes, deuxième fils de celui dont nous avons parlé. (Cf. *Nouv. Biographie gén.*, XLV, 259.)

3. *Cabinet des mss.*, I, 423, 471.

4. C, fol. 1 r°.

5. *Cabinet des mss.*, I, 485.

petit in-fol. de 61 fol., contenant la vie de Richemont, plus 7 fol. non numérotés, dont 4 au commencement et 3 à la fin. La majeure partie de ce manuscrit en papier, relié en parchemin, est d'une écriture du commencement du xviie siècle; il provient de la collection de Jean Bigot, dans laquelle il portait le n° 209[1]. Une note marginale du fol. 1 r° nous apprend que Bigot l'avait reçu, en août 1642, de M. Ménart, d'Angers[2]; il est déjà signalé, en 1739, par Montfaucon[3], comme faisant partie de la Bibliothèque royale sous le n° 9902[2].

Sur la garde du plat recto se trouve une étiquette avec les armes du propriétaire du manuscrit et la mention « Johannes Bigot »; à droite, une autre main a écrit : « Artus 3, duc de Bretaigne. » La disposition matérielle de ce manuscrit montre clairement que le cahier renfermant les fol. 1 à 22 v° a été réuni après coup au second cahier qui contient à lui seul tout le reste de la chronique et a été écrit en entier par la même main. Le premier cahier est l'œuvre de deux copistes différents : l'un a transcrit les fol. 1 à 20 v°, l'autre les fol. 21 et 22, correspondant à deux fol. non numérotés et laissés en blanc, qui sont placés immédiatement avant le texte de la biographie de Richemont.

On lit au haut du fol. 34 r°, à gauche, cet avertissement écrit par un autre que le copiste : « Ce cahier doit être mis au millieu de l'autre; » l'intercalation a été faite avant la reliure, car le texte se suit bien. Au fol. 52 r°, l'auteur de la précédente note a mis : « *Hic* la distinction du grand cahier séparé pour le plier plus commodément. » Il n'y a pas de division en chapitres dans ce manuscrit; mais de nombreuses places blanches, paraissant attendre des titres, indiquent

---

1. M. L. Delisle : *Bibliotheca Bigotiana manuscripta* (cf. sur J. Bigot l'introduction); ms. fr. 5507, fol. 1 r° (non numéroté).
2. Sur ce Ménart (Claude), voir la *Nouvelle Biographie générale*.
3. *Bibliotheca bibliothecarum mss. nova*, 1739, II, 889, col. 2, A.

qu'elle existait dans l'original, dont il dérive, ou que le copiste se proposait d'en ajouter après coup.

7° *Extrait de Du Chesne à la Bibliothèque nationale ou ms. D.*

Le volume 70 de la collection Du Chesne, à la Bibliothèque nationale, contient, aux fol. 114 et 115, de courts extraits de la chronique de Gruel. L'abréviateur transcrit d'abord à peu près textuellement les passages qu'il juge utile de noter; puis il place succinctement sous une date les faits les plus importants. Immédiatement après la mention de la mort de Richemont, il a copié les noms des souscripteurs du traité d'alliance conclu, à Rennes, le 27 juin 1449, entre le duc de Bretagne et les ambassadeurs du Roi de France, après la prise de Fougères par François de Surienne[1], et une brève mention relative à la bataille de Poitiers en 1356[2].

§ III.

Classification des manuscrits.

Les manuscrits de la chronique de Gruel, que nous possédons, ont été rédigés à des dates assez différentes ; avant de les utiliser, il faut nécessairement se demander quelles

---

1. Cf. le traité du 27 juin 1449 dans D. Morice, *Preuves*, II, 1453.
2. Dans la suite de notre étude et dans les notes de notre édition, nous indiquerons par une seule lettre chacun de nos mss. Le ms. de Nantes sera indiqué par la lettre N; le ms. 18697, provenant de Séguier, par S (dans les extraits de ce ms. que nous donnons dans nos notes, nous avons imprimé en italiques les corrections faites au texte primitif); le ms. 5037 (de Colbert), par C; le ms. 5507 (de Bigot), par B; l'extrait de Du Chesne, par D; le ms. 8266 de la *Compilation* de Le Baud, par L; parfois aussi nous faisons mention du ms. de Tournai, T.

sont leur origine et leur valeur. Il est évident, en effet, que, si les trois manuscrits de la Bibliothèque nationale ne sont que des copies prises les unes sur les autres, elles seront une maigre ressource ; si, au contraire, on y trouve des transcriptions diverses d'originaux plus anciens, aujourd'hui inconnus, on aura l'espoir de relever dans l'une certaines variantes qui éclairciront le texte ou combleront les lacunes des autres. Nous allons donc les examiner à ce point de vue.

Les manuscrits de notre chronique peuvent se ranger en deux familles. La première comprend le ms. N et celui de Tournai, représenté par l'édition de Th. Godefroy ; ce sont incontestablement les meilleurs textes et, spécialement pour la graphie, le premier a une valeur considérable. La seconde famille se compose des mss. S, C, B et D, auxquels on ne peut avoir recours que pour rectifier certaines erreurs historiques, sans tenir compte des variantes graphiques qu'ils peuvent fournir.

1re Famille : Manuscrits N et T.

Si l'on compare le texte du ms. de Nantes avec celui qui a été donné par Th. Godefroy, on remarque une grande analogie entre les deux. On y retrouve exactement les mêmes dates, ainsi qu'une collation minutieuse nous en a donné la preuve, et, quand il y a divergence entre les manuscrits, la copie de Nantes et celle de Th. Godefroy sont d'accord. Nous avons signalé, il est vrai, un certain nombre de lacunes dans cette édition ; mais elles ne permettent pas de supposer que le ms. T fût moins complet que l'autre : l'absence de plusieurs mentions s'explique par leur peu d'importance, et une omission volontaire de Th. Godefroy ; pour toutes les autres, et ce ne sont pas les moins nombreuses, on peut croire que l'éditeur les a laissées de côté soit par négligence, soit parce qu'il n'est pas parvenu à les lire ou à les comprendre.

Voici d'ailleurs quelques traits caractéristiques communs

au ms. N et à l'édition de Th. Godefroy, représentant le ms. T ; ils offrent sur plusieurs points les mêmes variantes de texte, les mêmes lacunes et additions, enfin des dates qui diffèrent de celles qui sont fournies par les autres manuscrits.

Citons quelques-unes des principales variantes de texte : N : « L'an mil CCCCXXXV, ou moys de jugn ; » Th. Godefroy : « Au mois de juin ; » cette mention est ainsi modifiée dans S, C, B : « ... la vigille de Sainct Jehan[1]. » « L'an et moys que desus, environ la Saint Jehan ; » cette variante, que l'on retrouve dans l'édition de Th. Godefroy, devient dans S : « En celuy an mil quatre cens trancte cinq, le quinziesme jour du moys de juing, » et dans C et B : « En celuy an, mil IIII^c XXXV, environ le xve jour de juign[2]. » Le texte N dit, à propos du mariage du connétable avec Jeanne d'Albret : « Et fut le jour de la decollacion Saint Jehan Baptiste, » leçon adoptée par Th. Godefroy, tandis que les autres manuscrits fournissent une légère variante[3]. Enfin, alors que, dans le passage où Gruel fixe l'époque des négociations entamées pour le troisième mariage de son maître avec Catherine de Luxembourg, le ms. N et l'édition Th. Godefroy donnent : « Puis ou commencement de l'esté, mil CCCC XL cinq, fut parlé..., » on lit dans les mss. S, C, B : « Puys en la fin de l'esté fut parlé...[4]. »

Les deux textes, dont nous voulons montrer l'étroite parenté, sont les plus complets de ceux que nous possédons, et nous n'avons par suite à y signaler qu'un petit nombre de lacunes. Ni le ms. N, ni l'édition de Th. Godefroy ne mentionnent la mort du Roi de France[5]. On y chercherait vainement la date précise de la levée du siège de Gerberoy, don-

---

1. Gruel, p. 101, début du chapitre LVIII et note 3.
2. *Ibid.*, p. 101, début du chapitre LIX et note 4.
3. *Ibid.*, p. 178 ; cf. édit. de 1622, p. 125, Buchon, p. 394^2.
4. *Ibid.*, p. 186.
5. *Ibid.*, p. 28.

née par les mss. S, C, B[1]. Par contre, ils fournissent seuls deux indications, dont l'une détermine la situation topographique de Sainte-Neomaye[2], et l'autre fixe l'année où, selon Gruel, le connétable de Richemont vint à Tours vers le Roi qui attendait une ambassade envoyée par le Roi de Hongrie[3]. Mais c'est surtout la parfaite concordance chronologique de ces deux textes qui montre jusqu'à l'évidence leur commune origine. Dans plusieurs cas, ils diffèrent sur ce point des mss. S, C, B. Ainsi, les textes de la première famille placent la mort de Jeanne, duchesse de Bretagne, en 1432, alors que les autres manuscrits attribuent cet événement soit à l'année 1431, soit à l'année 1433[4]. Nous les retrouvons en complet désaccord avec ces derniers sur l'époque de l'envahissement et du pillage de la Champagne par les troupes non soldées du connétable[5]. Ils placent en 1444 l'expédition du Dauphin Louis en Allemagne, alors que les manuscrits S, C, B donnent l'année 1445[6]; en 1446 (anc. st.), la reddition du Mans par les Anglais, que les autres manuscrits attribuent à 1447 (anc. st.)[7]; en 1447, au lieu de 1448, l'assemblée des seigneurs à Chinon, mentionnée dans notre chapitre LXXXIV[8]; en 1448 (anc. st.), au lieu de 1449 (anc. st.), la prise de Fougères par François de Surienne, dit l'Aragonais[9]; enfin, la date de la mort de Richemont est tout à fait caractéristique; on lit, non sans une vive surprise, que cet événement arriva le 26 décembre 1457, alors qu'en réalité ce fut le 26 décembre 1458,

---

1. Gruel, p. 109 et note 3.
2. *Ibid.*, p. 66.
3. *Ibid.*, p. 225.
4. *Ibid.*, p. 80, chapitre LIV.
5. *Ibid.*, p. 144.
6. *Ibid.*, p. 185.
7. *Ibid.*, p. 190.
8. *Ibid.*, p. 193.
9. *Ibid.*, p. 195.

leçon qui nous est fournie par les manuscrits de la seconde famille[1].

Nous avons suffisamment montré l'analogie frappante qui existe entre le ms. N et l'édition de Th. Godefroy ; cette analogie est si grande que nous avons cru, pendant quelque temps, avoir retrouvé à Nantes l'ancien manuscrit de Tournai, aujourd'hui disparu des bibliothèques de cette ville[2]. Cette hypothèse ne manquait pas d'une certaine vraisemblance. En effet, d'après les érudits belges, lors de l'invasion française en 1794, tous les manuscrits et les livres de la bibliothèque de la cathédrale de Tournai furent saisis ; un grand nombre se trouvèrent dérobés ou détruits. N'était-il pas permis de supposer que le manuscrit de la chronique de Gruel, enlevé par quelque républicain breton et historien, rentra ainsi dans le pays, pour lequel il offre un si grand intérêt ? Malheureusement, c'était là une illusion que nous avons dû perdre ; car, si les mss. T et N doivent être rangés dans la même famille, ils présentent dans certains passages des variantes caractéristiques, qui ne permettent pas de les identifier l'un avec l'autre. Voici quelques-unes des variantes que nous avons relevées dans le texte du ms. T, fourni par Théodore Godefroy, et dans le ms. N : T : « Et fit-on de grandes courses sur le pays obeissant à monseigneur de Bourgongne ; » N : « ... sur le païs non obeissant à monseigneur[3]. » T : « Et y mit Josselin de la Belloseraye...; » N : « Et y mourut...[4]. » T : « L'an que dessus environ le premier jour de may...; » N : « L'an que desus monseigneur. » La mention du premier jour de mai se retrouve dans les mss. C, B, et n'est pas une addition de Th. Godefroy[5].

1. Gruel, p. 231, 232.
2. Cf. ci-dessus, p. xliv.
3. Gruel, p. 89.
4. *Ibid.*, p. 105.
5. *Ibid.*, p. 132.

T : « C'est à savoir Olivier de Bron, et bien trente lances ; » N : « ... et bien xx lances[1]. » T : « ... Guillaume de Launay, Henry de Launay, Olivier de Néel ; » N : « Guillaume de Launay, Olivier du Val[2]. » Enfin, on remarque que l'on trouve dans l'édition de Th. Godefroy la mention du mariage en secondes noces du duc Jean le Vaillant avec la fille du prince de Galles, mention qui fait défaut dans le ms. N[3].

Il nous faut donc arriver à cette conclusion que, si le manuscrit de la bibliothèque du chapitre de Tournai n'a pas été détruit lors de l'invasion française, il fut soustrait au pillage par des mains prévoyantes et se trouve aujourd'hui dans quelque bibliothèque privée, où nous n'avons pu faire porter nos recherches.

2ᵉ Famille : Manuscrits S, C, B et D.

On a déjà pu constater[4] que les ms. S, C, B se distinguent par la chronologie et par plusieurs traits communs des mss. T et N. Nous pourrions ajouter beaucoup d'autres preuves à celles que nous avons déjà présentées ; une particularité les caractérise tout spécialement et permet, sinon de les rattacher à un original commun, au moins de les ranger avec certitude dans la même famille : la mention de la mort du capitaine écossais Bouays Glavy, au lieu d'être placée, comme dans le ms. N, sous l'année 1439, se trouve reportée à l'année 1440, et, dans ces trois textes, le passage concernant Bouzon de Fages est reproduit sous chacune de ces deux dates[5]. On y relève en outre plusieurs lacunes identiques[6] et des variantes communes[7].

1. Gruel, p. 170.
2. *Ibid.*, p. 179.
3. *Ibid.*, p. 2.
4. Cf. ci-dessus, p. lij-liv.
5. Gruel, p. 139, 140 et 161.
6. *Ibid.*, p. 66 et 173, notes 2 et 3.
7. *Ibid.*, p. 143, note 1, p. 178, note 1, p. 186, note 1.

Il nous reste maintenant à signaler les caractères particuliers de chacun des mss. de la seconde famille.

1° *Manuscrit S.*

Si l'on compare ce texte avec celui des mss. C et B, on remarque d'abord une grande différence entre l'orthographe du premier et celle des deux autres. Tandis que ceux-ci présentent parfois, mais avec beaucoup moins d'exactitude que le ms. N, des formes et des expressions que l'on a coutume de rencontrer dans les écrits du xve siècle, telles que « o » signifiant « avec, » « paour, » « Saint Paoul, » « missire, » « pluseurs, » etc., le ms. S offre un texte remanié à ce point de vue, et, pour ne citer qu'un seul exemple, nous signalerons la troisième personne du singulier de l'indicatif imparfait, « falloict, pouvoict, » qui est toujours écrite avec un *c*. En outre, le ms. S, dont le seul avantage est d'être beaucoup plus complet que les textes C et B, s'en distingue encore par de nombreuses variantes dans le fond même du récit[1]; mais le trait caractéristique de ce texte consiste dans la mention de la mort de Charles VI, qu'il nous a seul transmise. Comme nous l'avons dit, il a été revisé avec beaucoup de soin et plusieurs lacunes ont été comblées. Il y a des corrections qui rappellent manifestement un texte de la première famille ; nous ne donnerons ici que deux exemples. Nous citerons le passage dans lequel le correcteur a modifié le texte primitif en remplaçant la leçon « grand frere » par celle-ci : « grand *Feré,* » qui ne se trouve que dans le ms. N[2]. Le second exemple n'est pas moins caractéristique : il s'agit d'un messager envoyé par le Roi à Richemont ; dans les mss. C et B et le texte primitif de S, ce messager est appelé « Mathelin de la Tour ; » le correcteur a préféré

---

1. Gruel, p. 16, note 1, p. 69, note 4, p. 83, note 1, p. 89, note 1, p. 112, note 4, p. 142, note 1, p. 143, note 1, p. 170, note 1, p. 179, note 1, p. 196, note 1, etc.

2. Gruel, p. 136.

la leçon que nous retrouvons dans le ms. N, « Ouachelin[1]. »

Celui qui fut chargé de collationner le ms. S accomplit son œuvre consciencieusement ; les additions qu'il a dû faire au texte primitif sont nombreuses[2], et quelques-unes étaient indispensables à l'intelligence du récit[3]. Dans bien des cas, il prend la peine d'écrire les mots plus lisiblement[4], et avec des modifications graphiques : c'est ainsi qu'il remplace « Fouyers » par « Foix[5] », « Braisé » par « Brézé », « Tellay » par « Teillay », « Bron » par « Broon[6] » et « Chignon » par « Chinon[7] ». Il n'est pas toujours bon lecteur et commet de regrettables méprises, par exemple lorsqu'il met « Han » pour « Heu[8] ».

Il est inutile de nous arrêter plus longtemps à l'étude de ces corrections, dont nous n'avons pas eu à faire usage, puisque dans la plupart des cas elles contiennent un remaniement du texte primitif, dont les formes graphiques sont déjà bien éloignées de celles du xve siècle.

2° *Manuscrits C et B.*

Ces deux manuscrits présentent une si grande analogie qu'il serait superflu de consacrer à chacun d'eux une étude spéciale. Le ms. C a été, selon toute vraisemblance, transcrit au commencement du xvie siècle sur l'original qui servit plus tard pour l'exécution de la seconde partie du ms. B. De plus, sans être trop affirmatif sur une question aussi délicate, nous ne serions pas éloigné de penser que le premier des

---

1. Gruel, p. 145, note 1.
2. *Ibid.*, p. 35, note 1, p. 39, note 2, p. 50, note 2, p. 220, note 2.
3. *Ibid.*, p. 94, note 4, p. 133, note 2, p. 184, note 2, p. 200, note 8, p. 217, note 6.
4. *Ibid.*, p. 85, note 2, p. 179, note 1.
5. *Ibid.*, p. 47, note 1.
6. *Ibid.*, p. 183, note 1.
7. *Ibid.*, p. 39, note 2.
8. *Ibid.*, p. 126, note 4.

deux cahiers dont se compose ce dernier manuscrit[1] n'est qu'une simple copie de la partie correspondante du ms. C; pour cette partie, en effet, on relève exactement les mêmes lacunes[2] et les mêmes variantes[3] dans l'un et dans l'autre. L'on s'explique assez facilement la différence entre certaines leçons : l'examen du texte C montre, par exemple, que les copistes du premier cahier de B, qui ne semblent pas avoir fait leur travail avec beaucoup de soin, ont fort bien pu lire dans le ms. C « Cosiliers » au lieu de « Arsiliers[4] », et « Sainct Simiers » au lieu de « Saint Miers[5] »; cette dernière faute résulte d'une mauvaise lecture du texte C; le transcripteur aura pris pour une *s* le premier jambage de l'*m*. Les négligences de ces copistes sont nombreuses, et ils ont omis quelques noms propres dont la lecture ne présentait pas une bien grande difficulté[6]. Le copiste du second cahier a mis plus d'attention dans l'exécution de sa tâche; il a même évité des erreurs de transcription commises par le copiste de C, que nous voyons confondre, par une distraction singulière, Charles VII avec « Henri le Rai[7] ». Cette partie dérive certainement d'un manuscrit de la seconde famille[8], mais non du texte C lui-même, puisque, outre diverses variantes, nous avons constaté dans celui-ci une lacune qui n'existe pas dans le ms. B[9].

1. Cf. ci-dessus, p. l.
2. Gruel, p. 7, note 2, p. 10, note 4, p. 24, note 2, p. 28, note 2.
3. *Ibid.*, p. 2, note 2, p. 45, note 1, p. 56, note 2, p. 97, notes 1 et 3, p. 105, note 1, p. 126, note 4, p. 132, note 1.
4. *Ibid.*, p. 94, note 2.
5. *Ibid.*, p. 96, note 3.
6. *Ibid.*, p. 4, note 1, p. 18, note 1, p. 28, note 1, p. 93, note 5, p. 132, note 3.
7. *Ibid.*, p. 163, note 4.
8. *Ibid.*, p. 135, note 2, p. 136, note 2, p. 140, note 1, p. 142, notes 1 et 3, p. 147, note 1, p. 150, note 1, p. 179, note 1, p. 197, note 2.
9. *Ibid.*, p. 184, note 4.

Aux omissions que nous avons déjà signalées dans ces manuscrits[1], il faut ajouter celles qui sont indiquées dans les autres notes de notre texte[2]. Cependant on y relève des mentions que l'on chercherait vainement dans le ms. S. Telles sont la mention du mariage du duc Jean le Vaillant avec la fille du prince de Galles, qu'on ne trouve que dans ces deux textes et dans l'édition de Godefroy[3], celle du séjour de Richemont à Nérac en 1442 avant de se rendre à Castel-Jaloux[4], deux autres, dont l'une rappelle la présence des seigneurs de Lohéac et de Derval au siège de Beuvron[5], et la seconde un voyage de Richemont, de Parthenay à Tours[6].

3° *Extrait de Du Chesne ou ms. D.*

On doit rattacher à la seconde famille de nos manuscrits l'extrait de la chronique de Gruel contenu dans le volume 70 de la collection Du Chesne; son étendue peu considérable et la concision avec laquelle l'abréviateur mentionne les faits qui ont attiré son attention le rendent peu important. Cependant il est utile de constater qu'il place aussi la mort de Richemont à sa date exacte, c'est-à-dire en 1458, ce qui ne permet pas d'en chercher l'original dans le ms. N. De plus il ne semble pas dérivé du texte S, qui donne la fausse date de 1431 pour la mort de la duchesse Jeanne[7], ni du ms. B, qui ne mentionne pas le nom du gouverneur de Richemont, nom que l'on trouve dans cet extrait[8]. Par contre, le texte,

---

1. Cf. ci-dessus, p. lix, note 2.
2. Gruel, p. 150, note 1, p. 161, note 3, p. 231, note 3, p. 233, note 1.
3. *Ibid.*, p. 2, note 2.
4. *Ibid.*, p. 179, note 1.
5. *Ibid.*, p. 197, note 2.
6. *Ibid.*, p. 217, note 6.
7. *Ibid.*, p. 80, note 1.
8. *Ibid.*, p. 4, note 1.

aussi bien que la chronologie, est généralement en parfaite harmonie avec celui du ms. C. Or l'on voit dans ce dernier, comme à la suite de l'extrait D, et la liste des souscripteurs du traité d'alliance conclu à Rennes le 27 juin 1449 entre le duc de Bretagne et les ambassadeurs du Roi de France[1], et la mention concernant la bataille de Poitiers[2]; d'où nous n'hésitons pas à conclure que l'abréviateur a fait son travail à l'aide du ms. C.

§ IV.

ÉTABLISSEMENT DU TEXTE DE LA CHRONIQUE.

Aucun des manuscrits que nous venons d'étudier n'est l'original de la chronique d'Arthur de Richemont. M. Fr. Sacher prétend, il est vrai, que Th. Godefroy a donné son édition « d'après le manuscrit de G. Gruel[3]; » mais nous sommes convaincu que M. Sacher n'a jamais vu le manuscrit dont il parle, et que son assertion est purement arbitraire. On ne peut en effet déduire rien de semblable de la note que l'on trouve à la fin du texte de Th. Godefroy[4], et qui indique comme source le manuscrit du chanoine de Tournai; or, nous ne pensons pas qu'il existe une autre indication plus précise sur ce point. Que le manuscrit du chanoine de Villers fût très ancien, c'est possible : il remontait peut-être, comme le ms. N, au xve siècle; mais ni l'un ni l'autre ne représente exactement le texte que Le Baud eut entre les mains, et dont quelques bonnes leçons ont été recueillies seulement par les mss. S, C, B, directement, ou par l'intermédiaire d'autres copies. Le soin matériel avec

---

1. C, fol. 125 r°; cf. ci-dessus, p. lj.
2. C, fol. 145 r°.
3. *Bibliographie de la Bretagne*, 1881, p. 82.
4. *Hist. d'Artus III*, 1622, p. 161.

lequel le ms. N est exécuté dénote une transcription et non un original, les lacunes et autres erreurs que l'on y rencontre prouvent que cette copie n'a pas été faite sous les yeux du chroniqueur lui-même. Dans le texte édité par Th. Godefroy, il y a, nous l'avons vu, un assez grand nombre d'erreurs[1]; les unes doivent être imputées au chroniqueur lui-même; mais les autres, et ce ne sont pas les moins graves, sont l'œuvre de copistes inattentifs. Nous devons donc faire la part de l'auteur et celle des copistes, et rendre au travail de Gruel sa physionomie première et sa valeur propre, en un mot établir, autant que possible, le véritable texte de sa chronique.

L'établissement d'un texte historique comprend une critique de la forme et une critique du fond : la première consiste dans une étude paléographique ayant pour but de rechercher le manuscrit qui donne les meilleures leçons; la seconde montre le degré d'exactitude des renseignements fournis par le chroniqueur, les erreurs qu'il a commises et leur origine. Des quatre manuscrits que nous possédons actuellement, celui de Nantes, de beaucoup le plus ancien, est incontestablement le meilleur au point de vue graphique; aussi n'avons-nous pas hésité à le prendre pour base de notre édition. Ce manuscrit, le plus correct dans la forme, est aussi le plus exact et le plus complet pour le fond du récit. Néanmoins il offre de rares lacunes qu'il faut combler et quelques leçons fautives que nous devons rectifier à l'aide des autres manuscrits.

La comparaison des variantes que présentent les différents textes, avec les données fournies par les documents et les principaux chroniqueurs contemporains, déterminera la leçon qui devra être préférée et sera la base de l'établissement de notre texte. On pourrait contester cette méthode si l'on admettait que les mss. S, C et B, qui fournissent plu-

---

1. Cf. ci-dessus, p. xxxviij et suiv.

sieurs bonnes leçons, ont été revisés systématiquement par les copistes. Mais, alors, comment expliquer que toutes les erreurs de la chronique, notamment les fautes de chronologie, n'aient pas été corrigées? parmi celles qui subsistent, il en est qui ne pouvaient passer inaperçues dans un examen un peu sérieux. En outre, comme nous le verrons, plusieurs des variantes de ces manuscrits sont inexactes et ne peuvent par suite être attribuées à un correcteur. On doit rejeter l'hypothèse d'une revision et reconnaître que la diversité des leçons provient de l'attention et de l'habileté plus ou moins grandes des copistes. Nous allons donc essayer de justifier plusieurs corrections et additions que nous avons apportées au texte du ms. N.

On lit au premier folio du ms. N que le duc Jean le Vaillant épousa en secondes noces Jeanne de Navarre. C'est là une erreur résultant d'une omission que l'on s'explique assez facilement par la répétition de la préposition « o »; après avoir transcrit le premier « o », le copiste aura passé immédiatement au membre de phrase suivant le second « o ». On sait, en effet, que, peu après la mort de Marie d'Angleterre, le duc Jean le Vaillant épousa, en 1366, Jeanne, fille de Thomas Holland, comte de Kent, morte en 1384[1]; Jeanne de Navarre, avec laquelle il se maria, le 11 septembre 1386, fut donc, non sa seconde, mais sa troisième femme. Le ms. S[2] reproduit, il est vrai, la leçon du texte N; mais C et B, et l'édition de Th. Godefroy offrent la mention omise ailleurs[3].

Le ms. S signale seul la mort de Charles VI; comme ce fait est rapporté dans la *Compilation* de Le Baud en termes presque identiques, il devait donc se trouver aussi dans l'ancien ms. de la chronique de Gruel qu'il utilisa avant 1482[4].

1. Anselme, *Hist. généalogique de la maison de France*, I, 452.
2. S, fol. 23 r°.
3. Gruel, p. 2, note 2.
4. *Ibid.*, p. 28, note 2; C, fol. 49 r°; B, fol. 4 r°; L, fol. 352 v°, col. 1; D, fol. 114 v°.

S'il fallait en croire le ms. N, Jeanne de France, duchesse de Bretagne, serait morte à la fin de septembre 1432 ; mais c'est évidemment une fausse leçon ; en effet, le ms. S donne, en toutes lettres, « l'an mil quatre cens trante et ung, » et les mss. C, B « l'an mil quatre cens trente trois[1]. » Or, si l'on considère que cette dernière date, la seule exacte[2], est reproduite non seulement dans la *Compilation* de Le Baud[3], mais aussi dans l'extrait de Du Chesne[4], on n'hésitera pas à reconnaître que Gruel est exempt d'une erreur que lui ont fait commettre quelques copistes et les éditeurs.

En 1435, Gruel fut chargé d'annoncer au connétable de Richemont la naissance de François d'Étampes ; les mss. S, C et B[5] nous apprennent qu'il reçut cette mission « la vigile de Sainct Jehan ». Cette date précise, fournie également par le texte de Le Baud, peut être adoptée, puisque François, fils de Richard de Bretagne, comte d'Étampes, seigneur de Clisson, et de Marguerite d'Orléans, naquit effectivement le 23 juin[6]. Gruel fut dépêché le jour même vers Richemont, qui se trouvait sans doute encore à Parthenay[7]. Malheureusement l'abréviateur de Du Chesne qui mentionne cet événement n'indique que l'année. Mais la date du 15 juin fixée par les mêmes manuscrits pour le départ des ambassadeurs envoyés au congrès d'Arras doit être écartée[8]. Le contexte montre en effet que Richemont ne se mit en route qu'après avoir appris la naissance de François d'Étampes ; le plein pouvoir donné par Charles VII à ses envoyés est daté d'Am-

---

1. Gruel, p. 80.
2. Anselme, *Hist. généalogique,* I, 455.
3. L, fol. 361 r°, col. 1.
4. D, fol. 115 r°.
5. Gruel, p. 101.
6. Anselme, *Hist. généalogique,* I, 463.
7. Gruel, p. 101, fin du chapitre LVII.
8. *Ibid.,* note 4.

boise, 6 juillet 1435[1] : Richemont et les autres députés ne quittèrent cette ville qu'après avoir reçu ce mandat officiel, pour gagner, par Reims, Laon, Saint-Quentin, Cambrai, la ville d'Arras, où ils arrivèrent le 31 juillet[2]. Nous admettrions volontiers que la leçon « 15 juin » résulte d'une mauvaise lecture, et est mise pour « 25 juin ».

Les mss. S, C, B nous permettent d'ajouter encore à notre texte la date précise, à laquelle fut levé le siège de Gerberoy, « et fut le jour de Sainct Nicolas de may ». La saint Nicolas d'été, jour de la translation des reliques de ce saint, tombe le 9 mai ; la levée du siège eut en effet lieu vers cette époque[3].

Le siège de Chauvency, la défaite et la mort de Geoffroy Morillon, d'Alain Giron et de Pierre Daugi ne sont pas des événements de l'année 1440, comme l'indiquent les textes de la première famille. Monstrelet[4] commet aussi une erreur énorme en les rapportant à l'année 1436 ; ils eurent lieu après le 5 avril, date de Pâques 1439, et avant le 23 juillet de la même année[5]. Or c'est précisément l'année indiquée par les mss. S, C et B qui nous permettent ainsi de décharger notre chroniqueur d'une faute nouvelle.

La singulière entrevue qui eut lieu entre le connétable et le prieur des chartreux de Paris[6] n'est pas racontée avec la

---

1. Bibl. nat., ms. Fontanieu 118, à la date ; Gachard, *Rapport* sur les *Archives de Dijon*, p. 69, n° 163.
2. Monstrelet, édit. Douët d'Arcq, V, 134.
3. N, fol. 109 ; — M. de Mas-Latrie, *Glossaire des dates*, 1883, p. 45 ; — *Journal d'un bourgeois de Paris*, édit. Tuetey, p. 305 ; — Monstrelet, V, 122 ; — Berry dans D. Godefroy, *Hist. de Charles VII*, p. 388, 389.
4. Édit. Douët d'Arcq, V, 222, 223.
5. Gruel, p. 144 ; Berry dans D. Godefroy, *Hist. de Charles VII*, p. 401 ; *Chronique du doyen de Saint-Thiébaut de Metz* dans l'*Hist. de Lorraine* de D. Calmet, 1728, II, *Preuves*, p. 234.
6. Gruel, p. 148-150.

même étendue dans tous les manuscrits : N et S, les plus complets sur ce point, contiennent après le dialogue quelques lignes qui le résument sous la forme indirecte. Cette seconde partie manque dans l'édition de Th. Godefroy ; on n'en peut conclure qu'elle fît aussi défaut dans le ms. T ; il est fort possible que Th. Godefroy ait supprimé ces quelques lignes qui sont la simple répétition de ce qui précède. Comme tous les manuscrits donnent le passage supprimé dans les éditions, nous sommes autorisé à le maintenir dans notre texte[1].

On sait que l'expédition du Dauphin Louis en Allemagne eut lieu dans la seconde moitié de 1444, après les trêves conclues à Tours avec les Anglais, le 28 mai 1444. Tandis que le ms. N nous donne la bonne leçon, les trois autres placent à tort cet événement en 1445[2]. Nous retrouvons encore ces derniers mss. en défaut dans le passage suivant, où ils nous disent que le connétable de Richemont épousa Catherine de Luxembourg en 1446[3]. C'est évidemment une erreur de copiste, car dans les mss. S, C et B les différentes parties du texte sont en complet désaccord : d'après eux les négociations de ce mariage eurent lieu « en la fin de l'esté » 1446[4] et le mariage lui-même au mois de juillet de cette même année. Cette contradiction n'existe pas dans la *Compilation* de Le Baud ; cependant, lui aussi place la mort de Jeanne d'Albret en septembre 1445 et le mariage de Richemont en juillet 1446[5] : il faut sans

---

1. Gruel, p. 150, note 1.
2. *Ibid.*, p. 185 ; *les Écorcheurs*, par M. Tuetey, I, 371-378 ; Mathieu d'Escouchy, I, 16 et note ; Berry dans D. Godefroy, *Hist. de Charles VII*, p. 425, 426 ; *Journal d'un bourgeois de Paris*, édit. Tuetey, p. 375 ; Monstrelet, édit. Douët d'Arcq, VI, 106.
3. Gruel, p. 186.
4. Il ne peut être question de 1445, puisque, d'après ces mêmes textes, Jeanne d'Albret mourut à la fin de septembre de cette année. (Gruel, p. 185, note 1.)
5. L, fol. 367 r°, col. 1.

doute voir là une mauvaise lecture du compilateur. Ainsi qu'on le lit dans N et dans l'édition de Th. Godefroy, Jeanne d'Albret mourut à Parthenay à la fin de septembre 1444[1]; le traité du mariage de Richemont et de Catherine de Luxembourg fut signé à Châlons-sur-Marne le 30 juin 1445, et les noces eurent lieu le 2 juillet suivant[2]. Le copiste du ms. N a commis une nouvelle erreur en attribuant à la reddition du Mans par les Anglais la date de « mil CCCC XL six[3] ». Il faut recourir aux mss. S, C et B qui donnent l'année exacte, 1447 (anc. st.); cet événement eut en effet lieu, après de longs pourparlers entre les commissaires de Charles VII et les Anglais, au mois de mars 1448 (n. st.)[4]. Gruel, parlant d'une assemblée de Chinon, placée en 1447 dans l'édition de Th. Godefroy et dans le ms. N, et en 1448 dans tous les textes de la seconde famille, nous paraît faire évidemment une confusion, ainsi que nous croyons l'avoir prouvé ailleurs[5]. Nous retrouvons nos manuscrits en désaccord sur la date de la prise de Fougères qui eut lieu le 24 mars 1448, d'après le ms. N et l'édition Godefroy, en 1449, selon les autres manuscrits[6]. François de Surienne s'empara de cette ville le 24 mars 1449 (nouv. st.); cependant c'est le ms. N qui donne la bonne leçon, reproduite d'ailleurs par Le Baud, mais d'après l'ancien style, qui fait commencer l'année à Pâques[7]. Tous les manuscrits placent la reddition de Cherbourg au connétable

---

1. P. Anselme, *Hist. généalogique... de France*, I, 461.
2. *Preuves* de D. Morice, II, 1375-1378; Pièce just. XLIX; P. Anselme, *loc. cit.*
3. Gruel, p. 190.
4. Cf. note de M. de Beaucourt, dans la *Chronique de Mathieu d'Escouchy*, I, 129, 130; Berry, dans D. Godefroy, *Hist. de Charles VII*, p. 430.
5. Gruel, p. 193, chapitre LXXXIV.
6. Gruel, p. 195.
7. *Preuves* de D. Morice, II, 1508-1510; D. Lobineau, *Preuves de l'hist. de Bretagne*, II, 753; L, fol. 369 r°, col. 1.

à la « sourveille de my-aoust[1] », c'est-à-dire au 13 août, mais on sait que cet événement eut lieu le 12 août[2]. Il y a lieu de croire que cette erreur, reproduite il est vrai dans tous nos textes, ne se trouvait pas dans l'original, qui présentait sans doute quelque confusion à cet endroit ; en effet, on lit dans C, B que la reddition de Cherbourg eut lieu la surveille de la mi-août et que Richemont quitta cette ville le 12 août, ce qui est inadmissible, puisqu'il était encore devant la place au moment de la reddition, et en confia lui-même la garde à l'amiral de Bueil[3] ; mais ces textes ont peut-être attribué au départ de Richemont la date que l'original fixait pour la reddition de Cherbourg et que l'on retrouve précisément dans la *Compilation* de Le Baud[4]. Si, en effet, l'on transpose les deux dates données par C et B, les faits se trouvent dans un ordre rationnel : la reddition de Cherbourg au 12 août, et le départ de Richemont au 13. Il faut remarquer en outre que N et S fixent ce dernier événement au lendemain du jour où la ville fut remise, c'est-à-dire au 14, par suite de l'erreur commise dans ces manuscrits au sujet de la date de la reddition. Nous croyons que la leçon « et ce jour », que donne Th. Godefroy[5], ne se trouvait pas dans le texte T, mais plutôt la fausse leçon des mss. C, B, et que, s'étant aperçu de la contradiction, il a fait arbitrairement cette correction. L'hypothèse que nous venons d'émettre à ce sujet nous paraît digne d'attention ; cependant, comme aucun manuscrit, pas même celui de Le

---

1. Gruel, p. 215.
2. Cf. le traité de reddition dans Cosneau, *le Connétable de Richemont,* p. 640, n° CII.
3. La nomination de l'amiral de Bueil est mentionnée, mais sans date précise, dans une lettre de rémission octroyée à Michel Coulon, un des archers de sa compagnie (Arch. nat., JJ 185, fol. 25 v°). La lettre est datée du mois de février 1451 (n. st.).
4. L, fol. 385 v°, col. 2.
5. Édit. de 1622, p. 150 ; Buchon, 402[2].

Baud[1], ne présente dans l'ordre que nous proposons d'adopter les deux dates fournies par C et B, nous n'apporterons aucune modification à notre texte, dont nous devons toutefois signaler l'inexactitude. Tous les manuscrits et l'édition de Th. Godefroy placent la mort du duc Pierre en 1456[2]. Cependant Le Baud donne l'année 1457, qui est la vraie date[3]. L'a-t-il empruntée à une source autre que la chronique de Gruel, ou bien se trouvait-elle dans le manuscrit dont il s'est servi? Avant de répondre à cette question, il est nécessaire de rappeler qu'au début de sa chronique, Gruel nous dit que Richemont « ne fut duc que quinze moys[4] ». Or, sur les quatre manuscrits, un seul, N, place la mort de Richemont en 1457, et les autres en 1458; Le Baud fournit aussi cette dernière date, qui est, comme on sait, la seule exacte[5]. On conviendra qu'il est difficile d'admettre que Gruel ne connût pas exactement l'époque de la mort de son maître; c'était là un événement très rapproché du temps où il écrivait; par conséquent le souvenir devait en être bien présent à la mémoire du chroniqueur et des personnes auprès desquelles il a pu se renseigner. D'un autre côté, si, comme il est probable, les dates étaient écrites dans le manuscrit original entièrement en chiffres romains, il n'est pas étonnant que des copistes, moins érudits que Le Baud, aient pris une date pour une autre, surtout si la lecture présentait quelque difficulté. En somme, nous croyons que les manuscrits de la seconde famille nous donnent sur ce point la leçon du texte original. Si l'on admet cette conclusion en ce qui concerne la mort de Richemont, il est évident qu'il faut placer la mort du duc Pierre en 1457, sur la foi de la *Compilation* de Le

---

1. Il ne donne expressément que la date du 12 août.
2. Gruel, p. 223, note 1.
3. L, fol. 390 v°, col. 2; *Preuves* de D. Morice, II, 1709.
4. Gruel, p. 1.
5. *Ibid.*, p. 231, 232.

Baud, qui serait le seul à nous fournir la leçon du manuscrit de Gruel. Il est impossible d'attribuer de telles erreurs à notre chroniqueur, qui est parvenu à nous raconter d'une manière assez exacte la vie du connétable; ce sont là des fautes de copistes qui transcrivaient sans suivre le récit avec attention. On ne trouve indiqué que dans le ms. N le lieu de la sépulture du duc Pierre, et, chose digne de remarque, cette mention se rencontre aussi dans la *Compilation* de Le Baud [1], ce qui nous confirme dans cette opinion que, pour tout ce passage, celui-ci reproduit seul exactement l'ancien manuscrit de Gruel. La date qui commence le chapitre LXXXIX [2] doit être également modifiée sur l'autorité de Le Baud.

Nous avons essayé de réparer, autant qu'il était en notre pouvoir, les erreurs commises par les copistes qui nous ont transmis le texte de la chronique de Richemont; grâce à cette revision attentive nous avons pu l'améliorer notablement en faisant disparaître quelques grossiers anachronismes qui ont passé des éditions de la chronique dans nombre d'articles consacrés au connétable. Nous venons de faire une œuvre de réhabilitation en faveur de Gruel; il nous reste maintenant à examiner le travail même du chroniqueur, auquel nous avons ainsi restitué sa valeur première.

IV.

AUTORITÉ HISTORIQUE DE GRUEL.

Juger Gruel et Richemont, apprécier l'autorité historique du chroniqueur et, par suite, le rôle politique et le caractère du connétable ne sont pas choses aisées; sur l'un comme sur l'autre, les avis sont partagés. Sans rappeler ici les opi-

---

1. Gruel, p. 223; L, fol. 390 v°, col. 2.
2. *Ibid.*, p. 223, 224.

nions diverses exprimées à ce sujet[1], nous indiquerons d'abord le point de vue spécial auquel s'est placé Gruel en écrivant son travail ; puis nous examinerons la valeur de son témoignage pour l'histoire politique, militaire et privée du connétable ; enfin, à l'exemple de Gruel lui-même, nous terminerons cette introduction en résumant aussi brièvement que possible nos conclusions sur le rôle joué au xve siècle par Richemont.

Gruel n'a pas la prétention d'avoir conservé le souvenir de tous les événements importants qui ont marqué la vie du connétable ; il a seulement « mis en histoire partie des faitz du bon duc Artur[2]. » Pourquoi n'a-t-il pas voulu écrire une biographie plus complète? Il semble alléguer son insuffisance[2]. Il y a certainement du vrai dans cette assertion, qui, pourtant, ne nous paraît pas absolument exacte. Sa situation assez modeste ne lui donnant pas accès dans les conseils des grands seigneurs, tout ce qui s'y passe lui échappe forcément, et ses relations personnelles ne lui ont pas permis de combler les importantes lacunes que nous aurons l'occasion de signaler dans le récit des événements purement politiques auxquels son maître se trouva mêlé. Mais, d'autre part, il y a dans la carrière de Richemont certaines phases, peu à son honneur, sur lesquelles Gruel passe le plus légèrement possible. Enfin il a écarté de son récit presque tout ce qui a trait à la vie privée, aux possessions du connétable, à l'administration de ses nombreux domaines, points sur lesquels il pouvait facilement se renseigner. Homme d'armes, il a voulu surtout écrire une histoire militaire de celui qu'il considère comme un grand capitaine ; c'est là certainement le trait caractéristique de son travail.

---

1. Cosneau, *le Connétable de Richemont*, p. 470 et suiv., appendices I et II; notre *Étude critique* sur la *Valeur historique de la chronique d'Arthur de Richemont*, p. 4 et suiv.

2. Gruel, p. 232.

Il y a donc dans le récit de Gruel des lacunes volontaires. C'est évidemment, en effet, d'après un dessein préconçu qu'il ne fait aucune allusion aux luttes intestines qui désolaient la Bretagne au commencement du xv° siècle, alors que les Penthièvre n'avaient pas encore perdu tout espoir de recouvrer la couronne ducale. Pouvait-il ignorer les multiples difficultés qui surgirent à l'occasion de la tutelle des enfants de Jean le Vaillant? Il est permis d'en douter[1]. Il n'a pas voulu davantage expliquer les nombreuses variations politiques de la jeunesse de Richemont, qui, attaché d'abord à Philippe le Hardi et à Jean Sans Peur, s'allie ensuite aux Orléanais contre le duc de Bourgogne, passe plusieurs fois d'un camp à l'autre, entraînant à sa suite quelques seigneurs bretons[2], va tendre la main aux Anglais dans le Maine avec le duc d'Alençon, et enfin entre au service du Roi de France et du duc de Guyenne[3].

Bien que Gruel ne nous dise pas exactement[4] en quoi consistait la haute situation occupée par Richemont dans l'entourage du Dauphin, nous savons néanmoins qu'il n'eut pas à se plaindre de son nouveau maître ni de Charles VI[5]; mais il n'entre pas dans le plan du chroniqueur de mettre en relief les bons procédés de la Cour de France à l'égard des princes bretons. Il a pu manquer de renseignements précis sur la captivité de Richemont en Angleterre, après la bataille d'Azincourt; mais il est moins facile d'admettre son ignorance des moyens déloyaux employés par le prisonnier

---

1. Gruel, p. 5, note 1.
2. M. de Beaucourt, *Hist. de Charles VII*, II, 73.
3. D. Morice, *Preuves*, II, 902, 904 et 908.
4. Gruel, p. 10, chapitre ix.
5. Richemont et ses gens d'armes reçoivent de l'argent du Roi; lui-même est nommé gouverneur du duché de Nemours. (D. Morice, *Preuves*, II, 909; notre *Étude critique* sur la *Valeur historique de la chronique d'Arthur de Richemont*, p. 11; Cosneau, *Connétable de Richemont*, p. 482-485, appendice XI.)

pour conquérir les bonnes grâces de Henri V et pour recouvrer une liberté d'abord provisoire, puis complète[1]. Gruel confond trop souvent, comme le fait volontiers Richemont lui-même, l'intérêt propre de son maître avec l'intérêt de la Bretagne ou de la France, et, s'il se plaît à faire ressortir l'influence, parfois prépondérante, qu'il exerce sur les ducs ses frère et neveux, il se garde bien de montrer les mobiles d'ordre tout privé qui le font agir. L'attitude de Richemont vis-à-vis des ducs de Bourgogne nous permet de découvrir l'idée qui domine dans ses résolutions. On sait que, n'ayant pas été « recueilli du duc Jehan de Bourgoingne, » après la mort de Philippe le Hardi[2], il passa au service du duc de Berry, puis du duc de Guyenne. Aussi que fait-il pendant les troubles de 1410-1412? Il s'efforce d'entraîner le duc de Bretagne dans l'alliance orléanaise contre le Roi et le duc de Bourgogne. L'intérêt de Richemont est de soutenir le duc de Berry, son maître; donc c'est également l'avantage de la Bretagne. Mais Richemont change de protecteur et sert le duc de Guyenne et le Roi; l'orientation de la politique de la Bretagne suit les mêmes vicissitudes : la duchesse Jeanne vient à la Cour de France, où son beau-frère lui ménage, d'après Gruel[3], une brillante réception. Après Azincourt, Richemont est au pouvoir du Roi anglais; bientôt il s'efforce de produire un nouveau revirement à la Cour de Bretagne, qu'il n'hésite pas à détourner de l'alliance du Dauphin[4]. Anglais, il voudrait la Bretagne anglaise, en attendant qu'il la fasse devenir bourguignonne, car, bientôt, il jette les yeux sur Marguerite de Bourgogne, veuve de son ancien maître le Dauphin Louis, duc de Guyenne, et médite de l'épouser.

1. Cf. notre *Étude critique* sur la *Valeur historique de la chronique de Richemont*, p. 14-17.
2. Gruel, p. 6, 7.
3. *Ibid.*, p. 12.
4. *Ibid.*, p. 23.

Alors, il prépare les conférences d'Amiens, et, malgré les États de Bretagne, décide le duc son frère à s'y rendre et à signer la triple alliance, conclue, le 17 avril 1423, entre les ducs de Bedford, de Bourgogne et de Bretagne[1]. Sommes-nous arrivé à la dernière étape de cette triste odyssée? Non, car, fort heureusement pour la France, Richemont allait entrevoir à la Cour de Charles VII un avenir plus brillant que celui qu'il aurait pu rêver dans le camp ennemi; l'épée de connétable était à portée de sa main et il pouvait être justement enorgueilli de se voir appelé à continuer la série des connétables bretons en recueillant l'héritage de Bertrand du Guesclin. Enfin il entre en rapport avec Charles VII, qui le crée connétable. Nous voici de nouveau en présence d'un bon Français; c'est la première fois depuis Azincourt. Certes il y aura encore bien des hésitations dans la politique de Richemont, il commettra bien des fautes, nous le verrons prêt à la trahison, sur le bord de l'abîme, il n'y tombera pas; il restera Breton avant tout; mais il ne sera plus Anglais ou Bourguignon.

Telles sont les conclusions que nous pouvons tirer, au moins la plupart du temps, du récit même de Gruel, qui se garde bien de les formuler; il n'a pas voulu se charger d'expliquer les variations politiques de la jeunesse de Richemont; c'était une lourde tâche, peut-être au-dessus de ses forces. Il y a donc dans cette première partie de son récit des lacunes qu'il n'a pu combler et aussi des omissions volontaires.

D'après Gruel, Richemont accepta l'épée de connétable avec l'autorisation des ducs de Bretagne, de Bourgogne et de Savoie et après avoir reçu du Roi la promesse que « tous ceulx qui avoient esté cause de la mort de monseigneur de Bourgoingne et consentans de la prinse du duc Jehan de

---

1. D. Morice, *Preuves*, II, 1125-1128, 1136-1138; D. Plancher, IV, p. 27, n° XXIII; Cosneau, p. 74.

Bretaigne » seraient exilés[1]. Voilà qui semble bien clair et la situation du nouveau connétable nous apparaît solidement établie; sa conduite loyale envers ses alliés pouvait avoir d'heureuses conséquences, dont la plus désirable, que les optimistes entrevoyaient déjà, était un rapprochement entre Charles VII et Philippe le Bon. Malheureusement le chroniqueur n'a pas connu ou a feint d'ignorer de ténébreuses intrigues, auxquelles son maître se trouva mêlé. Nous croyons cependant que le rôle de ce dernier dans l'affaire du projet d'assassinat de Philippe le Bon ne fut pas inavouable; il voulut seulement profiter d'une occasion favorable pour détacher le duc de Bourgogne de l'alliance anglaise, en lui révélant les noirs desseins de Bedford, de Glocester, de Suffolk et de Salisbury, qui songeaient à se défaire de lui. Gruel est absolument muet sur cette grave question, et ce n'est pas lui qui nous apprendra si, oui ou non, le connétable a fait fabriquer ou utilisé de fausses lettres pour amener une rupture définitive entre Philippe le Bon et les princes anglais[2]. Ce n'est pas lui, non plus, qui nous expliquera la singulière conduite de son maître, qui, pour complaire aux ducs de Bretagne et de Bourgogne, exige du Roi le renvoi de ses principaux conseillers et en même temps promet à ces mêmes conseillers de les maintenir au pouvoir[3].

1. Gruel, p. 35, 36.
2. Desplanque, *Projet d'assassinat de Philippe le Bon par les Anglais;* Beaucourt, *Hist. de Charles VII*, II, 660; Cosneau, p. 87 et 501; notre *Étude critique*, p. 20.
3. Gruel, p. 36; Beaucourt, *Hist. de Charles VII*, II, 86, 87; cf. notamment le passage suivant du traité signé par le nouveau connétable, le lendemain de sa nomination, ou le 8 mars 1425 : « *Item* [le comte de Richemont] jure et promet que les serviteurs du Roy, c'est assavoir messire Tanguy du Chastel, prevost de Paris, le président [Louvet], le sire de Giac, Guillaume d'Avaugour et Pierre [Frotier], aymera, soustiendra et portera, ne, pour quelconque chose qui soit, ne fera, fera faire ou consentira chose qui soit au dommaige de leurs personnes ne de

lxxvj INTRODUCTION.

Si Gruel n'a pas mis en lumière toutes ces intrigues, au moins a-t-il su découvrir le principal objectif de la conduite politique ultérieure de Richemont, qui « tousjours tractoit et desiroit faire la paix entre le Roy et monseigneur de Bourgoigne¹. » Mais il semble bien que le connétable hésita d'abord entre les divers engagements contradictoires qu'il avait pris; dans tous les cas, une fois en possession de sa nouvelle dignité, il aurait sans doute consenti à maintenir au pouvoir les anciens conseillers du Roi, si, affolés par la crainte de perdre toute influence, ils n'avaient commis la faute de le traiter en ennemi, alors qu'ils auraient dû, même dans leur intérêt purement personnel, le soutenir et favoriser ses entreprises. En effet, voyant, d'un côté, leur désertion, et, de l'autre, l'attitude de plus en plus hostile des ducs, qui réclamaient en vain l'exécution de ses promesses, Richemont ne pouvait qu'obéir aux injonctions de ces derniers². Il trouva du reste un puissant auxiliaire dans la reine de Sicile pour faire éloigner de la Cour Jean Louvet, seigneur de Mirandol, dit le président de Provence, Pierre Frotier, Guillaume d'Avaugour; Tanguy du Chastel se retira sans aucune difficulté à Beaucaire et aida même, dit-on, « à mettre dehors ceulx qui s'en devoient aller³. » En somme, Richemont avait pris le bon parti en essayant de rapprocher

---

leurs biens et estatz... » Il est clair que les dispositions de cet inqualifiable engagement, signé seulement le 8 mars, avaient été arrêtées antérieurement à l'élévation de Richemont à la dignité de connétable; il ne promit de le ratifier que pour faire tomber les derniers obstacles qui lui barraient le chemin du pouvoir. (Cf. Cosneau, p. 504, note 2.) Ce n'était assurément pas très loyal; mais nous savons que Richemont avait déjà plusieurs actes de ce genre à son actif.

1. Gruel, p. 90, 91.
2. Gruel, p. 36, 37; Cousinot de Montreuil, *Chronique de la Pucelle*, p. 229; Beaucourt, II, 89, 90.
3. Beaucourt, II, 102; Gruel, p. 38, 39.

le duc de Bourgogne et Charles VII. Ajoutons, en outre, que cette ligne de conduite était de tous points d'accord avec ses intérêts personnels, car il devait ménager son puissant beau-frère, qui d'un moment à l'autre pouvait mettre la main sur la dot de Mme de Guyenne. Nous avons à peine besoin de faire remarquer que ce n'est pas Gruel qui nous signale les motifs personnels qui eurent alors quelque influence sur la politique du connétable. Du reste il ne mentionne pas davantage les diverses ambassades envoyées par Richemont au duc de Bourgogne, pour lui rappeler qu'on avait fait droit à ses plaintes contre les conseillers de Charles VII et qu'il ne lui restait plus aucun prétexte pour refuser de conclure la paix avec le Roi[1]. C'est toute l'histoire des négociations diplomatiques du connétable qu'il nous faudrait écrire ici pour compléter le récit de Gruel dans cette partie. Le chroniqueur passe sous silence la correspondance de Richemont avec les villes restées fidèles au Roi, notamment avec Lyon[2], les alliances conclues par lui avec le duc de Bretagne, les comtes d'Armagnac, de Pardiac, de Clermont et de Foix[3]. Gruel connaît un peu mieux les incidents qui troublèrent la Cour, lorsque le connétable,

---

1. D. Plancher, IV, *Preuves*, n{os} LVIII, LX, LIV.

2. Cf. *Lettres du connétable de Richemont*, publiées sur les originaux, par G. du Fresne de Beaucourt, dans la *Revue d'histoire nobiliaire et d'archéologie héraldique*, de 1882, et en tirage à part.

3. Cosneau, p. 527, n° XLVI; dans cette pièce, datée du 6 janvier 1427, Richemont, en s'engageant, sous certaines réserves, à ne pas combattre le comte de Foix, rappelle qu'il a antérieurement conclu des traités analogues avec le duc de Bretagne, les comtes d'Armagnac et de Pardiac. Le 4 août suivant, il traitait spécialement avec le comte de Clermont. (*Hist. de Charles VII*, par M. de Beaucourt, II, 149; D. Morice, *Preuves*, II, 1199; Archives nat., P 1372{2}, cote 2113.) Le 30 janvier 1428 est signé un nouveau traité par les comtes de Clermont, de Richemont et d'Armagnac, qui s'engagent à secourir le duc de Bretagne contre Jean de Blois. (Cosneau, p. 533, n° LII.)

ne reculant pas devant un double meurtre pour maintenir son influence, fit successivement exécuter le sire de Giac et Le Camus de Beaulieu. Il nous donne aussi de précieux renseignements sur la lutte entre Richemont et La Trémoille, sans toutefois en indiquer la cause réelle; l'intérêt de la France tenait certainement peu de place alors dans les calculs des deux rivaux, qui voulaient surtout défendre leur situation et maintenir leur influence. Cette fois, le connétable fut vaincu et dut se retirer dans sa seigneurie de Parthenay, dont il venait d'hériter de Jean Larchevêque, mort récemment[1].

Si l'on examine avec attention cette partie du récit de Gruel, on est frappé plus vivement que jamais d'un défaut que nous avons déjà signalé : nous voyons la situation du connétable changer complètement, sans que son biographe songe à nous expliquer les causes de ces revirements subits. A la requête du connétable, le Roi consent à garder La Trémoille près de lui, et, dans l'espace de quelques mois à peine, ce même La Trémoille renverse son protecteur du pouvoir. Gruel mentionne ces deux événements[2], mais il ne nous donne pas les raisons qui avaient guidé le choix de Richemont et il n'indique pas l'origine de la rivalité qui survint peu après, rivalité devenue si vive que La Trémoille redoutait plus que tout autre le premier auteur de sa fortune. Le connétable est donc éloigné du Roi, à la fin de 1427, sans que l'on sache au juste la raison de cet exil; il va reparaître à la Cour, dans l'assemblée réunie à Vienne, en Dauphiné, au mois d'avril 1434, sans que l'on se rende suffisamment compte, en lisant le récit de Gruel, de ce que son maître a fait pour mériter l'accueil très bienveillant qui l'attend[3].

1. Gruel, p. 61, 62.
2. *Ibid.*, p. 54 et 62.
3. Berry, dans Godefroy, p. 387; Gruel, p. 87. Notre chroni-

INTRODUCTION. lxxix

Du tableau des négociations politiques auxquelles Richemont fut mêlé pendant sa disgrâce, Gruel n'a guère laissé complètement de côté que les relations de son maître avec le duc de Bourgogne et les Anglais, si toutefois ceux-ci, prêts à tous les sacrifices pour enlever à Charles VII l'appui des princes bretons, ont réellement proposé au connétable de se démettre de sa dignité pour devenir le connétable de Henri VI et recevoir le duché de Touraine, la Saintonge, l'Aunis, la ville de la Rochelle et toutes les terres de La Trémoille en Poitou et en Saintonge[1]. Dans tous les cas, ce projet n'eut heureusement pas de suite, mais Gruel n'en dit rien; par contre, il s'étend plus longuement que de coutume sur les négociations entamées entre Richemont, le Roi et La Trémoille, sur les complots tramés contre ce dernier. S'il n'insiste guère sur le mariage du comte de Montfort avec Yolande d'Anjou, et celui de Pierre de Bretagne, second fils du duc, avec Françoise d'Amboise[2]; s'il ne donne pas toutes les clauses du traité du 19 février 1432, qui mit fin au différend survenu entre les ducs de Bretagne et d'Alençon[3], il est mieux renseigné sur le traité, plus important, conclu à Rennes, le 5 mars suivant, entre Raoul de Gaucourt, Regnauld Girard, seigneur de Bazoges, ambassadeurs du Roi de France, d'une part, et le duc de Bretagne, le comte de Richemont, d'autre part[4].

Désormais le connétable va concentrer tous ses efforts sur un but unique : la réconciliation de Charles VII et de Phi-

queur donne à entendre que le Roi et le connétable se rencontrèrent avant le départ de Charles VII pour Vienne.

1. *Hist. de Charles VII*, par M. de Beaucourt, II, 415; Cosneau, p. 539, n° LVI, « Avis donné au duc de Bourgogne pour le pousser à faire plus activement la guerre à Charles VII; » notre *Étude critique*, p. 38.
2. Gruel, p. 75, 76.
3. *Ibid.*, p. 79; notre *Étude critique*, p. 41.
4. Gruel, p. 77 et 78, note 1.

lippe le Bon. Gruel a connu et mentionné, mais avec beaucoup trop de concision, les principales étapes du chemin parcouru depuis l'assemblée des États à Vienne, en avril 1434. Il consacre deux lignes à cette importante réunion, qui fut le point de départ d'une campagne militaire et de négociations conduites avec une certaine activité[1]. Nous lui devons une curieuse indication, donnée également, du reste, par Berry et Monstrelet, sur l'une des conditions de la reddition de Ham aux gens du duc de Bourgogne. Ces trois chroniqueurs nous apprennent que Richemont reçut une assez forte somme[2], dont il n'est fait aucune mention dans la trêve conclue par lui avec Jean de Bourgogne, le 17 septembre 1434. Gruel a fourni sur l'emploi de cet argent des explications qui ne sont peut-être pas absolument exactes[3]; mais il semble bien établi que le connétable entendait n'en rendre compte à personne, puisque le traité n'en parlait pas. Cet acte avait une importance bien plus grande qu'on ne pourrait le croire en lisant le récit de Gruel, qui n'en a pas vu toute la portée politique. On y manifestait de part et d'autre un vif désir « d'avanchier le bien de la... paix generale, à quoy, par moien de bonnes triefves et abstinences de guerre l'en porra, au plaisir de Dieu, plus tost et aisiement parvenir[4]. » La trêve devait durer six mois, pendant lesquels on reprit les négociations en vue d'arriver

1. Gruel, p. 87; Beaucourt, II, 304, 305.
2. Gruel (p. 92) parle de 60,000 saluts; Berry (dans Godefroy, p. 388), de 50,000 saluts; Monstrelet (V, 95), de 40,000 écus; les *Chroniques de Flandre* (édit. de Smet, III, 419) disent que Richemont reçut « cincquante mil florins d'or nommez riders. » Le duc de Bourgogne fit verser, lors de la remise de la place, 4,200 saluts d'or à La Hire. (Note de M. de la Fons-Mélicocq, dans la *Picardie*, VII, p. 567, n° 1.) Cf. le texte de la trêve dans la *Picardie*, VII, 563, et dans Cosneau, p. 547-551.
3. Voir notre *Étude critique*, p. 44, 45.
4. M. de Beaucourt (II, 513) a résumé en quelques lignes les clauses essentielles de cette longue pièce.

à la « paix générale. » Ce fut l'objet principal de la réunion tenue à Nevers, du 20 janvier au 7 février 1435, dont Gruel signale brièvement l'heureux résultat : « Et fut entreprinse la journée pour se rendre [à] Arras pour faire la paix[1]. » Plus loin, il ajoute : « Car sur toutes choses la desiroit mon dit seigneur le connestable, et tant fist qu'elle se treuva ; » et voilà à peu près tout ce qu'il rapporte des laborieuses séances qui décidèrent, à Arras, du sort de la couronne de France[2].

On peut dire que la participation du connétable à la conclusion du traité d'Arras est le dernier acte de cette série de négociations entreprises par lui avec le duc de Bourgogne depuis l'assemblée de Vienne. Dans la suite, le diplomate disparaît presque complètement devant le général. Cependant il montre encore une louable activité dans les pourparlers engagés avec les Parisiens et dans la réorganisation des services publics, lors de la reddition de la capitale[3]. Mais on ne voit pas bien l'influence qu'il exerça dans les États réunis à Orléans en septembre-octobre 1439, et Gruel, comme les autres chroniqueurs et les chartes, est muet sur ce point[4]. Par contre il est assez bien renseigné sur les débuts de la Praguerie, et il ne manque pas de mettre en relief le mérite du connétable, qui, malgré toutes les tentatives faites auprès de lui par les seigneurs révoltés, resta fidèle à Charles VII[5]. Pourquoi faut-il qu'après avoir accordé

---

1. Gruel, p. 98, 100. Cf. Beaucourt, II, 516, 517.

2. Gruel, p. 103; cf. p. 106, note 1, et 109, note 1. Voir le texte du traité d'Arras dans Cosneau, *les Grands Traités de la guerre de Cent ans*. Paris, 1889, in-8°, p. 119 et suiv.

3. Gruel, p. 118 et suiv.; Cosneau, p. 556, n° LXIII, et p. 558, n° LXV; D. Félibien, *Hist. de Paris*, IV, 597, 598; Monstrelet, V, 221; Archives nat., X^{1a} 1481, fol. 120 v°, 121; Bibl. nat., ms. Fontanieu 118, aux 16 et 17 avril 1436.

4. Gruel, p. 154.

5. *Ibid.*, p. 157 et suiv.

f

au connétable cet éloge, nous soyons obligé de le montrer de nouveau oublieux de ses serments et prêt, le cas échéant, à porter les armes contre les troupes royales? C'est pourtant ce qui ressort clairement de la promesse faite par lui, le 22 août (ou le 25) 1440, à son frère Jean VI, d'empêcher « l'entrée ou pais et duchié de Bretaigne des gens de guerre estans ou service et obeissance de monseigneur le Roy, ou d'autres qui y vouldroient faire ou porter guerre ou dommage..., de venir en personne... et... leur contester et deffendre la dite entrée, les en debouter, se entrez y estoient, et garder que à ses dits pays et duchié ne facent aucune guerre, mal ou dommage[1]... » Que Richemont, prévoyant une guerre entre Charles VII et le duc de Bretagne, alors en relations suspectes avec les Cours de Bourgogne et d'Angleterre[2], eût demandé au Roi de ne pas le servir contre son propre frère, on ne pourrait blâmer une telle conduite. Mais il n'agit pas, on le voit, à l'égard de Charles VII comme il l'avait fait, en janvier 1422, envers Henri V, par lequel il fut, sur sa requête, dispensé de prendre part à une guerre entre l'Angleterre et la Bretagne, si le cas venait à se produire[3].

Gruel a bien indiqué les deux principaux résultats des conférences de Tours, en mai 1444, où les ambassadeurs du Roi d'Angleterre et les représentants de Charles VII décidèrent le mariage de Henri VI avec Marguerite d'Anjou et conclurent une trêve de deux ans[4]. Mais il se contente de signaler la présence dans l'assemblée du duc de Bretagne et du connétable, et ne nous renseigne en aucune façon sur leur rôle personnel.

En dehors des affaires diplomatiques d'intérêt général,

---

1. Cosneau, p. 580, n° LXXIV; cf. Bibl. nat., ms. fr. 2714, fol. 108.
2. Beaucourt, III, 148, 149.
3. D. Morice, *Preuves*, II, 1101, 1102.
4. Gruel, p. 184.

que nous venons de passer rapidement en revue, Richemont fut encore mêlé à certaines négociations particulières, notamment à celles qui furent entamées en vue d'obtenir la délivrance du duc d'Orléans et du roi René d'Anjou, la réconciliation du duc de Bretagne François et de son frère Gilles, enfin la réconciliation des Montfort et des Penthièvre. Gruel ne dit rien de la maigre caution de 6,000 saluts fournie au duc d'Orléans par le connétable[1]; mais il mentionne plusieurs voyages faits par son maître pour décider le duc de Bourgogne à rendre la liberté au roi René[2] et il consacre tout un chapitre au différend survenu entre le duc François et Gilles de Bretagne, sur lequel il revient, en outre, à plusieurs reprises, en manifestant pour ce dernier une sympathie dont il n'était certainement pas digne[3]. C'est, croyons-nous, la seule circonstance dans laquelle notre chroniqueur se soit départi de sa réserve habituelle lorsqu'il s'agit des dissensions qui troublèrent alors plus d'une fois la Cour de Bretagne. Nous trouvons une nouvelle preuve de cette réserve dans la brièveté avec laquelle il mentionne l'« appointement » conclu à Nantes, le 27 juin 1448, entre les représentants des deux maisons rivales des Penthièvre et des Montfort[4].

En insistant, comme nous l'avons fait, sur certaines lacunes de l'œuvre de Gruel, particulièrement en ce qui concerne les multiples négociations diplomatiques de Richemont, nous croyons avoir donné des gages suffisants de notre impartialité absolue, et nous espérons que l'on voudra bien nous croire quand nous affirmerons qu'il a su dresser un journal militaire détaillé, exact dans son ensemble, des campagnes du connétable, à la plupart desquelles il prit

1. Cosneau, p. 581, n° LXXV.
2. Gruel, p. 125, 142.
3. *Ibid.*, p. 189, 190-193, et p. 203, 210, 217. Cf. Beaucourt, *Hist. de Charles VII*, t. IV, p. 184 et suiv.; notre *Étude critique*, p. 64, 65, 68.
4. Gruel, p. 191.

part lui-même. Du reste, les preuves abondent. Où trouver, en effet, plus de renseignements sur l'histoire militaire de l'ouest de la France, qui fut le principal théâtre de la guerre pendant les années qui suivirent immédiatement l'arrivée de Richemont au pouvoir? Gruel indique avec beaucoup de précision les premières mesures prises par le nouveau connétable pour couvrir la Bretagne : le siège de Saint-James-de-Beuvron et celui de Pontorson, puis la délivrance de Montargis ; enfin, il a su raconter la guerre que se firent les partisans de La Trémoille et ceux de Richemont, et même la victoire de Patay, dans des pages qui, pour renfermer quelques appréciations erronées, n'en sont pas moins fort précieuses. En outre, dès que son maître reparaît, après la fin de sa disgrâce, sur les champs de bataille, on voit le cadre de sa narration s'élargir tout à coup, et il nous fait des campagnes du connétable de 1434 à la fin de 1442, c'est-à-dire jusqu'après la prise de Dax, un récit très détaillé où les données nouvelles sont nombreuses[1]. Il est moins bien renseigné sur l'expédition de Lorraine, en 1444 et 1445[2]; mais, quand la trêve avec les Anglais est rompue par la prise de Fougères, le 24 mars 1449, Gruel se retrouve dans une région qui lui est familière et sa relation du « recouvrement » de Normandie complète dans bien des cas celles du héraut Berry et de Mathieu d'Escouchy, ainsi que la *Chronique du Mont Saint-Michel*[3]. En résumé, quand on s'occupe de l'histoire militaire du second quart du xve siècle, il est indispensable de consulter la chronique de Guillaume Gruel.

Il ne faudrait pas chercher dans son œuvre un tableau

---

1. Gruel, chapitres LVI-LXXVI, p. 87-177.
2. *Ibid.*, chapitre LXXX, p. 185. Nous devons signaler sur cette expédition le récent mémoire publié par le Dr H. Witte, dans les *Beiträge zur Landes- und Volkeskunde von Elsass-Lothringen* (fascicule X), sous le titre de *Die Armagnaken im Elsass*, 1439-1445. Strasbourg, Heitz, 1889, in-8° de 158 p.
3. Gruel, chapitres LXXXV à LXXXVII, p. 195-215.

plus ou moins complet de la vie privée de Richemont, de ses possessions, de l'administration de ses nombreux domaines, on serait déçu. Il signale bien les trois mariages du connétable et entre même, par exception, dans quelques détails sur les préliminaires assez longs de son union avec Mme de Guyenne ; mais, du contrat de mariage et des difficultés qui en résultèrent, il ne dit rien[1]. Nous constatons le même silence à propos des dots de Jeanne d'Albret[2] et de Catherine de Luxembourg[3]. Divers documents, indiqués dans nos notes ou à la suite de notre texte, permettent heureusement de combler ces lacunes et celles qui concernent les revenus du connétable et l'administration des nombreux domaines qu'il possédait, notamment dans le Poitou, la Bretagne, la Normandie et la Bourgogne; nous devons une mention spéciale aux *Comptes* de Guillaume Bonnote, de Jean Vignier, de Jacquot Espiart, de Robin Denisot, de Guillaume Ripault[4]. Gruel n'a pas voulu non plus nous dire quelles furent les destinées de toutes ces seigneuries après la mort de Richemont, qui s'en était fort préoccupé de son vivant[5].

En résumé, la chronique de Gruel peut être classée au nombre des principales sources de l'histoire militaire du règne de Charles VII, surtout si l'on a soin de vérifier minutieusement les appréciations personnelles de l'auteur; mais elle est manifestement insuffisante pour ce qui a trait à l'histoire diplomatique et à la vie privée du connétable.

Nous venons d'établir aussi clairement que possible le

1. Gruel, p. 30, 31; Cosneau, p. 73; notre *Étude critique*, p. 15-18, 20.
2. Gruel, p. 178; Cosneau, p. 338; notre *Étude critique*, p. 61.
3. Gruel, p. 186, et Pièce just. XLIX; Cosneau, p. 352; notre *Étude critique*, p. 64.
4. Pièces just. XII-XVI, XVIII-XX, XXVII; Cosneau, p. 60, 151, et surtout p. 462 et 485; notre *Étude critique*, p. 60, note 1, p. 71, 76.
5. Pièces just. XXI, XXXII; Cosneau, p. 584, n° LXXVII.

*f**

degré de créance qu'il faut accorder à l'œuvre de Guillaume Gruel; nous allons essayer maintenant d'apprécier brièvement le rôle de Richemont. Laissant de côté ces couleurs brillantes que son premier chroniqueur et son dernier biographe, Gruel et M. Cosneau, ont voulu donner au portrait du connétable[1], nous nous bornerons à citer les faits qui, de l'avis de tous, doivent servir de base à un jugement impartial, puis nous emprunterons aux textes et aux documents du xve siècle leurs conclusions sur les événements ayant donné lieu à des interprétations diverses.

Il est généralement admis que Richemont fut ambitieux, d'un caractère énergique, violent et empreint d'une rudesse regrettable; l'aversion réciproque de Charles VII et de son connétable ne saurait non plus être révoquée en doute [2]. On est moins d'accord en ce qui concerne sa loyauté, son désintéressement, ses talents politiques et militaires, sa bravoure.

Parmi les textes qui donnent une fâcheuse idée de sa loyauté, nous mentionnerons le traité du 22 juillet 1420 contenant les honteuses conditions auxquelles Richemont, prisonnier de Henri V, recouvrait une liberté relative[3]; le passage dans lequel Gruel indique de quelle façon son maître se libéra complètement[4]; le traité d'alliance conclu, à son instigation, le 17 avril 1423, à Amiens, entre les ducs de Bretagne, de Bourgogne et le régent Bedford[5]; la promesse faite par lui aux anciens conseillers de Charles VII de les maintenir au pouvoir, alors qu'avant de prendre l'épée de connétable, il s'était engagé envers les ducs de Bretagne et de Bourgogne à exiger le renvoi de ces mêmes conseillers[6]; enfin, cette

1. Gruel, p. 228-231; Cosneau, p. 454-467; cf. notre *Étude critique*, p. 72-78.
2. Cosneau, p. 457-459.
3. Gruel, p. 22, note 3.
4. *Ibid.*, p. 28.
5. Cf. ci-dessus, p. lxxiv.
6. Cf. ci-dessus, p. lxxv.

promesse faite, en août 1440, à son frère Jean VI de défendre la Bretagne envers et contre tous[1].

Le désintéressement du connétable, qui, on le sait, devint fort riche, est très problématique. M. Cosneau dit qu'il eut auprès de ses contemporains la réputation d'un homme « avide de richesses » et, après avoir cité divers exemples qui justifient amplement cette épithète, reconnaît qu'il « ne négligeait pas ses intérêts[2]. » Il les prit même trop à cœur dans certaines circonstances, notamment lors de la reddition de Paris, qui, d'après le Bourgeois de Paris et Monstrelet, lui rapporta une grosse somme et un riche butin; nous devons aussi rappeler que Berry et Monstrelet affirment, comme Gruel, qu'il reçut également de l'argent, en septembre 1434, lors de la reddition de Ham aux gens du duc de Bourgogne. Le doyen de Saint-Thiébaut de Metz nous apprend que Robert de Saarbruck, damoiseau de Commercy, lui versa une somme de 20,000 saluts pour obtenir son assistance[3].

On a dit que Richemont eut le mérite d'avoir une « politique bien arrêtée[4]. » Rien n'est certainement plus faux que ce jugement. Nous ne rappellerons pas de nouveau toutes les vicissitudes de la politique de Richemont avant son élévation à la dignité de connétable; mais nous examinerons sa conduite pendant la période où il eut en main la direction des affaires, c'est-à-dire pendant les deux années qui suivirent son arrivée au pouvoir. Or, nous le voyons fort indécis sur la conduite à tenir vis-à-vis des conseillers du Roi et à l'égard des ducs de Bourgogne et de Bretagne; il place des hommes à lui près de la personne de Charles VII et se brouille avec eux; il est, enfin, obligé de se retirer devant La Trémoille

---

1. Cf. ci-dessus, p. lxxxij.
2. Cosneau, p. 310, note 3, et p. 460, note 5.
3. *Ibid.*, p. 459, 460; notre *Étude critique*, p. 76, 77.
4. Cosneau, p. 464.

sans avoir rien fait pour ce royaume qu'il fallait reconquérir. Jamais, lorsqu'il reparut sur la scène politique après sa disgrâce, il ne reprit l'ascendant dont il avait joui auparavant; mais on sent bien qu'il a alors un but arrêté : la réconciliation de Charles VII et du duc de Bourgogne. Il faut le louer d'avoir concouru à cette œuvre de pacification, sans toutefois avancer que « la gloire en revient surtout à Richemont¹. » Tout le monde alors désirait la paix, Charles VII plus que personne, et il le montra bien par les démarches qu'il fit auprès du pape, du concile de Bâle, des princes ses alliés, et surtout par les sacrifices qu'il accepta pour donner satisfaction au duc de Bourgogne. Le connétable eut-il assez d'influence sur Philippe le Bon pour lui faire abandonner quelques-unes de ses prétentions? Rien ne le prouve; mais il est permis de croire qu'il s'y employa aussi activement que l'archevêque de Reims, Regnault de Chartres, chancelier de France, Christophe d'Harcourt, le maréchal de la Fayette et les autres ambassadeurs royaux².

Après l'homme politique, examinons le général. Il se distingua dans la campagne qui amena la reddition de Paris et des places environnantes, aux sièges de Montereau, de Pontoise, de Saint-Sever et pendant la conquête de la Basse-Normandie; cependant, nous n'entendons pas lui rapporter tout l'honneur de la victoire de Formigny, qui fut, par ses contemporains eux-mêmes, décerné au comte de Clermont³; en outre, nous ne pouvons passer sous silence son échec sous les murs de Saint-James-de-Beuvron, en 1425, et la longueur du siège de Meaux, alors qu'il commandait en chef. Sans prendre tout à fait au sérieux les accusations du Bourgeois de Paris, qui prétend que le connétable était « très

---

1. Cosneau, p. 464.
2. Beaucourt, II, 524 et suiv.; Cosneau, p. 552, n° LXI; *Journal de la paix d'Arras,* par Antoine de la Taverne; Gruel, p. 103.
3. Gruel, p. 208, note 1.

couart » et « n'estoit à rien bon au regart de la guerre[1], » on doit reconnaître qu'il ne passait pas pour être d'une bravoure à toute épreuve, non seulement aux yeux du Bourgeois de Paris, mais aussi à ceux de Poton de Saintrailles[2]. Le Roi n'avait pas une grande confiance dans son habileté, car il ne lui laissa pas la direction du siège de Pontoise et fut sur le point de le laisser dans l'Ile-de-France lors de l'expédition de Tartas[3]. Dans ces conditions et en l'absence de documents précis, il est fort difficile de se rendre un compte exact du rôle de Richemont dans la réorganisation de l'armée et de son influence sur les États généraux d'Orléans, dans lesquels fut discutée l'ordonnance promulguée le 2 novembre 1439; mais un fait digne d'attention, c'est que le connétable ne figure point au nombre des seigneurs indiqués dans le préambule même de l'acte comme ayant pris part aux délibérations[4]; il ne faut pas voir là un oubli, mais plutôt un indice, sinon une preuve, de son abstention ou du peu de cas que l'on faisait de sa compétence.

Pour résumer notre appréciation du caractère de Richemont, nous dirons qu'il fut ambitieux, énergique, violent, avide de richesses, général en chef médiocre, mais capable de rendre des services au second rang dans les conseils et sur les champs de bataille. Si l'on tient compte du milieu où il fut élevé et de l'époque si troublée où il a vécu, on pourra le placer à côté des capitaines de son temps, qui, pour la plupart, avaient les mêmes qualités et les mêmes défauts;

1. *Journal d'un bourgeois de Paris,* édit. Tuetey, p. 346, 347.
2. Gruel, p. 169. Il est bon de remarquer que, depuis Azincourt, où il fut, dit Gruel (p. 18), « ung peu blecié, » Richemont ne reçut pas la moindre égratignure.
3. Gruel, p. 167 et 173.
4. Les personnages cités sont : la reine de Sicile, le duc de Bourbon, le comte du Maine, le comte de la Marche, le comte d'Eu et le comte de Vendôme. (M. de Beaucourt, III, 401, note 3; cf. le texte des résolutions prises alors, *ibid.*, p. 402-409.)

mais rien, nous ne craignons pas de l'affirmer de nouveau, ne dénote dans le connétable de Richemont un homme supérieur.

Que l'on nous permette, en terminant ce travail, d'adresser nos vifs remerciements à M. S. Luce, qui, alors que nous étions son élève à l'École des chartes, attira notre attention sur la chronique de Guillaume Gruel, et à M. le marquis de Beaucourt, notre commissaire responsable, auquel nous devons d'excellents conseils et l'indication si précieuse de cet extrait du compte de Guillaume Ripault dont nous publions les parties les plus importantes dans nos *Pièces justificatives*[1].

A. LE VAVASSEUR.

---

1. Pour éviter de longues redites, nous avons fait quelques renvois à notre *Étude critique* sur la *Valeur historique de la chronique d'Arthur de Richemont*, publiée dans les t. XLVII et XLVIII de la *Bibliothèque de l'École des chartes* (1886-1887); les p. 3-43 du tirage à part correspondent aux p. 525-565 du t. XLVII de la *Bibliothèque*, et les p. 43 (fin)-80 aux p. 249-285 du t. XLVIII.

Nous avons imprimé dans les notes de notre texte quelques variantes fournies par les différents manuscrits de la chronique de Gruel; ces variantes ont servi de base à la description et au classement de nos manuscrits et c'est à titre de pièces justificatives que nous les avons reproduites.

Gruel cite un assez grand nombre d'hommes de guerre et autres, d'ailleurs peu connus, si ce n'est par quelque mention dans les *Preuves* de l'*Histoire de Bretagne;* nous n'avons pas cru utile de faire dans ce cas des renvois spéciaux. Les notes biographiques que nous donnons contiennent le plus souvent des renseignements puisés dans des documents inédits.

CHRONIQUE
D'ARTHUR DE RICHEMONT

CHRONIQUE

D'ARTHUR DE RICHEMONT

CONNÉTABLE DE FRANCE, DUC DE BRETAGNE

(1393-1458)

CHAPITRE Ier.

Cy commence la cronique de tres hault et tres exellant prince de bon memoire Artur deuxiesme de ce nom, extrait de la noble lignée royale et duchale de Bretaigne; en son vivant conte de Richemont[1], seigneur de Partenay, connestable de France; et en la fin de ses jours duc de Bretaigne, conte de Montfort et de Richemont, seigneur de Partenay, connestable de France; qui regna trop petit en Bretaigne, car il ne fut duc que quinze moys.

---

1. Le comté de Richemont, ou Richmond, est situé dans le Yorkshire et appartenait, au moins nominalement, à des princes bretons depuis la conquête de l'Angleterre par les Normands. Le 7 juin 1398, Jean le Vaillant abandonnait au roi d'Angleterre tous les droits qu'il pouvait avoir sur ce comté. (Cosneau, *le Connétable de Richemont*, Paris, 1886, in-8°, p. 477; J. Delpit, *Documents français en Angleterre*, Paris, 1847, in-4°, I, 211, n° 314.)

Chapitre II.

Cy parle du pere et de la mere du duc Artur.

Premier il fut filx du bon duc et vaillant le duc Jehan[1], qui gaingna et recouvra son païs de Bretaigne à l'espée. Et fut le dit duc Jehan marié en premieres nopces à la fille du Roy Edouart d'Angleterre; mais peu furent ensemble; et en secondes nopces fut marié[2] [o la fille du prince de Galles, et en tierces] o Jehanne, fille du Roy de Navarre, et en eut pluseurs enfans[3] : et premier le duc Jehan de Bretaigne, et Artur, conte de Richemont, et monseigneur Gilles[4] et monseigneur

---

1. Jean le Vaillant ou le Conquérant, appelé Jean V par les uns (Alain Bouchart, *Les Grandes Croniques de Bretaigne*, édit. par H. Le Meignen, Nantes, 1886, in-4°, fol. 132 r°; P. Anselme, *Histoire généalogique*, édit. 1726, I, 452; M. l'abbé U. Chevalier, *Répertoire des sources historiques du moyen âge. Bio-bibliographie*, col. 1171, etc.) et Jean IV par d'autres (René de Bourgneuf, *Inventaire des titres du duché de Bretagne*, aux Archives nat., KK 1101, pièce 989; Alain Bouchart, ouvrage cité, Appendice, p. 15; Albert Le Grand, *Vies des saints de Bretagne*, édit. 1637, p. 765; Denys Godefroy, *Historiens de Charles VII*, p. 740, etc.). Les premiers admettent Jean de Montfort, père de Jean le Vaillant, dans la série des ducs de Bretagne.

2. Le membre de phrase qui suit, placé entre crochets, est emprunté aux mss. C, fol. 43 r°; B, fol. 1 r°, qui seuls donnent cette mention fort exacte.

3. Sur les trois femmes du duc Jean le Vaillant, consulter l'*Hist. généalogique*, par le P. Anselme, 1726, I, 452.

4. Ce Gilles de Bretagne mourut le 19 juillet 1412. (D. Lobineau, *Hist. de Bretagne*, II, 366.) Il ne faut pas le confondre avec son neveu du même nom, troisième fils du duc Jean VI et de Jeanne de France, qui mourut étranglé par des émissaires d'Arthur de Montauban dans la nuit du 24 au 25 avril 1450.

d'Estampes[1], et madame d'Alenczon[2] et madame de Lomaigne[3], madame de Porhoet[4].

Chapitre III.

De la naissance du duc Artur.

Celuy bon duc Artur fut né au Succeniou[5], l'an de grace mil troys cens quatre vingz treze, le jour Saint Barthelemy[6]; et fut traictié et nourri ainsi qu'il appartient à filx de si noble ligne et maison. Et au plus tost qu'il peut avoir cognoissance lui fut baillé pour le

---

1. Cf. ci-dessous, p. 11, note 1.
2. Marie de Bretagne, mariée à Jean d'Alençon, comte du Perche, fils de Pierre Ier, comte d'Alençon. Le contrat de mariage, daté du 26 juin 1396, est imprimé dans les *Preuves* de D. Morice (II, 667, 668).
3. Blanche de Bretagne, fiancée, le 30 juillet 1406, à Jean d'Armagnac, vicomte de Lomaigne et d'Autviller, fils de Bernard, comte d'Armagnac (D. Morice, *Preuves*, II, 771-773). Cf. une mention de ce mariage dans un traité d'alliance conclu entre Bernard d'Armagnac et le duc de Bretagne, et signé par le premier le 4 septembre 1408 (aux Archives de la Loire-Inférieure, E 181, cass. 76).
4. Marguerite de Bretagne, mariée, le dimanche 26 juin 1407, avec Alain de Porhoet, fils du vicomte de Rohan; le contrat de mariage est daté du 23 avril précédent (D. Morice, *Preuves*, II, 784-786). Albert Le Grand (*Vies des saincts de Bretagne*, édit. 1637, p. 765) cite une quatrième fille, Jeanne, morte dès l'enfance.
5. Château ducal, aujourd'hui Sucinio, localité située dans le département du Morbihan, près Sarzeau. Consulter sur ce château, ses capitaines et les principaux événements dont il a été le théâtre : *Le Château de Sucinio*, par Ch. Bougouin, 1870 (extrait de la *Revue de Bretagne et de Vendée*, 1869, II, 395-402, et 468-479).
6. Le 24 août; cf. *Chronicon Briocense* dans D. Lobineau, II, 850. Nous ne savons pourquoi le P. Anselme (I, 459) donne la date du 25 août.

gouverner ung notable escuier du païs de Navarre, nommé Peronnit[1], qui tres bien le traicta et conduit tellement que pluseurs foyz l'ay ouy soy louer et dire moult de bien de luy.

Chapitre IV.

Comment le bon duc Jehan trespassa.

Petit de temps après advint que le bon duc Jehan trespassa, ainsi que à tous fault mourir[2]; et après se maria la duchesse sa mere[3] au Roy d'Angleterre. Et comme prouche parent des enfans de Bretaigne vint le duc Phelipe de Bourgoingne, filx du Roy Jehan, à Nantes, et print la garde des enfans et enmena avecques luy le duc Jehan, monseigneur de Richemont et monseigneur Gilles; et estoient encores si petiz que gueres ne povoient chevaucher, et failloit mener mon

---

1. Le gouverneur de Richemont est appelé « Perronnit » dans le ms. S, fol. 23 r°, « Perronit » dans C, fol. 43 r°, « Perronet » par l'abréviateur de Du Chesne, fol. 114, qui le fait venir d'Angleterre; le nom manque dans B, fol. 1 r°.

2. Jean le Vaillant mourut au château de Nantes le 2 novembre 1399, et fut enterré dans le chœur de la cathédrale de cette ville (Anselme, I, 452).

3. *Sic* dans tous les mss. Th. Godefroy (édit. 1622, p. 2) met « sa veufve », correction purement arbitraire et bien inutile; car il s'agit évidemment de la mère de Richemont dont Gruel écrit l'histoire. Henri IV, roi d'Angleterre, épousa Jeanne de Navarre par procuration le 3 avril 1402, et la fit venir en Angleterre vers le mois d'octobre suivant. Le mariage définitif fut célébré le 7 février 1403, et la nouvelle Reine couronnée le 25 du même mois. (Anselme, I, 453; D. Lobineau, II, 874-876; Rymer, IV, I, 36.)

dit seigneur de Richemont par la bride[1]. Et quant
mon dit seigneur de Bourgoingne fut à Paris, il fist le
mariage du duc Jehan de Bretaigne et de madame
Jehanne, fille du Roy Charles VIme de ce nom[2], et

[1]. Le duc de Bourgogne se décida vers le milieu de septembre
1402 à aller en Bretagne chercher les enfants du feu duc, dont,
après bien des péripéties, il avait été reconnu régent par les
États de Bretagne, Jeanne de Navarre et le roi de France. Le
26 septembre il s'embarquait sur la Loire, à Blois, et arrivait le
2 octobre à Nantes, où il trouvait le jeune duc et ses frères
Arthur de Richemont et Gilles. Il quitta cette ville le 29 novembre
suivant, emmenant avec lui les trois jeunes princes, et arriva à
Paris le dimanche 10 décembre. (*Itinéraires de Philippe le Hardi...
recueillis... par Ernest Petit*. Paris, 1888, in-4°, p. 329-331, dans
la *Collection de documents inédits*; Cosneau, *le Connétable de Richemont*, p. 476, 477; *Chronique de Jean de Saint-Paul*, publiée par
A. de la Borderie, 1881, p. 127; D. Plancher, *Hist. de Bourgogne*,
III, 186; D. Morice, *Preuves*, II, 722; Gachard, *Archives de Dijon*,
p. 215, 216.)

[2]. Le traité réglant le mariage du comte de Montfort, fils aîné
de Jean le Vaillant, avec Jeanne de France, fut signé à Tours
le 26 janvier 1392 et spécialement approuvé par Jeanne de
Navarre, duchesse de Bretagne, le 17 septembre 1396; deux jours
plus tard, le 19 septembre, les fiançailles furent célébrées à Paris
en présence de Philippe le Hardi, duc de Bourgogne. Le 2 décembre 1396, le comte de Montfort reçut le sacrement de la confirmation; appelé Pierre depuis son baptême, ce nom fut, à la
requête du duc son père, changé en celui de Jean, qu'il porta
dès lors. De nouvelles fiançailles furent célébrées ce jour-là;
D. Lobineau et, après lui, le P. Anselme disent que, la dispense
papale qu'il avait fallu demander à cause du degré de parenté des
deux époux ne mentionnant pas leur bas âge, l'on dut renouveler encore la cérémonie des fiançailles, au Louvre, le 30 juillet
1397. Le mariage ne fut consommé qu'en janvier 1404; Jean,
devenu duc de Bretagne, venait d'être déclaré majeur. Le même
mois, le 7, d'après D. Morice, le 12, d'après M. Cosneau, il faisait
hommage pour son duché au Roi de France, alors en son hôtel
de Saint-Pol. On ne voit pas bien s'il s'agit dans la narration de
Gruel de l'une des cérémonies des fiançailles ou du mariage défi-

enmena monseigneur de Richemont quant et lui en Picardie et en ses autres pais. Et gueres ne vesquit monseigneur de Bourgoingne après, et mourut à Notre Dame de Hal en Brebant[1], et fut apporté son corps es Chartreux de Dijon; et n'y avoit aucun de ses parens à conduire le corps que monseigneur de Richemont qui portoit manteau et le noir ainsi qu'il devoit; et estoit si petit qu'il le failloit mener par la bride[2], et le conduisit jusques à Dijon[3]. Et puis ne fut point

nitif, le duc de Bourgogne s'étant précisément trouvé à Paris aux diverses dates indiquées; il est toutefois probable qu'il s'agit du mariage définitif, puisque « gueres ne vesquit monseigneur de Bourgoingne après ». (D. Lobineau, II, 590-593, 868, 869; *Inventaire des titres du duché de Bretagne,* par R. de Bourgneuf, aux Archives nat., KK 1101, n°s 946 et 989; *Itinéraires de Philippe le Hardi...,* recueillis par E. Petit, p. 256; D. Morice, *Preuves,* II, 734; Cosneau, *le Connétable de Richemont,* p. 6, 7.)

1. Le duc de Bourgogne quitta Paris au commencement de mars 1404; il s'y trouvait encore le 6 et était à Arras le 11 mars, et à Bruxelles le 16 avril; il mourut à Halle le 27 avril suivant. (*Itinéraires...,* recueillis par E. Petit, p. 337, 338.)

2. *Sic* dans les mss. C, B. Cette leçon est ainsi amplifiée dans S : « Et estoict sy petit qu'il falloict luy mener tousjours son cheval par la bride. »

3. Jean Sans Peur, accompagnant la dépouille mortelle de son père, quitta Halle le 1er mai, et arriva le 15 à Dijon; le lendemain eut lieu l'inhumation aux Chartreux. Les restes de Philippe le Hardi sont aujourd'hui dans l'église Saint-Bénigne de Dijon, ainsi que le prouve l'inscription suivante placée dans la dernière travée du bas-côté sud, à droite de la porte d'entrée principale : « Dans le caveau de cette chapelle sont déposés les restes mortels de Philippe le Hardi, duc de Bourgogne, transférés de la Chartreuse de Dijon à l'église Saint-Bénigne en 1791, et reconnus par la Commission départementale des antiquités en 1841. » (Voir en outre : D. Plancher, *Hist. de Bourgogne,* III, 201-203; Gachard, *Archives de Dijon,* p. 98; *Itinéraires...,* recueillis... par E. Petit, p. 341, 342.)

recueilli du duc Jehan de Bourgoingne, ains s'en revint à Paris[1]; puis monseigneur de Berry le retint et lui bailla bonne ordennance en sa maison et commencza à avoir estat.

CHAPITRE V.

D'une execucion que monseigneur de Richemont fist.

Puis vint en Bretaigne et l'envoya le duc faire une execucion d'une rebellion qui avoit esté faicte à l'encontre des gens du duc à Saint Brieuc des Vaulx.

CHAPITRE VI.

Comment mon dit seigneur se mist en armes[2].

Bientost après commencza la guerre pour la mort de monseigneur d'Orleans, et se mist sus en armes pour servir monseigneur d'Orleans et monseigneur de Berry. Et mena mon dit seigneur de Richemont à Vannes[3] moult belle compaignie de Bretons, et bien acompaigné de notables chevaliers et escuiers, entre lesquelz estoit monseigneur de Combour et pluseurs chevaliers et escuiers, lesquelz monseigneur de Berry avoit envoyé loger au pont de Saint Clou, et pluseurs

---

1. Th. Godefroy a supprimé la phrase relative à l'abandon de Richemont par Jean Sans Peur, phrase qui se trouve dans tous les mss.

2. Ce chapitre et les deux suivants manquent dans B, fol. 1 v°, et dans C, fol. 44; ce dernier fol. a été laissé en blanc.

3. *Sic* dans S, fol. 24 r°; Le Baud met « et les mena en France », ce qui paraît plus vraisemblable.

autres Françoys de la compaignie de monseigneur d'Orleans, de monseigneur de Berry et d'Alenczon, d'Armignac et d'Albret qui estoient logez à Saint Denis. Et monseigneur de Bourgoingne estoit logié à Paris avecques sa puissance; et y estoit le conte de Varouic avecques luy. Et de nuyt vindrent par devers Le Vigneul frapper sur noz gens, et peu en eschappa; et fut monseigneur de Combour prisonnier et pluseurs mors et prins, dont les ditz seigneurs furent moult desplaisans et non sans cause.

Chapitre VII.

Comment monseigneur de Richemont vint requerir au duc secours.

Puis se departit ceste armée sans faire aultre chose. Et bientost après firent une autre armée en l'an mil CCCC XIII ans. Et fut que le Roy et monseigneur de Bourgoingne misdrent le siege à Bourges[1]; et, quant monseigneur de Richemont sceut ce, il s'en vint en Bretaigne requerir au duc secours pour monseigneur de Berry pour lever le dit siege. Et eurent grandes parolles ensemble luy et monseigneur Gilles son frere; car mon dit seigneur de Richemont tenoit pour messeigneurs d'Orleans et de Berri, à qui il estoit, et monseigneur Gilles son frere, qui estoit à monseigneur de Guyenne, tenoit pour monseigneur de Bourgoingne.

---

1. Le siège de Bourges par Charles VI et Jean Sans Peur est de 1412, et non de 1413, comme le dit Gruel; l'armée royale arriva devant la ville le 11 juin et y resta jusqu'au 15 juillet suivant, date de la conclusion de la paix.

Neantmoins mon dit seigneur de Richemont eut et obtint ce qu'il demanda, et lui fut baillé une tres belle et grande compaignie, qui de leur bon vouloir et pour l'amour de luy s'en alerent quant et lui jusques au nombre de XVI cens chevaliers et escuiers. Et y avoit de tres notables gens pour le conduire[1], comme le viconte de la Belliere, missire Armel de Chasteaugiron[2], missire Eustache de la Houssoye[3], missire Alain de Beaumont, missire Guillaume de la Forest, anciens chevaliers qui moult avoient veu de la guerre.

Chapitre VIII.

Comment monseigneur de Richemont print pluseurs places.

Et à la priere de son beau frere d'Alenczon entra et print son chemin par le Maine et Normandie, pour

---

1. *Sic* dans S, fol. 24 v°; Th. Godefroy (édit. 1622, p. 4; Buchon, p. 356¹) fait un contresens en lisant « pour *les* conduire »; car Gruel a voulu dire que Richemont avait, pour lui enseigner la stratégie du temps, de bons maîtres, « anciens chevaliers qui moult avoient veu de la guerre »; la suite de la phrase le prouve avec évidence, et c'est bien ce qu'avait compris Le Baud (Pièce just. I), qui explique très clairement la pensée du chroniqueur.

2. Armel de Châteaugiron, maréchal de Bretagne, épousa Anne de Rougé et mourut en 1414, laissant ses enfants sous la tutelle de son frère Alain. (D. Morice, *Preuves,* II, 781; P. Levot, *Biographie bretonne,* I, 334; Bibl. nat., Collection de Bretagne, ms. fr. 22322, p. 479.)

3. Sur Eustache de la Houssaye, voir Levot, *Biographie bretonne,* II, 113. On peut ajouter aux renseignements fournis par cette notice que Eustache était le père d'Alain de la Houssaye, époux de Marguerite de Montauban (Bibl. nat., ms. fr. 22332, fol. 35).

ce que pluseurs places et subgitz du dit d'Alenczon s'estoient rebellés contre luy. Et en passant païs print Sillé le Guillaume[1] et Beaumont[2] et Laigle[3] d'assault, et pluseurs autres places en contre-attendant le duc de Clerance qui venoit au secours de messeigneurs d'Orleans et de Berry, et amenoit bien dix mille combatans. Et quant le Roy et ceulx qui tenoient le siege le sceurent, ilz firent apointement o messeigneurs d'Orleans et de Berry, qui gueres ne dura; et le Roy et mes ditz seigneurs escriprent à monseigneur de Richemont qu'il s'en retournast et que l'apointement estoit fait. Et par ainsi tira devers le Roy et devers les ditz seigneurs.

Chapitre IX.

Comment monseigneur de Guyenne voult avoir monseigneur de Richemont.

Bientost après monseigneur de Guyenne voult avoir mon dit seigneur de Richemont et le print de son oncle de Berry et l'ama fort, et lui donna bonne et grande ordennance en sa maison et eut grant gouvernement avecques luy.

Chapitre X.

Comment la duchesse Jehanne alla à Paris veoir le Roy Charles son pere[4].

L'an que desus mil CCCC XIII ans, la duchesse

---

1. Sarthe, arrondissement du Mans.
2. Beaumont-le-Vicomte, Sarthe, arrondissement de Mamers.
3. Canton, Orne, arrondissement de Mortagne.
4. Les mss. C, B omettent ce chapitre X et le suivant.

Jehanne, fille du Roy Charles, se partit de Bretaigne
bien acompaignée, c'est assavoir : de monseigneur
Richart de Bretaigne, qui puis après fut conte d'Estempes et seigneur de Cliczon[1], et d'aultres seigneurs,
barons, chevaliers et escuiers, et de dames et damoiselles grant nombre; et vint à Paris veoir le Roy son
pere et la Royne sa mere et monseigneur de Guyenne
son frere. Et en petit de temps avant qu'elle fust arrivée à Paris print voulenté à mon dit seigneur de
Guyenne d'aler à Bourges en habit dissimulé et voult
que monseigneur de Richemont y allast; et alla en sa
compaignie comme serviteur de mon dit seigneur, et
ainsi fut fait. Et la cause pour quoy il y alloit estoit
pour veoir les bagues et pierreries de monseigneur de
Berry. Et en fut mon dit seigneur de Berry averti et
escripst à ses gens que son nepveu de Richemont[2]

1. Richard, qui épousa Marguerite d'Orléans, était seigneur de
Clisson et de l'Épine-Gaudin depuis le don à lui fait par le duc
son frère, le 29 septembre 1420, de ces terres confisquées sur
Marguerite de Clisson. Le Dauphin Charles lui donna le comté
d'Étampes par lettres du 8 mai 1421, confirmées au mois d'octobre 1425. (Albert Le Grand, *Vies des saints de Bretagne*, édit.
1637, p. 765; D. Morice, *Preuves*, II, 1043-1046, 1090-1091.)
2. « De Richemont, » *sic* dans S, fol. 25 r°. D. Godefroy
met en marge de son édition (*Hist. de Charles VII*, p. 143) : « Il
semble qu'il faille *et* au lieu de *de*. » Buchon (p. 356 [2]) adopte
la correction proposée par D. Godefroy. Cependant elle n'est
pas admissible, d'abord parce que le verbe « alloit » qui suit est
au singulier, et ensuite parce que le reste de la phrase indique
qu'il ne s'agit que d'une seule personne; elle n'est pas non plus
nécessaire, car Richemont était aussi arrière-neveu du duc Jean
de Berry, par sa mère Jeanne de Navarre, fille de Charles le
Mauvais et de Jeanne de France, fille elle-même de Jean le Bon.
(Anselme, *Histoire généalogique de la maison de France*, I, 452.)
Le Dauphin Louis allait dans le Berry pour prendre possession
du château de Mehun-sur-Yèvre, qu'il avait reçu en présent du

alloit à Bourges, et leur mandoit qu'ilz le receussent et festoiassent comme sa propre personne, et luy monstrassent toutes ses bagues et tout ce qu'il vouldroit veoir, et ainsi le firent. Et fut le duc Jehan bien malcontent de son dit frere de Richemont; quar il cuyda que mon dit seigneur de Guyenne eut prins celuy voyage de paour de veoir la duchesse sa seur; mais le contraire fut verité; car le plus tost que mon dit seigneur peut il ramena mon dit seigneur de Guyenne à Paris, et là trouva la duchesse. Et Dieu sache comme elle fut bien receue et grandement du Roy, de la Royne, de monseigneur de Guyenne et de monseigneur de Berry; et luy fut donné de grans dons du Roy, de la Royne et de monseigneur de Guyenne[1] par le moien de mon dit seigneur de Richemont, et aussi de son oncle de Berry, lequel entre autres choses luy donna le ruby de la caille qui autrefoiz avoit esté de Bretaigne[2].

duc Jean (Monstrelet, III, 53), et Richemont l'accompagna pour voir les magnifiques joyaux de ce dernier, qui, flatté de cette curiosité, lui fit préparer une belle réception dans son château de Bourges.

1. S omet depuis « et lui fut donné ». Tous ces événements sont, non de l'année 1413, comme le dit Gruel, mais de la fin de 1414, époque à laquelle la duchesse de Bretagne vint à Paris. (D. Morice, *Preuves,* II, 894-895; Pièce just. VIII; Monstrelet, III, 53 et 55.)

2. *Sic* dans S, fol. 25 v°. Cette fin de phrase est incompréhensible. Le Baud va nous l'expliquer : « Le ruby de la caille, lequel autresfoiz avoit esté au duc de Bretaigne. » (Pièce just. I; cf. Alain Bouchart, *Les Grandes Croniques de Bretaigne,* édit. 1886, fol. 172 v°, col. 2.) Ce joyau, fort recherché, a souvent changé de mains; plus tard le duc de Bretagne le donna en gage pour 10,000 écus au duc d'Alençon. Il y avait aussi le rubis d'Étampes et les deux frères. (Pièce just. XXVI.)

Chapitre XI.

Comment monseigneur de Richemont fist mettre Saint Malo en la main du duc.

En oultre mon dit seigneur de Richemont pourchassa tant devers monseigneur de Guyenne et devers tout le conseil qu'il fist rendre et mettre en la main du duc la ville de Saint Malo, qui pour lors estoit en la main du Roy. Et s'i estoient mis ceulx de Saint Malo pour ung mescontentement qui fut entre les gens du duc et ceulx de la ville ; car le duc estoit encores jeune et enfant, et avoit mis des gens dedans Saint Malo ; et y estoient monseigneur de Montauban, le viconte de la Belliere et monseigneur de Chasteaugiron. Puis trouverent maniere d'envoier monseigneur de Montauban devers le duc, et cependant qu'il fut dehors, on leur osta tous leurs batons, qu'ilz n'osoient pas porter ung cousteau, et leur fist on de grans rudesses et ne se povoit on tenir de jouer o leurs femmes et chamberieres, et les appeller vilains. Et en une nuyt bouterent tout dehors, et furent en la main du Roy jusques ad ce que mon dit seigneur les fist rendre au duc, et leur fut tout pardonné. Et y alla le duc Jehan prendre la possession et vindrent au devant de lui tous ceulx de la ville vestuz de blanc et de noir, et tous les petiz enfans avoient penanceaux d'ermines et blancs et noirs, et y eut bien crié Noel, et tout fut aboly ; et depuis ont esté bons et loyaulx au duc[1].

1. La restitution de Saint-Malo n'eut pas lieu à cette époque,

Chapitre XII.

Comment la ville de Soixons fut prinse.

L'an mil CCCC XIIII recommença la guerre entre messeigneurs d'Orleans et de Bourgoingne ; et à l'occasion de ce le Roy, monseigneur de Guyenne, monseigneur d'Orleans, monseigneur de Berry, monseigneur de Bourbon, monseigneur de Richemont, monseigneur le connestable d'Albret et monseigneur d'Armignac, et pluseurs autres seigneurs et capitaines alerent mettre le siege à Soixons, qui tenoit pour monseigneur de Bourgoingne. Et là tenoit ung capitaine nommé Enguerrant de Bournonville ; et fut la dicte place de Soixons prinse d'assault, et eut le dit capitaine la teste trenchée pour ce que le bastard de Bourbon y avoit esté tué. Puis après tira l'armée plus avant et vindrent mettre le siege à Arras ; et illecq avoit une belle compaignie. Et avoient dedans la ville pour chief missire Jehan de Lucembourc ; et grande-

---

mais beaucoup plus tard, au mois d'octobre 1415 ; le Roi espérait ainsi, à la veille de la bataille d'Azincourt, s'assurer l'appui du duc de Bretagne. Gruel affirme sans preuves que l'intervention de Richemont amena cette décision ; or, nous savons que la duchesse Jeanne avait, en janvier 1415, demandé au Roi son père la restitution de cette place et de plusieurs autres domaines. Charles VI agissait donc ainsi par intérêt d'abord, et pour être agréable à sa fille ; on ne trouve aucunes traces du rôle joué ici par Richemont. (Lettres de reddition aux Archives de la Loire-Inférieure, E 160, cass. 63, publiées dans les *Preuves* de D. Morice, II, 924 ; Pièce just. I ; Alain Bouchart, *Les Grandes Croniques de Bretaigne*, édit. 1886, fol. 173 r°, col. 1 ; Pièce just. VIII.)

ment se gouvernerent, et y eut de belles et grandes escarmouches; et bientost après se trouva l'apointement et se leva le siege.

CHAPITRE XIII.

Comment monseigneur laissa le siege de Partenay et alla devers le Roy.

L'an mil CCCC XV monseigneur de Richemont mist le siege à Partenay pour ce que monseigneur de Partenay tenoit le parti de monseigneur de Bourgoingne; et paravant ce il avoit prins Voulvent[1] et Mairevent[2], Segondigny[3] et Chasteaulaillon[4]. Et durant qu'il estoit devant la dicte ville de Partenay lui vindrent des nouvelles et lui escripvoit le Roy et monseigneur de Guyenne qu'il tirast devers eulx, toutes choses cessées, et que le Roy Henry d'Angleterre tenoit le siege à Herfleu[5] et que gueres ne povoit tenir. Et pour aller

1. Vouvant, commune de la Vendée, arrondissement de Fontenay-le-Comte, à 12 kilomètres au nord de cette ville.
2. Mervent, commune, *ibid.*
3. Secondigny, canton des Deux-Sèvres, arrondissement de Parthenay.
4. Châtelaillon, siège d'une très ancienne baronnie; cette petite ville fut en partie détruite par les flots au xii° siècle; son territoire fait aujourd'hui partie de la commune d'Angoulin, département de la Charente-Inférieure, arrondissement et canton de la Rochelle. On donne le nom de pointe de Châtelaillon à un petit promontoire situé au sud-ouest de la commune de Saint-Vivien, *ibid.*, canton de la Jarrie. — Cf. *Écrit sur la destruction de Châtelaillon*, dans le t. XII du *Recueil des historiens de France*.
5. Harfleur, port de mer à l'embouchure de la Lézarde, Seine-Inférieure, arrondissement et canton du Havre. Henri V, roi d'Angleterre, débarqua avec ses troupes sur la côte normande, à

secourir le Roy et le royaume se leva de son dit siege pour tirer la part où les ditz Angloys tireroient ; et alla devers monseigneur de Guyenne, lequel le fist son lieutenant, et lui bailla son enseigne et tous les gens de sa maison. Et du païs de Bretaigne avoit bien v^c chevaliers et escuiers, entre lesquelz estoient le sire de Combour, missire Bertrand de Montauban, missire Jehan de Coetquen, missire Geffroy de Malestroit, missire Guillaume Le Veer et missire Olivier de la Fueillée, missire Ydouart de Rohan et le seigneur du Busson qui portoit sa banniere, et pluseurs autres chevaliers et escuiers. Et tira mon dit seigneur de Richemont sur la riviere de Somme[1] pour joindre avecques les seigneurs, lesquelz faisoient leur assemblée pour combatre les Angloys ; entre lesquelz estoient monseigneur d'Orleans, monseigneur de Bourbon, monseigneur d'Alenczon, monseigneur le connestable

---

Sainte-Adresse, le mercredi 14 août, mais il n'investit Harfleur que le samedi suivant ; il fut un mois entier devant la place qui se rendit par composition le mercredi 18 septembre 1415. (Lettre de Henri V à la commune de Londres pour lui annoncer la prise d'Harfleur, écrite à Harfleur même le 22 septembre, publiée par M. Delpit, *Documents français en Angleterre*, p. 216-217; les *Cronicques de Normendie,* publiées par M. Hellot en 1881, p. 16, et notes 40 et 41 ; les dates données par M. Hellot (p. 195) ne sont pas exactes, ou du moins les explications qui les accompagnent manquent de clarté et de précision.) Le duc de Guyenne quitta Paris le 1er septembre pour marcher contre les Anglais. (*Journal d'un bourgeois de Paris*, édit. Tuetey, p. 61.) Le 10 octobre, Richemont fit payer quinze jours de solde aux gens d'armes qu'il laissait devant Parthenay. (D. Morice, *Preuves*, II, 921.) Il se rendit d'abord à Abbeville, puis à Azincourt, en passant par Corbie, Péronne et Bapaume. (Monstrelet, III, 96-97.)

1. *Sic* dans ms. S, fol. 27 r°. On lit « sur la riviere de Seine » dans C, fol. 45 v°, et dans B, fol. 2 r°.

d'Albret, monseigneur de Brebant, monseigneur de Nevers, monseigneur d'Eu et le mareschal Boursicault, et pluseurs autres seigneurs et capitaines et grant nombre de chevaliers et escuiers.

Chapitre XIV.

Comment monseigneur de Richemont fut prins [à] Agincourt.

L'an mil CCCC XV, le xxve jour d'octobre se trouverent tous ensemble et dès le vespre logerent près des Angloys en plain champ à moins de demye lieue de l'ost du Roy d'Angleterre. Et le vendredi[1], au point du jour, commencerent à mettre leurs gens en bataille, et environ l'eure de tierce au plus tart assemblerent les batailles en une place nommée Agincourt, qui trop estoit estroicte pour combatre tant de gens ; et y avoit grant nombre de gens à cheval de notre parti, tant Lombars que Gascons, qui devoient ferir sur les esles des Angloys ; et quant ils sentirent le trait venir si espessement ilz se misdrent en fuyte et vindre[nt] rompre la bataille de noz gens, en telle maniere que a grant peine se peurent jamais rassembler que les Angloys ne fussent tousjours près d'eulx. Et incontinent assemblerent les batailles et y eut fait de grandes armes et bien combatues ; et fut le duc de Clerance, frere du Roy d'Angleterre, abatu de coup de hache, et le Roy son frere vint mettre le pié par sur

---

1. Le combat eut lieu le vendredi 25 octobre ; par conséquent c'est la veille ou le 24 octobre, et non le 25, comme le dit Gruel, que les troupes se trouvèrent en présence à Azincourt.

lui de paour qu'il fust tué, et eut ung tel coup sur sa coronne qu'il fut abatu sur le genoul; et deux autres qui estoient habillez comme le Roy proprement furent tuez, et l'oncle du Roy, le duc d'Esextre, fut tué et moult d'autres. Toutesfoiz assés tost après en peu d'heure, ainsi comme Dieu qui est maistre des batailles voult, furent noz gens desconfitz, et mors, et prins, et en fuyte, lesquelz estoient bien dix mille hommes d'armes, et le Roy d'Angleterre avoit bien de XI à XII mille combatans. Et là furent prins monseigneur d'Orleans, monseigneur de Bourbon, monseigneur de Richemont, qui fut tiré de desoubs les mors et ung peu blecié, et fut congneu à sa cote d'armes, et si estoit elle toute sanglante, et furent tuez deux ou troys sur luy. Puis fut mené au Roy d'Angleterre qui en fut plus joyeux que de nulz des autres. Aussi furent prins monseigneur d'Eu, monseigneur de Vandosme, et pluseurs aultres seigneurs et capitaines. Et y eut de mors à celle journée, c'est assavoir : monseigneur d'Alenczon, monseigneur de Brebant, monseigneur de Nevers, monseigneur le connestable d'Albret, Jehan, monseigneur de Bar; et soubs la banniere monseigneur de Richemont et de sa compaignie moururent monseigneur de Combour, missire Bertrand de Montauban, missire Jehan de Coetquen, missire Geoffroy de Malestroit, monseigneur de Chasteaugiron[1], missire Guillaume de la Forest, missire Guillaume Le Véer et pluseurs autres; et de prisonniers missire Ydouart de Rohan, missire Olivier de la Fueillée, missire Jehan Giffart et le seigneur du Busson.

---

1. Ce nom fait défaut dans B, fol. 3 r°, et dans D, fol. 114 r°.

Chapitre XV.

Comment monseigneur de Richemont fut laissé à garder es Angloys.

Puis s'en retourna le Roy d'Angleterre loger à Maisonselles, dont estoit parti au matin. Et le landemain se partit le Roy d'Angleterre et s'en alla à Calays, et enmena ses prisonniers, et de là s'en alla en Angleterre. Et ne demoura o monseigneur de Richemont sinon ung varlet de chambre nommé Jennin Catuit.

Chapitre XVI.

Comment la Royne sa mere eut congié du Roy pour le veoir.

Assés tost après, quant ilz furent à Londres, la Royne, mere du dit conte de Richemont, demanda congié au dit Roy d'Angleterre de veoir son filx, qui estoit prisonnier, et le Roy le lui acorda. Et les gardes du dit seigneur l'amenerent devers la Royne sa mere, laquelle, quant elle sceut sa venue, elle mist une de ses dames en sa place, qui bien scavoit parler et le recevoir, et se mist ou ranc de ses autres dames et en mist deux devant elle. Et quant le dit seigneur de Richemont arriva il cuida de la dame que ce fust sa mere et la salua et fist reverence, et la dame l'entretint une piece, puis lui dist qu'il allast baiser les autres dames. Et quant il fut endroit la Royne, le cuer luy tendrea, et elle lui dist : « Mauveis filx m'avés vous descongneue, » et tous deux se prindrent à plourer, puis firent grant chiere. Et lui donna la Royne sa dicte mere mille nobles qu'il departit aux prisonniers ses compaignons et à ses gardes, et aussi luy donna des chemises et habillemens ; et n'osa depuis parler à elle ne la visiter comme il eut voulu.

Chapitre XVII.

Comment monseigneur de Richemont s'en vint d'Angleterre en Normandie.

Le dit seigneur de Richemont fut prisonnier en Angleterre depuis la dicte journée d'Agincourt jusques à l'an [mil] CCCC et XX que le duc Jehan son frere fut prins du conte de Paintevre, et son frere Richart, seigneur d'Estempes, et le mareschal de Bretaigne, nommé Bertrand de Dinan, et pluseurs autres, par trahison[1]. Et puis la duchesse, les barons, chevaliers, escuiers et tous les Estaz de Bretaigne se adviserent de envoyer devers le Roy d'Angleterre lui requerir qu'il luy pleust leur prester monseigneur de Richemont pour estre leur chief. Et se obligerent tous les ditz Estaz de le rendre au dit Roy d'Angleterre mort ou vif ou une grant somme d'argent. Et de par la duchesse, prelaz et barons y furent envoyés monseigneur le chancelier, nommé de Malestroit, et monseigneur de Montauban, lesquelz furent devers le dit Roy

---

[1]. Le duc Jean VI fut fait prisonnier par Olivier et Charles de Blois le 13 février 1420. (Cf. une relation de cet événement dans D. Morice, *Preuves*, II, 998-1001.)

durant le siege de Melun[1]. Et là fist venir le Roy d'Escosse et le dit seigneur de Richemont; et monseigneur de Montauban[2] luy bailla Raoul Gruel pour trencher devant luy, et puis lui bailla Robert Rouxel et Guervasic qui, pour lors, demouroit o monseigneur

1. La duchesse Jeanne agit dans cette circonstance avec la plus grande activité. Le 16 février, elle convoquait, sur l'avis de ses conseillers, les États de Bretagne pour le 23 suivant (D. Morice, *Preuves*, II, 998-1001), et en même temps faisait demander au Dauphin s'il approuvait la prise du duc de Bretagne. Le 13 avril, Richemont adressait au Dauphin la même demande; en même temps il écrivait au Roi d'Angleterre pour obtenir sa mise en liberté provisoire. Poursuivant le même but, les seigneurs bretons donnaient, le 15 juin, pleins pouvoirs au chancelier Jean de Malestroit, au sire de Montauban et à un troisième personnage que Gruel omet de citer, Raoul Le Sage, chevalier de Saint-Pierre. Le sire de Montauban, accompagné de maître Jean Le Brun, secrétaire du duc de Bretagne, devait aller près de Richemont, tandis que Jean de Malestroit et Raoul Le Sage se rendraient près du Roi d'Angleterre qui guerroyait alors dans l'Ile-de-France; le sire de Montauban, un instant malade, ne put passer le détroit et se joignit à ces derniers. Ces trois ambassadeurs se trouvaient le 9 juillet à Corbeil, ignorant encore que le duc de Bretagne avait été mis en liberté le 5 de ce mois. (Lettres de Richemont, des 12 et 13 avril, dans D. Morice, *Preuves*, II, 1017 et 1018, dans *Lettres des Rois, Reines...*, publiées par Champollion-Figeac, II, 375-378, 591. Lettre de Jean Le Brun au Roi d'Angleterre, du 27 juin [1420], publiée par Champollion-Figeac, *ibid.*, p. 382. Ambassade vers le Roi d'Angleterre dans D. Morice, *Preuves*, II, 1021. Lettre des ambassadeurs de Bretagne au Roi d'Angleterre, *ibid.*, col. 1024. M. de Beaucourt, *Hist. de Charles VII*, I, 207.)

2. Guillaume de Montauban, celui dont il est question dans la note 1, et non Jean de Montauban, fils aîné de Guillaume, comme J. Quicherat (*Procès de Jeanne d'Arc*, 1847, IV, 315), Vallet de Viriville (article *Raoul Gruel* dans la *Nouvelle Biographie générale*, t. XXII) et M. Cosneau (*le Connétable de Richemont*, p. 469) le disent par erreur. (D. Morice, *Preuves*, II, 1033; Du Paz, *Hist. généalogique*, 1620, p. 461, 462; Archives nat., K 60, n° 16.)

le chancelier. Et tant que les ditz embassadeurs estoient devers le Roy d'Angleterre, le duc Jehan fut rendu devant Chantoceaux[1] aux Bretons qui y tenoient le siege, et en fut, comme l'en disoit, le Roy d'Angleterre bien marri. Toutesfois pourchasserent les ditz embassadeurs à toute leur puissance en telle maniere que le Roy d'Angleterre fut content que le dit conte de Richemont demourast en Normandie sur sa foy, en la garde du conte de Sonfort[2], et promist et jura ne partir point de Normandie sans congié du Roy d'Angleterre[3]. Et l'amena le dit conte à Pontorson et y vindrent beaucoup de gens de Bretaigne pour le veoir; et entre les autres y furent monseigneur de Montauban et monseigneur de Combour, et pluseurs autres tant qu'ilz estoient plus fors que les Angloys. Et lui fut demandé se il vouloit que on l'emmenast par force; mais il ne voult et ne l'eust pour riens fait. Le conte de Sonfort l'avoit mené jouer aux champs et tirer de l'arc.

1. Champtoceaux, canton, Maine-et-Loire, arrondissement de Cholet. Cf. dans les *Preuves* de D. Morice, II, 1070-1080, l'arrêt du Parlement de Bretagne, du 16 février 1421.

2. Guillaume de la Pole qualifié, en octobre 1425, de comte de Suffolk et de Dreux, seigneur de Hambye, de Bricquebec et de Craon, etc. (Cf. M. S. Luce : *Pièces* publiées à la suite de la *Chronique du Mont-Saint-Michel*, I, 213, n° LXVI, et p. 244, 258, 292, etc.)

3. Le 12 juillet, le Roi d'Angleterre chargeait des délégués de s'entendre avec les ambassadeurs bretons; le traité de « l'élargissement » du comte de Richemont fut conclu le 22 du même mois. Gruel omet de nous renseigner sur les honteuses conditions imposées à Richemont, qui devenait l'allié et le vassal d'Henri V. (D. Morice, *Preuves*, II, 1025, 1035-1037; l'original se trouve au British Museum. Cf. *Catalogue of the Cottonian mss.*, by J. Planta, 1802, in-fol., p. 5, *Julius* B, VI, 43.)

Chapitre XVIII.

Comment le duc Jehan vint veoir monseigneur à Pontorson.

Puis bientost après le duc Jehan, qui fort estoit desirant de veoir le dit conte de Richemont, son frere, le vint veoir jusques sur le pont de Pontorson pour ce que mon dit seigneur de Richemont n'osoit passer en Bretaigne, et estoit le duc bien acompaigné, et en oultre avoit deux cens lances de sa garde; et Dieu sceit s'ilz s'entrefirent bonne chiere et plourerent tous deux bien fort. Puis s'en retourna le dit seigneur de Richemont devers le Roy d'Angleterre, lequel lui fist grant chiere pour ce que bien avoit tenu ce qu'il avoit promis. Et bientost après eut congié de venir veoir le duc Jehan son frere, et l'amena le conte de Sonfort. Et la cause pour quoy il eut congié ce fut pour devoir retarder son frere d'Estempes et les Bretons d'aller servir le Daulphin, qui ja estoit allé à Cosne à l'encontre des Angloys[1]. Et l'an mil CCCC XXI arriva à Vennes mon dit seigneur de Richemont devers le duc son frere, et le mena le conte de Sonfort. Et Dieu sache la chiere qui lui fut faicte de son dit frere et de tout le monde, et fut fort festoyé de toutes gens et

---

1. Richemont avait déjà donné à Henri V des preuves de son dévouement en lui amenant de Bretagne des hommes d'armes, qu'il renvoya ensuite dans leur pays, munis d'un sauf-conduit du Roi d'Angleterre daté du 29 novembre 1421. (Rymer, IV, IV, 43.) Gruel rappelle ici le voyage fait par Richemont en Bretagne, non en 1421, mais après la prise de Meaux (cf. ci-dessous p. 25, 27 note 1 et 28 note 1), pendant le siège de Cosne par les troupes du Dauphin, qui eut lieu en juillet-août 1422. (Vallet de Viriville, *Hist. de Charles VII*, I, 328, 329; Beaucourt, I, 53.)

entre les autres lieux à Chasteaubrient et à Montauban[1], et en pluseurs aultres lieux et par les bonnes villes et cités de Bretaigne[2], et par tout bien recueilli et festoyé ; quar sur toutes choses desiroient sa delivrance. Et entre aultres fut à Rennes bien festoyé, et bien print garde à la fortificacion de la dicte ville, qui pour lors estoit trop petite pour retirer et loger ung tel peuple comme le peuple renays, et estoient les faulxbourcs plus grans troys foiz que la ville. Et quant mon dit seigneur de Richemont vit cela il pensa de les faire fortifier, ou aultrement, si la guerre venoit ou pais, que tous les ditz faulxbourcs seroient brulez et destruitz, et la ville en dangier. Et incontinent le dist au duc son frere, qui pas bien ne l'entendoit, mais du tout s'en raporta à luy ; aussi le remonstra aux gens de la ville et du païs, qui volentiers obeirent à son commandement, nonobstant qu'il leur estoit impossible croire que si tost ce peut faire comme il se fist ; car incontinent il mercha par où seroit faicte la dicte fortificacion et bailla de ses gens et aultres pour faire la diligence. Et furent mandez les gens du pays et ordenné à chacun tel tasche qu'il devoit avoir. Et en huyt moys furent faitz les plus beaux fossés qu'on peut trouver, puis après fortifiez de palcis et puis de bonnes tours et muraille, comme povés veoir, et n'eut osé l'en entreprendre à l'eure de ce faire, si n'eut esté le bon Artur.

1. Montauban, canton, Ille-et-Vilaine, arrondissement de Montfort.
2. Tout ce qui suit jusqu'au chapitre XIX, c'est-à-dire ce qui a trait particulièrement à la construction des nouvelles fortifications de Rennes, a été omis dans les mss. C, fol. 48 r°; B, fol. 3 v°; dans S, fol. 29 v°, il n'y a pas de lacune.

Chapitre XIX.

Comment les parolles furent de monseigneur de Richemont et de madame de Guyenne.

Et paravant ce durant que mon dit seigneur estoit prisonnier au siege de Melun[1], et à celuy de Meaux[2], et à Paris, mon dit seigneur se tira devers monseigneur de Bourgoingne ; et tant fist que mon dit seigneur de Bourgoingne l'ama moult fort et furent bien acointez et privez l'un de l'autre ; aussi les gens de monseigneur de Bourgoingne l'amoient fort. Et bientost après fut touché du mariage de mon dit seigneur de Richemont,

---

1. Les *Cronicques de Normendie* font commencer le siège de Melun par le Roi d'Angleterre à « l'entrée de juing » 1420. M. Vallet de Viriville donne la date du 7 juillet ; d'autres dates ont encore été proposées. (*Cronicques de Normendie*, édit. Hellot, p. 61, et p. 224, note 175 ; Vallet de Viriville, *Hist. de Charles VII*, I, 226.) La version des *Cronicques de Normendie* doit être erronée, puisque la ville de Montereau, dont la prise précéda le siège de Melun, ne se rendit que le 1er juillet. (*Journal d'un bourgeois de Paris*, édit. Tuetey, p. 141, note 1.) Le Roi d'Angleterre entra dans Melun le dimanche 17 novembre. (*Journal d'un bourgeois de Paris*, p. 143.)

2. Le siège fut mis devant Meaux par le Roi d'Angleterre le 29 septembre 1421, selon P. Cochon (édit. Vallet de Viriville, p. 442), le jour Saint-Rémi (1er octobre) d'après le *Journal d'un bourgeois de Paris* (édit. Tuetey, p. 157), le 6 octobre suivant Monstrelet (édit. Douët d'Arcq, IV, 71) ; cette dernière date est adoptée par MM. Vallet de Viriville (*Hist. de Charles VII*, I, 297) et de Beaucourt (*Hist. de Charles VII*, I, 51). Le Marché de Meaux se rendit le 10 mai 1422, d'après Monstrelet (*Ibid.*, p. 93) et P. Cochon (*Ibid.*), le 5 juin, disent les *Cronicques de Normendie* (édit. Hellot, p. 68). Il est probable que la ville fut prise d'assaut le 3 mars et que le Marché fut livré le 2 mai (*Journal d'un bourgeois de Paris*, édit. Tuetey, p. 167 et 169, note 1). Gruel dit ailleurs que le Roi d'Angleterre fut neuf mois devant Meaux.

et luy mesmes en parla à monseigneur de Bourgoingne en disant que tousjours les deux maisons de Bourgoingne et de Bretaigne s'entre estoient bien amées et avoient tous temps esté aliez ensemble, et que bien desiroit que encores le fussent plus que jamais. Et dist à monseigneur de Bourgoingne que si c'estoit son plaisir qu'il seroit marié o l'une de ses seurs; dont monseigneur de Bourgoingne respondit qu'il en estoit très joyeux, et qu'il en avoit troys à marier, et que des deux il se faisoit fort de lui bailler à choaisir, mais de madamme de Guyenne, qui avoit esté mariée à monseigneur de Guienne, ne se faisoit pas fort sans le consentement d'elle; mais des autres se faisoit fort, dont l'une estoit promise à monseigneur de Clermont, aisné filx de Bourbon, à la peine de cent mille escuz, mais pour ceste cause ne laisseroient point à le faire. Et monseigneur de Richemont lui dist que si c'estoit son plaisir qu'il vouloit avoir madame de Guienne[1]; et sur ce monseigneur de Bourgoingne respondit qu'il s'i emploieroit si bien que il s'en apparcevroit. Et lors dist mon dit seigneur de Richemont qu'il envoieroit devers mon dit seigneur de Bourgoingne, lequel lui dist qu'il ne lui envoiast nul homme que Raoul Gruel seulement, « et me laissés faire[2]. » Sur ce prindrent

---

1. Marguerite de Bourgogne, l'aînée des sept sœurs de Philippe le Bon, fille de Jean Sans Peur et de Marguerite de Bavière, naquit avant 1396. Fiancée d'abord à Charles de France, fils aîné de Charles VI, mort avant le mariage, elle épousa, le 31 août 1404, le nouveau Dauphin Louis, duc de Guyenne, qui mourut lui-même le 18 décembre 1415. (D. Plancher, *Hist. de Bourgogne*, III, 551; Vallet de Viriville, *Geste des Nobles*, p. 191, note 2.)

2. Les mss. C, fol. 48 v°; B, fol. 4 r° donnent : « Et qu'il luy en laissast faire, » leçon que l'on retrouve dans S, fol. 30 v°.

congié, et le dit Raoul Gruel s'en alla quant et monseigneur de Bourgoingne à Dijon. Et incontinent que le dit seigneur de Bourgoingne fut à Dijon, il parla à madamme de Guyenne et assembla tout son conseil et en parlerent à ma dicte dame de Guyenne. Et elle leur respondit qu'elle ne vouloit point estre mariée à ung prisonnier, mais quant le Roy d'Angleterre le vouldroit quitter que elle feroit ce que ses amys lui conseilleroient. Et sur ce monseigneur de Bourgoingne fist le dit Gruel parler à elle par pluseurs foiz ; et y avoit des gens de l'ostel de monseigneur de Bourgoingne qui bien desiroient que le mariage se acomplist. Et sur ce s'en vint le dit Gruel en Bretaigne devers son dit maistre[1] et lui fist son raport, dont il fut bien content.

Chapitre XX.

Comment le Roy Henry d'Angleterre mourut au Boys de Viesaine.

L'an mil CCCC XXI pareillement, en octobre, mourut le Roy Henry d'Angleterre au Boys de Viesaine, près Paris, et en vindrent les nouvelles au dit seigneur

---

1. Richemont, présent au conseil tenu par le roi d'Angleterre à Paris, le 3 juin 1422, était à Rennes vers le 1er août, ainsi qu'il ressort de l'extrait suivant, d'un manuscrit de la Collection de Bretagne : « En l'an 1422, monseigneur le comte de Richemont et d'Ivry, venant d'Angleterre en la ville de Rennes, le chapitre de Saint-Pierre luy donna de sa grâce et bon plaisir 200 l. t. une fois payées, dont quittance du 1er août au dit an, signée Jamet Lamoureux, thrésorier et receveur général du dit seigneur. » (Bibl. nat., ms. fr. 22325, p. 27, et ci-dessous, Pièce just. X.)

de Richemont au Gavre[1]. Et Dieu sceit s'il fut bien joyeux; car ceste foiz il fut quicte, car homme n'avoit plus que lui demander.

Et celluy an mesmes trespassa le Roy Charles sixiesme de ce nom à l'hostel de Sainct Paul à Paris, bientost apprès le trespas du Roy Henry d'Angleterre[2].

Chapitre XXI.

Comment le mariage de monseigneur de Richemont et de madame de Guyenne se fist.

Bientost après en l'an mil CCCC XXII[3] retournerent

1. Le 7 août 1422, Richemont recevait du duc Jean, son frère, la seigneurie du Gavre avec plusieurs autres villes et châtellenies confisquées « pour la fortaiture » de Marguerite de Clisson et de ses enfants. (*Vidimus*, en date du 15 mars 1437, de l'acte de donation du 7 août 1422, aux Archives de la Loire-Inférieure, E 1 ; analyse dans l'*Inventaire de René de Bourgneuf*, aux Archives nat., KK 1101, pièce 267; imprimé dans D. Morice, *Preuves*, II, 1116-1118.) Richemont employa plus tard la pension qu'il recevait du Roi comme connétable à élever au Gavre un château entouré d'étangs et de fossés, et à fortifier et embellir cette place. (D. Lobineau, *Preuves*, II, 537.) Le Gavre est une commune de la Loire-Inférieure, arrondissement de Saint-Nazaire, canton de Blain. (Cf. le P. Anselme, *Hist. généalogique de la maison de France*, I, 459.) — « Au Guavre » dans toutes les éditions, sauf celle de Buchon qui corrige maladroitement par « au Havre » (p. 360, col. 1); cf. mss. S, fol. 31 r°; C, fol. 49 r°, qui donnent la bonne leçon. Le nom manque dans B, fol. 4 r°, et dans l'extrait de Du Chesne. La fausse date de 1421, attribuée à la mort du Roi d'Angleterre, se trouve dans tous les mss., dans l'extrait de Du Chesne et aussi dans la *Compilation* de Le Baud. (Ms. L, fol. 352 v°.) On sait que cet événement arriva le 31 août 1422.

2. Nous empruntons cette phrase au ms. S, fol. 31 r°, qui donne seul la mention de la mort du Roi de France. Charles VI mourut le 21 octobre 1422.

3. Le ms. B, fol. 4 r°, met ici, par une erreur évidente du

embassades devers monseigneur de Bourgoingne, lequel envoya pareillement autres embassades devers le duc et devers le dit seigneur de Richemont, et tant apointerent que journée fut prinse entre les deux ducs de Bretaigne et de Bourgoingne et le dit seigneur de Richemont qu'ilz se rendoient [à] Amyens en Picardie pour concluire le mariage; et s'i rendit le duc de Bethfort[1], dont on se fust bien passé, qui eut peu; mais il convenoit passer par Normandie, qu'il tenoit pour lors. Monseigneur de Richemont amena le duc son frere, malgré la pluspart des Estaz de Bretaigne, au dit lieu d'Amiens; et là fut conclu le mariage de mon dit seigneur de Richemont et de madame de Guyenne[2]. Et de là s'en alla le dit seigneur de Richemont avecques monseigneur de Bourgoingne à Dijon, où estoit la dicte dame à veoir madame sa mere[3], et le duc s'en vint

copiste : « Bientost après en l'an mil quatre cens vingt retournèrent ambassadeurs... »

1. Jean Plantagenet, duc de Bedford, frère puiné d'Henri V, Roi d'Angleterre, fut nommé à la mort de ce dernier, en 1422, régent de France. Il mourut à Rouen le 13 septembre 1435.

2. Le 31 décembre 1422, le duc Jean VI prenait la résolution de se rendre à l'assemblée d'Amiens et confiait aux États assemblés la garde de sa famille et de son duché. Cependant il hésita longtemps avant d'entreprendre le voyage, et jugea prudent de se procurer pour lui et les siens un sauf-conduit que le duc de Bourgogne lui délivra le 25 février 1423. (D. Morice, *Preuves*, II, 1125-8; Pièce just. XI.) Les bases du contrat de mariage furent établies le 14 avril 1423 par les ducs de Bourgogne et de Bretagne et le comte de Richemont réunis à Amiens. (Orig. signé et scellé aux Archives de la Côte-d'Or, B 297, liasse 5, cote 9; cf. D. Plancher, *Histoire de Bourgogne*, III, *Preuves*, n° CCCXI.)

3. Marguerite de Bavière, veuve de Jean Sans Peur. La mention « à veoir madame sa mere » qu'on lit également dans S,

en son païs de Bretaigne¹. Et le dit seigneur de Richemont estoit acompaigné de monseigneur de Beaumanoir, de Blonhebon, missire Guillaume Gifart, Boysriou, Gruel, Vendel, Olivier Deust, Mahé Morillon, Georges Bonenfant, Guillaume du Pan, Pierres du Pan, Olivier du Val, Robert Rouxel, Symon de Lausnay et pluseurs autres². Et furent faictes les nopces à Dijon et y estoient tous les seigneurs de Bourgoingne, et Dieu sceit la feste et les jouxtes qui furent et la grant chiere³. L'archevesque de Besanson fist les fiansailles

---

fol. 31 v°; C, fol. 49 r°; B, fol. 4 r°, a été omise par Th. Godefroy (édit. 1622, p. 18; Buchon, p. 360, col. 1).

1. Avant de quitter Amiens, le duc Jean VI eut soin de se faire payer par le duc de Bedford, régent, les frais de son voyage. (Voir à la Bibl. nat. une quittance délivrée par le duc de Bretagne à P. Sureau, receveur général de Normandie, de 5,300 l. t. à lui données par ordre du duc de Bedford pour les frais de son voyage à Amiens, ms. fr. 20405, pièce 33; cf. Monstrelet, édit. Douët d'Arcq, IV, 150.)

2. Cette liste de seigneurs se retrouve dans C, fol. 49 v°; B, fol. 4 r°; S, fol. 31 v°, omet « Pierres du Pan; » Th. Godefroy (édit. 1622, p. 18; Buchon, p. 360, col. 1) ne cite que le sire de Beaumanoir et Guillaume Giffart.

3. Le contrat de mariage d'Arthur de Bretagne, qualifié duc de Touraine, et de madame de Guyenne fut signé à Dijon le dimanche 3 octobre 1423. Le même jour, le comte de Richemont recevait, à cette occasion, des habitants de Dijon « 4 queues de vin et 6 emines d'avoine ». (Archives de la ville de Dijon, B 151, fol. 14.) Nous publions (Pièce just. XII) le contrat de mariage d'après l'original conservé aux Archives de la Côte-d'Or. Entre autres avantages, Mme de Guyenne recevait une rente de 6,000 francs pour laquelle le duc, son frère, lui accordait, le 23 octobre suivant, les revenus du comté de Tonnerre, des terres et châtellenies de Cruzy-le-Châtel (cant., Yonne, arr. de Tonnerre), de Laignes (cant., Côte-d'Or, arr. de Châtillon-sur-Seine), de Griselles (comm., Côte-d'Or, arr. de Châtillon-sur-Seine, cant. de Laignes), de Montbard (cant., Côte-d'Or, arr. de Semur); de

par parolles de present, puis huyt jours après fist les espousailles. Et demorerent certain temps à Dijon o madame de Bourgoingne sa mere; puis s'en alerent demourer à Montbar, et y furent ung peu de temps¹.

Chapitre XXII.

Comment monseigneur de Richemont alla en Flandres.

Puis s'en partit monseigneur de Bourgoingne et s'en

Pouilly-en-Auxois (cant., Côte-d'Or, arr. de Beaune), d'Arnay-le-Duc (cant., *ibid.*), de Duesme (comm., Côte-d'Or, arr. de Châtillon-sur-Seine, cant. d'Aignay-le-Duc), d'Aignay-le-Duc (cant., *ibid.*), de Saint-Marc-sur-Seine (comm., *ibid.*, cant. de Baigneux-les-Juifs), de Roussillon (comm., Saône-et-Loire, arr. d'Autun, cant. de Lucenay), de Glennes (peut-être aujourd'hui Reclesne, *ibid.*, cant. de Lucenay). (Pièce just. XVI.) Peu de jours après son mariage, Richemont avait été mis en possession de la châtellenie de Gyé-sur-Seine (comm., Aube, arr. de Bar-sur-Seine, cant. de Mussy), où il établit un receveur le 15 octobre 1423. (Pièce just. XV. Sur la dot de Mme de Guyenne et les difficultés qui en résultèrent, cf. D. Plancher, *Hist. de Bourgogne*. III, 552.)

1. Le comte et la comtesse de Richemont restèrent à Dijon jusqu'à la fin d'octobre. Le 23 de ce mois, Arthur de Bretagne s'engageait à rendre au duc de Bourgogne, à sa première réquisition et moyennant compensation, la châtellenie de Montbard (Pièce just. XIII), et, le 25, Mme de Guyenne ratifiait cette promesse. (Pièce just. XIV.) Le 1er novembre, le duc de Bourgogne donnait à sa sœur dix queues de vin qu'il lui faisait porter à Montbard « pour la despense de son hostel au dit lieu ». (Pièce just. XVII.) Richemont et Mme de Guyenne passèrent, selon toute vraisemblance, les trois mois qui suivirent à Montbard; Arthur adresse de ce lieu deux mandements à son receveur G. Bonnote, l'un, daté du 25 novembre, l'autre, du 20 décembre. (Pièce just. XV.) Un mois plus tard, le 25 janvier 1424, il fait un court voyage à Mâcon et se retrouve à Montbard le 29. (Pièces just. XV et XVI.)

vint en Flandres, et monseigneur de Richemont quant et luy, et madame de Guienne demoura à Montbar, et mes ditz seigneurs furent une piece en Flandres[1].

Chapitre XXIII.

Comment le duc et mon dit seigneur tractoient la paix entre le Roy et monseigneur de Bourgoigne.

L'an mil CCCC XXIII monseigneur de Richemont print congié de monseigneur de Bourgoigne et s'en vint par mer descendre à Saint Malo; car plus ne vouloit se mettre es dangiers des Angloys. Et fist venir monseigneur de Beaumanoir, et beaucoup de ses gens et chevaulx par Normandie qui disoient que mon dit seigneur venoit après eulx. Et bientost après qu'il fut en Bretaigne, le Roy envoya embassades devers le duc et devers luy[2], et y vint monseigneur d'Aumasle[3];

1. En février 1424, Richemont quitte sa résidence de Montbard pour aller à Gyé-sur-Seine et au siège de Montaguillon. (Pièce just. XVI.) Plusieurs de ses mandements sont datés de Gyé, 4 et 5 février, jour où il abandonna cette châtellenie. (Pièces just. XV-XVI.) Il est, le 7 février, à Troyes, et bientôt après à Paris, d'où il part le 23 pour se rendre au conseil tenu à Amiens, au mois de mars, par les ducs de Bedford et de Bourgogne. (Pièce just. XV et Archives nat. X[1a] 1480, fol. 290 r°, 291 v°.) Le 6 octobre suivant, Richemont est à Nantes, où il désigne les hommes d'armes qui doivent l'accompagner dans son voyage à Angers. (D. Morice, *Preuves*, II, 1147 et suiv.) Mme de Guyenne était encore à Montbard le 30 mars 1425. (Pièce just. XX.)

2. Le 15 juin 1423, l'évêque de Séez et Tanguy du Chastel passaient par Tours, se rendant près du duc. (Archives mun. de Tours, *Registres des comptes*, XX, f. 65. Voir Beaucourt, *Hist. de Charles VII*, t. II, p. 71-72.)

3. On lit « d'Aumarle » dans S, fol. 32 r°, et L, fol. 353 r°.

puis après y vint le president de Provence, puis après y vindrent la Royne de Cecille et le prevost de Paris, nommé missire Tanguy du Chastel. Et fut conclu par les Estaz de Bretaigne que mon dit seigneur de Richemont yroit devers le Roy. Et incontinent le duc Jehan et mon dit seigneur envoyerent une embassade devers monseigneur de Bourgoingne pour signifier que monseigneur de Richemont yroit devers le Roy, et que c'estoit pour traictier la paix entre le Roy et monseigneur de Bourgoingne. Et y envoierent Jehan Periou[1], Raoul Gruel et Philibert de Vauldré[2], lesquelz trouverent monseigneur de Bourgoingne à Desize le jour qu'il espousoit madame de Nevers[3]. Et quant ilz eurent fait leur charge, ilz s'en

---

Les copistes des mss. C, B n'ont évidemment pas pu lire, ils transcrivent « du Marne », « de Nasve ». Th. Godefroy met « du Maine » (édit. 1622, p. 19). Il s'agit de Jean VIII d'Harcourt, comte d'Aumale et de Mortain, né le 13 avril 1396. Voir sur ce personnage diverses pièces publiées par M. S. Luce à la suite de la *Chronique du Mont-Saint-Michel* (I, 96 à 108). Il fut tué peu après à la bataille de Verneuil, le 17 août 1424. (Vallet de Viriville, *Hist. de Charles VII*, I, 418.)

1. Th. Godefroy (édit. 1622, p. 19) ne cite pas ce messager qui est indiqué dans S, fol. 32 r°; B, fol. 4 v°; C, fol. 50 r°.

2. Philibert de Vaudrey, seigneur de Mons, est qualifié, en 1428, « escuier d'escuerie de monseigneur de Bourgogne; » le 16 octobre de cette année, il remplaça Jean de Rie, seigneur de Balançon, comme gardien et bailli des seigneuries composant la dot de Mme de Guyenne, terres que le duc avait reprises en ses mains au mois de février 1425. (Archives de la Côte-d'Or, B 4849, fol. 45 r°, et B 11829, dossier *Montbard,* dernière pièce. Voir en outre sur ce personnage Monstrelet, V, 96, et *Inventaire des Archives de la Côte-d'Or,* V, 176, 177, 181, 188-9.)

3. Le copiste du ms. B, fol. 4 v°, passe le mot « Nevers » qu'il n'a sans doute pu lire et met « madame de... d'Artoys ». Il s'agit de Bonne d'Artois, veuve de Philippe, comte de Nevers, tué à

revindrent devers le duc et devers monseigneur de Richemont faire leur raport.

Chapitre XXIV.

Comment le Roy receut monseigneur de Richemont à Angiers.

Puis après le Roy vint à Angiers, et là alla le dit seigneur de Richemont bien acompaigné[1], c'est assavoir : de monseigneur de Laval, de monseigneur de Porhoet, de monseigneur de Chasteaubriend, de monseigneur de Montauban, de monseigneur de Malestroit, de monseigneur le viconte de la Bellière, de monseigneur de Beaumanoir[2], de monseigneur de Rostrenen et de pluseurs autres. Et vindrent au devant de mon dit seigneur pluseurs grans seigneurs; et demorerent en ostages le bastard d'Orleans et missire Guillaume d'Albret. En oultre lui furent baillées quatre places en ostages et mis gens de par lui, c'est assavoir : Lizignen, Loches, Chynon et Meun sus Yevre; et le

---

Azincourt et troisième fils de Philippe le Hardi; le duc de Bourgogne épousait donc en secondes noces la veuve de son oncle. (Monstrelet, édit. Douët d'Arcq, IV, 211.)

1. Charles VII était, le 22 septembre 1424, aux Ponts-de-Cé (Maine-et-Loire, arr. d'Angers), où il donnait à Richard de Bretagne, comte d'Étampes, « la traite par la riviere de Loire de 300 pipes de vin. » Il fit son entrée à Angers le 19 octobre 1424; Richemont y arriva le lendemain. (Bibl. nat., ms. fr. 20406, fol. 28 r°; Vallet de Viriville, *Hist. de Charles VII*, I, 429, 430.)

2. *Sic* dans C, fol. 50 v°; B, fol. 4 v°; on lit dans S, fol. 32 v° : « Beaumont. » Th. Godefroy reproduit la première leçon (éd. 1622, p. 20).

receut le Roy à Angiers en ung jardrin, et lui fist grant chiere et grant recueil.

Chapitre XXV.

Comment monseigneur de Richemont demanda le consentement des seigneurs pour estre connestable.

Bientost après mon dit seigneur de Richemont print le voyage devers monseigneur de Bourgoingne o l'assentement du Roy, et aussi pour avoir celui de monseigneur de Bourgoingne et de[1] Savaye; car pas ne vouloit prendre l'espée sans l'assentement de Bretaigne, de Bourgoingne et de Savaye. Et s'en alla en Bourgoingne, et parla à mon dit seigneur de Bourgoingne, et de là s'en alla à Montluet[2], et y estoint avecques luy de par le duc : monseigneur de Chasteaubriend, monseigneur de Porhoet, admiral de Bretaigne, et maistre Pierre de l'Ospital, president de Bretaigne. Et du consentement des ditz seigneurs s'en retourna mon dit seigneur de Richemont devers le Roy et le trouva à Chynon.

---

1. Ajouté entre les lignes dans S. Cette partie du texte : « ... o l'assentement du Roy et aussy pour avoir celuy de monseigneur de Bourgoigne et de... » (cf. fol. 32 v°). Ce passage se trouve aussi dans B, fol. 4 v°, et dans C, fol. 50 v°. Th. Godefroy (édit. 1622, p. 20; dans Buchon, p. 361¹) passe une mention qui a son importance : « o l'assentement du Roy. » Il faut remarquer que, dans les mss. « monseigneur de Savoie » ne reçoit aucun titre spécial. Le Baud le qualifie de comte (ms. L, fol. 353 v°), mais c'est par erreur; Amédée VIII avait été créé duc le 19 février 1416 par l'empereur Sigismond (*Nouvelle Biographie générale*, t. XLIII, p. 412).

2. Montluel, cant. de l'Ain, arr. de Trévoux.

Chapitre XXVI.

Comment monseigneur de Richemont fut fait connestable[1].

L'an mil CCCC XXIIII, en mars, fut mon dit seigneur de Richemont connestable de France, et print l'espée en la prée[2] de Chynon, et en fist hommage au Roy, ainsi qu'est de coustume aux connestables. Et trouva le royaume le plus au bas que jamais fut et le laissa le plus entier qu'il fut passé à CCCC ans. Et avant qu'il print l'espée, le Roy lui promist et jura de envoyer hors de son royaume tous ceulx qui avoient esté cause de la mort de monseigneur de Bourgoingne, et consentans de la prinse du duc Jehan de Bretaigne. Et s'en devoient aller missire Tanguy du Chastel à Beaucaire, et le president de Provence en Provence, et Frotier et Guillaume d'Avautgour s'en devoient aussi aller.

Chapitre XXVII.

Comment monseigneur de Clermont et Truignac furent mis hors de l'ostel du Roy.

Mon dit seigneur le connestable avoit laissé devers le Roy l'evesque de Clermont et monseigneur de Truygnac[3], et autres qui tenoient la main pour mon dit sei-

---

1. Dans le ms. de Nantes, il y a ici (fol. 9 r°) une place laissée en blanc et destinée sans doute à recevoir une miniature.
2. Le ms. de Nantes porte : « Et print l'espée de Chynon en la prée. » Richemont reçut l'épée de connétable le 7 mars 1425.
3. Jean de Comborre, seigneur de Treignac.

gneur. Et durant qu'il vint devers le duc son frere pour querir gens en Bretaigne pour faire la guerre encontre les Angloys, qui pour lors, après la journée de Vernoil, estoient en grant puissance, et tous fuyoient avant eulx, mon dit seigneur le connestable, en retournant devers le Roy, quant il arriva à Angiers, il trouva l'evesque de Clermont et Truygnac qui avoient esté mis hors de l'ostel du Roy, pour ce qu'ilz amoient le dit seigneur[1]. Et neantmoins ce mon dit seigneur le connestable ne laissa pas à tirer devers le Roy et assembla gens de toutes pars. Et y vindrent monseigneur d'Estempes, son frere, et monseigneur de Porhoet, monseigneur de Beaumanoir, monseigneur de Chasteauneuf, monseigneur de Rostrenen, missire Robert de Montauban et pluseurs autres nobles chevaliers et escuiers du païs de Bretaigne, qui trop long seroit à raconter; et s'assemblerent avecques lui grant nombre de barons de Berri, de Poitou et d'Auvergne, c'est àssavoir : de Berri, monseigneur de Chauvigni, monseigneur de Ligneres, monseigneur de Prie et pluseurs autres; de Poitou, monseigneur de Thouars et tous les gens de monseigneur de Partenay, et monseigneur de Bressuire, monseigneur de la Greve, monseigneur d'Argenton et pluseurs autres; et d'Auvergne, monseigneur de la Tour, monseigneur de Montlaux; et de Rouargue, ceulx de Herpageon et

---

[1]. Dans la lettre qu'il écrivit de Bourges aux habitants de Lyon, le 2 juin [1425], le connétable accuse le président de Provence « d'avoir fait faire à mon dit seigneur le Roy mutacion de ses bons et principaux officiers ». (Cf. le texte de cette lettre publié par M. de Beaucourt dans la *Revue d'histoire nobiliaire*, directeur M. Sandret, 1882, p. 453, et p. 1-4 du tirage à part.)

pluseurs autres, qui bien scavoient que ce que mon dit seigneur faisoit estoit pour le bien du royaume, et toutes les villes tenoient pour mon dit seigneur le connestable. Le Roy tira vers Bourges, et le dit connestable après, et s'en vint droit à Poitiers, et tousjours tiroit le dit connestable de logeis en logeis après le Roy[1].

Chapitre XXVIII.

Comment l'apointement du Roy et de monseigneur le connestable fut fait.

Puis après fut fait l'apointement, et fut dit que ceulx qui s'en devoient aller s'en iroient. Et au regart de missire Tanguy du Chastel, il dist au dit seigneur le connestable que ja [à] Dieu ne pleut que pour luy ne laissast à faire ung si grant bien comme le bien de paix entre le Roy et monseigneur de Bourgoigne; et si aida à mettre dehors ceulx qui s'en devoient aller;

---

1. Richemont suivait le Roi, mais ne le poursuivait pas. Charles VII avait été vivement affecté de l'appel fait par Richemont aux bonnes villes, auxquelles il demandait aide et secours pour obtenir l'expulsion des principaux conseillers royaux, et il refusait d'admettre le connétable en sa présence. (*Hist. de Charles VII*, par M. de Beaucourt, II, 95 et 99; *Lettres du connétable de Richemont* aux habitants de Lyon et de Tours, publiées dans la *Revue d'histoire nobiliaire*, p. 453 et 456, et p. 1-4 du tirage à part.) Richemont se rendit à Poitiers, près du Roi, le 10 juillet 1425, et fut très bien accueilli, lui et ses amis; c'est au moins ce qu'il affirme dans une lettre écrite aux Lyonnais le 28 du même mois. L'arrivée du connétable fut le signal de la retraite du président Louvet et de ses partisans. (Cf. *Lettres du connétable de Richemont* aux Lyonnais, du 9 et du 28 juillet et du 3 août, *loc. cit.*)

et fist tuer à ses archiers devant luy ung capitaine, lequel faisoit trop de maulx et ne vouloit obeir. Puis s'en alla le dit du Chastel à Beaucaire, et le president de Provence en Provence, qui bien fut courroucé et mal content de s'en aller, et madame de Joyeuse, sa fille, et la femme du bastard d'Orleans, son autre fille, qui gueres ne vesquit après. Et par ainsi fut tout apaisé et l'apointement fait.

Chapitre XXIX.

Cy parle de Gyac.

Le seigneur de Gyac demoura en gouvernement devers le Roy, et promist de bien faire la besoigne, et n'en fist riens, mais fist tout le contraire.

Chapitre XXX.

Comment madame de Guyenne arriva à Bourges.

L'an mil CCCC XXV, la vigile du Sacre[1], madame de Guyenne arriva à Bourges, et là trouva monseigneur le connestable, et assés tost après vint demourer à Chinon, lequel lui avoit esté baillé pour sa demourance; aussi le Roy lui fist bailler pour son douaire de monseigneur de Guienne : Montargis, Gyen sus Laire et Dun le Ray, avecques Fontenay le Conte[2].

---

1. C'est-à-dire le 6 juin 1425, veille de la fête du Saint-Sacrement.
2. Ms. S, fol. 34 v° : « Assez tost après vint demeurer à *Chinon*, lequel luy avoict esté baillé pour *sa demeurance; aussy le roy luy feist bailler pour son douaire* de monseigneur de Guyenne :

Chapitre XXXI.

Comment monseigneur le connestable fist venir le duc Jehan devers le Roy à Saumur.

En celuy an ou moys de septembre, monseigneur le connestable se tira devers le Roy à Poictiers pour le faire venir à Saumur; et là apointa que le duc Jehan viendroit devers lui à Saumur; et si ne fut que une nuyt à Poictiers. Et le Roy partit le landemain pour tirer au dit lieu de Saumur; et mon dit seigneur le connestable s'en vint couscher à Chinon, là où madame de Guyenne estoit, et ne fut que une nuyt avecques elle; et tira devers le duc à Angiers. Et le landemain se partit le duc pour aller à Saumur, et venoit du cousté devers Saint Florans pour veoir madame de Guyenne qui y estoit venue; et s'entrefirent si grant chiere que homme ne sçauroit penser; et s'en alla coucher sur les ponts de Saumur. Et si avoit en sa compaignie : monseigneur d'Estempes, monseigneur de Laval, monseigneur de Porhoet, monseigneur de Chasteaubrient, monseigneur de Rieux, monseigneur de Guéméné, monseigneur de Rays, monseigneur de Beaumanoir, monseigneur de Montauban, monseigneur de Combour, le viconte de la Bellière, monseigneur de Malestroit, monseigneur de Porhoet[1], le viconte

---

Montargis, Gien sur Loyre, et Dun le Roy avec Fontenay le Compte. » La portion de texte en italiques est ajoutée entre les lignes dans ce ms. Les lettres assignant le douaire de Mme de Guyenne sont datées du 9 mars 1425; elles se trouvent aux Archives nat., dans le registre X^1a 8604, fol. 80 v°.

1. C'est la seconde fois que le seigneur de Porhoet est men-

du Fou, Raoul de Coetquen et pluseurs autres, qui trop long seroient à nommer.

Chapitre XXXII.

Comment le Roy receut le duc Jehan, et la grant chiere qu'ilz s'entrefirent.

Et le landemain après disner arriva le Roy à Saumur, et si alla le duc au devant près d'une lieue françoyse, acompaigné de très noble compaignie, comme dit est. Et s'entretrouverent aux champs; et le Roy embrassa le duc deux foiz; et si s'entrefirent la plus grant chiere du monde; et le duc conduisit le Roy jusques au chasteau, puis le laissa et s'en alla à son logeis. Et le landemain vint le duc devers le Roy et besoingnerent ensemble de leurs affaires. Puis après le landemain, qui fut le mardi, le duc vint à Saint Florans[1] veoir madame de Guyenne, et l'amena devers le Roy au chasteau de Saumur; et vint au devant monseigneur de Bourbon et pluseurs autres seigneurs et gens du Roy; et Dieu sceit s'il y avoit belle compaignie. Et la Royne de Cecille vint au devant bien avant en la court du chasteau et s'entrefirent grant chiere, et furent longtemps en prière à qui yroit devant. En la fin la Royne et madame de Guyenne monterent[2] en la salle

---

tionné dans cette énumération; il faut lire ici « Penhoet » qu'on trouve dans S, fol. 35 r°; C, fol. 52 v°; B, fol. 5 v°; L, fol. 355 r°, col. 1. Le copiste du ms. S avait écrit « Beaumont », nom que le correcteur a remplacé par « Beaumanoir ».

1. Aujourd'hui Saint-Hilaire-Saint-Florent, Maine-et-Loire, cant. sud-est de Saumur.

2. *Sic* dans S, fol. 35 v°; C, fol. 52 v°; B, fol. 6 r°. Th. Gode-

devers le Roy qui marcha bien près de l'uys au devant, et lui fist grant chiere; et furent assés longtemps à deviser. Puis s'en alla madame de Guyenne à Saint-Florans et fut conduite de la seigneurie.

Chapitre XXXIII.

Comment le Roy et le duc vindrent veoir madame de Guienne à Saint Florans.

Puis vindrent le landemain le Roy, le duc et monseigneur de Bourbon à Saint Florans veoir ma dicte dame, et chanterent et dancerent dedans le cloaistre et firent grant chiere, et puis s'en retournerent. Le Roy ala au chasteau de Saumur et le duc s'en vint à son logeis sur les ponts, et furent bien huyt jours à Saumur[1]; et firent et apointerent ensemble ce que bon leur sembla. Puis s'en vint le duc en Bretaigne, et print son congié du Roy; et monseigneur le connestable le conduisit, puis s'en retourna devers le Roy[2], lequel s'en alla en Auvergne et en Bourbonnays[3], et mon dit seigneur quant et luy; et y furent jusques à karesme prenant[4].

froy (édit. 1622, p. 25) ajoute « ensemble », terme qui complète bien l'idée exprimée précédemment.

1. Du 30 septembre au 8 octobre.
2. Richemont est, le 11 octobre 1425, aux Ponts-de-Cé (Bibl. nat., ms. fr. 25710, *Chartes royales*, pièce 34); de là il se rendit à Poitiers, pour l'assemblée des États généraux.
3. Charles VII n'alla point en Auvergne. Itinéraire : 29 janvier-4 mars, Issoudun; 5-15 mars, Déols; 23 mars-12 avril, Montluçon. Retour par Issoudun (16-22 avril) à Mehun-sur-Yèvre (24 avril).
4. Ici se place un voyage du connétable en Savoie. M. Cos-

Chapitre XXXIV.

Comment le siege fut mis à Saint James de Beuvron[1].

L'an que desus mil CCCC XXV fut mandé monseigneur le connestable en Bretaigne devers le duc, pour ce que l'armée du duc estoit toute preste d'entrer en Normandie. Et le plus tost qu'il peut s'en vint et trouva le duc à Rennes, et toute l'armée de Bretaigne sur les marches de Normandie. Et quant il fut devers le duc ilz conclurent de mettre le siege à Saint James de Beuvron, et tout l'ost s'assembla à Entrain[2], et de là alerent mettre le siege au dit lieu de Beuvron, et fut en caresme, et ne dura le dit siege que huyt ou dix jours[3]. Et disoit-on que le chancelier de Bretaigne fist

---

neau (*le Connétable de Richemont*, p. 116, note) déclare « qu'il n'est pas possible que Richemont soit allé à Montluel à la fin de 1425 ou en janvier 1426, comme le croit M. de Beaucourt ». (*Hist. de Charles VII*, t. II, p. 372.) Si M. Cosneau avait vu, comme M. de Beaucourt, les *Registres des délibérations* conservés à Lyon, il n'aurait point mis en doute ce voyage. Voici quelques extraits qui tranchent la question : 1426, 13 janvier : « Ilz ont concluz que, pour avoir plus legièrement grace du Roy nostre sire de l'aide derrenierement octroyée à Poictiers, et affin que Mgr le connestable en ait la ville plus pour recommandée, *lequel vient pour acomplir son voyage* ... » — 16 janvier : « Ilz ont concluz que, attendu que ceulx du plat pays ont acordé de paier à Mgr le connestable, *estant de present à Monluel pour la paix* ... » — Le 12 février 1426, on court après le connétable, qui vient de partir de Lyon, et on le rejoint à Rochefort. (Arch. mun. de Lyon, BB II, fol. 10 v°-12 v°; cf. CC 393, n° 12.)

1. Saint-James de Beuvron, cant., Manche, arr. d'Avranches.
2. Antrain, cant., Ille-et-Vilaine, arr. de Fougères.
3. L'armée bretonne arriva sans doute devant Saint-James de Beuvron dans les derniers jours de février 1426; l'assaut fut

retarder le paiement des gens d'armes et aultres gens de guerre; et à l'occasion de ce ilz n'avoyent de quoy paier les marchans qui leur amenoient les vivres; et pour ce fut conclut l'assault par grande deliberacion. Et quant ceulx qui estoient au dit assault devers l'estangc montoient pour combatre main à main à ceulx de dedans, ilz virent une grande compaignie de gens d'armes qu'on avoit ordennez à faire les courses durant le dit assault; car le conte de Sonfort et le sire de Scalles[1] estoient à Avranches; ainsi cuiderent noz ditz gens que ce fussent les ditz Angloys, et se commencerent à retirer. Et alors les ditz Angloys saillirent sur eulx et en tuerent et firent noyer grant nombre en l'estangc du dit lieu; et ceulx qui estoient de l'austre cousté n'en scavoient riens. Et toutesfois se convint-il retirer, et y eut grande multitude de gens mors et prins; entre lesquelz furent mors : monseigneur de Mollac, monseigneur de Coitivi, missire Alain de la Mote et Guillaume de la Mote son filx, et Guillaume Eder et pluseurs aultres. Et à ceste cause se retirerent tous ceulx du siege au siege de monseigneur

donné le 6 mars (cf. un extrait du *Nécrologe des Cordeliers de Quimper* dans les *Preuves* de D. Morice, II, 1188), et le siège levé dans la nuit du 6 au 7, selon notre chronique. (Cf. *Chronique de Cousinot de Montreuil*, édit. Vallet de Viriville, p. 240.)

1. Thomas de Scales, qualifié capitaine de Pontorson en 1429 (Bibl. nat., *Quittances*, ms. fr. 26051, pièce 1083), plaidait, en 1437 et 1438, devant le Parlement de Paris contre « messire Galobre, seigneur de Panessac ». (Archives nat., X^{1a} 1482, fol. 60 r°.) Sénéchal de Normandie, il défendit, en 1440, la forteresse de Gavray, tandis que le Roi d'Angleterre assiégeait Harfleur. (Bibl. nat., ms. Fontanieu 118, au 10 avril 1441.) Il mourut en 1460. (Cf. en outre *Journal d'un bourgeois de Paris,* p. 201, note 5 de M. Tuetey, d'après Wavrin, édit. Dupont, II, 230.)

le connestable; et s'i retirerent les gens de monseigneur de Porhoet, qui lors estoit admiral de Bretaigne, et tous les autres. Et ceste nuyt commencerent à desloger pluseurs sans congié, les ungs bleciez et les autres pour les conduire. Et bientost après misdrent le feu es logeis du dit siege de Beuvron; et tantost l'en vint dire à monseigneur le connestable et à monseigneur d'Estempes son frere qu'ilz seroient bruslés s'ilz ne se sauvoient, et que tout le monde s'en alloit. Et ainsi monterent les ditz seigneurs sur petis chevaulx pour cuider faire demourer ceulx qui s'en vouloient aler; mais homme ne vouloit arrester; et tant que mon dit seigneur le connestable en la presse fut abatu, cheval et tout, et passoient par desus lui qui ne l'eut secouru; et convint malgré lui s'en venir quant et les autres, ou demourer bien seul[1]. Et pensez que c'est grant chose quant ung desarroy se met en ung grant ost et de nuyt. Et croyés que ce lui fut ung des plus grans desplaisirs que mon dit seigneur eut en sa vie; car c'estoit grant pitié de le veoir et tousjours vouloit recouvrer qui l'eut voulu croire. Et furent, environ le point du jour, à Entrain; et de là tirerent devers le duc à Rennes, et misdrent frontieres en Bretaigne. Puis se departirent; et tout le monde disoit communement que ce avoit esté le chancelier qui avoit eu argent des Angloys pour lever le siege. Et pensés que monseigneur le connestable ne l'oblia mye.

1. S, fol. 37 r⁰ : « ... et convint malgré luy s'en venir quant et les autres ou demourer bien seul. » C, fol. 54 r⁰ : « ... et faillit maulgré son visage s'en venir quant et les autres qui ne l'eust secouru, ou demourer bien seul. » B, fol. 6 v⁰ : « ... et faillit maugré son visage s'en venir quant et les autres qui ne l'eust secouru, ou demourer bien seul. »

Chapitre XXXV.

Comment monseigneur le connestable fist prendre le chancellier de Bretaigne.

Car en retournant devers le Roy, les feries de Pasques, il fist prendre devant luy le dit chancelier à la Tousche près Nantes, et mener à Chinon[1] pour soy descharger de ce que on le chargeoit; car il n'en povoit mais. Et fut le dit chancelier ung peu de temps au dit lieu de Chinon; puis fut traictée sa delivrance, et fut tenu bien aise et promist de faire merveilles devers monseigneur de Bourgoingne et ailleurs, et devoit du tout faire la paix; mais il n'en fist riens, car elle n'estoit pas si aisée à faire. Et s'en ala du consentement du Roy devers monseigneur de Bourgoingne, et puis en Savaye, et s'en revint par Normandie en Bretaigne où il se demoura.

Chapitre XXXVI.

Comment monseigneur le connestable fist prendre monseigneur de Gyac et en fist justice.

L'an mil CCCCXXVI mon dit seigneur le connestable tira devers le Roy[2] et trouva monseigneur de Gyac

---

1. Le 10 mai 1426, Richemont est à Chinon, d'où il adresse une lettre aux habitants de Lyon, pour les inviter à percevoir au plus tôt les sommes qui lui ont été promises. (Lettre publiée dans la *Revue d'histoire nobiliaire,* p. 460; tirage à part, p. 8.)
2. Richemont, depuis la défaite de Saint-James de Beuvron,

qui bien lui avoit haulcé son chevetz devers le Roy, et ne vouloit point que nulle paix se fist entre le Roy et monseigneur de Bourgoingne, de paour de perdre son gouvernement, et ne vouloit que nulz des seigneurs approchassent devers le Roy, exceptés monseigneur de Clermont à qui il fist donner la duché d'Auvergne et monseigneur de Fouyers[1] à qui il fist donner la conté de Bigorre, lequel avoit admené troys mille Biernoys[2], qui devoient faire merveilles; et si firent-ilz sur le pouvre peuple; car oncques ne passerent la Croix Verte à Saumur.

Et pour revenir au fait de Gyac qui tant avoit fait de maulx, entre les autres avoit fait mourir sa femme, laquelle estoit bonne et preude, comme l'on disoit; il la fist empoisonner, et quant elle eut beu les poisons,

---

ne paraît guère avoir quitté l'Anjou et le pays voisin, il était à Angers le 4 juillet 1426. (Bibl. nat., *Quittances*, ms. fr. 26049, pièce 597.) A cette époque il entretint avec les habitants de Lyon une correspondance remplie de précieux détails, et qui donne une idée de l'activité que déployait le connétable pour se procurer l'argent nécessaire à la solde des troupes royales. Ces lettres contenant toutes des demandes de subsides sont datées des Ponts-de-Cé, 13 septembre, de Saumur, 6 octobre, d'Angers, 15 octobre, et de Moulins, 20 janvier; cette dernière est de 1427 et les autres de l'année précédente. (Lettres publiées par M. de Beaucourt dans la *Revue d'histoire nobiliaire*, p. 460-463.) Avant de se rendre à Moulins, il séjourna quelque temps avec le Roi à Montluçon, où il conclut, le 6 janvier 1427, un traité d'alliance avec Jean Ier, comte de Foix. (Archives des Basses-Pyrénées, E 434 ; document cité par M. L. Flourac dans son ouvrage sur *Jean Ier, comte de Foix*, p. 111.)

1. Ce mot avait d'abord été orthographié ainsi dans le ms. S, fol. 37 v°; le correcteur a mis « Foix ».

2. Béarnais.

il la fist monter derriere lui à cheval, et chevaucha xv lieues en celui estat; puis mourut la dicte dame incontinent. Et le dit de Gyac faisoit ce pour avoir madame de Tonnairre, qui après la mort du dit Gyac fut dame de la Trimouille.

En après monseigneur le connestable vint devers le Roy à Yssoulzdun, et par le conseil de la Royne de Cecille et de tous les seigneurs ou la pluspart, reservés Bourbon et Fouyers, il print le dit Gyac en la ville d'Issoulzdun, et se fist apporter les clefz, et dist qu'il vouloit aller à Nostre Dame de Bour de Dieux[1] dès le point du jour. Et comme son prestre vouloit commencer la messe tout reveistu, on lui vint dire qu'il estoit temps; et laissa le pretre tout seul, et s'en vint luy et ses gens de sa maison et ses archiers, là où estoit le dit Gyac couchié et monterent contre mont, si rompirent l'uys. Et le dit Gyac demanda que c'estoit; l'on dist que c'estoit monseigneur le connestable; et lors il dist qu'il estoit mort. Et madame sa femme se leva toute nue; mais ce fut pour sauver la vaisselle. Et incontinent on fist monter le dit Gyac sur une petite hacquenée; et n'avoit que sa robe de nuyt et ses botes et fut tiré à la porte. Et incontinent le bruit fut devers le Roy; si se leva, et vindrent les gens de sa garde à la porte, et mon dit seigneur le connestable

1. C'est par une identification qu'il n'eût pas fallu introduire dans le texte que Th. Godefroy met « Nostre Dame de Bourg de Deolz » (édit. 1622, p. 29). Bourg-Déols, situé à deux kilomètres de Châteauroux (Indre), était le siège d'une abbaye de l'ordre de Saint-Benoît fondée en 907 par Ebbe le Noble, seigneur de Châteauroux. Il y a des copies de titres concernant cette abbaye à la Bibl. nat. (mss. Du Chesne, vol. 70, fol. 391 r°).

leur dist qu'ilz ne bougeassent, et leur commanda s'en aller et que ce qu'il faisoit estoit pour le bien du Roy[1].

Si se rendit à lui à la porte Alain Giron, qui avoit cens lances, et estoit assés près en embusche, et s'en alla conduire Gyac, et aussi missire Robert de Montauban et beaucoup d'autres gens de mon dit seigneur; et fut mené à Dun le Ray[2], qui pour lors estoit en la main de mon dit seigneur. Puis après tira mon dit seigneur le connestable à Bourges et monseigneur de la Trimouille avecques lui. Et incontinent mon dit seigneur fist faire le procès du dit Gyac par son baillif de Dun le Ray, et autres gens de justice. Et confessa tant de maulx que ce fut merveilles; entre lesquelz la mort de sa femme toute grosse et le fruit dedans elle; et oultre confessa qu'il avoit donné au deable l'une de ses mains affin de le faire venir à ses intencions. Et quant il fut jugié, il requeroit pour Dieu qu'on luy coupast la dicte main avant le faire mourir, et offroit à monseigneur le connestable, se il luy plaisoit lui sauver la vie, de lui bailler content cent mille escuz, et lui bailler sa femme, ses enfans et ses places à ostages, de jamais ne aprocher du Roy de xx lieues. Et mon dit seigneur respondit que s'il avoit tout l'argent du monde qu'il ne le laisseroit pas aller, puisqu'il avoit deservi mort; et envoya ung bourreau de Bourges pour l'executer; et le mena Jehan de la Boessiere. Ne demandés pas si le Roy fut bien courroucé; puis après

---

[1]. Pierre de Giac fut fait prisonnier par le connétable le 8 février 1427. (*Hist. de Charles VII*, par M. de Beaucourt, II, 132, note 5.)

[2]. Dun-le-Roi ou Dun-sur-Auron, cant., Cher, arr. de Saint-Amand-Mont-Rond.

tout le monde estoit embesoingné à faire l'apointement; mais le Roy bien informé du gouvernement et vie du dit Gyac fut très content.

Et entra en gouvernement Le Camus de Beaulieu, qui se gouverna aussi mal comme les autres. Et s'en vindrent le Roy et la Royne, et la Royne de Cecille, et mon dit seigneur le connestable en Touraine.

Chapitre XXXVII.

Comment monseigneur le connestable vint emparer Pontorson.

Pour ce que les Angloys faisoient de grans courses et de grans maulx en Bretaigne, monseigneur le connestable vint emparer Pontorson[1] et fut environ la Saint Michel, et y vint des Françoys et des Escossoys avecques lui. Et y estoient le connestable d'Escosse et missire Jehan Ouschart[2] qui avoient bonne compai-

---

1. Cant., Manche, arr. d'Avranches. Sur le siège de cette ville, voir : n°s LXXXV-LXXXVII des *Pièces diverses* publiées par M. S. Luce à la suite de la *Chronique du Mont-Saint-Michel*, I, 255, 256; Bibl. nat., *Montres*, IV (ms. fr. 25767), n°s 144, 197, 199, 211 et suiv.; V (ms. fr. 25768), n°s 219 et suiv., 268; Clairambault, 11, p. 685; 166, p. 5067; D. Villevieille, *Titres originaux*, 12, n°s 103, 104, 105; ms. fr. 20684, p. 549.

2. Dans S, fol. 39 r°, le correcteur a ajouté « messire Jean Ouschart ». Puis il a remplacé « Gaultyer Brussac » par « Gaultier de Brusac », la mauvaise leçon « Beaumont » par « Beaumanoir », et « Rotelen » par « Rostelen ». B, fol. 7 v°, donne une variante légère : « Gaultier Stuart de Brusac. » Dans C, fol. 56 r°, « Stuart » a été ajouté après coup en marge. Les chroniques et les actes appellent « Rotelen, Rostelen, Rostrelen, Rostelain, Rostrenan » divers personnages portant le nom d'une localité, qui est aujourd'hui Rostrenen, Côtes-du-Nord, arr. de

gnie de gens d'Escosse, et Gaultier de Brusac[1] et pluseurs autres capitaines ; et de Bretaigne monseigneur de Loheac, monseigneur de Chasteaubriend, monseigneur de Beaumanoir, monseigneur de Montauban, monseigneur de Rostrelen, le viconte de la Belliere, missire Robert de Montauban, Jehan Tremederne, missire Jehan Le Veer, monseigneur de Beaufort, Marzeliere, missire Roland Madeuc et missire Roland de Saint Paoul.

Et durant ce vindrent les Angloys ung peu avant soleil couchant, qui estoient en nombre bien huit cens et saillit-on hors aux champs, et se mist-on en bataille oultre le marays devers le Mont Saint Michel; et ne scavoit-on quelle puissance les ditz Angloys avoient. Si fist le connestable d'Escosse descendre tous les gens d'armes et archiers à pié ; puis vindrent les ditz Angloys jusques au trait de l'arc, et en y eut deux ou troys qui se vindrent faire tuer en nostre bataille ; et y fut fait deux ou troys chevaliers. Et quant les Angloys virent la bataille, ilz s'enfuyrent en grant desarroy, et en fut prins et tué pluseurs ; mais par ce que tout estoit à pié ne peurent estre si fort chacez comme ilz eussent esté, qui eut esté à cheval.

Après que la place fut ung peu fortifiée, monseigneur le connestable et le connestable d'Escosse, et toute la pluspart des seigneurs et cappitaines s'en allerent, exceptés ceulx que mon dit seigneur y laissa,

---

Guingamp. (Cf. M. S. Luce, *Chronique du Mont-Saint-Michel*, I, 17, note 1.)

1. Gaultier de Brusac, capitaine de Mussy-l'Évêque (1431), écuyer d'écurie de Charles VII, sénéchal du Limousin le 20 novembre 1437 ; il était l'oncle de Mondot de Brusac, chevalier. (A. Thomas, *Les États provinciaux sous Charles VII*, II, 101.)

c'est asçavoir : monseigneur de Rostrelen, capitaine du dit lieu, monseigneur de Beaufort, missire Jehan Ouschart, et les gens de Brusac, Jehan de Tremederne, missire Jehan Le Veyer, Marzeliere et pluseurs autres, et s'en alla mon dit seigneur devers le Roy.

Chapitre XXXVIII.

De la prinse de monseigneur de Rostrelen.

Assés tost après, sur l'yver, monseigneur de Rostrelen entreprint d'aler courir devant Avranches et mena belle compaignie. Et en passant au desoubs du Pont Aubaud[1] se noya ung gentilhomme de sa compaignie, et autres beaucoup s'enlizierent, et convint faire ung peu de demeure illecques. Si saillirent les Angloys sur les coureurs et mon dit seigneur de Rostrelen arriva et incontinent l'en chargea sur les ditz Angloys et furent reboutez jusques bien près de la porte; et en y eut bien xxx que mors que prins. Et comme monseigneur de Rostrelen vouloit descendre à pié arriverent environ cccc Angloys, dont estoit chief le sire de Fuouastre; et si ne scavoient riens les ditz Angloys de la ville de celle venue, et non faisoit mon dit seigneur de Rostrelen. Et vindrent les ditz Angloys tellement frapper au dos de noz gens et en telle maniere qu'il convint desemparer. Et bientost après fut prins mon dit seigneur de Rostrelen, et bien vii^{xx} et dix de ses gens, et n'en y eut que deux mors; et ceste prinse fut ung très mauveis bout pour Pontorson.

1. Pontaubault, Manche, cant. d'Avranches.

Si y vint pour garder la dicte ville monseigneur de Chasteaubriend; puis après y vint monseigneur le mareschal son frere qui firent fortifier la ville le mieulx que faire se povoit; mais on ne sceut tant faire qu'elle valist gueres.

Chapitre XXXIX.

Comment Le Camus de Beaulieu fut tué.

Et mon dit seigneur le connestable estoit allé devers le Roy, et là lui furent remonstrés les termes que tenoit Le Camus de Beaulieu; car il gastoit tout et ne vouloit que home aprochast du Roy, et faisoit pis que Giac. Si en estoit la Royne de Cecille et tous les seigneurs mal contens; pour ce en fist monseigneur le mareschal de Bossac la raison; car il le fist tuer. Et celuy mesmes qui le gouvernoit[1] l'amena au tiltre[2] en ung petit pré prés le chasteau de Poictiers sur la riviere. Et deux compaignons qui estoient au dit mareschal de Bossac lui donnerent sur la teste tant qu'ilz la luy fendirent, et lui couperent une main tant que plus ne bougea. Et s'en alla celui qui l'avoit amené et

1. Le Camus de Beaulieu avait pour gouverneur Jean de la Grange. (*Chronique de la Pucelle*, édit. Vallet de Viriville, p. 248.)
2. *Tiltre*, ancienne forme de titre; ce mot signifie ici lieu favorable, disposé d'avance. Littré, *Dictionnaire de la langue française*, édit. 1869, au mot Titre, n° 17 : Terme de chasse. Lieu, relais où l'on poste les chiens pour courir la bête à propos, quand elle passe; mettre les chiens à bon titre, les bien poster pour courre; cf. aussi le paragraphe suivant. Ce n'est pas la seule circonstance dans laquelle Gruel emploie une expression tirée du vocabulaire cynégétique. Ailleurs il dira « mis ou plus beau gibier », « chacer au desespéré ».

mena son mulet au chasteau là ou estoit le Roy qui le regardoit ; et Dieu sceit s'il y eut beau bruyt, quant[1] il fut aporté sur ung panier.

Chapitre XL.

Comment La Trimouille fut mis en lieu du Camus de Beaulieu.

Si vint à l'eure monseigneur de la Trimouille devers le Roy ; puis s'en vint le Roy à Chinon, et la Royne avecques luy. Et n'estoit pas le Roy content que La Trimouille demourast avecques luy ; et monseigneur le connestable lui dist que c'estoit un homme puissant et qui bien le pourroit servir. Et le Roy lui dist : « Beau cousin, vous le me baillés, mais vous en repentirés ; car je le cognois mieulx que vous. » Et sur tant demoura La Trimouille, qui ne fist pas le Roy menteur ; car il fist le pis qu'il peut à monseigneur le connestable.

Chapitre XLI.

Comment monseigneur le connestable vint secourir Pontorson.

Et incontinent mon dit seigneur le connestable

---

1. « Car » dans N, fol. 14 r°, et S, fol. 40 v°. Il faut remplacer « car » par la bonne leçon « quant » donnée par C, fol. 57 v°, et par B, fol. 8 v°. Le membre de phrase « quant il fut aporté sur ung panier » manque dans l'édition de Théodore Godefroy (p. 34 ; dans Buchon, p. 366).

commencza à assembler gens de toutes pars pour venir secourir Pontorson qui estoit assiegé dès le jeudi gras[1]. Et estoient devant ceulx qui ensuivent : premier le conte de Varvic[2], gouverneur et lieutenant general du Roy d'Angleterre, les sires de Talbot[3] et de Scalles et de Ros[4] et de Ouyrebi[5] et de Fastout[6] et de Fuouastre et de Boursieres, et grant nombre d'autres capitaines et baillifz, et en effect toute leur puissance qui pour lors estoit en Normandie.

Si voult le duc Jehan par l'avertissement d'aucuns de ses gens bailler Pontorson en la main des Angloys avant que le siege y fust mis[7]; mais ceulx qui estoient dedans refuserent le rendre et disoient qu'ilz tendroient pour monseigneur le connestable. Et par la deliberacion de tous ceulx qui estoient dedans fut

1. Ou depuis le 27 février 1427.
2. Richard de Beauchamp, comte de Warwick et d'Aumale, etc., mourut le 30 août 1439. (Cf. les *Pièces* publiées par M. S. Luce à la suite de la *Chronique du Mont-Saint-Michel*, I, 257 et 263.)
3. Jean, seigneur de Talbot et de Fournival, fut créé, le 24 août 1434, comte de Clermont en Beauvaisis par le roi d'Angleterre; il fut tué à la bataille de Castillon, le 17 juillet 1453. (Archives nat., JJ 175, pièce 318; cf. une copie à la Bibl. nat., ms. Fontanieu 118, au 24 août 1434.)
4. Le sire de Roos, chevalier anglais, qui mourut noyé dans la Marne près de Saint-Maur, le vendredi 18 août 1430. (*Journal d'un bourgeois de Paris,* édit. Tuetey, p. 256, 257.)
5. Robert de Willoughby, comte de Beaumont-sur-Oise, etc. (Cf. Bibl. nat., ms. Fontanieu 118, au 28 juin 1434.)
6. Jean Fastolf, qualifié, le 19 janvier 1428, « chevalier, grant maistre d'ostel de monseigneur le régent le Royaume de France, cappitaine de Honnefleu. » (Bibl. nat., ms. fr. 26050, p. 831.)
7. Ce détail est parfaitement exact et confirmé par un document du 20 décembre 1426, contenant les instructions données par Jean VI à un messager qu'il envoyait alors au duc de Bourgogne. (D. Plancher, *Hist. de Bourgogne*, IV, *Preuves*, n° LIII.)

conclut de le tenir tant que faire ce pourroit, excepté missire Jehan Ouschart, qui estoit capitaine des Escossois, qui assembla toute sa compaignie[1]. Et bientost après monseigneur le mareschal de Bretaigne fist crier que tous ceulx qui n'estoient deliberez d'attendre le siege s'en allassent. Et celui Ouschart fist crier que tous ceulx qui vouldroient s'en aller quant et luy fussent bientost prestz ; si s'en alla celui jour le dit Ouschart à grande compaignie.

Puis tint le siege fort et ferme et y eut de belles escarmouches tousjours en attendant le secours de Bretaigne et de monseigneur le connestable, qui ne se povoit aider du Roy son maistre ne de moult de meschans gens qui estoient avecques luy ; toustesfois amena il beaucoup de gens de bien du païs de France, et cuidoit venir lever le siege. Si vint jusques en Bretaigne devers le duc et son frere, qui estoient à Dinan, et amena avecques lui le connestable d'Escoce, le mareschal de Bossac et pluseurs autres capitaines, cuidant tirer avant ; mais le duc ne voult, et ne lui fut conseillé aventurer la noblesse de Bretaigne pour si pou de chose comme Pontorson. Et nonobstant que le duc avoit fait son arriere ban, et Dieu sceit quelle compaignie il avoit en la lande de Vaucouleur, où il fist ses monstres, toutesfoiz ceulx de Pontorson tindrent jusques à l'uytiesme jour de may tant qu'ilz n'eurent plus de vivres, et tousjours cuidoient avoir secours. Et si y eut dès le jeudi absolu[2] ung mauveis eschet ;

---

1. *Sic* dans S, fol. 41 r°, C, fol. 58 r°, et B, fol. 8 v°. Omis par Th. Godefroy depuis « excepté missire Jehan Ouschart... » (édit. 1622, p. 35 ; dans Buchon, p. 366[2]).

2. *Sic* dans S, fol. 41 v°, L, fol. 357 v°. Les·mss. C, fol. 58 v°,

car ceulx qui venoient pour tollir les vivres à ceulx du siege furent desconfitz à La Gaintre[1]; et y mourut beaucoup de gens de bien, c'est assavoir : monseigneur de la Hunaudaye, monseigneur de Chasteaugiron, le baron de Coulonces, missire Guillaume Levesque, Robin de Quiste et Olivier Tomelin et pluseurs chevaliers et escuiers; et de prins le viconte de la Belliere et pluseurs autres. Puis s'en vindrent ceulx de Pontorson chacun ung baston en sa main.

Chapitre XLII.

Comment le siege de Montargis fut lievé.

Bientost après tira mon dit seigneur le connestable devers le Roy, et fut en l'an mil CCCC XXVI[2] et alla par Chinon veoir madame de Guyenne. Puis vindrent les nouvelles que le siege estoit à Montargis et fut le premier jour de juillet. Et convint que mon dit seigneur se partist de Chinon pour assembler tous les

---

B, fol. 9 r°, donnent une variante : « Le jeudy de la cène, » ce qui désigne toujours le Jeudi Saint, 17 avril 1427; dans le dernier ms. la suite présente une lacune de quelques mots, qui rend la phrase irrégulière et incompréhensible.

1. *Sic* dans S, fol. 41 v°, et dans C, fol. 58 v°; « à la Gaintre » manque dans B, fol. 9 r°, et dans l'édition de Th. Godefroy (Buchon, p. 367 4). Le Baud (L, fol. 357 v°) précise davantage encore le lieu de la défaite : « Es grieves du Mont Saint Michel, en ung lieu appellé Bas Courtilz, près le pont à la Guentre. » La Gueintre est une rivière qui se jette dans la baie du Mont-Saint-Michel entre Huisnes et Courtils. (M. S. Luce, *Chronique du Mont-Saint-Michel*, I, 29.) Huisnes, Manche, arr. d'Avranches, cant. de Pontorson. Courtils, Manche, arr. d'Avranches, cant. de Ducey.

2. Gruel se trompe d'une année; les faits qu'il raconte ici sont de 1427.

gens d'armes qu'il pourroit trouver, et les fist venir à Gyen sur Laire. Et y vindrent le connestable d'Escoce et le bastard d'Orleans, Poton, et La Hyre, monseigneur de Gaucourt, monseigneur de Guitri, Giraud de la Pailliere, Alain Giron et pluseurs autres ; et ne vouloient tirer en avant sans argent, et convint que mon dit seigneur le connestable leur en baillast. Et pour trouver finances mist une coronne d'or bien garnie de pierrerie en gaige, laquelle on prisoit dix mille escuz et la bailla à ung homme de Bourges nommé Jehan Besson, et print de l'argent desus pour bailler aux gens d'armes pour avitailler Montargis. Et en y alant, cuidant ne faire autre chose que leur porter vivres, à la premiere foiz ne firent riens ; puis y retornerent une autre foiz, et fut ou dit moys de juillet[1] et an que desus, environ medi, que plus ne faisoient de guet les ditz Angloys ne nulle garde, arriverent à Montargis ceulx qui venoient pour avitailler la ville. Si vindrent du costé où estoit logié ung capitaine nommé Henri Biset, et ne trouverent riens à la barriere et ouvrirent la dicte barriere et descendirent. Si trouverent les ditz Angloys qui dormoient et se refrechissoient pour ce qu'ilz avoient veillé toute la nuyt ; et Dieu sceit s'ilz furent bien festoiés. Et en se retirant par sur ung pont

---

1. Cette seconde expédition eut lieu non en juillet, mais au commencement de septembre, et la victoire qui délivra la ville fut remportée le vendredi 5 septembre 1427, et dès le lendemain le connétable s'empressait d'annoncer de Jargeau cette bonne nouvelle aux Lyonnais. Gruel tend visiblement à diminuer l'importance de ce succès, auquel le connétable n'eut directement aucune part, et dont tout le mérite revient au bâtard d'Orléans et à La Hire. (*Journal d'un bourgeois de Paris*, p. 221; *Chronique de Monstrelet*, p. 271-275; *Lettres du connétable de Richemont*, dans la *Revue d'hist. nobiliaire*, p. 472; tirage à part, p. 20.)

qu'ilz avoient fait pour s'entresecourir, le dit pont rompit et se noyerent grant nombre, et les autres furent mors et prins; et en effect furent desconfitz tous ceulx du siege de celuy costé.

Et de l'autre costé se misdrent en bataille le conte de Varvic, le conte de Soufort et le sire de Talbot et grant nombre d'Angloys. Si entrerent noz gens en la ville et se refrecherent avecques ceulx de la dicte ville, qui très bien se y gouvernerent. Puis s'en allerent les ditz Angloys en belle ordennance; et ainsi fut levé le siege de Montargis[1]. Et n'y fut point monseigneur le connestable en personne ne le connestable d'Escoce; car tous les capitaines et gens de grant faczon l'en destournerent et luy dirent que ce n'estoit pas le fait d'ung homme de telle maison et connestable de France d'aler avitailler une place, et que quant il iroit se devroit estre pour attendre la bataille, et il n'avoit pas gens pour ce faire. Et quant le siege fut levé, comme avés ouy, mon dit seigneur le connestable s'en vint à Chinon.

Chapitre XLIII.

Comment La Gravelle fut assiegée des Angloys.

Et bientost après, à la fin de septembre, vint le duc

---

1. Les Anglais, vivement émus de leur échec, recommencèrent bientôt des préparatifs pour s'emparer de cette place. Le 22 septembre 1427, le régent Bedford, étant alors à Rouen, faisait transporter quatre gros canons de Harfleur sous les murs de Montargis. (Bibl. nat., ms. fr. 26050, p. 771.) A la même époque le roi d'Angleterre s'assurait de la neutralité du duc de Bretagne. (*Ibid.*, pièce 769.)

de Betfort es marches du Maine et envoya certain nombre de gens environ Laval qui prindrent Saint Ouen[1], Monsceu[2] et Meslé[3], et assiegerent La Gravelle[4]. Et quant mon dit seigneur le connestable le sceut, il assembla ce qu'il peut de gens, et vint à Angiers pour secourir monseigneur de Laval et ses places. Et y estoient avecques luy missire Guillaume d'Elbret, seigneur d'Orval, et le lieutenant du marechal de Bossac, nommé Bochardon, et l'estandart du dit marechal et tous ses gens, et toutes les basses frontieres. Et le duc de Bethfort s'en alla vers Rouen; ceulx de La Gravelle avoient baillé ostages d'eulx rendre; et mon dit seigneur le connestable envoya missire Guillaume de Vendel et les archiers de son corps et firent tant qu'ilz entrerent dedans la dicte Gravelle; et ainsi elle fut sauvée pour l'eure.

Chapitre XLIV.

Comment monseigneur le connestable gecta une masse en Chasteauleraut.

Puis s'en vint mon dit seigneur à Laval et de là à Craan[5] et à Angiers et de là à Lodun. Puis eut illecques nouvelles de monseigneur de Bourbon et de monseigneur de la Marche qui vouloient parler à luy; et se

1. Saint-Ouen-des-Vallons, Mayenne, arr. de Laval, cant. de Montsurs.
2. Montsurs, cant., *ibid.*
3. Meslay-du-Maine, cant., Mayenne, arr. de Laval.
4. La Gravelle, Mayenne, arr. de Laval, cant. de Loiron.
5. Craon, cant., Mayenne, arr. de Château-Gontier.

devoient rendre à Chasteauleraut environ huyt jours avant la Toussains. Et lors monseigneur de la Trimouille le sceut et n'en fut pas contens ; car il avoit paour de perdre son gouvernement, et conceut une hayne mortelle contre mes ditz seigneurs. Et incontinent fist defendre de par le Roy que homme ne fust si hardi de les mettre en ville ne chasteau, ne de leur faire ouverture en nulle place que ce fust. Et mes ditz seigneurs se devoient rendre au dit lieu de Chasteauleraut ; et y avoit monseigneur le connestable envoyé ses fourriers ; et quant il arriva, encores estoient ilz à la porte, et lui fut refusée l'entrée par icelle. Et en signe de desobeissance gecta une masse par desus la barriere, puis s'en alla logier aux champs entre Chasteauleraut et Chauvigné[1], environ deux lieues d'ilecq.

Puis en chevauchant on apparceut monseigneur de Bourbon et monseigneur de la Marche, qui chevauchoient en belle ordennance de bataille, de l'autre costé de la riviere. Si fist mon dit seigneur le connestable sonner ses trompetes affin qu'ilz les ouyssent ; et lors s'aprocherent les uns des autres et parlerent ensemble de loign sur la riviere, et apointerent qu'ilz se rendroient le landemain à Chauvigné ; et coucherent celle nuyt sur les champs. Et ung gentilhomme entre Chasteauleraut et Chauvigné lui ouvrit sa place et le logea très bien de sa personne. Et le landemain se rendirent à Chavigné et parlerent ensemble, et conclurent de ce qu'ilz avoient à faire. Et incontinent tous ensemble s'en vindrent à Chinon, et avecques eulx le

---

1. Chauvigny, cant., Vienne, arr. de Montmorillon.

marechal de Bossac et pluseurs autres capitaines et gens de grant faczon, et trouverent madame de Guyenne; si furent bien receuz et firent grant chiere. Et là vindrent des embassades du Roy, c'est assavoir : l'arcevesque de Tours et monseigneur de Gaucourt[1], et autres embassades alerent devers le Roy; mais nul apointement ne s'i peut trouver. Car La Trimoille ne se asseuroit en homme, et se passa ainsi celui yver sans rien faire; puis se departirent les seigneurs et chescun s'en ala à son païs.

Chapitre XLV.

Comment monseigneur le connestable print possession de Partenay.

Monseigneur le connestable s'en alla à Partenay prendre la possession du dit lieu de Partenay; car monseigneur de Partenay estoit mort n'avoit gueres; et avant qu'il morust il avoit fait monseigneur le connestable son heritier[2]. Et par avant avoit fait venir

1. Raoul de Gaucourt, gouverneur du Dauphiné, grand maître de l'hôtel du Roi. (Voir Denys Godefroy, *Histoire de Charles VI*, p. 777 et s.; La Thaumassière, *Histoire du Berry*, p. 586 et s. Consulter en particulier sur ce personnage Archives nat., X^{1a} 1482, fol. 40 v°, 95 v°, 162 r°, 177 v°; *Ibid.*, P 2298, fol. 1129 r°; Bibl. nat., ms. fr. 20684, fol. 555-557, 562, 565, 567, 571; *Ibid.*, ms. fr. 20685, p. 534; *Ibid.*, ms. Fontanieu 118, aux 26 septembre, 8 et 22 déc. 1434, 10 avril 1437, 5 juillet 1440, 1er déc. 1442.)

2. Jean Larchevêque, seigneur de Parthenay, vendit successivement ses baronnies, en s'en réservant l'usufruit, au Roi Charles VI « pour lui et son aisné fils »; les Dauphins, Louis duc de Guyenne et Jean de Viennois, étant morts à un court intervalle, le régent Charles donna, le 19 novembre 1419, procuration à Guillaume Janeau, Guillaume de Lucé, Hugues de Combarel,

tous les nobles de la seigneurie et terre de Partenay, et tous les capitaines des places, et leur avoit fait faire le serment à mon dit seigneur le connestable de luy estre bons et loyaulx, et lui obeir comme à leur seigneur naturel, et aussi luy firent comme bons et loyaulx tant qu'il vesquit.

Adam de Cambray et Guillaume Le Tur pour reprendre les négociations avec Jean Larchevêque. Elles eurent plein succès ; car, le 21 janvier suivant, ce dernier vendait toutes ses terres « à Charles, fils de France, » moyennant la somme de 100,000 livres tournois, auxquelles il convient d'ajouter 20,000 écus d'or déjà payés au seigneur de Parthenay en exécution du contrat de vente fait en faveur de Louis, duc de Guyenne. Mais Charles VII, n'ayant pu remplir les conditions stipulées dans le contrat de vente du 21 janvier 1420, fut obligé de transporter, le 24 octobre 1425, tous ses droits au connétable de Richemont, suivant le désir formellement exprimé par Jean Larchevêque. (Archives nat., R^1 193, 13e dossier, cahier 2.) Richemont vint prendre possession de ce riche héritage à la fin de novembre 1427 ; le 20 de ce mois, par lettres données en son château de Parthenay, il instituait Henri Blandin son receveur général, dans tous ses domaines de Poitou et de Saintonge. (*Comptes de Robin Denisot*, Pièce just. XIX.) Le 24 octobre 1428, dans un testament fait à Redon, il léguait à son neveu Pierre de Bretagne tous les domaines provenant de la donation de Jean Larchevêque, et ses autres possessions. (Pièce just. XXI.) Cet acte fut confirmé le 8 juillet et le 15 août 1437 par François, comte de Montfort, fils aîné du duc de Bretagne (Pièce just. XXXII), puis annulé le 11 janvier 1442 par le connétable lui-même, qui transporta tout son héritage à son neveu François de Bretagne, à charge pour celui-ci d'exécuter ses dernières volontés. (Archives de la Loire-Inférieure, E 3.) Après la mort de Richemont, ses domaines de Poitou passèrent cependant à Charles, comte du Maine, puis dans la famille des comtes de Dunois, qui les possédait au commencement du xvie s. (Archives nat., P 139, fol. 65 v^c et fol. 33.) M. Bélisaire Ledain a écrit, en 1858, une *Histoire de Parthenay* (in-8°) qu'il a depuis intercalée dans sa *Gâtine historique et monumentale* (1876, in-4°). Voir aussi une note de M. Cosneau dans son *Connétable de Richemont*, p. 485.

Et cependant madame de Guyenne demoura à Chinon[1]. Et y avoit ung capitaine nommé Guillaume Bellier ouquel monseigneur le connestable se fioit moult fort de bien garder la place de Chinon, dont il fut deceu; car environ le XIIe jour de mars[2] le dit capitaine fist par ses gens ouverture au Roy de la dicte place de Chinon où estoit madamme de Guienne, laquelle eut grant paour d'estre maltraitée; mais le Roy luy tint bons termes, et parla fort à elle devant tout son conseil et luy offrit qu'elle demourast à Chinon ou en quelque autre place de son royaume qu'elle vouldroit par ainsi que monseigneur le connestable son mari ne viendroit point devers elle. Et elle respondit au Roy que jamais ne vouldroit demourer en place où elle ne peust veoir monseigneur son mari. Et si estoient avecques le Roy La Trimouille, missire Guillaume d'Albret, l'arcevesque de Reins, Gaucourt, Herpadame, maistre Robert Le Maczon et pluseurs autres. Et lui fist le Roy faire de grans demonstrances par le chancelier, arcevesque de Reins. Et ma dicte dame lui fist respondre par maistre Jehan de Trousxi[3],

---

1. Le 10 février, le connétable était lui-même à Chinon, où il enjoignait à son receveur Robin Denisot de remettre tout le produit de sa recette à Jean de Dardenay, maître de la Chambre aux deniers de Mme de Guyenne. (*Comptes de Robin Denisot*, Pièce just. XIX.)

2. Nous sommes en 1428. Gruel a raison de ne pas être trop affirmatif sur ce point; car M. de Beaucourt a trouvé dans les *Registres des délibérations* conservés aux Archives mun. de Poitiers la preuve que le Roi était à Chinon dès le 4 mars. (*Histoire de Charles VII*, II, 161, note 3, et 162.)

3. Jean de Troissy, qualifié dès 1423 bailli de Senlis, était un conseiller intime et dévoué de Richemont, qu'il n'abandonna pas lors de sa disgrâce. Il paraît n'avoir pas été étranger à la rentrée

baillif de Senlis, qui parla le mieulx que oncques l'en ouyt en telle necessité. Puis eut ma dicte dame son congié, et s'en vint à Saumur, et de là à Thouars[1]; et vindrent les Escossoys qui tenoient les champs au devant d'elle et la conduirent jusques à Thouars. Puis s'en vint à Partenay devers monseigneur le connestable, et fut grandement receue, et longuement furent ensemble au dit lieu de Partenay. Car mon dit seigneur fut banny de la court du Roy par le moyen de La Trimouille; et fut faicte defense à toutes les villes tenantes le parti du Roy, et es chasteaulx de non faire ouverture à mon dit seigneur, ne à ses gens et serviteurs; et lui fut cassée toute sa pansion. Et eut mon dit seigneur de grandes broulleries et guerres particulieres o les gens de La Trimouille et avecques Jehan de la Roche et o leurs aliés en moult de manieres; et ainsi passa le temps celle année.

Chapitre XLVI.

Comment la ville de Bourges fut prinse.

L'an mil CCCC XXVII[2], monseigneur de Bourbon et

du connétable à la cour de France. Il figure au nombre de ceux qui signèrent, le 30 juin 1445, à Châlons-sur-Marne, le traité du futur mariage de Richemont et de Catherine de Luxembourg. (A. Thomas, *Les États provinciaux... sous Charles VII*, I, 355; Pièce just. XIX; D. Morice, *Preuves*, II, 1378.)

1. Thouars, cant., Deux-Sèvres, arr. de Bressuire.
2. Notre chroniqueur commet une erreur d'une année; il faut 1428; c'est au mois de juillet de cette année que les seigneurs coalisés entrèrent dans Bourges; la place fut rendue au Roi le 26 du même mois. (*Hist. de Charles VII*, par Vallet de Viriville, I, 461-463.)

monseigneur de la Marche firent une entreprise par la soustenue de ceulx de la ville de Bourges, et prindrent la dicte ville de Bourges et ne prindrent point la tour, et là tenoit le seigneur de Prie qui fut tué d'un trait. Si firent scavoir mes ditz seigneurs à monseigneur le connestable que le plus tost qu'il pourroit assemblast gens pour tirer vers mes ditz seigneurs ; et si ne povoit mon dit seigneur passer ; pour ce tira il à Lymoges, cuidant aller par Auvergne. Et cependant le Roy fist diligence et assembla grant nombre de gens et tira à Bourges ; et là firent messeigneurs de Bourbon et de la Marche apointement avecques le Roy sans y comprendre monseigneur le connestable. Et assés tost mon dit seigneur le sceut et s'en retourna à Partenay et y sejourna celle saison.

Chapitre XLVII.

Comment monseigneur le connestable mist le siege à Saincte Neomaye.

L'an mil CCCC XXVIII, en yver, mon dit seigneur le connestable assembla des gens et fist mettre le siege à Saincte Neomage près Saint Maixent[1], pour ce que

---

1. « Près Saint Maixent » manque dans S, fol. 45 r°, C, fol. 62 r°, et B, fol. 10 v° ; il est impossible de lire « Neomaye » dans les deux derniers mss. qui présentent une leçon d'une évidente fausseté. L'édition de Th. Godefroy (p. 43 ; dans Buchon, p. 369¹) donne la mention omise par S, C et B ; elle se trouvait donc dans le ms. du chanoine de Villers comme dans N, fol. 18 r°. Saint-Maixent, cant., Deux-Sèvres, arr. de Niort. Sainte-Neomaye, comm., *ibid.*, près de la rive gauche de la Sèvre niortaise.

Jehan de la Roche[1] et ses gens faisoient de grans maulx et pilleries ou païs de Poictou, et tenoient le parti de La Trimouille[2]. Si y envoya mon dit seigneur le connestable ung chevalier de Poictou, nommé missire Jehan Saulvestre, qui estoit lieutenant pour monseigneur ; et y estoit le bastard Chapelle et pluseurs autres capitaines et avoient fait ung champ. Et en effect Jehan de la Roche assembla gens et vint pour refrechir ceulx de la place ; et les gens de mon dit seigneur se retirerent en leur champ, et les gens de Jehan de la Roche entrerent dedans la place. Et le landemain noz gens s'en vindrent en bonne ordennance, et se retirerent es places de monseigneur, et ne bougea toute celle saison d'entour Partenay[3].

Le château et la terre de Sainte-Neomaye relevaient directement du roi de France. (Archives nat., P 1144, fol. 41 r°.)

1. Jean de la Roche, chevalier, seigneur de Saint-Maixent et du fief Chauvet, terre qui dépendait de la châtellenie de Fontenay-le-Comte. Sur les pilleries faites par ce capitaine aux environs de Troyes au mois de juillet 1431, voir Boutiot, *Guerre des Anglais,* 1861, p. 30 et s., et aux Archives nat., P 1145, fol. 43 v°; X^{1a} 1482, fol. 63 r°, et au 25 juin 1440.

2. Au mois d'octobre 1428, Mme de Guyenne, en l'absence de son mari, établit une garnison de 22 hommes d'armes à Fontenay-le-Comte, menacé par les partisans de la Trémoille. (Pièce just. XIX.)

3. L'affirmation de Gruel semble parfaitement exacte : le comte et la comtesse de Richemont passèrent en Poitou la fin de 1428 et les premiers mois de 1429. Le 22 février de cette dernière année, ils acceptèrent par lettres données à Parthenay la seigneurie de Verdun que leur proposait le duc de Bourgogne comme paiement des 6,000 livres de rente constituant une partie de la dot de Mme de Guyenne; Philippe le Bon, son frère, avait en effet repris un instant, au commencement de 1425, les terres sur lesquelles avait été d'abord assignée cette rente, puis il les avait rendues au connétable qui en jouissait encore dans les

Chapitre XLVIII.

Comment la Pucelle arriva devers le Roy.

L'an que desus, en mars[1], arriva la Pucelle devers le Roy et les Angloys prindrent Yanville[2] et Boysgency[3] et Meun sur Layre[4] et Gerguyau[5], et misdrent des bastilles devant Orleans[6].

premiers mois de 1428; cependant, le 16 octobre de cette année, et même avant cette date, elles étaient de nouveau entre les mains du duc de Bourgogne, qui en confiait alors la garde à Philibert de Vaudrey, succédant dans cette charge à Jean de Rie, autre capitaine de Philippe le Bon. C'est sans doute pour dédommager le comte et la comtesse de Richemont de la perte de ces domaines que le duc leur avait offert la seigneurie de Verdun, qu'ils acceptèrent le 22 février 1429. Ce changement ne fut pas encore définitif; car, au moment de sa mort, Mme de Guyenne jouissait des revenus des seigneuries qui lui avaient été attribuées le 23 octobre 1423. (Gachard, *Archives de Dijon,* p. 60, n°s 116 et 117; Archives de la Côte-d'Or, B 4852, fol. 1 r°, B 2795, fol. 1 r°, B 11829, dossier *Montbard*, dernière pièce.) Richemont et Mme de Guyenne étaient encore à Parthenay le 18 avril 1429, date à laquelle ils firent à l'église Sainte-Croix de ce lieu une donation pour la célébration perpétuelle de trois messes par semaine. (Archives nat., R^1 187, dernière pièce.)

1. « L'an que desus, » c'est-à-dire 1428, ancien style (Pâques tomba le 27 mars). Jeanne d'Arc arriva à Chinon le 6 mars 1429. (*Jeanne d'Arc,* par M. Sepet, 1885, p. 160.)

2. Janville, cant., Eure-et-Loir, arr. de Chartres.

3. Beaugency, cant., Loiret, arr. d'Orléans.

4. Meung-sur-Loire, cant., *ibid.*

5. Jargeau, cant., *ibid.*

6. S, fol. 45 v° : « L'an mil quatre cens vingt huict, en mars, arriva la Pucelle devers le Roy; et les Angloys prindrent Anville et Boisgency et Meung sur Loyre et Gergeau, et misrent des bastilles davant Orleans. » C, fol. 62 v° : « ..... et les Anglois prindrent Grantville et Boaisgency et Meun sur Yèvre et Ger-

Chapitre XLIX.

Comment monseigneur le connestable fut au siege à Boysgency. Et comme les Angloys furent mors à Patay.

L'an mil CCCC XXIX mon dit seigneur le connestable se mist sus en armes pour aler secourir Orleans et assembla une tres belle compaignie et bonne, en laquelle estoient : monseigneur de Beaumanoir, monseigneur de Rostrelen et toutes les garnisons de Sablé[1] et de La Flesche, de Durestal[2], et toutes les garnisons de ces basses marches[3]; et de Bretaigne pluseurs notables gens comme missire Robert de Montauban, missire Guillaume de Saint Gille, missire Alain de la Fueillée, missire Brangon de Herpagon[4], missire Loys de Secouralles et pluseurs autres chevaliers et escuiers sans compter ceulx de sa maison, et grant nombre de gens de bien de ses terres de Poictou jusques au nombre de CCCC lances et VIII^c archiers. Et

---

guau et midrent les bastilles davant Orleans. » B, fol. 10 v° : « ..... et les Anglois prindrent Grandville et Boisgency et Meun sur Yèvre et Bergeau... » (Cf. ms. L, fol. 358 v°.)

1. Sablé, cant., Sarthe, arr. de la Flèche.
2. Durtal, cant., Maine-et-Loire, arr. de Baugé.
3. La mention « et toutes les garnisons de ces basses marches » qui fait défaut dans les éditions (cf. Buchon, p. 369¹) est fournie par tous les mss. (S, fol. 46 r°, C, fol. 62 v°, B, fol. 11 r°.)
4. S, fol. 46 r°, « Bragon de Herpagon; » C, fol. 62 v°, « missire Adam de la Fueillée, missire Brangon Rouagne Herpagon; » B, fol. 11 r°, « missire Adam de la Fueillée et missire Jouangon Rouague Herpagon. » Manque dans l'édition de Th. Godefroy (édit. 1622, p. 44; Buchon, p. 369¹) : « missire Brangon de Herpagon, missire Loys de Secouralles. »

print mon dit seigneur le chemin pour tirer vers Orleans.

Et aussitost que le Roy le sceut il envoya monseigneur de la Jaille au devant de luy et le trouva à Lodun; si le tira à part et luy dist que le Roy lui mandoit qu'il s'en retournast à sa maison, et que ne fust tant hardi de passer en avant, et que s'il passoit oultre que le Roy le combatroit. Lors mon dit seigneur respondit que ce qu'il faisoit estoit pour le bien du Royaume et du Roy et qu'il voiroit qu'il vouldroit combatre. Lors le seigneur de la Jaille lui dist : « Monseigneur, il me semble que vous ferés très bien. » Si print monseigneur le chemin et tira sur la riviere de Vienne et passa à gué; puis de là tira à Emboise; et Regnaud de Velourt, qui estoit capitaine du dit lieu d'Emboise, luy bailla le passage; et là sceut que le siege estoit à Boysgency.

Si tira tout droit le chemin devers la Beausse pour venir joindre à ceulx du siege. Et quant il fut près il envoya monseigneur de Rostrelen et Le Bourgeois[1] demander du logeis à ceulx du siege. Et tantost on lui vint dire que la Pucelle et ceulx du siege venoient le combatre, et il respondit que s'ilz venoient qu'il les verroit. Et bientost monterent à cheval la Pucelle et monseigneur d'Alenczon et pluseurs autres. Toutesfoiz La Hyre, Girard de la Paglere, monseigneur de Guitri

---

1. Tudual de Kermoisan, dit Le Bourgeois, prit, sous les ordres du comte d'Alençon, une part active au siège de Jargeau, en 1429. Il devint écuyer d'écurie du roi Charles VII et bailli de Troyes; il épousa Marie de Garencières, dame de Macy, de Villiers-le-Comte et de Croisy, et fut tué au siège de Cherbourg en 1450. (Bibl. nat., Collection de Bretagne, ms. fr. 22309, fol. 292 r°; ms. fr. 25712, au 23 mars 1453.)

et autres capitaines demanderent à la Pucelle [ce] qu'elle vouloit faire, et elle leur respondit qu'il failloit aller combatre le connestable. Et ilz lui respondirent que si elle y alloit qu'elle trouveroit bien à qui parler et qu'il y en avoit en la compaignie qui plustost seroient à luy que à elle, et qu'ilz ameroient mieulx lui et sa compaignie que toutes les pucelles du Royaume de France.

CHAPITRE L.

Comment la Pucelle arriva devers monseigneur le connestable.

Cependant monseigneur chevauchoit en belle ordennance et furent tous esbahiz qu'il fut arrivé. Et vers La Maladerie la Pucelle arriva devers luy et monseigneur d'Alenczon et monseigneur de Laval, monseigneur de Loheac, monseigneur le bastard d'Orleans et pluseurs capitaines qui luy firent grant chiere et furent bien aises de sa venue.

La Pucelle descendit à pié et monseigneur aussi et vint la dicte Pucelle embracer mon dit seigneur par les jambes[1]. Et lors il parla à elle et luy dist : « Jehanne, on m'a dit que me voulés combatre ; je ne scey si vous estes de par Dieu ou non ; si vous estes de par Dieu, je ne vous crains rien, car Dieu sceit mon bon vou-

---

[1]. Le récit fait par Gruel de la première entrevue de Jeanne d'Arc et du connétable de Richemont et de l'attitude de ce dernier pendant sa jonction avec l'armée royale nous semble assez fantaisiste. (Voir notre *Étude critique* sur la *Valeur historique de la chronique d'Arthur de Richemont*, p. 33 et s.)

loir ; si vous estes de par le deable, je vous crains encores moins. »

Lors tirerent droit au siege, et ne lui baillerent point de logeis pour celle nuyt. Si print mon dit seigneur à faire le guet ; car vous scavés que les nouveaux venuz doyvent le guet. Si firent le guet celle nuyt devant le chasteau, et fut le plus beau guet qui eut esté en France passé a longtemps. Et ceste nuyt fut faicte la composicion et se rendirent au bien matin.

Et le jour devant, le sires de Talbot et le sires de Scalles et Fastol et autres capitaines estoient arrivez à Meun sur Laire pour devoir[1] venir combatre ceulx du siege à Boysgency. Et quant ilz sceurent que monseigneur le connestable y estoit venu ilz changerent propos et prindrent conseil d'eulx en aller. Et aussi à mon dit seigneur, si tost qu'il fut arrivé, on dist[2] qu'il failloit envoyer des gens au pont de Meun qui tenoit pour les François ou aultrement qu'il seroit perdu. Et incontinent y envoya xx lances et les archiers ; si les conduirent Charles de la Ramée[3] et Pierres Daugi[4]. Et au matin, quant les Angloys s'en furent

1. « Devoir, » omis par Th. Godefroy (édit. 1622, p. 46; dans Buchon, p. 370¹).

2. Th. Godefroy (*Ibid.*) a changé ainsi l'ordre de la phrase : « Et dist on aussi à mon dit seigneur...; » ce qui était bien inutile.

3. Charles de la Ramée est qualifié, en février 1435, écuyer du duc de Bretagne, lieutenant de Tanguy, bâtard de Bretagne, capitaine de Dol. (Bibl. nat., ms. fr. 22329, p. 6 et 10.)

4. Pierre, ou Perinet Daugy, vassal du Roi pour son « hebergement » de Rochereau, dans le comté de Poitou, capitaine de Grant-Pré. Malgré la défense faite par le connétable à ses gens d'armes, le 24 novembre 1435, de guerroyer contre les habitants de Verdun, il occupa la place de Commenières, voisine de cette ville, pilla les environs et fut tué dans une rencontre par les

partiz de Boysgency, la Pucelle et tous les seigneurs monterent à cheval pour devoir aller vers Meun. Et lors vindrent les nouvelles que les Angloys s'en alloient et commencerent à retourner droit à la ville chacun à son logeis. Puis vint monseigneur de Rostrelen qui s'aprocha de monseigneur le connestable ; si l'avertit et dist : « Si vous faictes tirer votre estandart en avant, tout le monde vous suivra. » Et ainsi fut fait ; et vint la Pucelle et tous les autres après et fut conclut de tirer après les Angloys. Et furent mis les mieulx montez en l'avant-garde et gens ordonnez pour les chevaucher et arrester et faire mettre en bataille. Si furent des premiers Poton et La Hyre, Penensac, Giraud de la Paglère, Amadoc, Setevenot et pluseurs gens de bien à cheval. Et monseigneur le connestable, monseigneur d'Alenczon, la Pucelle, monseigneur de Laval, monseigneur de Loheac, le mareschal de Rays, le bastard d'Orleans et Gaucourt et grant nombre de seigneurs venoient en ordennance par ceste belle Beausse; si venoient bien grant train. Et quant les premiers eurent bien chevauché environ de cincq lieues, ilz commencerent à veoir les Angloys ; et adoncques galloperent grant erre et la bataille après. Et en telle maniere les chevaucherent que les ditz Angloys n'eurent pas loisir de se mettre en bataille et furent en grant desarroy ; car ilz avoient mal choaisi selon leur cas ; car le païs estoit trop plain. Si furent desconfitz a ung village en Beausse qui ha nom Patay, et là environ. Si furent là tuez bien XXII^c, ainsi que disoient les heraultz et poursuivans, et fut en la fin du moys de may.

défenseurs de Verdun, vers 1439. (Arch. nat., P 1144, fol. 27 v°; Pièces just. XXVIII et XXXVI.)

Et furent prinsonniers : le sire de Talbot, le sire de Scalles ; et fut Talbot prinsonnier es archiers de Poton ; et monseigneur de Beaumanoir eut à prisonnier missire Henry Branche et pluseurs autres prisonniers, et missire Jehan Fastot s'enfuyt, et des autres dont je ne scey pas les noms. Monseigneur le connestable et les autres seigneurs coucherent celle nuyt à Patay sur le champ ; car bien estoient las et avoient eu grant chault. Et bientost après comme ilz cuidoient tirer en avant, le Roy manda à monseigneur le connestable qu'il s'en retournast à sa maison. Et mon dit seigneur envoya devers lui lui supplier que ce fust son plaisir qu'il le servist, et que bien et loyaulment le serviroit luy et le Royaume. Et y envoya monseigneur de Beaumanoir et monseigneur de Rostrelen, et prioit à La Trimouille qu'il luy pleust le laisser servir le Roy et qu'il feroit tout ce qu'il lui plairoit ; et fut jusques à le baiser à genoulz ; et oncques n'en voult riens faire. Et lui fist mander le Roy qu'il s'en allast, et que mieulx ameroit jamais n'estre coronné que mon dit seigneur y fust. Et en effect convint à mon dit seigneur s'en revenir à Partenay[1] à toute sa belle compaignie ; dont depuis s'en repentirent, quant le duc de Bethfort leur offrit la bataille à Montepilloy[2]. Et aussi envoierent mon-

1. Le 11 septembre 1429, Richemont, qui, sans aucun doute, était rentré depuis longtemps déjà à Parthenay, datait de ce lieu des lettres exemptant les habitants de Marsac et de Massérac (comm., Loire-Inférieure, arr. de Saint-Nazaire, cant. de Guémené) de faire le guet dans son château du Gavre. (Bibl. nat., ms. fr. 22330, p. 554.)

2. Montépilloy, Oise, cant. de Senlis. Les deux armées se trouvèrent en présence le 15 août 1429 ; mais le duc de Bedford, après avoir offert la bataille au Roi, comme le dit Gruel, refusa ensuite de sortir de ses retranchements. (Cousinot de Montreuil, p. 329 et s. ; Monstrelet, IV, 344-347.)

seigneur de la Marche qui cuidoit venir servir le Roy et avoit très belle compaignie; dont puis, comme dit est, en eurent bien afaire. Si s'en vint monseigneur à Partenay; et en s'en venant, on lui ferma toutes les villes et passages, et lui firent tout le pis qu'ilz peurent, pour ce qu'il avoit fait tout le mieulx qu'il avoit peu.

En l'yver emprès mon dit seigneur fist une entreprinse et cuida prendre d'emblée Fresnay le Viconte[1] et la faillit; puis s'en revint à Partenay, et passa le temps. Et en s'en venant du dit Fresnay, il vint ung homme du pays de Picardie qui chevauchoit le plus près de mon dit seigneur qu'il povoit, tousjours en le regardant; et luy demanda qui il estoit, et lui dist qu'il estoit Picart; puis monseigneur demanda à missire Gilles de Saint Symon qui il estoit, et il luy dist qu'il ne scavoit. Et lors monseigneur lui dist qu'il lui dist verité; et lors il dist à monseigneur qu'il lui diroit verité; mais qu'il lui pleust lui pardonner. Et lors mon dit seigneur lui pardonna; et luy dist adoncques celui homme de Picardie que La Trimouille l'avoit envoyé et promis argent pour tuer monseigneur. Et mon dit seigneur le mena une piece et puis luy donna ung marc d'argent, et lui dist qu'il s'en allast et que ne print plus de telle commission.

Chapitre LI.

Comment il fut fait ouverture de traictié entre le Roy, monseigneur le connestable et monseigneur de la Trimouille.

L'an mil CCCCXXX, le Roy s'en estoit revenu en

---

1. Fresnay-le-Vicomte ou Fresnay-sur-Sarthe, cant., Sarthe, arr. de Mamers.

Touraine, et de là à Poictiers ; et furent faictes aucunes ouvertures de traictié entre le Roy, monseigneur le connestable et monseigneur de la Trimouille. Et fut dit que mon dit seigneur de la Trimouille et monseigneur le connestable parleroient ensemble entre Poictiers et Partenay. Toutesfoiz mon dit seigneur le connestable fut adverti qu'on lui devoit faire une mauveise traïson ; et fut la chose rompue bientost. Après qu'ilz virent que monseigneur n'yroit point, ilz trouverent maniere d'y faire aller monseigneur de Thouars et monseigneur de Lezay et Antoyne de Vivonne et furent menez à la chace. Puis La Trimouille les fist prendre et tint monseigneur de Thouars prisonnier, et fist coupper la teste à monseigneur de Lezay et à Anthoine de Vivonne. Et puis ceulx de Touars misdrent madamme de Thouars hors la ville ; et s'en vint à Mauleon et supplia monseigneur le connestable qu'il luy pleust lui aider encontre La Trimouille, et comme sa pouvre parente à qui on faisoit si grant tort. Si vint demourer à Partenay ; et vint à elle monseigneur de Chasteauneuf ; après vint monseigneur de Rostrelen, puis monseigneur de Beaumanoir, et beaucoup de chevaliers et escuiers. Et là fut entreprins le mariage de monseigneur Pierres de Bretaigne, qui puis fut duc, et de madamoiselle Francoyse d'Amboyse qui puis fut duchesse ; et mon dit seigneur l'envoya en Bretaigne devers le duc ; et luy mesmes y alla et en amena à Partenay monseigneur Pierres son nepveu[1], et y demoura longuement o madame de Guyenne. Et ma

---

1. Pierre de Bretagne, deuxième fils du duc Jean VI, et qualifié plus tard seigneur de Guingamp, de Châteaulin, et comte de Benon, épousa, en 1442, Françoise d'Amboise, fille aînée de

dicte dame de Thouars recouvra Marant[1] et Benon[2] et l'isle de Ré; et y logerent messeigneurs de Beaumanoir et de Rostrelen; et fut commencé à faire guerre es places de la Trimouille, à la ville de Thouars. Puis le Roy et toutes les places de Poictou commencerent guerre contre monseigneur le connestable et à ses places et y eut forte guerre. Si y vint monseigneur d'Albret qui fut lieutenant du Roy et grant nombre de Gascons et d'autres gens, et d'une emblée entrerent en l'isle de Marant. Et s'en vindrent messeigneurs de Beaumanoir et de Rostrelen à Fontenay; et gueres ne tint Marant ne Benon; et de là alerent à La Rochelle, et leur[3] fut rendu Chastelaillon, dont mon dit seigneur le connestable fut bien mal content et fist coupper la teste à celui qui leur avoit rendue la dicte place. Et dura celle guerre bien près d'un an; puis se trouva apointement tel quel; et fut rendu à mon dit seigneur Chastelaillon, et fist rendre Gensay[4], qui avoit esté prins sur La Trimouille. Et au regart de Mauleon il fut mis en la main de Pregent de Coitivi, de l'assentement

---

Louis II d'Amboise, vicomte de Thouars, prince et seigneur de Talmont, et de Marie de Rieux. Le contrat de mariage fut signé dès le 21 juillet 1431; on en trouve une analyse dans l'*Inventaire* de René de Bourgneuf. (Archives nat., KK 1101, pièce 1008.) A cette occasion le comte de Richemont instituait de nouveau son neveu comme héritier de tous ses biens, dans le cas où il décéderait sans postérité mâle. Pierre de Bretagne devint duc en 1450. (Denys Godefroy, *Hist. de Charles VII*, p. 740; Albert Le Grand, *Vies des saints de la Bretagne*, édit. 1837, p. 547; Bib.. nat., ms. fr. 22309, fol. 302 v°.)

1. Marans, cant., Charente-Inférieure, arr. de La Rochelle.
2. Benon, comm., *ibid.*, cant. de Courçon.
3. Il s'agit du seigneur d'Albret et des gens du Roi.
4. Gençais ou Gençay, cant., Vienne, arr. de Civray.

des parties, et par ainsi n'y eut plus de guerre et demorerent en l'estat[1].

Chapitre LII.

Comment le duc Jehan envoya querir monseigneur le connestable, son frere, pour faire le mariage de monseigneur le conte et de madame Yolant.

L'an mil CCCC XXXI en aougst le duc Jehan envoya querir monseigneur le connestable son frere[2] pour faire le mariage de monseigneur le conte et de madame Yolant, fille du Roy de Cecille ; et fut à Nantes fait le mariage ; si y eut grant feste et belle compaignie tant de France que de Bretaigne[3]. Puis s'en vint mon dit seigneur le connestable à Partenay veoir madame de Guyenne.

Bientost après environ la fin de decembre monseigneur d'Alenczon vint veoir le duc à Nantes ; et à son retour il print le chancelier de Bretaigne qui avoit nom

---

1. Le traité de paix, signé à Rennes, le 5 mars 1432, a été publié par M. Cosneau dans son *Connétable de Richemont,* p. 541.

2. Le connétable se trouvait alors dans son château de Parthenay, où il résida le plus souvent à cette époque : le 16 août 1431, il datait de ce lieu des lettres portant remise à son fermier Louis Marchandeau d'une somme de 40 livres tournois. (Pièce just. XIX.)

3. Le contrat fut signé à Angers le 13 août 1431 par la Reine Yolande, mère de la future comtesse de Montfort, et, le 20 du même mois, à Nantes, par le duc de Bretagne et son fils aîné ; le mariage fut célébré au commencement de septembre, sans doute le 10, jour où le comte de Montfort fit de nombreux dons à l'occasion de ses noces. (D. Morice, *Preuves,* II, 1237-1243 et 1232.)

Jehan de Malestroit, evesque de Nantes, et l'emmena à Pouencé[1], et fut dit qu'il avoit cuidé prendre monseigneur le conte. Et incontinent le duc escripst à monseigneur le connestable qu'il luy pleust venir devers lui et lui desplaire de l'oultrage que son nepveu luy faisoit. Et aussitost que mon dit seigneur le sceut, il s'en vint devers le duc qui en fut bien aise et bien joyeux.

Et environ le vi^e jour de janvier ensuivant fut mis le siege à Pouencé; et y vindrent des Angloys pour servir le duc, entre lesquelz estoient monseigneur de Scalles[2], monseigneur d'Oilby[3] et Georges Riqueinan. Si dura le siege longuement et eut esté la place prinse d'assault, si n'eut esté monseigneur le connestable qui dissimula le dit assault desirant faire l'apointement; car trop estoit desplaisant de la guerre d'entre l'oncle et le nepveu, et aussi que mesdames d'Alenczon estoient dedans la place, et le plus tost qu'il peut trouva le traictié, en telle maniere que monseigneur d'Alenczon vint devers le duc, qui estoit à Chasteaubriand, lui requerir pardon et rendit le chancellier; et par ainsi fut tout appaisé et s'en allerent ceulx de dedans la place[4]. Si leverent le siege les Bretons et les Angloys,

1. Pouancé, cant., Maine-et-Loire, arr. de Segré.
2. Th. de Scales.
3. Willoughby.
4. Le traité de paix fut signé le 19 février 1432 et ratifié, le 3 avril 1433, par Marie de Bretagne, duchesse douairière d'Alençon. Cet acte, par lequel le duc d'Alençon s'engageait à livrer au duc de Bretagne la place de La Guierche, ne fait aucune allusion à l'intervention de Richemont, qui n'eut probablement pas toute l'influence que lui prête son biographe. (D. Morice, *Preuves*, II, 1248; Archives de la Loire-Inférieure, E 178.)

et tout fut content. Puis monseigneur le connestable voyant que tout estoit bien apointé print congié du duc et s'en vint à Partenay, et y fut assés longtemps[1].

Chapitre LIII.

Comment Mairevent fut prins d'emblée.

L'an mil CCCC XXXII, le jour de la Penthecoste[2], Pierres Regnauld, frere de La Hyre, print la place de Mairevent environ l'eure de vespres, et vindrent les nouvelles à monseigneur le connestable à Partenay, qui dès l'eure envoya les gens de sa maison à Voulvent, et huyt jours après fist mettre le siege devant le dit Mairevent ; et fut prins par composicion. Et y estoit Pregent de Coitivi, lieutenant de mon dit seigneur et avecques lui tous les gens de l'ostel de mon dit seigneur et le bastard Chapelle et Pennemarc et tous les nobles des terres de mon dit seigneur et tous les arbalestriers.

Chapitre LIV.

Comment madame Jehanne de France, duchesse de Bretaigne, trespassa.

[L'an mil quatre cens trente trois][3], en la fin de

---

1. Les actes nous révèlent la présence du connétable à Parthenay, les 21, 22, 27 mai et 9 juin 1432 : il fait alors remise à ses fermiers de diverses sommes « tant pour le fait de la guerre que pour plusieurs autres causes... » (Pièce just. XIX.)
2. 8 juin.
3. Le ms. N, fol. 22 r°, porte : « En l'an que dessus, » c'est-à-dire

septembre trespassa madame Jehanne de France, duchesse de Bretaigne; et pour ceste cause vint monseigneur le connestable devers le duc; et puis fut au service qui fut très beau; et y eut grant nombre de prelatz, de seigneurs, de chevaliers et escuiers sans nombre.

Depuis s'en vint monseigneur le connestable à Partenay, et sçavoit bien que de par lui en partie se demenoit une entreprise sur La Trimouille; et estoient venuz devers lui à Partenay partie de ceulx qui la conduisoient. Et bientost après fut la chose mise à execucion par monseigneur de Bueil, monseigneur le grant senneschal et monseigneur de Coitivi et avoient pour chief monseigneur du Maine, et en estoit d'assertement monseigneur de Gaucourt, monseigneur de Chaumont qui tenoient Chynon et Loches; et Olivier Fretart les mist dedans le chasteau de Chinon par Le Couldrin; et fut La Trimouille prins en son lit et fut en grant dangier de mort qui ne l'eut rescoux[1]. Toutesfoiz ilz

---

l'an 1432; nous avons dû restituer la véritable date d'après les mss. B, fol. 13 r°, et C, fol. 67 v°. On lit dans S, fol. 51 r° : « Comment madame Jehanne de France, duchesse de Bretaigne, trespassa. L'an mil quatre cens trante et ung... » Notons que tout le chapitre LIII fait défaut dans les mss. C et B. Jeanne de France tomba malade au commencement du mois de septembre 1433, et mourut à Vannes le 27 de ce même mois. (D. Lobineau, *Hist. de Bretagne*, II, 753; P. Anselme, *Hist. généalogique de France*, I, 455.)

1. S, fol. 51 v° : « Et en estoyent d'assentement monseigneur de Gaucourt, monsieur de Chaumont, qui tenoient Chinon et Loches; et Ollivyer Fretard les mist dedans le chasteau de Chinon par Le Couldrin. Et fut La Trimoulle prins en son lict, et fut en grand danger de mort qui ne l'eust recoux. » C, fol. 67 v°, et B, fol. 13 r°, donnent aussi la mention « par Le Coudrin »

ne lui vouloient point faire de mal; et fut envoyé à sa maison. Et fut le Roy fort effrayé; et on lui dist que ce n'estoit riens que tout bien; et demanda le Roy si le connestable y estoit; et on lui dist que non. Assés tost après, quant le Roy fut informé de la chose il fut très content.

Chapitre LV.

Comment l'armée des Françoys et des Angloys furent à une lande pour devoir combatre et ne combatirent pas.

L'an mil CCCC XXX troys, en fevrier, les Angloys misdrent le siege à Saint Celerin[1]. Et pour lever le dit siege se mist monseigneur le connestable sus en armes et assembla tout ce qu'il peut de gens[2]; si tira vers Saumur, et de là à Durestal, pour cuider aller lever le siege. Et là vindrent les nouvelles que Saint Celerin estoit rendu; et revindrent lui et monseigneur d'Alenczon à Saumur pour attendre et scavoir que feroient les Angloys; et bientost on leur aporta nouvelles qu'ilz estoient devant Sillé le Guillaume. Et comme ilz furent prestz à partir, on leur vint dire que le dit Sillé estoit

---

omise par Th. Godefroy (édit. 1622, p. 54; Buchon, p. 372). La Trémoille fut pris dans les derniers jours de juin 1433. Richemont se trouvait alors à Parthenay, où sa présence nous est signalée le 20 de ce mois. (*Hist. de Charles VII*, par M. de Beaucourt, II, 297, note 3; Pièce just. XIX.)

1. Saint-Céneri-le-Gérei, Orne, cant. ouest d'Alençon.
2. Le connétable ne termina ses préparatifs qu'à une époque assez tardive : il était encore à Parthenay le 22 février 1434, date à laquelle il faisait donner 60 livres tournois à Olivier de Beaulieu, capitaine de Châteaumur. (Pièce just. XIX.)

en composicion, et qu'ilz avoient baillé ostages en la maniere qui ensuyt : c'est assavoir que ceulx qui se trouveroient les plus fors à six sepmaines à ung jour, qui estoit mis en une lande à ung homme, qui estoit là, on leur devoit bailler la place, si s'estoient les Angloys, et si c'estoient les Françoys, on leur devoit rendre les ostages. Et sur ce monseigneur le connestable et monseigneur d'Alenczon, et les autres seigneurs se departirent et promictrent de se rendre au jour qui estoit dit, et firent toute l'assemblée de gens chacun endroit soy comme ilz peurent. Si se rendirent ensemble deux jours avant le jour qui estoit dit. Et s'i rendit monseigneur du Maine qui amena touz les gens qui vouldrent venir de l'ostel du Roy. Et y vindrent monseigneur de Bueil, monseigneur le grant senneschal, monseigneur de Coitivi, monseigneur de Chaumont[1]; et y fut monseigneur de Thouars. Et avecques monseigneur le connestable vindrent monseigneur de Rays, monseigneur le mareschal de Rieux, monseigneur de Rostrelen, monseigneur de Bressuyre, et pluseurs chevaliers et escuiers de Bretaigne et de ses terres de Poictou. Et quant tout fut assemblé, ce fut une très belle compaignie et bien à doubter, et furent estimez mille lances, et les archiers, et de gens à pié à voulges[2] XVIII cens[3].

---

1. *Sic* dans S, fol. 52 r°; « de Clermont, » dans C, fol. 68 v°, et dans B, fol. 13 r°. Il s'agit de Guillaume de Chaumont, seigneur de Quittry, ancien compagnon d'armes de Richemont. (D. Morice, *Preuves*, II, 905.)

2. Vouge, arme de piéton, composée d'une lame à un seul tranchant, emmanchée à l'extrémité d'un long bâton. (Viollet-Le-Duc, *Dictionnaire raisonné du mobilier*, VI, 357.)

3. Cette phrase entière depuis « Et quant tout fut assemblé... » manque dans l'édition de Th. Godefroy (édit. 1622, p. 55; Buchon,

Si se partirent les seigneurs de Sablé et allerent coucher aux champs ; et le landemain coucherent assés près du champ où devoit estre la bataille. Et Dieu sceit si monseigneur le connestable leur monstra bien qu'il scavoit faire ; et aussi se attendoient ilz du tout à luy de ordenner guet et escoutes et de tout avoir le gouvernement. Si fist tirer son avant-garde jusques sur le champ sur ung petit ruisseau ; et le landemain fist tout le monde desloger avant jour o torches, en telle maniere qu'ilz furent au champ avant soleil levant, et fist toutes ses ordonnances. Messeigneurs de Rays et de Rieux fasoient l'avant-garde avecques autres gens que on leur avoit baillé ; monseigneur de Bueil fasoit une esle ; l'autre esle le vidasme de Chartres avecq autres gens ; monseigneur le connestable et monseigneur d'Alenczon et monseigneur du Maine faisoient la bataille ; et monseigneur de Loheac et pluseurs autres seigneurs vindrent sur le passage ; et les Angloys de l'autre part en belle bataille. Et estoit chief des Angloys le conte d'Erondel[1], lieutenant du Roy d'Angleterre, et bien acompaigné jusques au nombre de sept à huyt mille combatans. Et en verité je croy qu'ilz estoient plus que les Francoys de plus de deux mille, et n'oserent passer ung petit passage pour venir au

---

p. 373), bien qu'elle soit donnée par tous les mss. (N, fol. 23 r°, S, fol. 52 r°, C, fol. 68 v°, B, fol. 13 v°) ; ces deux derniers textes mettent « dix huict mil » gens à pied, au lieu de « xviii cens ».

1. Jean, comte d'Arondel et seigneur de Mautravers, reçut, le 8 septembre 1434, du roi d'Angleterre, le duché de Touraine ; il fut fait prisonnier l'année suivante au siège de Gerberoy. (Archives nat., JJ 175, pièce 365 : « Donum factum comiti d'Arundell de ducatu Turonie ; » il y a une copie de cet acte à la Bibl. nat., ms. Fontanieu 118, à la date.)

champ. Et n'y avoit entre les batailles des Françoys et Angloys que une petite riviere et n'osoient entrer les uns sur les autres. Si furent longuement les uns devant les aultres et cuidoit on que jamais la chose ne departist sans combatre et y fut fait pluseurs chevaliers.

Monseigneur du Maine vint ilecq requerir chevalerie à monseigneur le connestable, et mon dit seigneur lui dist que plus honorable seroit qu'il le fust de monseigneur d'Alenczon qui estoit duc; et monseigneur du Maine respondit qu'il ne le seroit point s'il ne l'estoit de luy; et lors mon dit seigneur le fist chevalier. Et puis monseigneur du Maine fist pluseurs chevaliers, entre autres [les] chevaliers dont les noms s'ensuyvent : monseigneur de Bueil, monseigneur de Coitivi, monseigneur le grant sennechal, monseigneur de Chaumont, monseigneur de la Bessiere, et grant nombre d'autres. Et mon dit seigneur le connestable fist de sa maison chevaliers : missire Gilles de Saint Symon, missire Olivier Le Veyer, missire Jehan Bonnet, missire Jehan Sauvestre, missire Pierres Guyou, missire Jehan de la Chaussée[1], missire Aymeri Chauvin et autres[2].

Puis les Angloys tirerent au long d'une petite riviere en ung petit village, qui estoit en leur avantage, et là se fortifierent. Et pour ce que n'avoyent pas esté les plus fors à l'eure de medy à l'orme qui estoit dit,

1. Jean de la Chaussée, bailli de Gâtine, mourut à la fin de 1441. (Archives nat., R¹ 187, dernier dossier.)

2. Dans le ms. S (fol. 53 r°) le correcteur a pris soin d'écrire plus lisiblement certains noms propres que nous imprimons en italiques : « ... messire Ollivyer *Le Veer*, messire *Jean Bonnet*, messire *Jean Sauvestre*, messire Pierre *Guyhou*, messire Jean de la Chaussée, messire *Aymery Chauvin* et autres. »

monseigneur le connestable les fist sommer de rendre les ostages ; et incontinent les envoierent. Et cela fait, monseigneur le connestable demanda aux seigneurs et capitaines que estoit à faire ; et nul ne fut d'opinion de assaillir les Angloys en leur fort, et conseillerent tous qu'il failloit s'en aller et qu'ilz n'avoient nulz vivres ne pour eulx ne pour leurs chevaulx. Et leur avoit convenu aporter vivres sur leurs chevaulx, pour troys jours, qui tous estoient failliz. Et les Angloys estoient entre leurs places de tous costés, et noz gens n'avoient place que Sablé qui estoit bien à IX ou X lieues. Mon dit seigneur leur demanda qu'il estoit à faire de celle place qui rien ne valoit et estoit d'opinion qu'on devoit mettre le feu dedans et faire coper la teste à celuy qui avoit faicte celle composicion, et beaucoup furent de celle opinion, excepté monseigneur de Bueil qui avoit la charge de la dicte place, qui dist qu'il la garderoit bien et s'en fist fort.

Après se partirent nos gens en belle ordennance et vindrent coucher sur les champs en ung petit village, et le landemain à Sablé. Et les Angloys, dès le landemain prindrent la dicte place de Sillé, et puis se retirerent en leurs places, et les Françoys es leurs[1]. Et sembla à beaucoup de gens qu'ilz avoient bien fait ; car il n'estoit de memoire d'omme que à journée assignée les Françoys se fussent comparuz[2] jusques à ce jour.

1. Sillé-le-Guillaume se rendit vers le 12 mars 1434, jour où, par lettres données au Mans, le comte d'Arondel, lieutenant du roi d'Angleterre, dans les pays compris entre la Seine, la Loire et la mer, reçut les habitants en l'obéissance d'Henri VI, qui lui-même confirma cet acte le 25 août suivant. (Pièce just. XXVI.)

2. *Sic* dans S, fol. 54 r°, ligne 1, et dans C, fol. 70 r° ; mais dans B, fol. 14 r°, on lit « se fussent retirez. »

Chapitre LVI.

Cy parle de Craiel, de Lan et de Han en Vermendays.

L'an mil IIII^c XXXIIII, monseigneur le connestable alla devers le Roy, qui luy fist bonne chiere; et fut apointé que mon dit seigneur iroit en Champaigne, qui pour lors estoit bien maltraitée tant des ennemis que des gens du Roy. Et s'en alla le Roy à Leon, et de là à Vienne, et convint que mon dit seigneur le connestable alast là pour avoir son expedicion de son voyage. Et lui fut ordonné CCCC lances, dont monseigneur le bastard d'Orleans en avoit la charge de cent; puis fut mon dit seigneur expedié et print congié du Roy. Et s'en alla mon dit seigneur le connestable à Partenay; et là lui vindrent nouvelles que le siege estoit [à] Craiel[1]; et estoit dedans Amadoc, le frere de La Hire, qui fut tué dedans la dicte ville de Craiel d'une flesche à la volée toute desferrée[2]. Et si estoient dedans Anthoine de Chabannes[3] et autres, et ne tindrent gueres la dicte place depuis la mort Amadoc[4]. Si ne peut

1. Creil, cant., Oise, arr. de Senlis.
2. Sur le siège de Creil et la mort d'Amado de Vignolles, voir Monstrelet, t. V, p. 91-92. Cf. *Montres*, VIII (ms. fr. 25771), n°s 872 et 876.
3. Sur les seigneurs de Chabannes, consulter D. Godefroy, *Hist. de Charles VII*, p. 879. M. A. Isnard a consacré à Antoine de Chabannes, comte de Dammartin, grand maître de France (1408-1488), sa thèse de sortie de l'École des chartes, dont les *Positions* ont seules été imprimées en 1887, mais qui sera sans doute prochainement publiée.
4. Le 13 juin 1434, les assiégés promirent de rendre la place le 20 du même mois. (*Journal d'un bourgeois de Paris*, édit. par M. Tuetey, p. 299, note 3.) Le 28 juin, Henri VI accordait une

l'armée assés tost estre preste ; car il convint attendre le bastard d'Orleans bien troys sepmaines à Bloys et a Boaisgency. Puis print mon dit seigneur son voyage et tira à Orleans et de là à Melun et à Ligné, et à Senlis, et à Complaine[1] ; et si avoit avecques lui monseigneur le marechal de Rieux, monseigneur le bastard et monseigneur le chancellier qui s'en alloient quant et luy. Et quant il fut à Complaine, là se rendirent Poton et La Hire qui lui requirent qu'il leur baillast deux cens lances et les archiers pour les secourir à Lan qui estoit bastiglé[2]. Et ainsi mon dit seigneur leur bailla missire Gilles de Saint Simon et partie des gens de sa maison, et Jamet Tillay[3] qui avoit la charge des gens de monseigneur le bastard ; et menerent lui et missire Gilles environ deux cens lances et les archiers.

Si cuiderent trouver les gens de missire Jehan de Lucembourc en ung village assés près d'Arsi sur Serre[4], et ne trouverent rien. Puis s'en vindrent à Lan qui estoit en grant necessité, et tenoient les gens de missire Jehan de Lucembourc toutes les places d'environ la ville de Lan, et avoient print le mont Saint Vincent à ung trait d'arc de la ville.

Et cependant les gens qui tenoient Saint Vincent

lettre de rémission aux habitants de Beaumont-sur-Oise, repris par les Anglais après avoir été abandonné par La Hire. (Bibl. nat., ms. Fontanieu 118, à la date.)

1. Compiègne, Oise.
2. Bastiglé, c'est-à-dire assiégé. (Du Cange, 1850, VII, 58.)
3. Jamet de Tillay est qualifié, en juin 1442, conseiller et chambellan du Dauphin Louis. Bailli de Vermandois, quelques années plus tard, il fut chargé de faire les montres en Normandie, en 1453 et 1454. (Bibl. nat., ms. Fontanieu 118, à la date ; ms. fr. 25712, pièce 270 ; Pièce just. L.)
4. Arsy, Oise, arr. de Compiègne, cant. d'Estrées-Saint-Denis.

s'en allerent par composicion et eurent sauf conduyt de monseigneur le connestable pour eulx en aller. Et fist on de grandes courses sur le païs non obeissant à monseigneur[1], et fut fort avitaillée la dicte ville de Lan qui bien en avoit mestier. Et le landemain passa à quatre lieues de là monseigneur de Bourgoingne qui venoit de Picardie et tiroit en Bourgoingne et avoit avecques lui environ troys mille combatans, et ne tint à gueres qu'il ne trouva les Françoys en ung village qui repaissoient. Et bientost après quant ilz furent departiz il vint là logier.

Et cependant que monseigneur le connestable estoit à Complaine lui vindrent nouvelles que la cité de Beauvoirs[2] estoit en dangier de perdicion, et que La Hyre et ceulx de la ville estoient en grant dissencion, dont il fut bien desplaisant. Car les Angloys estoient venuz lui offrir la bataille, et encores estoient ilz à Verbric[3] logez, et là entour. Et convint que mon dit seigneur print certain nombre de gens pour le conduire, et que les autres demourassent à Complaine pour la garde d'icelle; et si avoit il les Angloys près luy; et avoit son armée en troys parties, c'est assavoir ceulx qu'il

1. *Sic* dans N, fol. 25 r°, et dans S, fol. 54 v°; mais on lit dans C, fol. 71 r°, ligne 3, et dans B, fol. 14 v°, ligne 8 : « ... sur le païs [« poinct » dans B] obeissant à monseigneur de Bourgoigne. » Il faut évidemment sous-entendre dans le texte des mss. N et S, que nous adoptons, « monseigneur [le connestable], » ce qui s'accorde bien avec la variante des mss. C et B. Le passage manque dans la *Compilation* de Le Baud (L, fol. 361 r°) et l'extrait de Du Chesne (D, fol. 115 r°). C'est la version des mss. C et B qui a été reproduite par Th. Godefroy (édit. 1622, p. 59; dans Buchon, 374¹).

2. Beauvais.

3. Verberie, Oise, arr. de Senlis, cant. de Pont-Sainte-Maxence.

avoit envoyé à Lan, et ceulx qu'il menoit à Beauvoirs lui et monseigneur le chancellier et monseigneur le bastard et le marechal de Rieux, et certain nombre de gens demouroit à Complaine pour la garde de la ville. Et si y avoit il ung traitre qui l'avoit vendu es Angloys, et tout enseigné le chemin qu'il devoit tenir; mais les Angloys ne se fierent point en lui ainsi comme Dieu le vouloit. Et tira son chemin à Beauvoirs, et fist l'apointement; puis s'en retourna à Complaine, et manda ses gens qui estoient à Lan.

Et aussitost qu'ilz furent venuz, il fist l'entreprinse de prendre Han en Vermendays[1], et y envoya ceulx qui avoient esté à Lan qui faisoient l'avant garde. Et arriverent au point du jour au dit lieu de Han; et aussitost donnerent l'assault et fut prinse la ville et le chasteau qui gueres ne valoit à l'eure.

Puis arriva la bataille où estoient monseigneur le connestable, monseigneur le bastard d'Orleans, monseigneur le mareschal de Rieux, Poton, La Hyre, Blanchefort et pluseurs autres capitaines qui furent bien joyeux de trouver leur logeis fait. Et fist mon dit seigneur le connestable delivrer tous les gens de la ville de Han, exceptés ceulx qui estoient Angloys ou officiers d'Angloys, et fist rendre à ceulx de la ville la moitié de tous leurs biens. Et pensés qu'il y avoit beaucoup de vivres; car on y fut plus d'un moys sans aller en fourrage, bien troys mille chevaulx qui là estoient. Tous les capitaines et gens de guerre estoient bien desplaisans qu'ilz ne faisoient de grans courses es marches de Picardie; mais monseigneur le connestable

---

1. Ham, cant., Somme, arr. de Péronne.

ne vouloit, pour ce que tousjours tractoit[1] et desiroit faire la paix entre le Roy et monseigneur de Bourgoigne ; et dejà avoit eu des nouvelles de l'un et de l'autre par ung poursuivant de mon dit seigneur, et de monseigneur de Bourgoigne par Pierres de Vaudré.

Et le second jour après que on eu prins Han, le bastard d'Orleans alla courir à Chauny[2] cuidant parler à ceulx de la ville ; et missire Jehan de Lucembourc arrivoit au dit lieu de Chauny par l'autre costé, et y eut belle escarmousche, et soustint fors le feis le dit bastard et La Hyre, et ceulx qui estoient avecques eulx. Si le manderent à monseigneur le connestable qui estoit demouré à Han ; et Dieu sache si bientost monta à cheval et toute la compaignie et vint recuillir et secourir ceulx qui estoient à Chauny, et les trouva à bien troys lieues qu'ilz s'en venoient en bonne ordennance, et n'avoient rien perdu.

Bientost après entreprindrent à faire armes à oultrance jusques à dire le mot[3] devant monseigneur le connestable Geoffroy de Saint Belin, dit La Hyre, et Charles de Boqueaux ; et si en eut Charles du pis ; mais mon dit seigneur leur fist faire grant chiere et lui fist des dons.

Puis bientost après missire Jehan de Lucembourc et Poton eurent parolles ensemble touchant le fait de Han

---

1. Th. Godefroy (édit. 1622, p. 61 ; dans Buchon, p. 375¹) met « tousjours taschoit ».

2. Chauny, cant., Aisne, arr. de Laon.

3. « Jusques à dire le mot » manque dans Th. Godefroy (édit. 1622, p. 62 ; dans Buchon, 375¹) ; S, fol. 56 r° : « Bientost apprès entreprindrent à faire armes à oultrance jusques à dire le mot ; » B, fol. 15 r° : « Jusques au dernier mort, » cette leçon n'a aucun sens. Le ms. C, fol. 72 r°, reproduit la première version.

et tant qu'ilz firent l'apointement, s'il plaisoit à monseigneur le connestable de remettre Han en la main de missire Jehan de Lucembourc, qu'il feroit donner à monseigneur LX mille saluz ; et feroit que Bruere[1] et Aunay[2] qui estoient près Lan ne feroient plus de guerre à la ville de Lan ; et aussi que Blanchefort rendroit Bertoil[3] qu'il tenoit. Et ainsi fut fait l'apointement et l'argent baillé, dont les gens d'armes furent poyés, qui bien mestier en avoient, et fut departi à tous les capitaines et seigneurs tant qu'il n'en demoura pas à mon dit seigneur mille et v^c. Et de là s'en vint mon dit seigneur à Complaine ; puis tira en Champaigne et vint à Rains ; et emprès à troys ou quatre lieues avoit une place qui faisoit grant guerre[4] ; et mon dit seigneur y fist mettre le siege ; si n'y furent que demy jour et une nuyt que la place ne fust rendue, et ceulx qui estoient en la dicte place s'en allerent ung baston en la main. Et fist mon dit seigneur pugnicion de beaucoup de larrons qui roboient tout le monde ; puis s'en alla mon dit seigneur à Chalons, et y avoit de grandes pilleries sur le païs et pluseurs places qui fasoient guerre à la

1. Bruyères-et-Montbérault, Aisne, cant. de Laon.
2. Aulnois, *ibid.*
3. Breteuil, cant., Oise, arr. de Clermont.
4. On lit dans l'édition de Th. Godefroy (édit. 1622, p. 63 ; dans Buchon, p. 375^1) : « Et près de Troyes, à troys ou quatre lieues avoit... » C'est là une correction purement arbitraire : la place en question était bien à trois ou quatre lieues de Reims et non de Troyes ; les mss. S, fol. 56 v°, C, fol. 72 v°, et B, fol. 15, reproduisent la leçon du ms. de Nantes que nous suivons. Il s'agit sans doute de Louvois, commune du département de la Marne, arr. de Reims, cant. d'Ay ; mais Monstrelet, qui parle de la prise de cette place par le connétable, rapporte cet événement à l'année 1436. (Monstrelet, édit. Douët-d'Arcq, V, 222.)

ville de Chalons. Et lors monseigneur print en personne les champs et alla devant une place nommée Manre[1] que tenoit Guillaume Corovan, qui estoit Angloys[2] et n'y fut que troys jours que la dicte place ne fust rendue, et s'en alerent ceulx de dedans chacun ung baston en sa main.

Chapitre LVII.

Comment monseigneur le connestable print la place de Han en Champaigne, et comment il donna secours au damiseau de Commercy.

Puis après s'en vint monseigneur le connestable mettre le siege à Han[3] en Champaine; et durant qu'il estoit devant Han, le duc de Bar, qui est à present Roy de Cecille[4], vint à une sienne place qui est assés près de Saint Meneho[5], et pria monseigneur qu'il voulsist aller parler à lui, lequel y alla, et parlerent ensemble à leur bon plaisir. Et le landemain s'en revint à son siege; et fut la basse court prinse d'assault, et

1. Manre, Ardennes, arr. de Vouziers, cant. de Monthois.
2. Guillaume Corwen, écuyer, fut successivement capitaine, pour le roi d'Angleterre, de Gournay et de Gerberoy en 1440 et de Gisors en 1443. (Archives nat., K 66, n° 17; Bibl. nat., ms. Fontanieu 118, au 2 avril 1440, au 14 juillet 1440 et au 2 mars 1442, anc. st.)
3. Hans, Marne, cant. de Sainte-Menehould.
4. René le Bon, roi de Jérusalem et de Sicile en 1435, duc d'Anjou, de Bar et de Lorraine, comte de Provence, de Forcalquier, du Maine et de Piémont, mort à Aix le 10 juillet 1480.
5. « Saincte-Menehoult » dans S, fol. 57 r°; C, fol. 73 r°, ligne 6, « Saint-Menho; » B, fol. 15 r°, « Sainct..... » (la seconde partie du nom est omise). Sainte-Menehould, Marne.

le landemain la place rendue; et s'en allerent chacun ung baston en la main. Puis s'en vint mon dit seigneur à Vitri en Partays¹ ; et y avoit une petite place près Arzilieres² que on fortifioit; si y envoya ses gens de sa maison, et le landemain fut rendue et s'en allerent le baston en la main.

Puis s'en vint mon dit seigneur à Chalons, et en venant ceulx de Vertuz bouterent le feu en la place. Et durant ce que monseigneur estoit au dit lieu de Chalons lui vindrent pluseurs plaintes d'un capitaine nommé Henry Bourges; et sur ce le fist prendre, et sans gehyne confessa avoir forcé x femmes, et tant d'autres maulx que c'estoit merveilles, et fist mon dit seigneur pendre le dit Bourges.

Puis arriva à Chalons le damiseau de Commercy³ qui vint devers monseigneur lui suppliant qu'il lui pleut donner secours, et que pour ce qu'il tenoit le parti du Roy les Angloys et Bourgoingnons et ceulx qui tenoient leur parti⁴ lui faisoient guerre, et que le

1. Vitry-en-Perthois, ou Vitry-le-Brûlé, Marne, cant. de Vitry-le-François.
2. Cette bonne leçon avait été transcrite « Arsillyere » dans S, fol. 57 r°, puis le correcteur l'a remplacée par « Coussiliere »; B, fol. 15 r°, donne « Coisiliers »; C, fol. 73 r°, « Arsiliers. » Arzillières, Marne, arr. de Vitry-le-François, cant. de Saint-Remy-en-Bouzemont; cette seigneurie dépendait de la châtellenie de Vitry; en 1459, Guillaume de Hangest, seigneur d'Arzillières, fit hommage au Roi de France en cette qualité, le 29 septembre. (Archives nat., premier inventaire des hommages de Champagne, PP 13, fol. 70.)
3. Robert de Saarbruck, damoiseau de Commercy, comte de Roucy et de Braine, seigneur de Pontarcy. (Voir sur ce personnage *Jeanne d'Arc à Domremy*, par S. Luce, 1886, gr. in-8°, à la table.)
4. C'est grâce au correcteur que cette phrase est intelligible

conte du Vaudesmonts tenoit une bastille devant une de ses places nommée Nerci[1], et que si mon dit seigneur n'y pourveoit qu'il perdroit tout. Et pour ceste cause mon dit seigneur envoya Poton et La Hyre, et missire Gilles de Saint-Symon et de ses gens jusques au nombre de CCCC lances. Si fut prinse la bastille d'assault, et le conte du Vaudesmonts[2] s'en estoit allé le jour devant avecques la plus grant partie de ses gens. Et de là s'en vint l'armée en la conté de Lini en Barays[3], et firent beaucoup de maulx; puis s'en revindrent à Chalons devers mon dit seigneur, et puis s'en allerent à Vitri en Partays. Et la vint le sires de Commerci qui ne vouloit obeir au duc de Bar ne tenir ce que lui avoit promis et le fist scavoir le duc de Bar à monseigneur. Et pour celle cause mon dit seigneur le fist arrester et le bailla en garde à missire Gilles de Saint Symon et à Malechée et à Guillaume Gruel; et puis le eslargit sur sa foy, et jura sur la vraye croix de monseigneur que point ne partiroit sans le congié de mon dit seigneur, et par ainsi furent les gardes

---

dans S, fol. 57 v° : « ... et que pour ce qu'il tenoit le party *du Roy, les Angloys et Bourguignons et ceulx de leur party* luy faysoyent guerre. »

1. Nercy dans S, fol. 57 v°; C, fol. 73 v°, ligne 6; B, fol. 15 v°; et dans Th. Godefroy (édit. 1622, p. 64); il s'agit, non de Commercy, comme nous l'avions cru d'abord, mais de Narcy (Haute-Marne, arr. de Vassy; cf. Cosneau, *le Connétable de Richemont*, p. 215).

2. S, fol. 57 v°, « compte de Vendosmoys; » nous avons déjà rencontré ce nom quelques lignes plus haut, le copiste et le correcteur l'ont ainsi transcrit : « Le compte de *Vuandes* nous tenoict une bastille. » C, fol. 73 v°, ligne 4, « Vausdemons, » ligne 11, « Vaudesmons; » B, fol. 15 v°, lignes 8 et 13, « Vaudemont. » Il s'agit d'Antoine de Lorraine, comte de Vaudemont.

3. Ligny, cant., Meuse, arr. de Bar-le-Duc.

du dit Commerci deschargées. Puis vint le dit Commerci ung jour que monseigneur jeunoit, et on dist à monseigneur qu'il ne jeunoit pas, et lors monseigneur lui dist qu'il allast souper; si dist à monseigneur : « Puisqu'il vous plaist, o votre congié, monseigneur. » Et sur ce il avoit ung coursier à la porte, et monta desus, et s'en alla à une place à une lieue de Vitri nommée Etrepi[1] qui tenoit le parti de Bourgoigne, et de là tira à Commerci. Et quant monseigneur sceut le tour du malengin[2] dont lui avoit joué, il fut tres mal content, et fist partir XL lances des gens de sa maison, et Josselin de la Beloceraye pour aller les premiers se mettre devant Commerci; et s'en venoit apres mon dit seigneur pour mettre le siege au dit lieu de Commerci. Et quant le damiseau le sceut, il se rendit au duc de Bar pour lui tenir et acomplir ce que lui avoit promis.

Et en tirant devers Saint Miers[3] là où estoit le duc de Bar, les gens de monseigneur le connestable sceurent, environ le point du jour, nouvelles du baillif de Bar que les Angloys estoient devant Bar. Et incontinent fut mis dix lances devant pour chacer au desesperé, et pour faire arrester les ditz Angloys, lesquelz s'en alloient à leur garnison à Laigné là où estoit Guillaume Corovan; et estoient près de deux cens à che-

1. Étrepy, Marne, arr. de Vitry-le-François, cant. de Thiéblemont.
2. « Malengin » ou « malengien » est synonyme de « mauvaise foi ».
3. *Sic* dans S, fol. 58 r°, 5° ligne avant la fin, et dans C, fol. 74 r°, ligne 14; le copiste de B, fol. 15 v°, a mis « Sainct Simiers » par une mauvaise lecture du texte C. Saint-Mihiel, cant., Meuse, arr. de Commercy.

val et IIII^{xx} à pié. Et aussitost qu'ilz apparceurent les pennenceaulx qui estoient es lances de monseigneur, ilz se misdrent en fuyte et laisserent tout leur charroy et pillage, et furent chassez jusques à la barriere de Laigné, et en y eut beaucoup de mors et de prins. Et s'en retourna la compaignie repaistre à deux lieues de là; puis vindrent coucher à Bar pour faire ferrer les chevaulx; car il faisoit si grans glaces que tout estoit defferré. Et le segond jour après allerent les gens de monseigneur le connestable coucher à Saint Miers devers le duc de Bar[1].

Et sur tant vint Poton et missire Gilles de Saint Symon, qui vint de par monseigneur le connestable, et apporta lettres de mon dit seigneur de mener tous les gens d'armes là où Poton leur diroit. Et dès le landemain les mena devant Més[2] pour ranczonner le païs, dont pluseurs des ditz gens d'armes ne furent pas contens, quant ilz virent la guerre que Poton leur faisoit faire. Puis s'en retournerent les ditz gens d'armes en Barais, et là trouverent monseigneur le connestable; et s'en vint mon dit seigneur le connestable par Espance[3]; et celle nuyt se rendit la dicte place d'Espance.

1. S, fol. 58 v° : « ... et le deuxiesme jour d'apprès allerent les gens de mon dit s[eigneu]r le connestable couscher à Sainct *Miers* devers le duc de Bar. » C, fol. 74 v°, ligne 4 : « Et le II° jour après allerent les gens de mon dit s[eigneu]r le connestable couscher à Saint *Muez* devers le duc de Bar. » B, fol. 16 r°, ligne 3 : « Et le deuxiesme jour après allerent les gens de mon dict sieur le connestable coucher à Saint *Muez* devers le duc de Bar. »

2. Metz.

3. S, fol. 59 r°, ligne 3 : « Et s'en vint monseigneur le connestable *par Espence,* et celle nuyt se rendit la dicte place *d'Espence.* » C, fol. 74 v° : « Et s'en vint mon dict seigneur le con-

Puis s'en vint mon dit seigneur à Chalons et y fut une piece, et eut nouvelles de monseigneur de Bourgoigne et de monseigneur de Bourbon qui estoient assemblez à Nevers et lui prierent qu'il y vint; et lui envoya monseigneur de Bourgoingne ung saulfconduyt tel qu'il vouloit. Puis print mon dit seigneur le chemin à Troyes, et y fut une piece pour faire justice et mettre police ou païs; puis se partit et tira à Dijon; et là trouva madame de Bourgoingne, qui le receut grandement et festoya tres bien; et y fut deux jours ou grant de l'yver, et convenoit es bonnes gens faire les chemins pour les grans neges. Et de là tira monseigneur à Beaune et à Autun et à Desize et à Ennevers[1]; et là trouva monseigneur de Bourgoingne, monseigneur de Bourbon, et madame de Bourbon, et firent tres grant chiere, et y fut mon dit seigneur bien XII jours. Et fut entreprinse la journée pour se rendre [à] Arras pour faire la paix. Et bientost après la Chandeleur[2], monseigneur le connestable print con-

nestable par Pance, et celle nuyt se rendit la dicte place de Pance. » B, fol. 16 r° : « Et s'en vint mon dit seigneur le connestable par Pance, et celle nuict se rendit la dicte place de Pance. » Th. Godefroy (édit. 1622, p. 67) reproduit la leçon « Espence ». Pourquoi Buchon (p. 376, col. 2, lignes 20, 21) imprime-t-il Espeuce? Epense, Marne, arr. de Sainte-Menehould, cant. de Dommartin-sur-Yèvre.

1. Ennevers pour Nevers; l'orthographe du ms. indique la manière dont on prononçait l'*n* initial. Ce mot a fort préoccupé le correcteur du ms. S, fol. 59 r°; on lisait d'abord « Anevers », remplacé par « à Nevers », leçon exacte qui a néanmoins été corrigée ainsi : « à Anners » ou « Anvers » (?). Le ms. B, fol. 16 r°, donne « à Nevers »; C, fol. 74 v°, 4° ligne avant la fin, « à Anevers ».

2. Ou le 2 février 1435. Le 5 février, le connétable était encore à Nevers, où il nommait Jehannot Bar châtelain d'Arnay-le-Duc, et signait divers actes. (Archives de la Côte-d'Or, B 2273, fol. 2;

gié de monseigneur de Bourgoingne, lequel s'en alla à Dijon, et mon dit seigneur le connestable s'en alla à Bourges; et monseigneur de Bourbon et madame s'en allerent en Bourbonnoys.

Et quant monseigneur le connestable fut à Dun le Ray, il sceut que Forte Espice[1] estoit à Bourges; si envoya Jehan de la Boexiere et de ses archiers de son corps pour prendre le dit Forte Espice qui l'avoit trompé; car il lui avoit promis de faire le voyage de Champaigne en la compaignie de monseigneur le connestable, et avoit prins de mon dit seigneur ung coursier et de l'argent pour lui et pour ses gens, et devoit amener XL lances bien en point; et quant il sceut le jour que monseigneur partoit pour s'en aller, il tira autre chemin; car il ne demandoit que pillerie, et scavoit bien que mon dit seigneur ne lui eut pas souffert. Et quant mon dit seigneur fut à Bourges, ceulx de la ville de Bourges le vindrent requerir pour ung service qu'il leur avoit fait, et pour ce que mon dit

Documents inédits pour servir à l'histoire de Bourgogne, publiés par M. Canat, I, 364.)

1. Jacques de Pailly, bailli de Melun, surnommé Fort-Épice, un des pillards les plus redoutés de cette époque. On le voit en 1429 s'emparer de vive force de Châteauvillain; en 1437, il ne craint pas d'occuper la place de Mailly-le-Chastel qui appartenait au duc de Bourgogne, et de lui imposer une rançon avant de la restituer; l'année suivante, il va en Lorraine continuer ses courses aventureuses sous les ordres du comte de Vaudemont. (*Chronique du doyen de Saint-Thiébaut de Metz,* dans D. Calmet, *Hist. de Lorraine,* 1728, II, *Preuves,* p. cciii, ccxxx; Pièce just. XXXIV. Voir en outre sur les pilleries de ce personnage l'article publié par M. E. Petit sur *Les Écorcheurs en Bourgogne de 1438 à 1444,* dans l'*Annuaire de l'Yonne,* 1865, p. 124, et surtout *Les Écorcheurs sous Charles VII,* par M. Tuetey, et *Les Écorcheurs en Bourgogne,* par M. J. de Fréminville.)

seigneur amoit moult ceulx de Bourges, ne les voult pas refuser; car il eut esté pendu sans nul remede.

Puis s'en vint mon dit seigneur à Tours, et là trouva le Roy de Cecille; et de là s'en vindrent ensemble devers le Roy qui estoit à Chinon, et là fist le Roy bonne chiere à mon dit seigneur, et fut à quaresme prenant[1]. Et après qu'il eut fait le raport au Roy de la journée qu'il avoit entreprinse monseigneur de Bourbon et lui et le chancellier o monseigneur de Bourgoingne de se rendre [à] Arras, comme dit est, fut conclu que le Roy assembleroit ceulx de son sang, et les autres Estaz de son Royaume, et que vers Pasques se rendroient à Tours. Et bientost après monseigneur le connestable s'en vint à Partenay veoir madame de Guyenne[2]; puis retourna devers le Roy avant Pasques Flouries, et le dit jour de Pasques Flouries[3] mon dit seigneur fist son hommage de sa seigneurie et terre de Partenay. Et bientost après Pasques fut conclu que le Roy envoieroit à la journée, qui estoit entreprinse au dit lieu d'Arras : monseigneur de Bourbon, monseigneur le connestable, monseigneur le chancelier, monseigneur de Vandosme, monseigneur le mareschal de

1. 2 mars 1435.

2. La présence de Richemont à Parthenay à cette époque nous est signalée par des lettres patentes, en date du 15 juin 1435, dont on retrouve la mention dans les comptes de Robin Denisot. (Pièce just. XIX.)

3. La fête de Pâques tomba le 17 avril 1435 et par suite Pâques-Fleuries ou les Rameaux le 10 avril. La veille, le Roi avait confirmé à Richemont la cession des terres qui d'abord avaient été vendues à la couronne par Jean Larchevêque. (Orig. aux Archives de la Loire-Inférieure, E 105; copie aux Archives nat., K 184, liasse 1, n° 21.)

la Feecte[1], missire Cristofle de Harcourt, missire Adam de Cambray, premier president et autres secretaires ; et ainsi fut fait. Et s'en vint monseigneur le connestable à Partenay[2].

Chapitre LVIII.

Comment madame d'Estampes eut ung beau filx.

L'an mil CCCC XXXV [la vigille de Sainct Jehan][3], monseigneur d'Estempes fist scavoir par Guillaume Gruel à monseigneur le connestable que madame d'Estempes estoit acouchée et avoit eu ung beau filx, dont mon dit seigneur le connestable fut le plus joyeux que jamais le vi.

Chapitre LIX.

Du traictié de la paix du Roy et de monseigneur de Bourgoingne.

L'an et moys que desus environ la Saint-Jehan[4] se

1. Le maréchal de la Fayette.
2. Le connétable fit alors un voyage à Vannes, où il assista, le 21 mai 1435, à la conclusion du traité de mariage d'Alain, fils aîné du vicomte de Rohan, et de Yolande de Laval. (D. Morice, *Preuves,* II, 1271-1273.)
3. Le ms. N, fol. 28 v°, porte ici « ou moys de juin ». Nous empruntons au ms. S, fol. 60 v°, une date plus précise qui se retrouve aussi dans les mss. B, fol. 16 v°, C, fol. 76 r°, ligne 5, et L, fol. 361 r°, col. 2. Comme le ms. N, Th. Godefroy met « au mois de juin » (édit. 1622, p. 69).
4. S, fol. 60 v° : « En celuy an mil quatre cens trancte cinq, le quinziesme jour du moys de juing... » B, fol. 16 v° : « En celluy an M IIII^c XXXV, environ le quinziesme jour de juin... » C, fol. 76 r°, ligne 11 : « En celuy an mil IIII^c XXXV environ le xve jour de juign. » On sait que la Nativité de saint Jean-

partirent mes ditz seigneurs embassadeurs pour aller [à] Arras devers monseigneur de Bourgoigne, lequel vint au devant de noz seigneurs plus d'un grant quart de lieue. Et Dieu sache comment il estoit acompaigné, et les receut moult grandement, et y estoient ja venuz deux cardinaulx de par le pape, c'est assavoir le cardinal de Saincte Croix, et le cardinal de Chipre. Puis arriverent les Angloys, c'est assavoir : le cardinal de Vincestre et le conte de Hontinton, et le conte de Soufort, et pluseurs autres gens de grant faczon bien grant nombre, et y avoit des gens du païs de monseigneur de Bourgoigne sans nombre.

Et le lendemain arriva madame de Bourgoigne et monseigneur son filx en tres grant pompe et grans habillemens, bien grandement acompaignée[1]. Et furent plus de six sepmaines au dit lieu d'Arras ; et Dieu sçeit les grandes chieres et banquetz qui là furent. Et tous-

Baptiste est le 24 juin. (Sur ce chapitre et le précédent, voir dans l'*Introduction* le paragraphe consacré à l'*Établissement du texte de la chronique*.)

1. Les dates données ici par Gruel ne sont pas absolument exactes ; voici l'ordre chronologique dans lequel les ambassadeurs arrivèrent à Arras : 8 juillet 1435, Hugues de Lusignan, cardinal de Chypre, ambassadeur du concile de Bâle ; 12, Nicolas Albergati, cardinal de Sainte-Croix, légat du pape ; 15, Nicolas Rolin, chancelier de Bourgogne ; 25, les ambassadeurs du Roi d'Angleterre, Jean Kemp, archevêque d'York, Guillaume Alnwick, évêque de Norwich, Thomas Rodburn, évêque de Saint-David, le comte de Suffolk, etc. ; 29, le duc de Bourgogne ; 31, les ambassadeurs du Roi de France, dont les principaux sont nommés par Gruel à la fin du chapitre LVII ; c'est le 3 août seulement, et non le 1er comme le laisse entendre notre chroniqueur, que la duchesse de Bourgogne fit son entrée à Arras. (Voir sur le congrès le *Journal de la paix d'Arras*, par Antoine de la Taverne, Paris, 1651, in-12, et l'*Hist. de Charles VII*, par M. de Beaucourt, II, 505 et s.)

jours monseigneur le connestable aloit la nuyt, après que tout estoit retiré, devers monseigneur de Bourgoingne, aucunes foiz devers le chancellier de Bourgoingne et devers monseigneur de Croy et devers ceulx qui estoient bons pour la paix ; car sur toutes choses la desiroit mon dit seigneur le connestable, et tant fist qu'elle se treuva.

Et cependant que messeigneurs estoient [à] Arras, La Hyre et pluseurs autres capitaines prindrent les faulxbourcs d'Amiens; et furent noz seigneurs en dangier. Et pour scavoir l'opinion de monseigneur d'Orleans, lequel les Angloys firent venir à Calays, durant ce que on tratoit la paix, monseigneur le connestable y envoya embassades ; et aussi fist monseigneur de Bourbon qui y envoya missire Robinet d'Etampes, et monseigneur le connestable y envoya Henry de Villeblanche, et Raoul Gruel, lesquelz firent rapport de par monseigneur d'Orleans à monseigneur de Bourbon et à monseigneur le connestable qu'ilz feissent la paix sans y faire nulle difficulté, en la maniere qu'ilz la firent.

Et cependant qu'ilz furent [à] Arras fut executée une entreprinse que mon dit seigneur le connestable avoit fait et ordenné à ses gens durant qu'il seroit [à] Arras, qu'ilz prinsent la ville de Saint Denis ; et ainsi fut fait par Mahé Morillon[1], missire Jehan Foucaut[2],

---

1. Mahé Morillon, un des familiers de Richemont, fut commis à la fin de 1428, avec quelques autres hommes d'armes, à la garde de Fontenay-le-Comte, place faisant partie du douaire de Madame de Guyenne et qui semblait alors menacée par les ennemis du connétable. (Pièce just. XIX.)

2. Jean Foucaut, chevalier limousin, très vaillant, dit Cousinot de Montreuil (édit. Vallet de Viriville, p. 330 et 335), ce

missire Regnault de Saint Jehan, et missire Loys de Vaucourt, et autres capitaines.

Chapitre LX.

Comment les Angloys firent leur armée pour mettre le siege à Saint Denis.

Puis après vint monseigneur le mareschal de Rieux, et puis monseigneur le bastard d'Orleans et le bastard Chapelle, Maturin Lescouet et Josselin de la Belosseraye, et pluseurs autres gens de guerre qui firent bonne guerre à Paris ; et y eut de plus belles escarmouches que jamais homme peut voir. Puis après les Angloys firent leur armée pour mettre le siege à Saint Denis, et fut advisé que monseigneur le mareschal[1] de Rieux demourroit dedans ; plus volentiers emprint[2] la charge et très bien s'i gouverna. Et monseigneur le bastard alla devers le Roy pour assembler gens pour secourir la dicte ville ; et promist à monseigneur le

---

qui ne l'empêchait pas d'être à l'occasion chef de « larrons ». Capitaine de Lagny, il tenta dans les premiers mois de 1430 un coup de main sur la ville de Meaux, avec le concours de Denis de Chailly, capitaine de Crécy ; mais l'entreprise échoua par la trahison d'un certain Jean Gon, qui obtint, le 25 octobre 1430, une lettre de rémission du Roi d'Angleterre, pour sa participation à cette affaire. (Archives nat., JJ 175, pièce 6.) Nous ne savons pas la date de la mort de Jean Foucaut, « vieil chevalier » en 1440. (*Journal d'un bourgeois de Paris*, p. 351, 353 ; voir en outre une note de M. Tuetey, *Ibid.*, p. 258, n° 1.)

1. Sur le siège de Saint-Denis, voir à la Bibl. nat. *Montres*, IX (ms. fr. 25772), n°s 965 à 999 ; *Pièces originales*, 530 : Brouillat ; 3021 : Villiers ; aux Archives nat., K 64, n°s 110-12 ; JJ 177, n° 143.

2. Emprendre signifie « entreprendre ». (Du Cange, VII, 137.)

mareschal qu'il le secoureroit. Puis fut mis le siege devant Saint Denis qui gueres ne valoit, et y mourut Josselin de la Belosseraye[1], ainsi que scavés[2] et tint très bien et y eut fait de très belles armes. Et y fut donné l'assault, qui dura presque tout le jour, et furent bien batuz, et n'y gaingnerent que ung boulevert, qui estoit à la porte vers Pontaise, et ce jour vers le soir fut regaingné sur les Angloys par ung homme nommé Bourgeoys, qui vint demander des gens à monseigneur le mareschal. Et entre autres lui furent baillés six hommes pour faire l'entrée; car il convenoit entrer par sus une petite planche, qui n'avoit pas ung pié de large. Et furent les six hommes : Jehan Budes, de la Barre, Meriadec, Roland Abbé, Gilles de Maroueil, et le dit Bourgeoys. Si entrerent dedans et beaucoup d'autres et firent de belles armes, et tuerent et prindrent ceulx qui estoient dedans le boulevert, et les autres s'enfuyrent et noz gens se defendoient très fort.

1. *Sic* dans S, fol. 61 v°; mais C, fol. 77 r°, et B, fol. 17 r°, donnent une variante « et y mist Jocelin de la Beauseraye », variante que l'on retrouve dans les éditions de Th. Godefroy (édit. 1622, p. 72; Buchon, 378[1]) et de Denys Godefroy (*Hist. de Charles VII,* p. 763). C'est la première leçon qui est la bonne; on lit en effet dans Monstrelet « et laisserent en ycelle ville de Saint Denis aulcuns de leurs capitaines mors. C'est assavoir messire Loys de Waucourt, messire Rignault de Saint-Jehan, Archade de la Tour, ung nommé Joselin, et aulcuns autres ». (Douët d'Arcq, V, 186.) Josselin était parmi les défenseurs de Saint-Denis et non au nombre des assiégeants.

2. Que signifie donc cette expression « ainsi que scavés », intercalée par Gruel dans son récit, et qui se trouve dans tous les mss.? Aucune mention antérieure ne la justifie : sans doute elle montre que le chroniqueur parle de la mort de Josselin comme d'un fait bien connu de ses contemporains.

Et cependant monseigneur le connestable qui estoit [à] Arras, comme dit est, auquel tardoit moult que la paix fut faicte, aussitost qu'elle fut faicte[1], print congié de messeigneurs de Bourgoigne et de Bourbon, et manda tout ce qu'il peut trouver, et s'en vint droit à Senlis. Et incontinent que les Angloys sceurent que mon dit seigneur le connestable estoit au dit lieu de Senlis, ilz firent leur composicion à ceulx de la ville le plus amplement que faire se povoit ; car ilz s'en allerent montez et armez, et emporterent tous leurs biens et toutes leurs artilleries et prisonniers. Et le jour devant, avant qu'ilz sceussent les nouvelles de mon dit seigneur le connestable, il vouloit les avoir à leur merci, ou à tout le moins ung baston en la main. Et cependant fut prins le pont de Meulanc, qui fist grant ennuy aux Angloys ; puis monseigneur le connestable logea les gens d'armes aux frontieres à l'entour de Paris.

Puis après fist une entreprinse de prendre la ville de Dieppe que ses escheleurs avoient pourgetée et Charlot-des-Marais[2]. Si y envoya mon dit seigneur

1. La paix fut solennellement jurée le 21 septembre 1435, dans l'église de Saint-Vaast d'Arras, après une dernière restriction apportée par le duc de Bourgogne aux traités conclus la veille, dont il n'entendait pas faire profiter René d'Anjou et de Bar, son prisonnier. (Voir des analyses de cette déclaration dans le ms. fr. de la Bibl. nat., Fontanieu 118, au 21 sept. 1435, et dans le *Rapport* de M. Gachard sur les *Archives de Dijon*, p. 10, n° 172.) M. de Beaucourt a résumé les clauses du traité dans son *Hist. de Charles VII*, t. II, 547-553.

2. Il est assez difficile d'admettre que Richemont ait pris une part aussi active à cette campagne ; car, après la dissolution du congrès d'Arras, nous le trouvons en Bourgogne accompagnant le cardinal de Sainte-Croix et l'évêque d'Amiens. (Canat, *Docu-*

monseigneur le mareschal de Rieux[1], et lui bailla argent et gens pour executer l'entreprinse; puis après y envoya missire Gilles de Saint Symon et des gens de sa maison Eustache de Lespinay et missire Jehan de la Haye et Artur Bricart[2]. Puis après que Dieppe fut prinse, et Herfleu, Montiviliers[3] et Faiquant[4], mon dit seigneur envoya des gens à monseigneur le mareschal de Rieux, c'est assavoir : Olivier de Coetivi[5] et

ments inédits pour servir à l'histoire de Bourgogne, I, 371.) Dieppe tomba au pouvoir de Charles des Maretz le 28 octobre; or, à cette date, le connétable était à Dijon, comme le laisse entendre la délibération suivante du Conseil de la ville : « Le jeudi xxvii° jour d'octobre l'an mil CCCC trente cinq, en la chapelle des bouchiers estant en l'eglise de Nostre Dame... est deliberé que à monseigneur le chancellier de France, à monseigneur de Bourbon, et à monseigneur de Richemont seront donnés de par la ville à ung chacun deux poinçons du meilleur vin que l'en pourra finer. » (Archives municipales de Dijon, B 154, fol. 99 r°.) Le 24 novembre il est à Châlons (Moreau 249, fol. 230) et le 2 décembre à Reims. (Sur Charles des Maretz, voir la note 268 des *Cronicques de Normendie*, notamment p. 262, et Monstrelet, V, 199 et s.)

1. Pierre de Rieux, seigneur d'Assérac, de Derval et de Rochefort, né le 9 septembre 1389, mort en 1439. (Berry, édit. de D. Godefroy, dans l'*Hist. de Charles VII*, p. 403; voir aussi P. Levot, *Biographie bretonne*, II, 708.)

2. Arthur Brécart, celui qui épousa plus tard Jacqueline, fille naturelle de Richemont. (Cf. notre *Étude critique* sur la *Valeur historique de la chronique de Richemont*, p. 77, et à la Bibl. d'Angers, le 5° registre des chartes de la Chambre des comptes, Lemarchand n° 987, fol. 173 v°.)

3. Montiviliers, cant., Seine-Inférieure, arr. du Havre.

4. Fécamp, cant., *ibid*.

5. Olivier de Coëtivy, seigneur de Taillebourg, frère d'Alain de Coëtivy, cardinal d'Avignon, de l'amiral Prégent de Coëtivy, et de Christophe de Coëtivy, était en 1446 capitaine du château de La Réole; sénéchal de Guyenne de 1451 à 1477, il tomba au pouvoir des Anglais le 23 octobre 1451, lorsque Bordeaux ouvrit ses portes à Talbot. (Bibl. nat., ms. fr. 25711, pièce 211; Archives

le bastard Chapelle ; puis y alerent pluseurs autres capitaines, c'est assavoir : Antoyne de Chabannes, Pothon de Bourgoingnen, Penensac et Brusac, et pluseurs autres qui fort destruisirent le païs.

Chapitre LXI.

Comment la Royne Ysabeau mourut en octobre.

L'an mil CCCC XXXV, à l'entrée d'octobre trespassa la Royne Ysabeau à l'ostel de Saint Paoul à Paris[1].

Chapitre LXII.

Comment Gerberay fut emparé.

Puis fist monseigneur le connestable une entreprinse et chargea Poton et La Hyre d'aller emparer Gerberay[2], et bailla au dit Poton VII^m salutz pour aider à conduire l'entreprinse ; car mon dit seigneur n'y povoit estre en personne, pour ce qu'il lui convenoit venir devers le Roy quant et les autres embassadeurs pour faire le raport touchant ce qu'ilz avoient besoigné pour la paix à Arras ; aussi pour prier le Roy qu'il voulsist jurer et tenir la paix ainsi qu'ilz avoient promis. Et y fist le Roy ung peu de difficulté ; neantmoins

---

nat., X^{1a} 1484, fol. 181 v°, 184 r°. Voir sur ce personnage et son frère Christophe l'article et les documents publiés par M. P. Marchegay, dans la *Biblioth. de l'École des chartes*, 1877, t. XXXVIII, p. 5-48.)

1. Isabeau de Bavière mourut dans la nuit du 29 au 30 septembre 1435 ; notre chronique présente donc une légère inexactitude. (Félibien, *Hist. de Paris*, 1725, IV, 595 ; *Journal d'un bourgeois de Paris*, p. 309, note 1.)

2. Gerberoy, Oise, arr. de Beauvais, cant. de Songeons.

tantost après les embassadeurs de monseigneur de Bourgoingne vindrent devers le Roy, lequel jura la paix, et depuis en fut bien content[1].

Puis après[2] Poton et La Hyre alerent fortifier Gerberay ainsi que avoient promis à monseigneur le connestable. Et en fortifiant la place le conte d'Esrondel le sceut et soubdainement fist grant assemblée de gens pour devoir sousprendre les ditz Poton et La Hyre; et vindrent à ung matin bien troys mille combatans pour enclorre et prendre ceulx de Gerberay. Mais Poton et La Hyre qui virent que besoign estoit de bien faire, et avoient environ vi^c combatans firent une saillie au desesperé; et estoit Poton à pié et La Hyre à cheval, et firent tant de belles armes que ce fut merveilles et combatirent longuement et par pluseurs foiz. Et tant firent de belles armes que au derrain le conte d'Esrondel fut blecié en ung pié d'une couleuvrine, et fut prins et pluseurs de ses gens mors et prins, et les autres en fuyte. Et ainsi fut lievé le siege de Gerberay [et fut le jour de Sainct Nicolas de may, l'an que dessus][3].

---

1. Charles VII ratifia le traité d'Arras par acte donné à Tours, le 10 décembre 1435. Olivier de la Marche a inséré ce texte dans ses *Mémoires* (édit. Beaune et d'Arbaumont, I, 207-238) et bien fait connaître les considérations multiples qui eurent raison des hésitations, fort légitimes, de Charles VII. (*Ibid.*, 239-241.)

2. Cette expression est tout à fait inexacte; car l'affaire de Gerberoy est antérieure de plusieurs mois au congrès d'Arras et Gruel se contredit lui-même à la fin de ce chapitre. Poton de Saintrailles et La Hire contraignirent le comte d'Arondel à lever le siège de Gerberoy, le 9 mai, jour de saint Nicolas d'été. (Voy. aussi la note suivante.)

3. Cette date précise, que ne donnent pas les autres chroniqueurs, est tirée des mss. S, fol. 63 v°, B, fol. 17 v°, C, fol. 79 r°, ligne 4; elle ne se trouve pas dans le ms. N, fol. 30 v°. La mention

Chapitre LXIII.

Comment les Angloys furent desconfitz à une rencontre par monseigneur le connestable.

Monseigneur le connestable après ce qu'il eut esté devers le Roy et que la paix fut jurée, il s'en vint veoir madame de Guyenne et envoya devers monseigneur de Bourgoingne Henri de Villeblanche, qui s'en alla depuis Bourgoigne par Paris jusques à Hedin; et puis s'en vint devers monseigneur à Partenay. Et bientost après madame d'Estampes alla à Poictiers devers le Roy et passa et repassa par Partenay, et fut monseigneur le connestable la conduire devers le Roy au dit lieu de Poictiers; puis s'en retourna ma dicte dame à Cliczon.

Bientost après vindrent les nouvelles à monseigneur le connestable que missire Gilles de Saint Symon, lequel estoit son lieutenant ou païs de Caux, estoit prinsonnier et avoit esté prins devant Cauxdebec à une rencontre. Et la maniere comment il fut prins : il estoit venu courir devant la ville de Cauxdebec, et celle nuyt y estoient arrivez les sires de Talbot et de Fauconberge et pluseurs autres capitaines jusques au nombre de deux à troys mille combatans. Et estoit le dit missire Gilles de Saint Symon des premiers, et se cuidoit retirer en ordennance, et ses com-

« l'an que dessus », qui termine ce chapitre, n'est donnée que par les textes C et B. (Monstrelet, V, 118 et s.; Berry, dans Godefroy, p. 388, 389; *Journal d'un bourgeois de Paris*, p. 305; *Cronicques de Normendie*, p. 88; Robert Blondel, p. 190-96.)

paignons le laisserent et fut habandonné et prins, puis après fut délivré par la prinse d'ung Angloys.

Mon dit seigneur le connestable sejourna ung peu à Partenay; puis se partit environ le premier jour de mars, et s'en alla devers le Roy à Poictiers, et fut conclu qu'il s'en iroit es marches de France, dont avoit le gouvernement, et aussi que aucunes entreprinses se devoient faire et conduire par lui sur Paris[1]. Et fut dit que monseigneur de Bourbon et monseigneur le chancellier et monseigneur le bastard d'Orleans[2], monseigneur de Vendosme et Cristofle de Harcourt y iroient. Et prindrent tous ensemble le chemin jusques à Orleans et de là à Yanville; et au dit lieu de Yanville vindrent nouvelles que les Angloys venoient à Paris bien troys mille, qui amenoient ung convay; et venoient pour renforcer ceulx qui estoient à Paris. Et quant ces nouvelles furent ouyes, fut dit et avisé que noz ditz seigneurs n'estoient pas puissans pour combatre, car ilz n'avoient que les gens de leurs maisons. Et fut conclu que monseigneur de Bourbon, monseigneur de Vendosme, monseigneur le chancellier, [monseigneur le bastard d'Orleans[3]] et missire Christofle de Harcourt s'en retourneroient devers le Roy pour

1. Les dates données ici par Gruel sont parfaitement exactes. Richemont était à Poitiers dès le 3 mars 1436, jour où il contresigna de nouvelles lettres d'abolition accordées par le Roi aux Parisiens. (Archives nat., K 949, n° 26.)

2. Dans les mss. S, fol. 64 v°, B, fol. 18 r°, et C, fol. 79 v°, le bâtard d'Orléans est cité le quatrième, tandis que dans le ms. N, fol. 31 r°, il est le troisième; dans l'édition de Th. Godefroy (édit. 1622, p. 76; Buchon, p. 379 2), il est nommé le second.

3. La mention du bâtard d'Orléans, omise dans N, fol. 31 v°, se trouve dans S, fol. 65 r°, B, fol. 18 r°, C, fol. 80 et et dans l'édition de Th. Godefroy (loc. cit.).

veoir, jurer et affermer la paix, qui avoit esté faicte à Arras et aussi pour recevoir l'embassade de monseigneur de Bourgoigne qui estoit venue à belle compaignie. En laquelle embassade entre les autres estoient le chancellier de Bourgoingne et monseigneur de Crouy et autres grans parsonnages[1]. Et sur tant departirent mes ditz seigneurs de Yanville, comme dit est ; les ungs allerent devers le Roy, et monseigneur le connestable qui avoit environ LX lances de sa maison alla coucher à Corbail, la vigile de Pasques Flouries[2], et le jour de Pasques Flouries[3] alla mon dit seigneur coucher à Ligné sur Marne[4], et là trouva belle compaignie de ses gens qui estoient en garnison ; dont estoient les capitaines missire Jehan Fouquaut et Mahé Morillon ; et de là manda toutes les garnisons de Brie et de Champaigne, et tous ceulx qui tenoient les champs qu'ilz se rendissent à Pontaise devers luy le plus tost que faire se pourroit. Et le mardi de la Sepmaine Saincte s'i rendit mon dit seigneur, et passa à travers l'Isle de France, et vint à Pontaise, et là trouva les gens

---

1. Le chancelier Rolin ne paraît pas être venu à Tours. Les ambassadeurs du duc de Bourgogne étaient l'évêque de Noyon, Jean de Croy, grand bailli de Hainaut, Guy de Pontailler, seigneur de Talemer, Jean de Poitiers, seigneur d'Arcey, Jean de Terrant, conseiller et maître des requêtes, et Jean du Plessis, secrétaire. (Voir Beaucourt, III, 70, note 5.)

2. Le 31 mars 1436 ; Pâques fut le 8 avril. La présence de Richemont à Corbeil nous est en effet signalée dès le 30 mars. (Lecoy de la Marche, *Inventaire des titres de la maison de Bourbon*, II, n° 5514.)

3. Le 1er avril 1436.

4. *Sic* dans C, fol. 80 r°, et dans B, fol. 18 r° ; S, fol. 65 r°, met « Laigny-sur-Marne ». Aujourd'hui Lagny-sur-Marne, cant., Seine-et-Marne, arr. de Meaux.

de monseigneur de Bourgoingne qui vindrent bien ung quart de lieue au devant de luy; c'est assavoir monseigneur de Ternan, monseigneur de l'Isle Adan, monseigneur de Varabont et beaucoup de gens de grant faczon jusques environ de sept à huyt xx lances. Et là sceut des nouvelles des Angloys qui estoient à Mante; et dès ce qu'ilz sceurent que mon dit seigneur estoit à Pontaise, ilz retarderent leur entreprinse. Et mon dit seigneur manda monseigneur le bastard d'Orleans et les garnisons de Beausse pour venir au dit lieu de Pontaise; et là se rendit mon dit seigneur le bastard et toutes les garnisons. Et tous les jours de la Sepmaine Saincte et le grant Vendredi[1] et le jour de Pasques[2] noz ditz gens furent tousjours armez pour devoir combatre; car les ditz Angloys amenoient ung grant convay et ung grant nombre de bestail; et quant ilz sceurent que monseigneur estoit pour les gueter, ilz laisserent tout leur convay et bestail, et s'en alerent de nuyt par les boys de l'autre costé de la riviere. Et quant monseigneur sceut qu'ilz furent passez, il delibera lui et monseigneur le bastard qu'ilz vendroient logier encontre Paris et qu'ilz feroient ung pont sur la riviere. Et le mardi des feries de Pasques[3] monseigneur le bastard print congié de monseigneur et s'en alla assembler les gens d'armes en Beausse, et se devoit rendre à monseigneur au jour qui estoit dit entr'eulx.

Et celui mardi mesmes monseigneur le connestable avoit envoyé ses forriers à Saint Denis acompaignez

1. Le Vendredi Saint.
2. Le 8 avril 1436.
3. Le 10 avril.

du Bourgeoys et Mahé Morillon, et missire Jehan Fouquaut et bien troys cens combatans. Et quant ilz vindrent au dit lieu de Saint Denis, ilz y trouverent les Angloys bien grosse compaignie, qui estoient venuz pour piller l'abbaye et la ville. Et quant le guet apparceut noz gens il sonna à tout, et les Angloys saillirent à l'escarmouche. Et quant Bourgeoys apparceut qu'ilz estoient grant compaignie, il envoya ung homme batant devers monseigneur et le trouva qu'il ne faisoit que aller à table. Si lui dist que Bourgeoys lui mandoit qu'il avoit trouvé ce que mon dit seigneur demandoit; et lors il bouta la table[1], et fist ses trompetes sonner à cheval et tous ses gens le plus tost que faire se povoit. Et aussitost qu'il fut à cheval il tira à la porte à celle fin que tous ses gens allassent après lui; mais les gens de monseigneur de Bourgoingne ne vouloient monter à cheval sans avoir argent; et convint que monseigneur le connestable se obligeast à monseigneur de Ternan de la somme de mille escuz, avant qu'il voulsist partir. Puis mon dit seigneur tira en avant, et au partir de la porte n'avoit pas six lances; mais tout le monde commencza à tirer après lui, et comme ilz venoient il envoyoit gens pour entretenir l'escarmouche. Et tantost arriva monseigneur de l'Isle Adan devers mon dit seigneur, auquel il demanda s'il congnoissoit le païs où les ditz Angloys estoient; et il respondit que bien le congnoissoit. Et lors dist à monseigneur : « Par ma foy, monseigneur, si vous avez x mille combatans, vous ne leur feres ja mal ne des-

---

1. *Sic* dans mss. S, fol. 66 v°, C, fol. 81 r°, 3ᵉ ligne avant la fin, B, fol. 18 v°. Th. Godefroy imprime « il se leva de table » (édit. 1622, p. 78); c'est un éclaircissement tout à fait superflu.

plaisir en la place où ilz sont. » Et monseigneur lui dist : « Si ferons si Dieu plaist, Dieu nous aidera; allez devant pour entretenir l'escarmousche. » Et ja y estoit allé monseigneur de Rostrelen. Et en chevauchant assembla mon dit seigneur le connestable bien VIII^{xx} lances entour son enseigne; et y estoient monseigneur de la Suse et le bastard de Bourbon.

Et cependant monseigneur de Rostrelen et monseigneur de l'Isle Adan estoient descenduz à pié au bout d'une chaussée qui est près Saint Denis; ainsi comme Dieu le vouloit, qui tousjours conduist les faitz du bon Artur plus miraculeusement que autrement, les Angloys vindrent charger sur noz gens, et les firent monter à cheval bien à haste; et deut estre l'Isle Adan mort ou prins, toutesfoiz il se sauva, et les ditz Angloys laisserent leur fort et chasserent noz gens bien deux traitz d'arc.

Et cependant monseigneur le connestable venoit [par] ung chemin couvert; et quant il fut près des Angloys, il entra en ung champ de vigne, et venoit en belle bataille. Et aussitost que les ditz Angloys l'apparceurent, ilz se misdrent en desarroy pour cuider recouvrir leur pont; et incontinent noz gens et toute notre bataille chargea dedans, et bientost furent desconfitz et mors sur la place, et à la chace plus de VIII^c. Et là fut print missire Thomas de Beaumont, qui estoit lieutenant du Roy d'Angleterre et son parent, et le print Jehan de Rosenvinen[1]; et Henry de Ville-

---

1. *Sic* dans le texte de Th. Godefroy (édit. 1622, p. 80). On lit dans S, fol. 67 v°, ligne 3 : « Jean de Rosnevinen; » dans C, fol. 82 r° : « Jehan de Rosnivignen; » dans B, fol. 19 r°, « Jehan de Rosen. » M. Buchon met par une correction malheureuse « de

blanche portoit l'estendart celui jour. Et furent chassez les Angloys jusques à la porte de Paris, et leur fist-on lever le pont, fermer la porte, et en fut tué jusques à la barriere et sur les fossés; et croyés qu'il y eut bel effroy à Paris. Puis s'en retournerent loger à Saint Denis; et au dit lieu de Saint Denis se estoient retirez en la tour du Venin, qui estoit forte, le nepveu du prévost de Paris[1], et bien VI^{xx} Angloys. Et ceste nuyt monseigneur envoya au boys de Viesaine querir deux bombardes, qui y estoient, et furent amenées le mecredi.

Et celui mecredi, la nuyt, vindrent nouvelles à monseigneur le connestable d'un homme de Paris, qui lui mandoit qu'il vint, et qu'ilz estoient une x^{ne} qui lui ouvreroient la porte. Et sur tant se partit mon dit seigneur au bien matin de Saint Denis, faignant aller parler à missire Jehan de Lucembourc; et le faisoit de paour que tous voulsissent aller avecques lui, pour ce que beaucoup avoit de gens tenant les champs, et avoit paour qu'ilz voulsissent faire quelque pillerie à la ville de Paris. Et laissa au dit lieu de Saint Denis monseigneur de la Suse[2] son lieutenant et Pierres du Pan son maistre d'ostel et pluseurs gens de sa maison, et tous les rotiers de paour qu'ilz feissent aucun scan-

---

Rostrenen ». Sur Jean de Rosnyvinen, prisonnier des Anglais en 1423, capitaine de Lagny en 1446, voir à la Bibl. nat. le vol. 685 du Cabinet des titres, fol. 37 v°, 92 r° et 99 v°.

1. Le neveu de Simon Morhier, alors prévôt de Paris, était le seigneur de Brichanteau. (Vallet de Viriville, *Hist. de Charles VII*, II, 362.)

2. Jean de Craon, sire de la Suze, de Chautrec et de Chevigné, chevalier poitevin. (Archives nat., P 1144, fol. 22 r°; voyez aussi Pièce just. XXVII.)

dale, comme dit est, et aussi pour laisser son siege garni. Et ne mena de Saint Denis que LX lances, et alla disner à Pontaise, et là trouva monseigneur de Ternan, et monseigneur de l'Isle Adan et Varabont et les gens de monseigneur de Bourgoingne qui s'en allerent avecques mon dit seigneur, et avoit mandé monseigneur le bastard d'Orleans qu'il se rendist à luy à Pouessi[1]. Et quant mon dit seigneur fut au dit lieu de Pontaise, il envoya des gens pour se mettre en embusche encontre Nostre Dame des Champs. Et entre les autres y envoia Mahé Morillon, Geffroy son frere et leur compaignie et autres jusques à quatre cens hommes à pié. Puis se partit mon dit seigneur de Pouessi environ soleil couchant et chevaucha toute nuyt et repeut en ung boys environ mynuyt bien peu; puis chevaucha tant qu'il vint à une grange, que on appelle la grange Damemarie, devers le Vigneul, et y arriva ung petit avant jour. Et puis comme le soleil levoit, on fist les signes que on devoit faire, et Dieu sache comme mon dit seigneur et ses gens tircient vers Paris. Et comme il fut environ demie lieue, on lui vint dire que l'entreprinse estoit descouverte, et nonobstant ce mon dit seigneur tiroit tousjours en avant sans dire mot, et venoit pour garder ses gens qui estoient à pié. Et aucuns se tirerent de la bataille pour aprocher vers les Chartreux pour mieux veoir la ville ; et incontinent ung homme se monstra sur la porte devers les Chartreux, qui fist signe d'un chaperon. Et sans scavoir qui avoit perdu ou gaingné on tira vers la porte, et ycelui homme dist : « Tirez à l'autre porte, car

---

1. Poissy, cant., Seine-et-Oise, arr. de Versailles.

ceste ne ouvre point, » et dist : « On besoingne pour vous aux Halles ; » et de là on tira à la porte Saint Jaques. Et bientost après y vint Henry de Villeblanche qui apporta la banniere du Roy ; et lors ceulx du portal demanderent qui estoit là ; on leur dist que c'estoit monseigneur le connestable ; et ilz leur requirent qu'il pleut à mon dit seigneur le connestable parler à eulx. Et bientost mon dit seigneur vint sur ung beau coursier et gentil compaignon ; et on leur dist que c'estoit monseigneur le connestable ; et lors il parla à eulx. Et ilz lui demanderent s'il entretendroit l'abolucion ainsi qu'il estoit dit ; et il dist que ouy[1].

Chapitre LXIV.

Comment monseigneur le connestable entra dedans Paris.

Lors ilz descendirent et vindrent ouvrir la planche et mon dit seigneur entra dedans et toucha à eulx et jura de leur entretenir ce qu'il leur avoit promis. Et incontinent fist entrer par la planche les gens de pié tant que l'on rompoit les sarreures du pont. Et incontinent qu'elles furent rompues, et le pont abatu, mon

---

[1]. Avant la reddition de Paris, Charles VII accorda aux habitants, pour les engager à rentrer sous son obéissance, plusieurs lettres d'abolition le 28 février et le 3 mars 1436 : D. Godefroy a publié les premières dans son recueil des Historiens de Charles VII, p. 796 ; le duc de Bourgogne en concéda également aux Parisiens. Les unes et les autres se trouvent aux Archives nationales, K 949, pièces nos 24, 25, 27. Elles furent solennellement publiées dans l'église de Notre-Dame le samedi 14 avril 1436. (Archives nat., X^{1a} 1481, fol. 120 v°; ce passage a été imprimé par D. Félibien dans son *Hist. de Paris,* IV, 597.)

dit seigneur monta à cheval et entra dedans la ville et s'en vint tout au long de la rue Saint Jaques, et au petit pont, et de là au pont Notre Dame. Et rencontra sur le dit pont Michau de Lagler[1], prévost des marchans, qui avoit une banniere du Roy en la main, et estoit la dicte banniere de tapisserie et son chatelet[2]. Puis vint Gauvain Le Roy[3] dire à mon dit seigneur qu'il vouloit jouir de l'abolucion, et lui dist s'il lui plaisoit

1. Michel de Lallier fut nommé prévôt des marchands le lendemain de l'entrée des troupes royales à Paris, ou le 14 avril. (Archives nat., X¹ᵃ 1481, fol. 120 v°; Félibien, *Hist. de Paris,* IV, 597.)

2. *Sic* dans N, fol. 34 r°, S, fol. 69 r°, C, fol. 83 v°, dernière ligne; mais on lit dans B, fol. 20 r° : « Et sous le Chastelet vint Gauvain Le Ray luy dire que il voulloit jouir de l'abollucion... » Nous ne saurions accepter la variante du ms. B, car il est peu vraisemblable que Richemont, dans son trajet du pont Notre-Dame à la place de Grève (aujourd'hui place de l'Hôtel-de-Ville), ait passé sous les murs du Châtelet; en effet, d'après cette hypothèse, Richemont se serait d'abord dirigé à gauche, vers le Châtelet, pour revenir ensuite sur ses pas. Nous croyons que Richemont, à l'issue du pont Notre-Dame, tourna à droite et se rendit directement à la place de Grève. Par « châtelet, » il faut sans doute entendre la bordure ou garniture de la bannière de Gauvain Le Roy. « Châtelé, » en terme de blason, indique une bordure ou un lambel chargé de châteaux. Ce mot a été omis par Th. Godefroy (édit. 1622, p. 83; Buchon, p. 382¹).

3. Gauvain Le Roy, précédemment capitaine de Montlhéry, pour le Roi d'Angleterre; le 13 novembre 1434, à l'occasion de son mariage avec Marguerite de Chevreuse, Henri VI fit don aux futurs époux de la seigneurie de Bois-Malesherbes et de divers hôtels. (Archives nat., JJ 175, pièce 375.) Gauvain Le Roy dut en effet tenir sa promesse, comme le dit Gruel quelques lignes plus loin; il devint alors capitaine de Chevreuse pour Charles VII, et nous voyons, à la même époque, un Guillaume Le Roy, sans doute son parent, remplir les fonctions de capitaine de Montlhéry. (Pièce just. XXVII.)

les laisser aller qu'il mettroit en sa main Marcoursy[1], Chevereuze[2] et Montheri[3]. Et lors mon dit seigneur lui dist : « Par votre foy que ainsi ferés que le dictes. » Et lors le dit Gauvain jura que ainsi le feroit, et tint ce qu'il avoit promis. Et requist à mon dit seigneur qu'il lui pleut lui bailler ung heraut ou poursuivant pour le faire passer par les gens de mon dit seigneur ; et lors il lui bailla ung heraud nommé Partenay, lequel le mena à Monthery.

Puis mon dit seigneur vint jusques en Grieve ; et on lui vint dire que les Angloys estoient retirez en la Bastille, et que ses gens estoient au guet devant la dicte Bastille et que tout estoit bien, et qu'il lui pleut tirer vers le quartier des Halles pour les reconforter ; et lors il y alla ; et fut jusques devant Saint Innocent ; et là on le fist menger des espices et boire devant l'ostel Jehan Aselin, son espicier de piecza[4]. Puis s'en vint à Notre Dame de Paris, et ouyt la messe tout armé ; puis ceulx de Notre Dame lui firent menger des espices et boyre ; car il jeunoit et estoit vendredi des feries de Pasques[5].

---

1. Marcoussis, Seine-et-Oise, arr. de Rambouillet, cant. de Limoûrs-en-Hurepoix.
2. Chevreuse, cant., *ibid.*
3. Montlhéry, Seine-et-Oise, arr. de Corbeil, cant. d'Arpajon.
4. C'est-à-dire son ancien épicier, son épicier depuis longtemps. (La Curne de Sainte-Palaye, *Dict. hist.*, VIII, 290.)
5. La reddition de Paris eut en effet lieu le vendredi 13 avril 1436, après Pâques (Archives nat., X[1a] 1481, fol. 120 v°). L'extrait des registres du Parlement relatif à la reddition de Paris a été publié par D. Lobineau dans son *Histoire de Bretagne*, 1707, II, 1040 ; par D. Félibien dans son *Histoire de Paris*, 1725, IV, 597 ; enfin par D. Morice, *Preuves*, 1744, II, 1271. L'année n'est pas

Chapitre LXV.

Comment monseigneur le connestable mist Paris en l'obeissance du Roy le xx° jour d'avril[1].

L'an mil CCCC XXXVI, en avril, s'en vint monseigneur le connestable, comme dit est, de Notre Dame de Paris à la porte Baudes, et mist bon guet devant la Bastille; puis vint disner au Porc Espi, où il estoit logié. Et entretant qu'il disnoit, on lui vint dire que Pierres du Pan, son maistre d'ostel, estoit à la porte Saint Denis, et demandoit à entrer; et mon dit seigneur dist que on le laissast entrer. Et lors il vint à mon dit seigneur durant le disner, et lui dist que ceulx de la tour du Venin à Saint Denis se vouloient rendre à lui la vie sauve; et monseigneur lui dist qu'il les print. Et s'en retourna le dit Pierres du Pan à Saint Denis, et trouva le nepveu du prevost de Paris mort et tous ses gens bien environ VI^{xx}.

Et la raison fut que quant noz gens oyrent sonner les cloches de Paris, tous ceulx qui estoient au siege de Saint Denis tirerent à Paris pour cuider entrer dedans; et quant ilz furent à la porte Saint Denis on ne les voult laisser entrer; car monseigneur le con-

---

indiquée à cet article dans le registre; D. Lobineau et D. Morice commettent une erreur en ajoutant 1435; ce n'est pas la date exacte même d'après l'ancien style, puisque en 1436 Pâques fut le 8 avril. Les détails donnés ici par Gruel sont confirmés par l'extrait auquel nous renvoyons.

1. *Sic* dans S, fol. 70 r°; ce titre manque dans les autres manuscrits. (Voir la note 1 de la page suivante.)

nestable l'avoit defendu, de paour qu'ilz feissent quelque mal ; car c'estoient la pluspart de rotiers et de gens fort à entretenir. Et quant ceulx de la tour du Venin virent que noz gens estoient allez vers Paris, ilz se cuiderent sauver par le marays de Saint Denis ; et ceulx qui avoient cuidé entrer à Paris, et avoient esté refusez, estoient tous enragés ; et quant ilz arriverent au dit lieu de Saint Denis ilz trouverent que ceulx de la tour du Venin s'en alloient par le marays, lors chargerent sur eulx et n'eschapa homme qui ne fust mort.

Et celui jour qui fut le vendredi xxe d'avril l'an mil CCCC XXXVI[1] fut recouvrée en l'obeissance du Roy la bonne cité de Paris par monseigneur le connestable, et Saint Denis et Chevereuze et Marcoursy et Monthery, le pont de Saint Clou, le pont de Charanton[2].

Puis mon dit seigneur fist le guet devant la Bastille et les gens de sa maison ; en laquelle Bastille estoit l'evesque de Terouanne et le sires d'Ouylebic et pluseurs autres jusques au nombre de mille à xii^c. Et le lendemain il cuida emprunter de l'argent jusques à xv mille francs ; et se vouloit obliger en telle forme que on vouloit paier dedans ung moys, et tout pour mettre le siege à la Bastille du costé devers les champs, et les gens d'armes ne se vouloient loger sans argent ; et au partir il n'avoit eu que mille francs du Roy. Et ceulx de Paris lui dirent : « Monseigneur, s'ilz se veulent rendre ne les refusés pas ; ce vous est belle chose d'avoir recouvré Paris ; maintz connestables,

---

1. Gruel se trompe ici de huit jours ; il a donné à la fin du chapitre précédent la date exacte de la reddition de Paris, le « vendredi des feries de Pasques », qui fut le 13 avril et non le 20.

2. Charenton-le-Pont, cant., Seine, arr. de Sceaux.

et maintz mareschaulx ont esté autrefoiz chacés de Paris ; prenés en gré ce que Dieu vous a donné. » Et quant il les ouyt parler, il les receut à composicion. Mais s'il eut eu argent de quoy souldoyer ses gens, il eut gaingné deux cens mille escuz. Puis s'en allerent par composicion, comme dit est [1]; et Dieu sache comme ceulx de Paris firent grant chiere et grant joye après qu'ilz furent delivrés des Angloys. Et croy que homme ne fut oncques mieulx amé à Paris que estoit mon dit seigneur [2].

Chapitre LXVI.

Comment Poton, La Hyre et autres cuiderent prendre Gisors ; mais Talbot les deslogea.

En celuy mois d'avril, bientost après fut faicte une entreprinse par Poton et La Hyre et Penensac et Jehan Dolon et Bouson [3] sur Gisors, et avoient soustenue [4], et le vindrent dire à monseigneur le connestable à

1. Les conditions de la capitulation de la Bastille furent réglées le dimanche 15 avril et les Anglais quittèrent la place le mardi 17 du même mois. Le Bourgeois de Paris affirme que le connétable reçut alors de fortes sommes des vaincus, ce qui ne semble pas être l'avis de Gruel. (*Journal d'un bourgeois de Paris*, p. 318.)

2. Ce n'est pas absolument l'opinion du Bourgeois de Paris qui dit que « pour certain oncques puis l'entrée de Paris nulz des cappitaines ne fist quelque bien dont on doye aucunement parler, senon rober et pillier par nuyt et par jour ». Il n'a pas du reste une bien haute idée de la bravoure et des talents militaires du connétable. (*Journal*, p. 327, 340 et 346.)

3. Les éditeurs (cf. édit. Th. Godefroy, p. 85, Buchon, 383¹) ont omis « Jehan Dolon et Bouson » qui sont mentionnés dans tous les mss. (N, fol. 35 v°; S, fol. 71 v°; B, fol. 20 v°; C, fol. 85 v°, ligne 2.)

4. C'est-à-dire : avaient de l'aide, des ressources.

Paris; et il leur dist : « Attendés jusques à huyt jours et je envoieray querir le marechal de Rieux qui est en Caux, qui me amenra deux mille combatans, et par decza en assembleray tant qu'en trouveray troys mille avecques ceulx du dit mareschal, et serons assés fortz pour combatre tout ce que on peut trouver en Caux. » Et lors ilz dirent à mon dit seigneur : « Force est que le faisons à ceste heure et n'y faisons nulle doubte. » Et lors mon dit seigneur assembla ce qu'il peut de gens d'armes pour les aider et les vint conduire jusques à Pontaise; et là demoura et les gens de sa maison, excepté Bourgoys, qui alla avecq eulx, et entrerent dedans la ville, et y furent ung jour et deux nuytz devant le chasteau. Mais Talbot y vint qui les deslogea bien hastivement, et en y eut de mors et de prins et non gueres[1], mais ilz fuirent bien. Et mon dit seigneur s'en vint à Paris; Poton et La Hyre s'en allerent à Beauvoirs.

Et bientost après mon dit seigneur eut aucunes nouvelles de Rouan, et pour celle cause s'en alla à Beauvoirs, et assembla ce qu'il peut de gens d'armes et tira à Gerberay; et avoit mon dit seigneur le marechal de Rieux et tous ceulx de Caux; mais la chose ne se peut faire pour celle heure, et s'en revint mon dit seigneur le connestable à Beauvoirs, et de là à Pontaise; et les Angloys estoient en embusche sur le chemin et n'oserent fraper sur luy. Doncques mon dit seigneur vint à Pontaise, et de là à Paris.

1. *Sic* dans S, fol. 72; C, fol. 85 v°; B, fol. 20 v°. C'est-à-dire « et non beaucoup ». Gruel dit qu'un petit nombre d'hommes d'armes furent pris ou tués et que les autres échappèrent à la mort par une fuite rapide.

Chapitre LXVII.

Comment monseigneur le connestable mist le siege à Creel.

En celuy an mil CCCC XXXVI, environ le premier jour de may fut advisé de mettre le siege a Creel, et assembla monseigneur le connestable ce qu'il peut de gens d'armes et y vint mettre le siege luy mesmes. Et avoit avecq luy monseigneur le bastard d'Orleans, et monseigneur de Rostelen, et monseigneur de l'Isle Adan et Poton et La Hyre et pluseurs autres capitaines. Toutesfoiz mon dit seigneur avoit charge du Roy de aller devers monseigneur de Bourgoingne pour le fait du Roy de Cecille, lequel estoit compaignon d'armes de monseigneur le connestable. Et pour sa delivrance laissa le siege et mist monseigneur le bastard son lieutenant, et se hasta de tirer devers monseigneur de Bourgoingne, pour ce qu'il faisoit son armée pour aller mettre le siege devant Calays; et s'en alla en Picardie et trouva mon dit seigneur de Bourgoingne à Saint Homer, et fist tout ce qu'il peut pour le Roy de Cecille[1]. Puis print congié de monseigneur de Bourgoingne et se

---

1. Le voyage de Richemont en Picardie et en Artois eut lieu vers juin 1436, puisqu'il partit pendant le siège de Creil, qui dura environ un mois. Sa mission ne semble pas avoir eu de résultat immédiat; car c'est seulement le 7 novembre 1436 que le Roi René obtint de Philippe le Bon des lettres de répit, qui lui rendaient une liberté provisoire. Richemont fit, au mois de décembre suivant, de nouvelles démarches auprès du duc de Bourgogne, et le 28 janvier 1437 fut signé à Lille le traité définitif de la délivrance du Roi de Sicile, qui dut subir les plus dures conditions.

offrit à luy pour aller au dit lieu de Calays, et de lui servir à troys mille combatans, qui pour lors estoient en Caux, et il le refusa. Et puis vint conduire monseigneur le connestable aux champs et luy monstra ses tentes et ses paveillons; et puis le mena veoir les Flamans qui estoient logez ou vau de Cassel[1]. Et Dieu saiche en quelles pompes ilz estoient quant mon dit seigneur parloit à eulx, en leur recommandant le fait de leur seigneur et les remerciant de leur bon vouloir.

Et puis s'en vint par Agincourt et devisa à ceulx qui là estoient comme la bataille avoit esté, et leur monstra en quel endroit il estoit et sa banniere et tous les grans seigneurs, et où estoient leurs bannieres, et où le Roy d'Angleterre estoit logié. Puis s'en vint à Hedin[2] et de là [à] Abeville; et là sceut que ceulx qu'il avoit laissez à Creel s'estoient levez de leur siege; puis s'en alla à Heu[3] et de là à Diepe pour mettre ordre es gens d'armes qui gastoient tout. Et tant qu'il y fut le senechal de Ponthieu manda la garnison de Heu, où estoit Olivier de Coitivi et le bastard Chapelle et Maturin Lescouet[4]. Et firent une entreprinse sur les Angloys du

---

C'est, selon toute vraisemblance, ce second voyage que Gruel indique plus loin (p. 142), comme ayant eu lieu à la fin de 1439 ou au commencement de 1440; nous avons rétabli la véritable date. (Pièce just. XXVII; *Journal d'un bourgeois de Paris*, p. 324; Bibl. nat., ms. Fontanieu, au 7 novembre 1436; et notre *Étude critique* sur la *Valeur historique de la chronique d'Arthur de Richemont*, p. 52, 53.)

1. Cassel, cant., Nord, arr. de Hazebrouck.
2. Hesdin, près du confluent de la Canche et de la Ternoise, cant., Pas-de-Calais, arr. de Montreuil-sur-Mer.
3. Eu, cant., Seine-Inférieure, arr. de Dieppe.
4. S, fol. 73 r° : « Et tant qu'il y fut, le seneschal de *Ponthieu* manda la garnison de *Han,* où estoict Olivier de Coytivi et le

Crotay[1] et estoient en embusche près la Blanchetaque, et avoient ung bateau sur la riviere de Somme et adviserent bien comme la mer se retiroit, et avoient mis des gens de guerre dedans le dit bateau qui estoient couchez que on ne les veist point. Et quant ilz furent près du Crotay, et la marée commencza à leur faillir, ilz faingnerent de mettre toute leur peine de recouvrer la mer. Et lors quant les Angloys les virent en ceste necessité, ilz cuiderent que ce fust à bon escient et saillirent du Crotay à toute puissance et vindrent à pié et à cheval à ce bateau, et quant ilz les trouverent ainsi garniz ilz furent bien esbahiz. Et ceulx qui estoient en embusche saillirent de tous coustés, et en effect n'en eschapa riens, et furent tous mors et prins, et les chacerent en telle maniere qu'ilz gaingnerent la ville du Crotay; car il n'estoit demouré comme riens dedans; et noz ditz gens tindrent la ville et le firent scavoir à monseigneur, lequel vint veoir la place. Et puis s'en vint à Abeville, et là vint le baillif d'Amiens et le sennechal de Pontieu; et monseigneur

bastard Chappelle et Mathelin Lescouet. » C, fol. 86 v° : « Et tant que il y fut le seneschal de Poitou manda la garnison d'Eu, où estoit Olivier de Coitivy et le bastart Chapelle et Matelin Liscoet. » B, fol. 21 v°, ligne 4 : « Et tant que il fut, le senechal de Poitou manda la garnison d'Eu, où estoit Olivier de Coytivy et le bastard Chapelle et Mathelin Liscoet. » Le correcteur du ms. S s'est trompé en remplaçant « Heu » par « Han »; il s'agit évidemment d'Eu en Ponthieu et non de Ham en Vermandois : c'est là une correction inspirée par une fausse lecture du texte primitif. Les mss. C et B sont aussi pris en défaut, puisqu'ils donnent cette leçon erronée « sénéchal de Poitou ». Il s'agit de Florimond de Brimeu, sénéchal de Ponthieu, qui était admis, le 3 octobre 1439, à prêter serment en cette qualité devant le Parlement de Paris. (Monstrelet, V, 260; Archives nat., X^{1a} 1482, fol. 124 v°.)

1. Le Crotoy, Somme, arr. d'Abbeville, cant. de Rue.

leur dist que, si monseigneur de Bourgoigne vouloit, il mettroit le siege au dit lieu du Crotay, et y feroit venir troys mille combatans, qui estoient en Caux, et aussi si le païs vouloit aider à ce faire. Sur tant envoya devers monseigneur de Bourgoingne à Saint Omer, pour scavoir si c'estoit son plaisir; et il respondit qu'il ne le feroit point à celle heure, jusques après le siege de Calays. Et sur tant mon dit seigneur s'en vint à Amiens et de là à Paris. Et missire Mondoc de Lansac et bien troys cens Angloys estoient en embusche et l'atendoient en chemin, et bien scavoient sa venue; et si n'avoit mon dit seigneur que xxx lances et ses archiers de son corps, et les ditz Angloys cuiderent que ce fust l'avant-garde de mon dit seigneur, et les laisserent passer sans mot dire.

Chapitre LXVIII.

Comment monseigneur le connestable fist venir madame de Guyenne à Paris.

Bientost après monseigneur le connestable se disposa pour aller devers le Roy, et partit de Paris et laissa monseigneur de Rostrelen son lieutenant[1], et s'en vint à Orleans; et de là tira à Loches devers le Roy, et eut bonne chiere[2]. Et lui dist le Roy qu'il

---

1. C'est sans doute en cette qualité que, même après le retour de Richemont, le seigneur de Rostrenen assistait le 12 décembre 1436 à la prestation du serment fait par divers Parisiens, jadis exilés par ordre du connétable, d'être désormais « bons et loyaux envers le Roy ». (Archives nat., X^{1a} 1482, fol. 4 v°; Pièce just. XXVII.)

2. Sur les gratifications faites au connétable par le Roi, voir le compte de Guillaume Ripault. (Pièce just. XXVII.)

failloit bientost retourner à Paris, et qu'il y menroit madame de Guyenne affin d'y faire plus grant residence. Et sur tant monseigneur lui promist qu'il le feroit; et print congié du Roy et s'en alla à Partenay veoir madame de Guyenne.

Et bientost après le duc Jehan le manda pour aller devers luy, et que monseigneur du Maine venoit devers lui à Ancenis; et incontinent mon dit seigneur y vint; et trouva le duc et monseigneur le conte[1] et madame la contesse et monseigneur du Maine, qui les vint veoir jusques à Ancenis. Puis après monseigneur s'en retourna à Partenay pour soy disposer de s'en aler à Paris; et entre la Toussains et la Saint Martin[2] s'en partit mon dit seigneur et tira devers le Roy, et fist venir madame de Guyenne à Orleans, qui l'attendit ou dit lieu d'Orleans. Et là se rendirent les presidens et seigneurs de Parlement, qui avoient tenu à Poictiers, et leurs femmes, et tout leur mesnage pour passer quant et mon dit seigneur. Et bientost après s'en vint mon dit seigneur, et partit d'Orleans, et tira à Yanville, et de là [à] Estempes; et là vindrent au-devant de lui monseigneur de Rostelen, Antoine de Chabannes, missire Jehan Fouquaut, Mahé Morillon, et belle compaignie de gens; et de là tira à Corbail, et puis à Paris et y sejourna celuy yver jusques à Pasques[3].

1. Le comte de Montfort, François, fils aîné du duc de Bretagne, Jean VI, né à Vannes le 11 mai 1414, duc le 28 août 1442, mort le 19 juillet 1450.

2. Entre le 1er et le 11 novembre, jour de la Saint-Martin d'hiver.

3. Au commencement de 1437, Tudual de Kermoisan, dit Le Bourgeois (cf. ci-dessus, p. 70, note 1), reçut un don du connétable, pour être venu en sa compagnie d'Orléans à Paris. Riche-

Chapitre LXIX.

Comment monseigneur le connestable fist assaillir Beauvoirs en Brie et comme la place fut prinse.

L'an mil CCCC XXXVII, le jour de Pasques[1], vindrent nouvelles à monseigneur le connestable que ung nommé maistre Migler de Saux[2] fortifioit une place en Brie, nommée Beauvoirs[3], à quatre lieux de Meaux, qui pour lors estoit Angloys. Et incontinent que mon dit seigneur le sceut il fist monter à cheval missire Jehan de Malestroit et partie des gens de sa maison[4], et les archiers de son corps et allerent coucher à Ligny sur Marne; et là trouverent la garnison de Ligny, où estoit Mahé Morillon et missire Jehan Fouquaut, et

mont y arriva avec Madame de Guyenne le 23 novembre, jour de saint Clément, suivant le Bourgeois de Paris (édit. Tuetey, p. 327), et assista à l'ouverture du Parlement, le 1er décembre 1436. Nous savons, d'autre part, qu'il était dans cette ville le 17 avril 1437, date à laquelle il ordonnait de délivrer quatre muids de sel à Alain Giron, bailli de Senlis. (D. Morice, *Preuves*, II, 1268; Bibl. nat., *Pièces originales*, vol. 1336, dossier Giron, pièce 8; Archives nat., X^{1a} 1481, fol. 122 r°; X^{1a} 1482, fol. 2 r°.)

1. C'est-à-dire le 31 mars.
2. Miles de Saulx, procureur du Parlement qui, d'après le *Journal d'un bourgeois de Paris,* était « le plus fort larron, bouteux de feus et de tout autre malefice qui fust en France ny en Normendie »; il fut décapité le 10 avril 1437. (*Ibid.*, p. 331-332; Pièce just. XXVII, et ci-dessous, p. 131.)
3. Beauvoir en Brie, Seine-et-Marne, arr. de Melun, cant. de Mormant.
4. Jean de Malestroit reçut dix écus d'or, pour sa solde et celle de dix hommes d'armes et quinze archers ayant fait partie du détachement qui alla s'emparer de Miles de Saulx. (D. Morice, *Preuves*, II, 1268.)

tirerent au dit lieu de Beauvoirs en Brie. Et s'i rendit le commandeur de Giresme et missire Denis de Chagli[1]; et arriverent noz ditz gens environ huyt heures, et incontinent donnerent l'assault. Et dura le dit assault tout le jour jusques à la nuyt bien tart; et croyés qu'il y eut bel assault; car en la fin n'y avoit plus de trait ne dehors ne dedans, et se desarmoient noz gens pour gecter des pierres. Et le landemain au matin fut faicte la composicion et se rendirent ceulx de la dicte place, leur vie sauve et poyant chacun ung marc d'argent; et baillerent en ostage maistre Migler de Saux, et troys autres Angloys, et furent amenez à Paris. Et monseigneur le connestable fist coupper la teste au dit maistre Migler de Saux; et partant furent les autres, qui estoient en ostage, delivrés et quittes de leur marc d'argent.

1. Denis de Chailly, chevalier, essaya vainement, avec l'aide de Jean Foucaut, d'entrer par surprise dans la ville de Meaux au commencement de 1430 (cf. ci-dessus, p. 103, note 2). Il enleva plusieurs places aux Anglais, notamment la ville et le château de Crécy, en Brie, dont il fut nommé capitaine et qu'il défendit contre les Anglais occupant la ville de Meaux. Il ravitailla Lagny-sur-Marne, assiégé par les Anglais, et prit le château de Chinon-sur-Loire, près Nevers, qu'il livra, sur l'ordre du Roi, au connétable de Richemont. Il devint conseiller et chambellan du Roi, bailli de Meaux, et Charles VII, pour le récompenser de ses éclatants services, lui donna, le 10 avril 1441, tous les revenus de la terre et seigneurie de Crécy, dont il conserva la garde. Denis était fils de Guillebaud de Chailly. (Archives nat., Mémorial P 2298, p. 1157-1164; Bibl. nat., ms. fr. 20684, page 57, Fr. nouv. acq. 5085, n°s 290 et s.)

Chapitre LXX.

Comment monseigneur le connestable fist assaillir le Boys Malherbes et la place rendre.

L'an que desus[1], monseigneur le connestable alla devant le Boys Malherbes[2], et logea assés près en une petite place et y envoya les gens de sa maison et les archiers de son corps, et y eut belle escarmouche. Car ceulx de la place firent une saillie et fut chargé sur eulx en telle maniere que on entra quant et eulx en la basse court; mais par la force du trait et qu'il n'y avoit où se tauder, ne rien à couvert, se faillit retirer; et y eut de bien à quatre ou cincq mors. Et le landemain y vint monseigneur de la Suse et d'autres capitaines. Puis se rendit la dicte place du Bois Malherbes; et monseigneur le connestable s'en vint à Paris et de là tira devers le Roy et fist les diligences que le Roy vint mettre le siege à Montreol Faut Ionne[3].

1. S, fol. 75 v°, ligne 4 : « Celluy an mesmes mil quatre cens trante sept; » C, fol. 88 v° : « Et cel an mesme environ le premier jour de may mil IIII^c XXXVIII; » B, fol. 22 v° : « Et celuy en mesme, environ le premier jour de may, mil quatre cens trente et huict. » Ces deux derniers mss., qui présentent dans la chronologie une erreur d'une année, fixent la date du mois au 1er mai, mention que l'on retrouve dans l'édition de Th. Godefroy (édit. 1622, p. 92; Buchon, 384 ²); le ms. de Tournai la donnait donc aussi, et sans erreur sur l'année; car « l'an que dessus » désigne bien 1437.

2. Malesherbes, cant., Loiret, arr. de Pithiviers. En mai 1437, le connétable reçut d'Antoine Raguier, trésorier des guerres, l'argent nécessaire pour la solde des troupes qu'il conduisait au siège de cette place. (D. Morice, *Preuves*, II, 1268.)

3. S, fol. 75 v°, 4e ligne avant la fin : « ... et feist les dilli-

Et cependant que le Roy faisoit son armée mon dit seigneur et monseigneur de la Marche et le bastard d'Orleans s'en vindrent les premiers. Et fut fait scavoir à mon dit seigneur le connestable qu'il y avoit une entreprinse sur le dit Montreol Faut Ionne; et la demenoit le chancellier. Et affin que la chose se feist plus seurement, ilz le manderent à monseigneur et es autres seigneurs, et vindrent tous avecques luy; et en effet c'estoit une traïson mauveise. Mais quant ilz sceurent que mon dit seigneur y estoit ilz n'oserent laisser entrer noz gens; et ne perdismes que ung homme et cincq prinsonniers qui furent delivrez dès le jour, car ilz estoient à usance. Et de là s'en retourna mon dit seigneur à Chasteau Landon[1] mettre le siege lui et toute sa compaignie; et ne tint gueres qu'il ne fust prins d'assault. Et de là vint mon dit seigneur mettre le siege à Nemours, et ne tint gueres qu'il ne fust prins par composicion[2].

gences que le Roy vint mettre le siege à *Montreul Fault Yonne.* » C, fol. 88 v°, 3° ligne avant la fin : « ... et fist ses deligences que le Roy venist meptre le sege à Monterol Faut Ione. » B, fol. 22 v°, 8° ligne avant la fin : « ... et fist les deligances que le Roy venist mettre le siege à Montreal [place blanche]. » Dans S, fol. 76 v°, un autre que le copiste ou le correcteur a écrit en marge : « Siege de Monstreau Fault Yonne. » Montereau, cant., Seine-et-Marne, arr. de Fontainebleau.

1. Château-Landon, cant., Seine-et-Marne, arr. de Fontainebleau.

2. S, fol. 76 r° : « ... et ne *perdismes que ung* homme et cinq prisonnyers qui furent deslivrez dès le jour, car ilz estoyent à *usance, et de là s'en retourna* mon dict seigneur à *Chasteaulandon* mettre le siege et toute sa compaignye, et ne tint guyeres qu'il ne fut prins *d'assault; et de là vint mettre mon dict seigneur le siege à Nemours et ne tint guieres qu'il ne fust prins* par composicion. » Il faut remarquer que dans ce passage les corrections,

Puis s'en vint monseigneur à Paris pour faire les diligences, tant de gens d'artillerie, d'armeures, d'autres abillemens pour le dit siege, et aussi d'argent pour souldoyer les gens d'armes. Et fut de necessité que mon dit seigneur y vint; car ung autre n'eust pas fait ce qu'il feist[1]. Et là ouyt des nouvelles de la Royne d'Angleterre sa mere, laquelle estoit trespassée.

imprimées en italiques, reproduisent exactement, sauf pour le mot « guieres », l'orthographe du ms. N (fol. 38 r°). B, fol. 22 v° : « Et affin que la chose se fist plus seurement, il demendirent à monseigneur... [il y a ici une lacune dans le ms. et au fol. 23 r° commence une écriture nouvelle] dès le jour, car ils estoient absens. Et de là s'en retourna mon dict sieur mettre le siege à Chasteau Landon, luy et toute sa compagnée, et ne tint guieres, et fut pris d'assault, et de là vint mettre le siege à Annemons, et ne tint guieres, et fut pris par composition. » C, fol. 89 r° : « ... et ne perdimes que ung home et cinq prinsoniers qui furent delivrez dès le jour, car ilz estoient à ussance ; et de là s'en retourna mon dict seigneur meptre le sege à Chasteaulandon luy et toute sa compagniée et ne tint gueres et fut prins d'assault, et de là vint meptre le sege à Annemours, et ne tint gueres et fut prins par composicion. » « Car ilz estoient à usance », cette leçon, qui manque dans les éditions (édit. 1622, p. 93; Buchon, p. 385[1]), signifie, croyons-nous, être mis à rançon pendant un certain délai en dehors duquel la délivrance ne s'opérait plus aux mêmes conditions; dans le cas présent, le délai donné pour payer la rançon des prisonniers était d'un jour seulement. (Littré, *Dictionnaire de la langue française*, édit. 1869, usance, n° 2.) La leçon du ms. B, « car ils estoient absens, » est évidemment erronée.

1. Gruel veut ici louer l'activité déployée par son maître; mais la phrase pourrait être interprétée d'une manière beaucoup moins élogieuse. Richemont, en effet, opéra des virements de fonds que le Parlement eut quelque peine à consentir : il se fit attribuer, le 10 mai 1437, pour la solde de ses troupes, une somme d'argent déposée entre les mains de Regnault de Thumery, changeur de Paris, par suite d'un procès pendant devant la Cour. (Pièce just. XXXI.) C'est probablement de cette source que provenaient les 637 livres 10 sols tournois délivrées le 17 mai suivant par le

Le Roy se rendit à Bray sur Seine[1] et vint du cousté devers le chasteau mettre une bastille à une petite montaigne qui y est et se logea bien ; et mon dit seigneur et monseigneur de la Marche se vindrent logier devers la ville en ung beau pré, ainsi comme autour[2]. Et lors ordenna mon dit seigneur son guet à cheval et à pié, ne homme ne se desarma ; et celle nuyt y avoit bien v^c maineuvres ; et avant que le jour fust grant il avoit fait faire ung grant fossé bien long et pluseurs taudeis sur treteaux, pour garder les gens d'armes du trait, car la place estoit bien artillée. Et le landemain chacun commencza à soy loger ; puis arriva monseigneur le bastard d'Orleans et pluseurs autres capitaines. Et le segond jour fut fait ung autre fossé près de la place, et puis commencza l'en à faire de grandes aproches. Et bientost après on vint logier sur les fossés, et furent faictes mines couvertes et descouvertes ; et fut partie de la riviere d'Yonne destour-

Parlement au trésorier des guerres, sur la requête du connétable. (Archives nat., X 1482, fol. 21 v°.) Cependant, malgré cet emprunt forcé, le Roi dut recourir au trésor du duc de Bourgogne qui consentit à lui accorder un subside de 12,000 francs pour payer les dépenses occasionnées par le siège de Montereau. (Pièce just. XXXIV. Voir à ce sujet les récriminations du Bourgeois de Paris, édit. Tuetey, p. 333 et s.)

1. Bray-sur-Seine, cant., Seine-et-Marne, arr. de Provins.

2. *Sic* dans S, fol. 76 v°, ligne 2. On lit dans C, fol. 89 v°, ligne 5 : « ... en ung beau pré ainsi comme au ... [mot abrégé] failloit, et leur donna son guet à cheval et à pié. » B, fol. 23 r° : « ... en ung beau pré ainsy comme au ... [mot abrégé] failloit, et leur donna son guet à cheval et à pied. » Les copistes des mss. C et B reproduisent une abréviation qu'ils n'ont pu déchiffrer. Le membre de phrase « ainsi comme, autour », omis par les éditeurs (édit. 1622, p. 94 ; Buchon, p. 385¹), se trouve donc dans tous les manuscrits. « Ainsi comme » est sans doute pris dans le sens moderne de « tel que », sans ordre, sans apprêt.

née, laquelle passoit par les fossés ; et fut fait pont sur Saine et sur Yonne ; et fut la ville bien batue d'artillerie ; et y avoit boulevers et moyneaux[1] qui furent batuz avant que on peut assaillir. Et y eut ung assault, pour essayer si l'eaue estoit parfonde, et commencza pour une fusée qui fut tirée d'un des gens d'armes de monseigneur, et mist le feu en la ville très fort et brula pluseurs maisons. Et cuidoit on assaillir à bon escient ; mais la riviere estoit encores trop grande, et n'y eut gueres de gens qui passassent jusques au pié du mur. Toutesfoiz monseigneur de Rostelen y passa et le grant Feré[2], et Eustache Gruel, et ung homme d'armes de monseigneur de la Marche qui fut mort et faillit se retirer.

Et bien huyt jours après fut conclu l'assault à ung jeudi, et y vint le Roy et la plus grant partie de ses gens qui avoient grant paour que les Bretons la prinsent sans eulx. Et avoit on fait ung bateau armé pour passer le fossé ; et s'i mist Le Bourgeoys et des gens de monseigneur bien largement, et deurent estre noyez

1. « Moyneau, » terme de fortification désignant un bastion plat bâti au milieu d'une courtine lorsqu'elle est trop longue, et que les deux bastions des angles sont trop éloignés pour se défendre l'un l'autre. (Littré, *Dict. de la langue française*, édit. 1863, au mot MOINEAU, n° 4.)

2. *Sic* dans N, fol. 39 r°. S, fol. 77 r° : « Toutesfoys monseigneur de *Rostrenen* y passa et le grand *Feré* et Eustache Gruel...; » C, fol. 89 v°, et B, fol. 23 v° : « Toutesfoys monsieur de Rostelain y passa et le grand frere Eustaise Gruel... » Cette mention fait défaut dans l'édition de Th. Godefroy (édit. de 1622, p. 95 ; Buchon, p. 385[2]). On trouve dans les *Preuves* de D. Morice plusieurs personnages du nom de Ferré (cf. t. II, à la table) ; celui qui semble avoir joué le rôle le plus important vers le milieu du xv° siècle est Pierre Ferré ; nous ne pouvons affirmer qu'il s'agisse de lui dans notre texte.

une partie[1]; car quant l'assault commencza, tout le monde alla sur le bateau tant qu'il affondra ; et Bourgeoys estoit le premier, et trouva maniere de lever une eschelle o l'aide des autres compaignons, et monta le premier dedans. Et comme il estoit à combatre à ceulx de la place, il vint une bombarde frapper ou mur, et abatit le dit Bourgeoys et le deut tuer, et tua ceulx qui combattoient contre luy. Et bientost après tout le monde commencza à monter et fut la ville prinse d'assault, et pluseurs Angloys mors et prins; et ceulx de la langue de France qui tenoient le parti des Angloys furent penduz. Et au dit assault furent faitz pluseurs chevaliers ; et de la maison [de] monseigneur le connestable furent faitz chevaliers : missire Jehan de Malestroit[2], missire Geoffroy de Couvran[3], missire Symon de Lorgeri, missire Jehan de Broon, missire Olivier Giffart[4], missire Guillaume de Vendel[5].

1. C'est-à-dire : une partie des gens d'armes manqua de se noyer. (Cf. p. 115 et ci-dessous, ligne 7.) Th. Godefroy (édit. 1622, p. 95; Buchon, 385[2]) fait donc un contresens en traduisant ainsi : « Et en fut noyé une partie. »

2. Jean de Malestroit, chevalier breton, un des principaux lieutenants de Richemont. En mars 1439, il plaidait devant le Parlement de Paris contre Jean de la Chapelle et le duc d'Alençon. (D'Argentré, *Hist. de Bretagne*, édit. 1618, p. 797 ; Arch. nat., X[1a] 1482, fol. 100 r°.)

3. Geoffroy de Couvran, chevalier breton, qui, en mars 1453, fut capitaine de 40 lances en Normandie. (Bibl. nat., ms. fr. 25712, pièce 270.)

4. Olivier Giffart, chevalier breton, fils de Jean Giffart, vassal des seigneurs de Montauban ; en 1427, Jean Giffart habitait la paroisse de Marcillé-Robert dans l'évêché de Rennes. Olivier se distingua en 1453 à la bataille de Castillon. (Bibl. nat., ms. fr. 22325, p. 509 ; Bibl. Mazarine, ms. fr. 1879, fol. 12 r°.)

5. Guillaume de Vendel, chevalier, maître de l'hôtel de Riche-

Et bientost après fut prins le chasteau de Montreol par composicion[1]. Puis s'en vint le Roy à Melun, et tous les seigneurs avecques luy, et monseigneur le connestable vint à Paris pour faire preparer, pour ce que le Roy lui avoit promis au dit lieu de Paris venir et y faire son entrée.

Chapitre LXXI.

Comment le Roy fist son entrée à Paris.

L'an mil CCCC XXX huyt[2], en octobre, le Roy fist son entrée à Paris ; et lui et tous ses gens estoient armez, et y fut tres bien receu et à grant joie ; et lui fist on grant chiere, et là fist la feste de Toussaints. Et estoient avecques le Roy monseigneur le Daulphin, monseigneur le connestable, monseigneur du Maine, monseigneur de la Marche, monseigneur de Vandosme, monseigneur le bastard d'Orleans, et grant nombre de seigneurs et capitaines. Et monseigneur de la Marche fist le service de monseigneur le conte d'Armi-

---

mont et de celui de Madame de Guyenne, qui en fit un de ses exécuteurs testamentaires. (Bibl. nat., ms. fr. 8819, fol. 54 v°; Pièce just. XXVII ; Cosneau, *le Connétable de Richemont*, p. 596.)

1. La ville de Montereau fut prise d'assaut le jeudi 10 octobre 1437, et le 22 du même mois le capitaine anglais Thomas Guérard rendit le château. (Pièce just. XXXIII.)

2. *Sic* dans N, fol. 39 v° ; S, fol. 78 r° ; C, fol. 90 v° ; B, fol. 24 v°, et dans les éditions. Cette date est erronée ; on sait que Charles VII fit son entrée à Paris le mardi 12 novembre 1437, par conséquent après la Toussaint et un an plus tôt que ne le rapporte Gruel. (D. Félibien, *Preuves de l'Hist. de Paris*, IV, 598 ; Monstrelet, V, 301 ; *Journal d'un bourgeois de Paris*, p. 335 ; cf. Berry, dans Godefroy, p. 398, etc.)

gnac son pere, et fut à Saint Martin des Champs. Et y furent le Roy et monseigneur le Daulphin et tous les seigneurs desus nommez; puis on fist porter son dit pere en Armignac à grant solennité.

Bientost après le Roy se partit de Paris et tira à Orleans, et de là à Tours; et monseigneur le connestable demoura à Paris; et bientost après tira en Champaigne et jusques à Troyes, dont il avoit le gouvernement[1]. Et lui furent faictes pluseurs plaintes d'un capitaine nommé Bouson de Failles[2], qui avoit fait des maulx sans nombre, et leur faisoit de jour en jour. Et pour ceste cause mon dit seigneur le voult faire prendre en la ville de Troyes; et le dit Bouson fut

---

1. Le 1ᵉʳ décembre 1437, le connétable contresignait, à Paris, une ordonnance de Charles VII sur les blasphémateurs. Madame de Guyenne se trouvait également à Paris; quelques mois plus tard, le 23 avril 1438, elle adressait au Parlement une requête pour obtenir l'élargissement de son parent Philippe de Vienne, se disant évêque de Langres, et alors détenu prisonnier. Vers le mois de juillet, Richemont reçut à Paris des messagers de la ville de Troyes qui venaient se plaindre des gens de guerre. C'est sans doute peu après qu'il se rendit en Champagne. (*Ordonnances*, XIII, 249; Arch. nat., X¹ᵃ 1482, fol. 74 r°, 75 r° et v°; Pièce just. XXXV.)

2. Bouzon de Failles, ou plutôt de Fages, écuyer gascon, qui défendit Montargis en 1427 et devint bailli de cette ville; il prit part à la défense d'Orléans en 1428-1429; il reçut 200 l. t. par lettres du Roi en date du 15 janvier 1429; dans un acte du 20 septembre 1433, qui porte sa signature originale, aux archives de Troyes, il se qualifie de bailli de Montargis et capitaine de Méry. (Vallet de Viriville, *Hist. de Charles VII*, t. II, p. 17-18; compte d'Hemon Raguier publié par Loiseleur dans le *Compte des dépenses faites par Charles VII pour secourir Orléans pendant le siège de 1428*, Orléans, 1868, in-8°, p. 177, 178, 181 et 201; document des archives de Troyes, cité dans les manuscrits Vallet de Viriville, Fr. nouv. acq. 5085, à BOUZON DE FAGES.)

averti et monta à cheval hastivement pour cuider recouvrer la place de Nogent; mais monseigneur le fist chacer si de près par le prevost des mareschaux et autres de sa maison qu'il fut prins et admené à Troyes. Et incontinent fut fait son procès par les gens de la justice et le prevost des mareschaux, et incontinent fut executé et gecté en la riviere.

Pareillement ung capitaine escossoys nommé Bouays Glavy, qui faisoit tous les maulx que on pourroit dire, mon dit seigneur fist prendre et faire son procès et le fist pendre[1]. Desquelz les Gascons et Escossoys firent grant plainte et grant bruyt devers le Roy et donnerent à mon dit seigneur le connestable de grans menaces en son absence; mais quant il fut arrivé devers [le] Roy, ceulx qui l'avoient menacé furent plus humbles vers lui que tous les autres et s'agenoilloient bien, et plus n'en oserent parler[2].

Puis s'en vint monseigneur à Paris, et y fut une partie de celui yver; et y eut grant famine, puis l'esté après grant mortalité. Et environ le moys d'aoust, l'an mil IIII^c XXXIX[3], mon dit seigneur voulut aller

---

1. Dans S, fol. 78 v°, B, fol. 25 r°, C, fol. 91 r°, la mention de la mort de Bouays Glavy manque ici et a été rapportée plus loin. (Cf. dans l'*Introduction* le paragraphe consacré à l'*Établissement du texte de la chronique*.)

2. Le duc de Bourgogne se plaignit également des ravages opérés dans ses États par les hommes d'armes. Le 15 septembre 1438, le Roi, alors à Saint-Aignan en Berry, ordonna aux capitaines de compagnies, notamment au bâtard de Bourbon, à Saintrailles, Gauthier de Brussac, Antoine de Chabannes, Floquet, Blanchefort, d'évacuer la Bourgogne et de cesser leurs pilleries. (*Documents*, publiés par M. Canat, I, 385-387.)

3. « L'an mil IIII^c XXXIX » a été ajouté en marge par le copiste de N, fol. 40 r°; mais cette mention manque dans S,

loger au boys de Viesaine[1] pour fuir la dicte mortalité ; mais le lieutenant du boys de Viesaine nommé Rogier de Pierrefrite ne voult le mettre dedans, et tenoit la dicte place pour monseigneur de Bourbon. Pareillement ceulx de Beauté[2] lui firent refus de la place du dit lieu de Beauté, et y envoya mon dit seigneur des gens d'armes, et voult y faire mener de l'artillerie ; et incontinent se rendirent à sa volenté ; et furent admenez à Paris tous liez en ung chariot et le cordel au coul ; mais madame de Guyenne leur sauva la vie à sa priere.

Puis s'en alla monseigneur et madame de Guyenne logier à Saint Mor[3], et puis au pont de Charanton[4], et y furent une piece, tant que la mort se mist es gens de sa maison et faillit desloger ; et s'en alla mon dit seigneur à Saincte Menehou, et ma dicte damme après jusques à Brey sur Saine[5], et mourut sa niepce madamoiselle Ysabeau, fille de monseigneur d'Estempes. Puis s'en revint mon dit seigneur environ Noel, et estoit la mortalité cessée ; et la vigile de Noel arriva ma dicte dame de Guyenne à Paris.

Et bientost après le duc Jehan envoya Jehan de Vennes devers monseigneur le connestable, luy priant

---

fol. 78 v°, avant-dernière ligne, C, fol. 91 r°, B, fol. 25 v°, ligne 2. Il faut lire 1438. (Archives nat., X¹ᵃ 1482, fol. 92 v° ; *Journal d'un bourgeois de Paris*, p. 341-343.)

1. Vincennes, près Paris.
2. Ancien château aujourd'hui détruit, Seine, arr. de Sceaux, près Nogent-sur-Marne.
3. Saint-Maur-les-Fossés, Seine, arr. de Sceaux, cant. de Charenton-le-Pont.
4. Charenton-le-Pont, cant., *ibid*.
5. Bray-sur-Seine, cant., Seine-et-Marne, arr. de Provins.

qu'il voulsist venir devers luy pour aucunes suspeczons et ymaginacions qu'il avoit sur monseigneur de Laval sans cause. Et vint monseigneur le connestable devers lui au chasteau d'Auray, et fist incontinent l'apointement. Puis s'en revint à Paris et y sejourna par ung temps.

Après, le Roy de Cecille[1] lui fist prier qu'il voulsist aller devers monseigneur de Bourgoingne pour sa delivrance; aussi avoit-il charge de par le Roy de ce faire, et il le fist de bon cuer, car ilz estoient freres d'armes; et tira devers monseigneur de Bourgoigne à Lisle, et y fut longtemps. Puis s'en vint à Paris; et quant il fut à Senlis, il sceut que les Angloys avoient prins Pontaise d'eschelle sur monseigneur de l'Isle Adan, et fut le mardi gras[2], et en estoit le dit seigneur de l'Isle Adan capitaine, et y estoit monseigneur de Varanbont et beaucoup de gens de bien. Et croyés que mon dit seigneur fut bien desplaisant; et les Angloys scavoient bien sa venue, et le guetoient en chemin, et s'en vint par devers Ligny sur Marne[3]. Et incontinent

---

1. S, fol. 79 v°, ligne 6 : « Puis s'en revint à Paris et y sejourna partye de l'hiver et esté apprés le Roy de Sicile... » On trouve une variante toute différente dans les mss. C, fol. 91 v°, et B, fol. 26 r°, ligne 9 : « Puis s'en revint à Paris et y sejourna partie de l'esté et l'yver après... » Sur les négociations relatives à la delivrance du Roi de Sicile, voir ci-dessus, p. 125, note 1.

2. Ou le 12 février 1437.

3. S, fol. 79 v°, avant-dernière ligne : « Et les Angloys savoyent bien sa venue et le garedoyent en chemi[n], et s'en vint devers *Laigny* sur Mayne. » On trouve dans C, fol. 92 r°, ligne 3, et B, fol. 26 r°, 4e ligne avant la fin, une variante qui fait bien ressortir l'étroite parenté de ces deux textes; voici la leçon de C : « Et les Anglois savoient bien sa venue et le gardoient au chemin, et le gardoient par devers Ligné sur Marne. »

qu'il fut venu il reconforta ceulx de Paris qui murmuroient fort, et mist bonne garnison à Saint Denis, tant que tous furent très contens. En ce temps missire Guillaume Chambrelan[1], et la garnison de Meaux prindrent Orville[2] par les gens du Galays d'Aunay qui les traïrent et eschappa le dit Galays[3]. Et puis missire Guillaume Chambrelan enmena madamme d'Orville et troys ou quatre de ses femmes, et la tint prinsonniere, et fut forcée une de ses femmes; et mist la dicte dame à finance, à XIII^c escuz; ne ne la voult rendre[4] pour rescripcion du gouvernant ne des dames d'Angleterre. Et celui yver se passa sans aultre chose faire, excepté que pluseurs entreprinses se firent sur

1. Les mss. S, fol. 80 r°, B, fol. 26 v°, et C, fol. 92 r°, présentent une variante; on lit dans le premier : « Et mist bonne garnison à Sainct-Denys; et ainsy se passa celluy yver, excepté que messire Guillaume *Chambrelan...* »; dans le second et dans le troisième : « Et mist bonne garnison à Sainct Denys, et ainsi se passa celuy hyver, excepté que missire Jean Chambellain... » Guillaume Chambrelain, Anglais, qui succéda vers 1443 à Guillaume Corwen comme capitaine de Gournay et de Gerberoy. (Bibl. nat., ms. Fontanieu 118, au 2 mars 1442; cf. ci-dessus, p. 93, note 2.)

2. Orville, comm. de Louvres, Seine-et-Oise, arr. de Pontoise, cant. de Luzarches.

3. Jean d'Aunoy, dit Le Galois. Voir sur ce personnage une note de M. Tuetey, dans le *Journal d'un bourgeois de Paris* (p. 332, n° 2). Nous pouvons ajouter aux renseignements donnés par M. Tuetey que Le Galois perdit un procès engagé entre lui et Jean de Ploisy; il fut condamné aux dépens et dut payer à ce dernier des dommages et intérêts, dont les commissaires du Parlement furent chargés, le mercredi 4 février 1438, de fixer le montant. (Archives nat., X^{1a} 1482, fol. 61 v°.)

4. Les deux lignes qui suivent, jusqu'à « pluseurs entreprinses, » manquent dans les éditions, mais se retrouvent dans S, fol. 80 r°, C, fol. 92 r°, et B, fol. 26 r°. (Cf. édit. de Th. Godefrcy, p. 99; Buchon, p. 387[1].)

Pontaise et sur Orville, qui ne vindrent à nul effect. En la fin les Angloys eurent argent de ceulx de Paris, et fut Orville abatue et demolie.

Chapitre LXXII.

Comment le damiseau de Commercy desconfist pluseurs des gens de monseigneur le connestable, et comment le siege fut mis à Meaux.

L'an mil CCCC [trante et neuf][1], noz gens d'armes estoient allez vivre en Champaigne pour ce qu'ilz n'estoient point poyez, les uns o le Sangler d'Ardaine pour assieger Chavancy[2], c'est assavoir : missire Jehan de Malestroit, missire Geoffroy de Couvran, lesquelz avoient belle compaignie. Et Geffroy Morillon, Alain Giron et Pierres Daugi estoient es marches de Barroys; et le damiseau de Commercy les vint trouver en ung logeis sans guet, et les desconfist et tua la pluspart et fist tuer.

En celuy an[3] mesmes monseigneur le connestable assembla gens pour faire le gast à Meaux, et y alla en

---

1. Le ms. N, fol. 41 r°, donne : « L'an mil CCCC quarante, » leçon reproduite par Th. Godefroy (édit. 1622, p. 99; Buchon, p. 387[1]). Nous restituons la date véritable d'après les mss. S, fol. 80 v°, C, fol. 92 r°, B, fol. 26 v°. On trouve dans ce dernier ms. une singulière variante : « L'an mil quatre cens trante neuf nos gens d'armes estoient huict cens en campagne, pour ce que ilz n'estoient poinct payez. » La variante incompréhensible fournie par le ms. B dérive sans doute d'un texte où le mot « vivre » était écrit, comme dans le ms. C, avec un *e* suscrit, abréviation que le copiste de B a traduite par « huict cens ».

2. Chauvency-le-Château, Meuse, cant. de Montmédy; près de cette commune et dans le même canton se trouve Chauvency-Saint-Hubert.

3. C'est-à-dire en 1439. Voir sur le siège de Meaux et le récit

personne; et desiroit sur toutes choses que le Roy lui baillast gens et artillerie pour mettre le siege au dit lieu de Meaux. Et avoit envoyé de par luy et de par ceulx de Paris devers le Roy luy supplier que il y voulsist pourveoir, ou que la bonne ville de Paris et tout le païs auroit trop à souffrir. Et assés tost après le Roy lui envoya missire Ouachelin de la Tour[1] et Olivier Fretart qui lui vindrent dire que le Roy vouloit qu'il meist le siege à Meaux, et mandoit aux capitaines qu'ilz tirassent à Paris devers monseigneur. Et les desus nommez venoient pour faire les monstres; et croy que ce fut une des grans joyes que je lui veisse oncques avoir. Et aussitost se partit pour aller à Courbail, où les capitaines se rendirent, et misdrent jour de se rendre à monseigneur entre Paris et Meaux. Et se partit mon dit seigneur de Paris luy et les gens de sa maison, entre lesquelz estoient monseigneur de Chasteillon, monseigneur de Rostrelen, et monseigneur de Trousy[2] et les autres

de Gruel notre *Étude critique* sur la *Valeur historique de la chronique de Richemont*, p. 54-56.

1. S, fol. 80 v° : « *Messire Ouachelin de la Tour;* » B, fol. 27 r°, et C, fol. 92 v° : « *Missire Mathelin de la Tour.* » Les deux leçons sont également fautives; il s'agit de Vanchelin de la Tour, bâtard de la maison de Luxembourg, bailli de Vitry, conseiller et chambellan du Roi. Il se distingua au siège de Montereau en se mettant en septembre 1437 à la tête des hommes d'armes envoyés par la ville de Metz au secours de l'armée royale. Fait prisonnier en 1449 par les gens du comte de Vaudemont et emmené à Joinville-sur-Marne, il fut délivré quelque temps après, grâce à l'intervention du Roi de France. (Beaucourt, *Hist. de Charles VII*, II, 432; *Chronique du doyen de Saint-Thiébaut de Metz*, dans D. Calmet, 1728, II, *Preuves*, p. 226 et 236; Bibl. nat., Cabinet des titres, 685, fol. 41 r°, 57 r°.)

2. *Sic* dans S, fol. 81 r°, C, fol. 27 v°. Th. Godefroy (édit. 1622,

chevaliers et escuiers, et missire Ambroys de Loré, prevost de Paris; et alla loger à Chaultconin[1]. Et là se rendirent La Hyre et Floquet[2], Chapelle, missire Denis de Chaillé[3] et le commandeur de Giresme et Courbanton. Et environ le XXe jour de juillet vint loger mon dit seigneur devant la ville en une vigne, et mist ses gens en troys parties. Il envoya monseigneur de Rostrelen et le bastard Chapelle et autres loger en l'abbaye de Saint Faron; et envoya La Hyre et Floquet loger es Cordeliers; et deux jours après, envoya missire Denis de Chaillé et Courbanton, Micheau Durant et Denis Laurougle du cousté devers Brie, faire une bastille; et puis en fist une là où il estoit[4]. Puis fist faire des aproches et fist asseoir l'artillerie, et fist

p. 100) donne l'orthographe exacte « de Troissy ». (Cf. sur ce personnage ci-dessus, p. 64, note 3.) Pourquoi Buchon imprime-t-il « de Croissy » (p. 387[1], vers la fin)?

1. Chauconin, Seine-et-Marne, cant. de Meaux.

2. Robert de Floques, dit Floquet, capitaine d'Amiens pour le Roi de France, ravagea en 1445 dans le Rethélois et le Luxembourg les possessions du duc de Bourgogne. Dans un acte du 3 octobre 1450, il est qualifié « escuier d'escuierie » de Charles VII et le sert en Poitou, et de 1442 au 3 avril 1451 il porte le titre de bailli d'Évreux; enfin nous le trouvons en mars 1454 mentionné comme capitaine de dix lances. (Archives de la Côte-d'Or, B 11882, n° 2, très longue pièce en papier; Bibl. nat., ms. fr. 25711, pièce 231; ms. fr. 25712, pièces 245, 270; Cabinet des titres, 685, fol. 84 v°, 100 r°. Voir aussi sur ce personnage *Les Écorcheurs en Bourgogne,* par M. J. de Fréminville.)

3. Denis de Chailly (cf. ci-dessus, p. 131, note 1).

4. Le connétable, venant de Chauconin, se logea sans aucun doute à l'ouest ou au nord-ouest de Meaux, Rostrenen et le bâtard Chapelle au nord, La Hire et Floquet au nord-est, Denis de Chailly et ses compagnons vers le sud-est. L'ile du Marché de Meaux, située au sud de la ville, restait donc libre de communiquer avec le dehors.

faire grant diligence à maistre Jehan Bureau; et Bourgeoys et Boessiere ne dormoient pas toujours.

Et quant le siege y eut esté environ xx jours, monseigneur le connestable sceut au certain que les Angloys le venoient combatre; et croyés qu'il scavoit toutes les nouvelles de leur partement de Rouan; car il avoit bonnes espies, et les payoit bien, et sceut qu'ilz estoient passez à Pontaise et estoient en l'Isle de France. Et incontinent, il manda les capitaines et leur dist des nouvelles, et delibera d'assaillir dès le landemain la ville, et que chacun archier porteroit à l'assault la moitié de sa trousse, et l'autre moitié seroit pour combatre. Et avoit en volenté, ou cas qu'il ne prendroit la ville, d'aler au-devant des Angloys en Antouillet[1], et de leur garder le passage.

Le mecredi[2] environ prime fut donné l'assault et ne dura pas demie heure, et croy fermement que Dieu y fist plus pour l'amour de monseigneur et du peuple que ne firent les gens d'armes; car il ne coustoit riens à monter sur la muraille. Et Dieu saiche en quelle necessité estoient ceulx de Paris, et tout le païs d'environ paravant ce, et aussi mon dit seigneur le connestable pour les maulx qui se faisoient tant des gens du Roy que des Angloys; car les gens de monseigneur de Bourbon qui estoient au boys de Viesane et à Corbail faisoient autant de maulx que les Angloys. Et

1. Nous conservons la leçon du ms. N, fol. 41 v°, qui était reproduite dans le texte primitif de S, fol. 82 r°, ligne 2; le correcteur l'a remplacée par celle-ci « à Nantouillet ». On lit « en Antouglet » dans C, fol. 93 v°, ligne 7, et dans B, fol. 28 r°. Nantouillet, Seine-et-Marne, arr. de Meaux, cant. de Claye.

2. Le 12 août. (*Journal d'un bourgeois de Paris*, édit. Tuetey, p. 347.)

estoit la pillerie par toute Champaigne et Brie et la Beausse en telle maniere que homme n'y povoit mettre remide. Et le Roy et tous les seigneurs chacun en son endroit soustenoit ces pilleries, ne mon dit seigneur n'y povoit pourveoir, nonobstant que tousjours en faisoit justice à sa puissance.

Et tant que une foiz assembla le Conseil, et fut deliberé de se deffaire et descharger du gouvernement de France et d'entre les rivieres, et d'aller ou envoyer devers le Roy pour celle cause. Et le landemain au matin vint le prieur des Chartreux de Paris devers luy et le trouva tout seul en la chapelle de son hostel, et demanda au dit prieur : « Beau Pere que vous fault-il ? » Et le prieur luy dist qu'il vouloit parler à monseigneur le connestable, et monseigneur lui dist que c'estoit il. Et le dit prieur luy dist : « Pardonnés moy, monseigneur, je ne vous congnoissoie pas ; je veulx parler à vous, s'il vous plaist. » Et il luy dist que volentiers.

Et lors il commencza à luy dire : « Monseigneur, vous tenistes hier Conseil, et deliberastes de vous descharger du gouvernement et charge que avés par decza. » Et lors monseigneur s'eschauffa et lui dist : « Comment le scavés vous ; qui le vous a dit ? » Et cuida monseigneur que aucun du Conseil le luy eut dit. Et lors le prieur lui dist : « Monseigneur, je ne le scey point par homme de votre Conseil ; je le scey par homme certain ; et ne vous donnés point de malaise qui le m'a dit ; car ce a esté ung de mes Freres. » Et lui dist : « Monseigneur, ne le faictes point ; car Dieu vous aidera et ne vous soussiés. » Et monseigneur lui dist : « Ha, beau Pere, comment se pourroit-il faire ? Le Roy ne me veult aider ne bailler gens ne argent ; et les gens d'armes me héent, pour ce que j'en fais justice, et ne me veullent obeir. » Et lors le prieur luy dist : « Monseigneur, ilz feront ce que vous vouldrés ; et le Roy vous mandera que allez mettre le siege à Meaux, et vous envoyera gens et argent. » Et mon dit seigneur luy dist : « Ha, beau Pere, Meaux est si forte ; comment se pourroit-il faire ? Le Roy d'Angleterre y fut IX moys devant. » Et le prieur lui dist : « Monseigneur, ne vous soussiés, vous n'y serés pas tant ; ayés toujours bonne esperance en Dieu, et il vous aidera ; soyés tousjours humble, et ne vous orgueillisés point ; vous le prendrés bientost ; voz gens s'enorgueilliront, puis auront ung peu à souffrir ; mais vous en viendrés à votre honneur. »

Puis après monseigneur lui pria qu'il lui monstrast le Chartreux, et il luy dist que si feroit-il. Et le landemain mon dit seigneur alla ouir la messe aux Chartreux ; et le prieur fist venir touz les Freres devant luy. Puis après mon dit seigneur dist au prieur : « Vous m'avoyés promis de me monstrer celui qui vous a dit ce que m'avés dit. » Et le prieur lui dist : « Vous l'avez veu, autrement ne le voirés-vous. » Puis longtemps après mon dit seigneur fist tant que les Chartreux de Nantes furent fondez du duc Françoys et de luy ; puis y vint Frere Hervé du Pont, et fut le premier prieur ; et fut celui qui eut ceste revelacion, comme depuis a esté sceu au certain, et est enterré aux Chartreux.

Et pour revenir au propos de la ville de Meaux, qui fut prinse ainsi legierement, le dit Chartreux dist à mon dit seigneur que s'il vouloit tousjours estre bien obeissant à Dieu que Dieu luy aideroit en toutes ses necessités ; mais que tousjours fust humble soubs la main de Dieu sans se orgueillir. Bien lui dist que ses gens s'enorgueilliroient, dont aucuns auroient à souffrir, et cela fut verité[1]. Si furent à cest assault mors et prins beaucoup d'Angloys. Et ce jour mesmes ceulx du Marchié offrirent de le rendre à mon dit seigneur, par ainsi qu'il delivreroit troys hommes qu'ilz demandoient, qui estoient prinsonniers de ce jour, c'est assavoir : le bastard de Tien, baillif de Meaux, et Pierre Care et ung autre ; mais Blanchefort[2] qui là estoit rompit ce traictié, et La Hire et Antoyne de Chabannes qui estoient arrivez le jour de l'assault. Et

---

1. Le passage précédent, depuis « le dit Chartreux » (cf. p. 149, ligne 30) jusqu'à « si furent à cest assault », fait défaut dans l'édition de Th. Godefroy (édit. 1622, p. 104 ; Buchon, p. 388[2]), mais se trouve dans tous les manuscrits ; C et B présentent néanmoins dans cet endroit une lacune considérable : après ces mots « car il ne coustoit rien à monter en hault sur la muraille » (C, fol. 93 v°; B, fol. 28 r°) viennent ceux-ci : « Et aussy avant que il entreprint de mettre le siege, le Chartreux [dont il n'y a pas de mention antérieure dans ces mss.] luy dist que... » Les copistes passent donc ce qui concerne les pilleries des gens d'armes et tout le dialogue entre Richemont et le prieur des Chartreux de Paris.

2. Jean de Blanchefort, seigneur de Fourras, capitaine de Breteuil, lieutenant du sire de Boussac en décembre 1432, fut l'un des chefs de guerre auxquels le connétable défendit expressément de ravager les domaines appartenant au chapitre de Verdun. Il obtint de Charles VII, en mars 1446, une lettre de rémission pour toutes les pilleries qu'il avait faites ou tolérées. C'est sans doute lui qui est désigné par Mathieu d'Escouchy (*Chronique*, édit. Beaucourt, I, 290) comme ayant trouvé la mort au siège de Saint-Sauveur-le-Vicomte en 1450. (Bibl. nat., ms. Duchesne, vol. 70, fol. 283 v° ; Pièce just. XXVIII ; Arch. nat., JJ 177, fol. 118 v°.) On trouve dans le ms. fr. 20685, p. 494 et 502, à la Bibl. nat., plusieurs mentions d'un autre Jean de Blanchefort, maréchal des logis du Roi vers 1470.)

failloit que les Angloys rendissent le petit Blanchefort[1], qui estoit prinsonnier, et par ainsi fut rompu le traictié. Et aussi ung traitre Gascon, nommé Jehan de la Fuyte dist aux Angloys qu'ilz ne se rendissent point, et que leur secours venoit; et puis monseigneur l'en paya bien, quant il sceut son fait au certain; car il luy fist trencher la teste. Puis fist mon dit seigneur trencher les testes au baillif de Meaux et à Pierres Care et à ung autre, cuidant que ce fussent Francoys[2], dont depuis s'en repentit.

Et le semadi ensuyvant[3] vigile Nostre Dame de my-aougst, arriverent les Angloys bien VII[m] combatans ou plus, dont les chiefz ensuivent : le conte de Sombresset, lieutenant du Roy d'Angleterre, le conte Dourset, le sire de Talbot, le sire de Scalles et missire Richard Doudeville[4], et pluseurs capitaines et baillifz,

1. Nous ne savons pas exactement quels liens de parenté unissaient le petit Blanchefort et Jean de Blanchefort; le premier fut tué à l'assaut du château de Saint-Sever en 1442. (Monstrelet, édit. Douët-d'Arcq, VI, 54.)

2. S, fol. 84 r° : « Cuydant que ce fussent tous Françoys; » B, fol. 28 v° : « Cuydant qu'ilz fussent tretous Françoys. » Cette mention, supprimée par Th. Godefroy (édit. 1622, p. 105; Buchon, p. 388 [2]), se trouve aussi dans C, fol. 94 r°, ligne 9. Le bâtard de Thien, zélé partisan de la cause bourguignonne, défendit en 1417 Senlis contre les troupes royales commandées par le comte d'Armagnac et, en 1421, la ville de Chartres contre l'armée du Dauphin. Après la mort de Charles VI, à la fin de 1422, on le trouve à Paris au service du duc de Bedford. (*Geste des nobles*, édit. Vallet de Viriville, p. 167; *Histoire de Charles VII*, par Vallet de Viriville, I, 268 et 358.)

3. *Sic* dans N, fol. 43 r°; « sabmedy » dans S, fol. 84 r°, B, fol. 28 v°; « sabmadi » dans C, fol. 94 r°.

4. Richard Wydevile ou Wideville. Sur ce personnage, voir une note de M. S. Luce dans la *Chronique du Mont-Saint-Michel*, I, 132.

et monseigneur n'avoit que ix^c pais. Et vindrent les ditz Angloys logier sur la riviere de Marne, et avoient des bateaux de cuir, et vindrent passer en l'isle du Marchié, et ceulx du Marchié saillirent et vindrent sur la riviere et misdrent des gens dedans le dit Marchié et ceulx du Marchié en misdrent dehors et n'y scavoit-on mettre remide. Et celle nuyt monseigneur assembla les capitaines et furent d'opinion que on mettroit des gens dedans l'isle, et monseigneur debatoit le contraire, toutesfoiz se tint-il à l'opinion des aultres. Et celle nuyt on y bouta les gens de Olivier de Coitivi et des maineuvres pour se fortifier pour le trait de ceulx de dehors, et aussi y menerent des pipes. Et le dymenche au matin La Hire estoit prest et beaucoup de gens de bien pour aller à l'escarmousche sur les Angloys.

Et cependant les ditz Angloys vindrent sur la riviere bien deux mille archiers, qui tous tiroient à une foiz sur noz gens. Et ceulx du Marchié saillirent sur noz ditz gens, et nous avions deux fonsés[1] armez, qui vindrent pour cuider secourir nos ditz gens, qui furent tellement chargez de trait qu'ilz tuerent tous ceulx qui les gouvernoient, et menerent[2] les mariniers

---

1. « Foncet » ou « fonce » était le nom d'un bateau de rivière parfois de dimensions très grandes. (Littré, *Dictionnaire de la langue française,* 1863, I, 1713.) S, fol. 85 r°, ligne 3 : « ... et nous avions deux fossez armez...; » dans C, fol. 94 v°, ligne 10, on lisait d'abord « fossoiez », mot raturé et remplacé par un autre mal écrit qui parait être la leçon de B, fol. 29 v°, ligne 5 : « ... et nous avions deux fustes armées... » Dans le reste de la phrase les trois mss. S, C, B donnent la même variante « fossez ».

2. *Sic* dans N, fol. 43 v°, et S, fol. 85 r°, ligne 6; « maroyoient » dans C, fol. 94 v°, ligne 13; « maroyoyent » dans B, fol. 29 v°, ligne 10.

et tous ceux qui estoient dedans les fonsés en telle maniere que les Angloys gaingnerent les ditz fonsés, et vindrent passer sur noz gens en la dicte ysle ; et ceulx du Marchié saillirent à toute puissance, et furent tous noz gens mors et noyés ceulx qui estoient en l'isle[1]. Et beaucoup de gens de guerre qui estoient en la ville cuiderent s'en aller faingnans de vouloir aler à l'escarmousche, si n'eut esté monseigneur le connestable qui s'en apparceut, et fist clorre les portes, et mist es deux portes des gens de sa maison, monseigneur de Chasteillon à l'une, et à l'autre monseigneur de Rostrelen, pour garder qu'il ne saillist rien. Et au pont devers le Marchié mist Bourgeoys et Mahé Morillon, Jehan Budes, de la Barre et Guillaume Gruel. Et incontinent Le Bourgoys fist sayer le pont et les moulins[2]; puis s'en vindrent les desus nommés à la porte devers Paris, dont mon dit seigneur de Rostrelen et les gens de l'ostel de monseigneur avoient la garde, et eut belle escarmousche à pié, et y fut blecié Olivier de Coetivi.

Les Angloys furent environ troys jours logez devant Meaux, et changerent la garnison du Marchié, et y misdrent missire Guillaume Chambrelan et bien CCCC Angloys pour ferir et leur promisdrent d'aler

---

1. Les deux lignes qui précèdent, depuis « et ceulx du Marchié... », manquent dans B, fol. 29 v°; la mention « ceulx qui estoient en l'isle », qui précise la pensée du chroniqueur, fait défaut dans les éditions (édit. Th. Godefroy, p. 106 ; Buchon, 389¹) et se trouve dans S, fol. 85 r°, et dans C, fol. 94 v°.

2. *Sic* pour le sens dans S, fol. 85 v°, C, 95 r°, ligne 1, et B, fol. 29 v°; manque dans les éditions depuis « Et incontinent Le Bourgoys ». (Édit. de Th. Godefroy, 1622, p. 106 ; Buchon, p. 389¹.)

prendre Crepi en Valays[1] et aporter tous les vivres et contre-assieger monseigneur le connestable. Puis mon dit seigneur sceut leur entreprinse et envoya dedans Crepi Olivier de Bron[2] et d'autres capitaines, et fut leur entreprinse rompue; si leur convint changer propos, et n'avoient plus nulz vivres, et leur convint s'en aller vers Normandie. Et aussitost qu'ilz furent partiz on commencza à faire grant guerre et grant diligence, et bientost firent composicion, et au bout de xv jours fut le Marchié rendu à monseigneur[3].

Puis s'en vint à Paris devers le Roy qui lui fist grant chiere, et estoient avec le Roy : monseigneur le Daulphin, monseigneur de Bourbon, monseigneur du Maine, monseigneur de la Marche, monseigneur de Heu et pluseurs autres seigneurs; et y eut fait grans chieres à Paris; et y eut quatre Angloys qui firent armes à quatre Françoys.

Assés tost après, le Roy se partit de Paris et s'en alla à Orleans[4] et y fist une assemblée des seigneurs de son sang et des prelas du Royaume; les uns pour debatre la prematique sanxion, les autres pour debatre

1. Crépy-en-Valois, cant., Oise, arr. de Senlis.
2. Olivier de Broon, écuyer breton, est qualifié dans un acte du 19 décembre 1450 « cappitaine de Montignac ». (Archives de la Loire-Inférieure, E 171. Voir en outre sur ce personnage la *Biographie bretonne*, de Levot.)
3. D'après le Bourgeois de Paris, les Anglais rendirent le Marché de Meaux le dimanche 15 septembre 1439, « leurs vies sauves et leurs biens. » (Édit. Tuetey, p. 348.)
4. *Sic* dans S, fol. 86 r°, C, fol. 95 r°, dernière ligne, B, fol. 30 r°, vers la fin; cependant on lit dans l'édition de Th. Godefroy (p. 107; Buchon, p. 389 [2], ligne 5) « à Bourges ». Voir sur cette variante notre *Étude critique* sur la *Valeur historique de la chronique de Richemont*, p. 56, 57.

la guerre ou la paix en la maniere que les Angloys demandoient.

Et durant ce Conseil il envoya monseigneur le connestable en Normandie pour faire la guerre, et grant nombre de gens tenans les champs, qui point n'estoient souldoyés, et s'i rendit monseigneur d'Alenczon. Et par le conseil de beaucoup de gens misdrent le siege à Avranches, sans etre pourveuz d'artillerie ne maineuvres ne argent; et estoit à Noel[1]; et y vint la puissance des Angloys estans en Normandie, et furent par troys jours les uns devant les autres; et y avoit entre les Françoys et les Angloys une riviere bien petite[2]; et tous les jours noz gens cuidoient combatre. Et y eut fait pluseurs chevaliers; et de la maison de monseigneur fut fait celui jour chevalier monseigneur le bastard de Bretaigne[3], missire Raoul Gruel et missire Bertrand Millon. Et comme noz gens cuiderent passer celle riviere, il s'i noya deux ou troys gens de bien qui s'enliserent[4], et ne peut-on passer. Et demorerent

1. D'après la *Chronique du Mont-Saint-Michel*, le siège fut mis dès le 30 novembre 1439 (I, 40); le connétable était certainement établi devant Avranches avant le 20 décembre; il fut obligé de lever le siège le 23 décembre. (Cosneau, *le Connétable de Richemont*, p. 581, n° LXXV; *Pièces* publiées par M. S. Luce à la suite de la *Chronique du Mont-Saint-Michel*, II, 121, n° CCIX.)

2. Cette rivière « bien petite » doit être la Sée, sur les bords de laquelle se trouve la ville d'Avranches.

3. Tanguy, bâtard de Bretagne, semble avoir joué un rôle assez important dans l'affaire de Gilles de Bretagne. (D. Morice, *Preuves*, II, notamment col. 1380, 1407 et s.)

4. S, fol. 86 v° : « S'enlizerent; » C, fol. 95 v°, 3ᵉ ligne avant la fin, B, fol. 30 v° : « S'anlisserent; » omis dans les éditions (édit. de 1622, p. 108; Buchon, p. 389²). S'enliser, « s'enfoncer dans une lize, dans un sable mouvant. » (Littré, *Dictionnaire de la langue française*, édit. 1863, I, 1404.)

les ditz Angloys en bataille d'un costé et noz gens d'autre costé[1]. Et quant ce venoit au soir tout le monde s'en aloit aux villages coucher et loger leurs chevaulx, car vous scavés que les Françoys plaingnent moult leurs chevaulx[2]. Et vous certifie qu'il estoit telle nuyt qu'il ne demouroit pas à mon dit seigneur le connestable cccc combatans; et Dieu sache qu'il y endura.

Et d'une nuyt les Angloys vindrent gaingner ung gué, et le trouverent endroit la ville d'Avranches, qui jamais n'avoit esté trouvé; et par la vindrent gaingner la ville, et prindrent Auffroy Prevost et aucuns de noz gens qui faisoient le guet devant la dicte ville d'Avranches; et les autres se retirerent à la bataille qui estoit loign de là. Et quant noz gens sceurent que les Angloys estoient en la ville, tout le monde commencza à tirer en Bretaigne sans ordennance, et mon dit seigneur le connestable demoura à bien peu de gens. Et lui vindrent dire Antoyne de Chabannes et Blanchefort que s'il ne s'en alloit qu'il demourroit tout seul, et que de tous leurs gens n'en avoient pas dix, et que de leurs personnes demorroient o luy, et pareillement y vindrent pluseurs capitaines. Et en la fin, malgré lui, luy convint s'en venir à Doul et n'avoit pas

---

1. Le ms. N, fol. 44 v°, contient ici un membre de phrase qui a été raturé à l'encre rouge : « Et furent troys jours et troys nuytz les uns devant les autres. » Le copiste l'aura sans doute supprimé parce que cette indication a déjà été donnée quelques lignes plus haut, et nous ne l'avons pas rétabli pour la même raison, bien qu'on le retrouve, sans rature, dans S, fol. 86 v°; B, fol. 30 v°; C, fol. 96 r°.

2. *Sic* dans S, fol. 86 v°; C, fol. 96 r°, ligne 5; B, fol. 30 v° et 31; omis dans les éditions depuis « car vous scavés ». (Édit. de 1622, p. 108; Buchon, p. 389 [2].)

demouré o luy cent lances; et de là tira à Angiers devers le Roy. Et là trouva monseigneur le conte[1], qui estoit venu devers le Roy, et puis se partit assés tost pour aller en France, dont il avoit le gouvernement; et ja se commenczoit la Praguerie. Et mon dit seigneur print congié du Roy et s'en alloit à Paris.

Et cependant monseigneur le Daulphin estoit à Nyort, et monseigneur de la Marche estoit avecques lui de par le Roy; et y arriva monseigneur d'Alenczon, et fut mis monseigneur de la Marche hors de l'ostel de monseigneur le Daulphin, et y demoura mon dit seigneur d'Alenczon. Et dès ce que le Roy sceut ces nouvelles il envoya hastivement après monseigneur le connestable monseigneur de Gaucourt et Poton, qui trouverent mon dit seigneur le connestable à Boysgency, qui avoit passé par Blays, et y avoit esté abroqué[2] de monseigneur de Bourbon et de monseigneur de Vandosme et du bastard d'Orleans, qui fort cuida prendre parolles à mon dit seigneur le connestable pour trouver matiere de mettre la main sur luy; toutesfois il dissimula. Et si n'eut esté Anthoine de Chabannes, qui leur dist qu'ilz faisoient mal de le prendre, et que le païs de France, dont avoit le gouvernement, seroit perdu des Angloys, ilz l'eussent prins.

En celle nuyt monseigneur de Gaucourt et Poton, comme dit est, arriverent devers monseigneur le connestable, et lui dirent que le Roy lui prioit, non pas

---

1. François, comte de Montfort, fils aîné du duc de Bretagne.
2. S, fol. 87 v°, C, fol. 96 v° : « ... et y avoict esté fort abrocqué...; » B, fol. 31 v° : « ... et y avoit esté fort abouché. » Les éditeurs ont remplacé ces expressions trop archaïques sans doute par « fort attaqué de paroles ». (Édit. 1622, p. 109; Buchon, 390[1].)

commandoit, qu'il vint hastivement, toutes choses cessées, devers lui ; et lui dirent les nouvelles telles qu'elles estoient. Et incontinent mon dit seigneur fist abiller ung bateau et bien equipper de mariniers et d'archiers, et vint passer ceste nuyt par soubs le pont de Blays, et tant fist que bientost arriva à Emboyse devers le Roy, qui pas ne dormoit. Et quant on lui dist que c'estoit monseigneur le connestable qui estoit venu, il fist grant chiere, et dist puisqu'il avoit le connestable que plus ne craingnoit riens. Et avoit fait ruer jus[1] le petit Blanchefort, et ja avoit fait faire le chanfault[2] pour lui coupper la teste ; et à la priere de monseigneur le connestable, le Roy lui pardonna, et depuis le servit bien.

Mon dit seigneur le connestable incontinent qu'il fut arrivé dist au Roy qu'il print les champs, et qu'il luy souvint du Roy Richard, et qu'il ne s'enfermast point en ville ne en place[3]. Et incontinent le Roy se mist sur les champs, et tout le monde tira devers lui et s'en

1. *Sic* dans S, fol. 88 r°, C, fol. 97 v°, et B, fol. 32 r°. Cette expression vieillie a, comme celles que nous avons signalées dans la note précédente, choqué les éditeurs, qui ont traduit bien inutilement par « avoit fait prendre ». (Édit. 1622, p. 110 ; Buchon, p. 390[1].)

2. C'est-à-dire « l'échafaud ». (Du Cange, VII, 86.) Sur les différents sens du mot « chafaud » ou « chanfaut », voir aussi La Curne de Sainte-Palaye, édit. Favre, III, 328.

3. On lit dans le Mémoire de juin 1440, publié par M. de Beaucourt dans les *Preuves* de la *Chronique de Mathieu d'Escouchy* (III, 11) : « ... Le Roy... non voulant que mondit seigneur de Bourbon et ses adherens fissent de luy comme les Anglois firent du Roy Richart, fist le lendemain à matin destrousser le petit Blanchefort... » Les renseignements fournis par Gruel sur les débuts de la Praguerie sont confirmés par ce Mémoire, qui en contient l'historique complet.

alla à Poictiers. Et là lui vindrent les nouvelles que monseigneur d'Alenczon et Jehan de la Roche estoient entrez par traïson dedans Saint Maixent[1] et que ung portal de la ville tenoit pour le Roy. Et incontinent le Roy et mon dit seigneur envoyerent Yvon de Beaulieu leur dire que bientost auroient secours ceulx qui tenoient pour le Roy; et monterent à cheval le plus tost qu'ilz peurent et amenerent ce qu'ilz avoient de gens. Et aussitost que monseigneur d'Alenczon et Jehan de la Roche le sceurent, ilz deslogerent bien à haste, et laisserent des gens ou chasteau, qui bientost après furent renduz; et eurent ceulx qui estoient o Jehan de la Roche les testes trenchées, et monseigneur le connestable sauva à sa priere ceulx de monseigneur d'Alenczon.

Et bientost après le bastard d'Orleans vint crier merci au Roy de ce qu'il avoit voulu mettre la main en monseigneur le connestable, lequel eut son pardon et laissa les autres. Puis monseigneur le Daulphin et monseigneur d'Alenczon tirerent en Bourbonnays, et leur vint au-devant le sennechal de Bourbonnays, et Antoyne de Chabannes et autres à belle compaignie.

Puis le Roy laissa des frontières contre Nyort, là ou estoit Jehan de la Roche qui avoit avecques luy des Angloys. Après ce, le Roy, monseigneur le connestable, monseigneur du Mayne, monseigneur de la

---

1. *Sic* dans S, fol. 88 v°, C, fol. 97 r°, avant-dernière ligne, B, fol. 32 r°, et dans l'édit. de Th. Godefroy (édit. 1622, p. 111); mais M. Buchon imprime « Sainte-Maixance » (p. 390[2], ligne 9). Saint-Maixent, cant., Deux-Sèvres, arr. de Niort. La nouvelle de la prise du château de Saint-Maixent parvint au Roi, à Poitiers, le dimanche de Quasimodo ou le 3 avril. (Mémoire de juin 1440 dans les *Preuves* de la *Chronique de Mathieu d'Escouchy*, III, 13.)

Marche et pluseurs capitaines tirerent en Bourbonnays et en Auvergne. Et cependant mourut monseigneur de Rostrelen à Paris, qui estoit à monseigneur le connestable lieutenant en France[1]. Et tout celuy esté dura la guerre jusques en septembre; puis fut fait l'apointement. Et tira monseigneur le connestable à Paris[2], et fut ordenné certain nombre de gens pour aller secourir Herfleu là où le siege estoit[3]; et y estoient monseigneur de Heu, le bastard d'Orleans, monseigneur de Gaucourt et pluseurs autres capitaines. Et pour conduire les gens de monseigneur le connestable fut ordenné missire Gilles de Saint Symon. Et pour

1. Dans S, fol. 89 r°, on lit en marge, à propos de la mort de monseigneur de Rostrenen à Paris : « Ceste mort fut le 12 aoust au dit an, ainsi que porte son épitaphe aux Jacobins de Paris. » Pierre de Rostrenen, chambellan du Roi, lieutenant du connétable, eut pour femme Jeanne de Kermech, qui mourut en 1449. (D'Argentré, *Hist. de Bretagne,* édit. 1618, p. 797; Bibl. nat., ms. fr. 22331, p. 687.)

2. Le connétable fit à cette époque un voyage en Bretagne; il était à Vannes le 25 août 1440 et acceptait diverses seigneuries que le duc venait de lui donner; c'est alors qu'il prit le singulier engagement « de empescher... la venue, dessente et entrée au pays et dusché de Bretaigne des gens de guerre estans au service et obeissance de monseigneur le Roy ou d'autres... »; il promettait même de venir en personne à l'appel du duc. (D. Morice, *Preuves,* II, 1332-1336; Bibl. nat., ms. fr. 2714, fol. 108, acte publié d'après l'original conservé aux Archives de la Loire-Inférieure, par M. Cosneau, dans son *Connétable de Richemont,* p. 580, n° LXXIV.)

3. Le Roi d'Angleterre, après avoir ordonné le 30 juillet 1440 de nouvelles levées de troupes, fit assiéger Harfleur par le comte Dorset, dès le mois suivant; d'après le Bourgeois de Paris, les troupes anglaises étaient encore en octobre devant la place qui fut alors obligée de se rendre. (Pièce just. XXXVII; *Chronique du Mont-Saint-Michel,* p. 41; *Journal d'un bourgeois de Paris,* p. 355; Bibl. nat., ms. Fontanieu 118, au 10 avril 1440 [anc. st.].)

cestui voyage ne firent rien que faire la composicion de ceulx qui estoient à Herfleu.

En ce temps là, noz gens fortifierent Loviers[1] et Conches; et celui yver se passa ainsi, excepté que mon dit seigneur mist le siege à Saint Germain en Laye[2], que les Angloys avoyent avant prins d'eschielle, et bientost fut rendu à mon dit seigneur, lequel emprès fut requis d'aler en Champaigne, dont avoit le gouvernement[3].

Le Roy tira en Champaigne en celle saison et monseigneur le connestable tira devers luy pour oster les pilleries qui s'i faisoient, et pour mettre ordre sur les gens d'armes; et furent jusques à Vaucoleur[4], à Monteclere[5] et à Langres, et par toutes les marches de Champaigne, et osterent des capitaines et en misdrent d'autres[6]. Et de là vindrent à Bar sur Aulbe; et là vint

---

1. Nous trouvons la preuve de l'occupation de Louviers par les troupes de Charles VII dans une lettre de rémission en faveur de Raoulin Christian, marchand chartrain. (Archives nat., JJ 176, pièce 11; *Cronicques de Normendie*, p. 91.)

2. Saint-Germain-en-Laye, cant., Seine-et-Oise, arr. de Versailles.

3. Ici se trouve reproduit dans S, fol. 89 v°, C, fol. 98 r°, et B, fol. 33 r°, le passage concernant Bouzon de Fages (cf. p. 139 de notre texte); ces deux manuscrits signalent pour la première fois les pilleries et la mort de Bouays Glavy, mention dont nous avons signalé l'absence ci-dessus, p. 140, note 1. Notons, en outre, que les pages qui suivent jusqu'aux premières lignes du chapitre LXXIII manquent dans C, fol. 98 v°, et dans B, fol. 33 v°, qui présentent ainsi une grande lacune.

4. Vaucouleurs, cant., Meuse, arr. de Commercy.

5. Montéclair. Sur cette place, voir *Histoire de Charles VII*, par Vallet de Viriville, II, 422, note 2.

6. Charles VII était le 26 janvier 1441 à Troyes, d'où il adressait à ses capitaines de nouvelles lettres (cf. ci-dessus, p. 140, note 2) pour leur enjoindre de cesser leurs pilleries. *Les Écor-*

le bastard de Bourbon devers le Roy, lequel avoit fait beaucoup de maulx et soustenu à faire à ses gens. Et entre autres choses faisoit une assemblée de rotiers et les vouloit mener hors du Royaume sans congié du Roy, dont il fut mal content. En oultre ung homme et sa femme se vindrent plaindre au Roy et à monseigneur le connestable d'un grant oultrage que le dit bastard leur avoit fait ; car il avoit forcé la femme sur l'omme, et puis l'avoit fait batre et decouper tant que c'estoit pitié à veoir[1]. Puis le Roy dist à monseigneur le connestable qu'il le fist prendre ; ainsi le fist-il par le prévost des mareschaulx, et incontinent fut fait son procès et gecté en la riviere[2].

cheurs, par M. E. Petit, dans l'*Annuaire de l'Yonne*, 1865, p. 133, 134 ; Tuetey, I, p. 51.)

1. M. Tuetey est trop exclusif lorsqu'il prétend dans son ouvrage sur les *Écorcheurs* (I, 78) que M. de Barante a emprunté le récit de cette anecdote au *Journal d'un bourgeois de Paris*, et non à la *Chronique* de Gruel ; le savant historien des ducs de Bourgogne a nécessairement puisé à l'une et à l'autre source. (Cf. *Histoire des ducs de Bourgogne*, édit. Gachard, II, 24 ; *Journal d'un bourgeois de Paris*, p. 356.)

2. Dans S, en marge du fol. 90 r°, se trouvent deux notes écrites par deux mains différentes. Voici la première : « Justice du bastard de Bourbon faite par le comte de Richemont. » La deuxième note, dont l'encre est plus pâle et l'écriture tout autre, offre plus d'intérêt : « Ce bastard estoit nommé Alexandre, filz de Jean premier de ce nom, duc de Bourbon, et frere naturel du duc Charles, ayant esté voué à l'Eglise et de faict chanoine à Beaujeu. Il avoit aussy parlé trop licentieusement du Roy, oultre les courses et pilleries qu'il avoit faict avec ses soldatz dictz Escorcheurs, tellement qu'il fut impossible d'avoir sa grâce. Cecy fut l'an 1441. Belleforest dict qu'il fut noyé à Bar-sur-Seine. » On lit aussi dans la *Chronique de Lorraine*, publiée par D. Calmet (*Hist. de Lorraine*, édit. 1728, III, *Preuves*, p. 19), que le bâtard de Bourbon « fut saisiz à Bar-sur-Seine ; » mais c'est là une erreur : le bâtard de Bourbon, qui venait de piller au mois de décembre

Puis s'en vindrent le Roy et monseigneur le connestable à Laan, et là vint madame de Bourgoingne devers le Roy, et y fut bien huyt jours; puis monseigneur le connestable la conduisit. Et en celle saison fut mis le siege à Montagu[1] et à Marle[2]; et là fut parlé et tractié du mariage de monseigneur du Maine et de madamoiselle de Saint Paoul. Puis le Roy et monseigneur le connestable s'en vindrent pour mettre le siege à Creel[3].

CHAPITRE LXXIII.

Comment le siege fut mis à Pontaise par le Roy et monseigneur le connestable.

L'an mil CCCC XLI, environ le moys de may, le Roy et monseigneur le connestable misdrent le siege à Creel[4] et gueres ne dura qu'il ne fust prins par com-

---

1440 la place de Mussy-l'Évêque, fut pris au commencement de l'année suivante et jeté dans la rivière près du pont de Bar-sur-Aube; il existe encore, paraît-il, une chapelle commémorative élevée près de cet endroit. (*Les Écorcheurs,* par M. Tuetey, I, 75, 76; *les Écorcheurs en Bourgogne,* par J. de Fréminville, p. 136, 137.)

1. Montaigu, Aisne, arr. de Laon, cant. de Sissonne.
2. Marle, cant., Aisne, arr. de Laon.
3. Creil, cant., Oise, arr. de Senlis.
4. S, fol. 90 v° : « L'an mil quatre cens quarente et ung, envyron le moys de may, le Roy Charles et monseigneur le connestable misrent le siege à Creel. » C, fol. 98 v° : « Puix revint à Paris, l'an mil IIII^c XLI, environ le moys de may, Henri (*sic*) le Ray et monseigneur le connestable midrent le sege à Creel. » B, fol. 33 v° : « Puys revint à Paris, l'an mil IIII^c XLI, environ le moys de may, le Roy et monseigneur le conestable mirent le siege à Creel. » Le mois indiqué par Gruel est exact; d'après le *Journal d'un bourgeois de Paris* (p. 359), le siège fut mis devant Creil, le 19 mai, et la place prise, le 24; le 28 mai, le Roi annon-

posicion. Puis s'en vindrent à Paris et se disposerent de mettre le siege à Pontaise[1], et se partirent de Paris la vigile de la Penthecoste, et s'en alla mon dit seigneur loger à Argentoil[2], qui faisoit l'avant-garde[3], et le Roy logea à Saint Denis. Et le mardi des feries de la Pentecôste vindrent loger devant Pontaise et se logerent à Maubusson[4]; et environ quatre heures après medi, le Roy s'en retourna loger à Saint Denis, et monseigneur le Daulphin, monseigneur du Maine, monseigneur de la Marche, monseigneur de Heu, et tous les autres seigneurs; et ne demoura que monseigneur le connestable et le mareschal de Jaloingnes et Joachim Roaud[5] et Pregent de Coitivi, Poton, La Hyre et monseigneur de Mouy.

çait cette victoire aux habitants de Saint-Quentin et leur demandait des secours pour le siège de Pontoise. (Cosneau, *le Connétable de Richemont,* p. 584, n° LXXVI.)

1. Le Roi, qui avait songé dès l'année précédente à reprendre cette place aux Anglais, réunit alors les subsides nécessaires pour l'entreprise et adressa en même temps à ses bonnes villes des lettres leur prescrivant l'envoi d'hommes d'armes, équipés et soldés pour un mois. (*Hist. de Charles VII,* par M. de Beaucourt, III, 178, 532 et s.; Pièce just. XXXVIII.)

2. S, fol. 90 v° et C, fol. 98 v° : « Argentonne »; B, fol. 33 v° : « Argentueil ». Argenteuil, cant., Seine-et-Oise, arr. de Versailles. La veille de la Pentecôte, ou le 3 juin.

3. Dans S, C et B (*loc. cit.*), on lit « et l'avant-garde », forme qui rend la phrase plus régulière.

4. Maubuisson, près Pontoise; il y avait en ce lieu une abbaye de femmes fondée par la reine Blanche de Castille, qui y mourut en 1252. Le mardi de la Pentecôte, c'est-à-dire le 6 juin.

5. Joachim Rouault, seigneur de Gamaches, connétable de Bordeaux en 1451; il devint, sous Louis XI, capitaine de Châlons-sur-Marne, en 1468. (Berry, dans Godefroy, p. 462; *Inventaire des Archives municipales de Dijon,* p. 3, B 10. Sur ce personnage et sa famille, voir au Cabinet des titres de la Bibl. nat. le vol. 685,

Et celui jour, environ cincq heures après medi, les Angloys firent une saillie sur la chaussée et cuiderent gaingner des couleuvrines et ribaudequins[1], qui estoient sur la dicte chaussée ; mais ilz furent tellement chargez que on vint jusques à prendre les chaynes du pont ; et en effect ne firent dempuis gueres de saillies ; et si estoient bien deux mille bons combatans, toute l'eslite de Normandie, et estoit le sires de Scalles leur chief. Et celle nuyt, mon dit seigneur le connestable fist le guet et avoit soubs son enseigne CCCC lances ; et avecques ce estoient à son guet monseigneur de Coitivi, Poton, La Hyre et monseigneur de Mouy ; et en effect mon dit seigneur avoit bien VI^c lances et les archiers et gens de pié à son guet ; et croy en verité qu'il y avoit bien près de deux mille combatans, et fut le plus beau guet que je vi oncques. Et Dieu sceit comme mon dit seigneur besoigna celle nuyt avant qu'il fust jour cler ; car il avoit mis ses gens en seurté du trait de la ville, et fait faire fossés et taudeis tant que le guet du jour n'avoit plus garde[2]. Et vous cer-

---

fol. 5 v°, 38 v°, 39 v°, 97 v°, 111 r°, et les notes biographiques mises par D. Godefroy à la suite de son *Hist. de Charles VII*, p. 857.)

1. La couleuvrine était une espèce de canon très long et portant à une plus grande distance que les pièces ordinaires. (Sur les différents sens de ce mot, cf. Littré, *Dict. de la langue française*, édit. 1863, I, 841 ; La Curne de Sainte-Palaye, *Dict. historique de l'ancien langage françois*, édit. Favre, 1877, IV, 314.) Le ribaudequin était, suivant Du Cange (VII, 289), un petit chariot servant d'affût, qui finit par donner son nom au canon qu'il portait. On appelait aussi de ce nom de grands arcs de 12 à 15 pieds de long qui lançaient d'énormes javelots pouvant tuer plusieurs hommes d'un seul coup. (Littré, *Dict. de la langue française*, IV, 1721.)

2. S, fol. 91 v°, C, fol. 99 r°, et B, fol. 34 r°, suppriment le mot « tant », et le copiste du dernier n'a pas transcrit « taudeix »,

tifie que c'estoit belle chose que veoir venir au matin le guet qui venoit lever l'autre guet; car tous les champs estoient couvers de gens d'armes qui alloient et venoient. Et bientost après monseigneur fist asseoir l'artillerie pour batre le boulevert et le pont; et le dymenche fut donné ung assault en boulevert pour veoir la contenance des Angloys, et se defendirent tres bien; aussi n'avoient-ilz à defendre que celui boulevert; et avoient fait pontz de bateaux des deux costés du pont, et venoient par ung cousté refreschir leurs gens, et par l'autre costé retiroient les blecez. Et ce jour ne fut point prins le dit boulevert et convint se retirer, et perdismes beaucoup de gens mors et blecez. Les Angloys firent ce jour deux bannerés[1] et pluseurs chevaliers; puis fut la baterie si grande que le mardi après leur faillit abandonner le dit boulevert, et celui mardi entrerent noz gens dedans. Et quant le dit boulevert fut prins, le Roy et monseigneur le Daulphin, et tous les autres seigneurs vindrent loger à Maubusson. Puis monseigneur du Maine qui avoit belle compaignie y vint; et y estoit Joachim Rouaud lieutenant, qui assembla monseigneur de Coitivi, Poton, La Hyre, missire Pierres de Brezé[2], Floquet, Penen-

terme qu'il ne comprenait sans doute pas, et qui désigne une sorte de gabionnage établi dans une tranchée. (La Curne de Sainte-Palaye, édit. Favre, X, 18.)

1. Deux bannerets, c'est-à-dire deux chevaliers ayant le droit de porter bannière. On lit dans l'édition de Th. Godefroy (édit. 1622, p. 115; Buchon, p. 391 [2]) « bannières ».

2. Pierre de Brézé, successivement sénéchal d'Anjou, de Poitou et de Normandie, mort à Montlhéry le 16 juillet 1465. Voir sur ce personnage, qui a joué un rôle assez considérable : *Hist. de Charles VII*, par M. de Beaucourt, IV, chapitre VII; *Bibliothèque de l'École des chartes*, 1846-1847, p. 147; D. Godefroy, *Hist.*

sac et Olivier de Coitivi, qui estoit lieutenant de monseigneur le connestable, et estoient bien XIIe lances. Et fut fait ung pont sur la riviere d'Oyse, et deux bolevers es deux boutz du pont; puis fut fortifiée l'abbaye très bien, et fut faicte une bastille. Puis ne demoura gueres que Talbot vint pour cuider secourir la ville, et vint du cousté de la bastille, et scavoit-on bien qu'il venoit. Et monseigneur le connestable fist incontinent que tous ses gens fussent prestz en belle bataille; et cuida passer au pont. Le Roy vint defendre que homme ne passast, et à grant peine peut passer mon dit seigneur tout seul, excepté monseigneur de Coitivi, Jamet de Teglay[1] et Bourgoys. Et quant mon dit seigneur fut passé il dist au Roy qu'il laissast passer ses gens, et qu'il le laissast faire; car il ne faisoit point de doubte que les Angloys en la maniere qu'ilz estoient mis ne fussent desconfitz; et le Roy lui dist qu'il avoit conclu que point ne seroient combatuz, et ainsi ne le furent point. Et si se estoient mis ou plus beau gibier que jamais furent, ne oncques puis ne s'i misdrent, si y furent-ilz par deux ou troys foiz. Et une autre foiz revindrent et apporterent des vivres, et ne vindrent pas le chemin qu'ilz estoient venuz l'autre foiz, et tromperent les compaignons.

de Charles VII; Archives nat., K 69, n°s 11, 17, 17 *bis*, P 2298, p. 1389-1397, X^{1a} 1482, fol. 166 r°; Bibl. nat., ms fr. 2718, fol. 190 r°, ms. fr. 20437, fol. 23, ms. fr. 22319, p 191, ms. fr. 26085, pièces 7154, 7160, 7186, etc., ms. Vallet de Viriville, Fr. nouv. acq. 5085, n°s 820 et s., ms. Clairambault n° 22, ms. Du Chesne vol. 70, fol. 87, 88, etc.; Bibliothèque de l'Institut, fonds Godefroy, vol. 241, fol. 56, 376 r°, etc.

1. Jamet de Tillay ou du Tillay, qui fut bailli de Vermandois. (Cf. Bibl. nat., Cabinet des titres, vol. 685, fol. 96 r°, et ci-dessous, p. 183, note 1.)

Puis vindrent à grosse puissance, et y vint le duc d'Yorc et toute la puissance de Normandie bien ix mille combatans, et vindrent entrer en la ville, et le lendemain nous dirent qu'ilz passeroient la riviere en despit de nous, et prindrent les champs et devant nous menoient quatre ou cincq bateaux en charetes. Et quant le Roy vit cela il ordenna ses gardes, et bailla à monseigneur le connestable la garde de tout le siege; et au desoubs du siege jusques à Conflans[1] bailla la garde à monseigneur de la Marche; et depuis le siege jusques à l'Isle Adam à monseigneur de Saint Paoul; et de l'Isle Adam jusques à Creel à monseigneur de Heu qui avoit en sa compaignie tous les gens mieulx à cheval qui fussent en la compaignie, c'est assavoir : Poton, La Hyre, Antoyne de Chabannes, Penensac, Floquet, missire Pierres de Brezé, Jehan de Brezé[2], et Guillaume du Chastel. Et n'y eut homme qui frapast dedans les Angloys, excepté Antoyne de Chabannes et Guillaume du Chastel qui fut là occis, et n'estoient pas xl Angloys passez la riviere; et fut à ung vendredi. Et quant monseigneur le connestable sceut les nouvelles, il monta à cheval, et mena tout ce qu'il peut trouver de gens à cheval; et quant il fut

---

1. Conflans-Sainte-Honorine, arr. de Versailles, cant. d'Argenteuil.

2. *Sic* dans S, fol. 93 r°; on lit « Broaysé » dans N, fol. 48 r°. M. Hellot distingue dans son édition des *Cronicques de Normendie* (notes 278 et 301) deux Jean de Brézé ou Bresay, l'un frère de Pierre de Brézé (cf. Anselme, VIII, 270), l'autre son parent à un degré indéterminé; c'est celui-ci, croyons-nous, qui trouva la mort, à la fin de 1442, dans une rencontre avec les Anglais, près d'Évreux; le frère de Pierre de Brézé fut capitaine de Louviers, bailli de Gisors, et prit une part active au recouvrement de la Normandie. (Monstrelet, VI, 59; Mathieu d'Escouchy, I, 163.)

à l'Isle Adam il sceut au certain que tous les Angloys estoient passez; puis s'en revint au siege, et le Roy et monseigneur le Daulphin s'en alerent coucher à la bastille[1] et monseigneur demoura au siege. Et le lendemain le Roy revint, et fist du vaillant, et voult demourer le derrain, et monseigneur cuida demorer à la bastille et monseigneur du Maine; mais le Roy ne voult et les enmena quant et luy à Pouessi le samedi au soir, et celui jour les Angloys vindrent loger à Maubusson.

Le dymenche au matin monseigneur le connestable envoya cent lances porter des vivres à la bastille, et le mardi ensuivant monseigneur le connestable et monseigneur de Saint Paoul vindrent à la bastille pour faire aporter des vivres. Et Poton luy donna d'un tour; car il faisoit l'avant-garde, et au retour l'arriere-garde; puis manda à monseigneur le connestable qu'il lui sembloit que ce estoit le meilleur de s'en aller par le pont de Morlen[2]; et monseigneur print le chemin par là cuidant que tousjours tirast après lui. Et quant Poton vit que monseigneur estoit passé, et qu'il estoit bien loign de lui il retourna vers le pont de Pouessi. Et quant il fut arrivé devers le Roy, il dist que monseigneur le connestable n'avoit osé passer par là; et quant monseigneur fut venu devers le Roy, il sceut ce qu'il avoit dit de lui, et le tour qu'il luy avoit joué, et pensez qu'il fut bien mal content, et parla bien à luy devant le Roy.

1. C'est-à-dire à la bastille construite pour fortifier l'abbaye de Maubuisson. (Cf. ci-dessus, p. 167, ligne 5.)
2. S, fol. 93 v°: *Morlen*; C, fol. 100 v° [*Morlen*, leçon qu'un correcteur a remplacée par:] *Meullanc*; B, fol. 36 r°: « Meulan ». Meulan, cant., Seine-et-Oise, arr. de Versailles.

Celuy jour les Angloys firent ung pont sur la riviere d'Oise entre Pontaise et Conflans et vindrent passer toute leur armée près de Pouessi. Et le landemain vindrent presenter la bataille au Roy, et y eut belle escarmouche; et pour ce que la saillie du pont estoit mauveise et dangereuse on ne laissa saillir nulles gens, exceptés ceulx qui furent ordennez, c'est assavoir Olivier de Bron et bien xx lances[1] qui s'i gouvernerent si bien qu'il n'y faillit riens. Puis les Angloys tirerent à Mante; et le lendemain le Roy passa la riviere et s'en alla à Conflans, et fist monseigneur le connestable s'en venir à Paris et beaucoup d'autres gens de guerre pour passer par la dicte ville de Paris. Puis se retira mon dit seigneur le connestable à Conflans devers le Roy. Puis revindrent les Angloys une autrefoiz pour avitailler la ville de Pontaise, et se partit mon dit seigneur le connestable et assembla tout quanqu'il peut[2] de gens pour aller au devant des ditz Angloys; et s'i rendit monseigneur du Maine et tous les autres seigneurs quant ilz sceurent qu'il y alloit. Et se vint loger mon dit seigneur aux plains champs ou chemin par où les Angloys avoient acoustumé de venir et les ditz Angloys arrivent devers le vespre et se vindrent loger à bien demie lieue de notre avant-garde en ung boys et fyrent des feuz largement, et cuidoyons estre cer-

---

1. *Sic* dans N, fol. 48 v° et dans S, fol. 93 *bis*; C, fol. 101 r°, ligne 10, B, fol. 36 v°, donnent « trante lances »; c'est ce dernier chiffre que l'on trouve dans l'édition de Th. Godefroy (édit. 1622, p. 118; Buchon, p. 393¹, ligne 4) et qui devait être celui fourni par le manuscrit de Tournai.

2. S, fol. 93 *bis* v° : « Tout quanque il peult; » C, fol. 101 r° : « Quant qu'il peut; » B, fol. 36 v° : « Tant qu'il peut. » Th. Godefroy : « Tout ce qu'il peut. » (Édit. 1622, p. 119; Buchon, p. 393¹, ligne 14.)

tains de les combatre le landemain, mais ilz jouerent d'un tour, car celle nuyt ilz s'en retournerent bien à une lieue arriere et passerent sur une petite riviere et la misdrent entr'eulx et nous. Et le landemain au point du jour que nous alions nous mettre en bataille, nous les vismes de l'autre costé, et fumes bien esbahiz et desplaisans, car plus ne leur povyons nuyre, ne passer la riviere sur eulx, ne eulx sur nous, et s'en alerent ainsi à la ville et nous retournasmes à Conflans.

Et aussitost que les Angloys s'en furent allez, les gens de monseigneur le connestable qui avoient CCCC lances vindrent donner l'assault à Notre Dame de Pontaise et dura bien l'assault deux heures, et fut prinse la dicte eglise d'assault, et ceulx qui estoient dedans mors et prins; et fut à ung samedi.

Et le dymenche et le lundi on commencza à batre les murailles de la ville, et le mardi on donna l'assault, qui dura bien longuement, et retirerent toutes les ensaignes d'encontre la muraille, excepté celle de monseigneur le connestable; et y eut fait de belles armes et de gens bien batuz. Et au derrain fut prinse la dicte ville d'assault et bien VIII^c Angloys mors et prins. Et fut prins le conte de Cliseton et Henry Fetandir; et y fut mort missire Jehan Ripelay, et beaucoup d'autres gens de grant faczon. Et fut la vigile Notre Dame de septembre mil IIII^c XLI[1].

1. D'après Gruel, la ville de Pontoise aurait été prise d'assaut le 7 septembre; cette date est inexacte : la hauteur occupée par l'église Notre-Dame fut prise le 16 septembre et la ville même seulement le 19. L'église de l'Hôtel-Dieu eut particulièrement à souffrir de ce siège. (Monstrelet, VI, 21 ; *Journal d'un bourgeois de Paris*, p. 363; *Hist. de Charles VII*, par M. de Beaucourt, III, 189, 190; Bibl. nat., Cabinet des titres, vol. 685, fol. 35 v°.)

Chapitre LXXIV.

*Comment madame de Guyenne trespassa
dont monseigneur le connestable fist grant deul.*

Puis demoura Guillaume Chenu, capitaine de Pontaise soubs monseigneur du Maine; et le Roy s'en vint à Orleans et de là en Touraine, et mon dit seigneur tira à Paris, et y fut environ quinze jours. Puis s'en vint après le Roy, et laissa madame de Guyenne bien malade; toutesfoiz lui estoit-il amendé, et cuidoit qu'elle se guerist, et tint son voyage en Touraine, et fut longtemps devers le Roy. Puis s'en alla à Partenay, et y fut certain temps; puis après [alla] devers le duc Jehan et y fut jusques après la Chandeleur[1].

Et celui jour de la Chandeleur, madame de Guyenne trespassa[2]. Et lui furent mandées les nouvelles, et le duc le scavoit bien et tous les gens de mon dit seigneur, et ne lui en fut rien dit tant qu'il

---

1. A cette époque, le Roi vint dans l'Ile-de-France; il était à Conflans le 12 septembre 1441, à Paris le 25 septembre, et y séjourna jusque vers la fin d'octobre. (*Journal d'un bourgeois de Paris*, p. 364; *Hist. de Charles VII*, par M. de Beaucourt, III, 534; Vallet de Viriville, II, 430, note 1. Voir, pour l'itinéraire de Richemont et l'expédition de Tartas racontée dans les chapitres suivants, notre *Étude critique* sur la *Valeur historique de la chronique d'Arthur de Richemont*, p. 60, 61.)

2. Le 2 février 1442. La date du 30 janvier attribuée par le Bourgeois de Paris (édit. Tuetey, p. 364) à la mort de Madame de Guyenne est fausse, puisque nous avons un codicille ajouté par elle à son testament le 31 de ce même mois. (Cosneau, *le Connétable de Richemont*, n° LXXVIII, p. 595.) C'est par une erreur de transcription que le copiste de Du Chesne donne la date de 1440. (D, fol. 115 r°.)

fut à Partenay¹, où l'en le luy dist ; dont il fist très grant deul. Puis fut certain temps au dit lieu de Partenay, et après fist faire ung service à Saincte Croix du dit lieu². Puis le Roy le manda pour le voyage de Tartas, et faillit qu'il tirast devers le Roy, et fut le Roy en volenté de le laisser encores pour le gouvernement de France ; et puis se ravisa qu'il le menroit avecques luy.

Chapitre LXXV.

Du siege de Tartas.

L'an mil CCCC XLII³, en la fin d'avril, le Roy print son voyage, et dist à monseigneur le connestable qu'il lui failloit qu'il allast ung chemin et le Roy l'autre pour faire tirer en avant les gens d'armes, ou que autrement n'yroit point.⁴ ; et ainsi fut advisé⁵. Et le Roy alla

1. C'est-à-dire « jusqu'à ce qu'il fût à Partenay »
2. « Saincte Croix » est omis dans les mss. S, fol. 95 r°, ligne 5, C, fol. 102 r°, dernière ligne, B, fol. 37 v°, vers la fin.
3. La mention de l'année fait défaut dans S, fol. 95 r°, C, fol. 102 v°, et B, fol. 38 r° ; de plus, le premier de ces trois manuscrits ne met pas de titre de chapitre à cet endroit ; les autres n'en présentent jamais.
4. S (*ibid.*) : « ... n'yroient poinct » ; C et B (*ibid.*) : ... « ou autrement le Roy n'yroit poinct ». D'après ces deux derniers mss., Charles VII aurait refusé de prendre part à l'expédition sans le concours de Richemont ; c'est aussi ce que laisse entendre le texte de N, fol. 49 v°, que nous suivons ; une telle assertion, destinée à augmenter l'importance du rôle joué par le connétable, n'est pas déplacée dans le récit de Gruel ; mais la variante de S, indiquant la nécessité d'activer énergiquement la marche des gens d'armes, si l'on voulait compter sur eux, nous paraît plus conforme à la vérité.
5. Le départ des troupes royales pour le Midi avait d'abord été

par Limoges, et tira de là à Tholose, et fist tirer tous les gens d'armes qui tenoient les champs en avant; et monseigneur le connestable tira par Clermont et admena tout au dit lieu de Tholose; et y furent bien xv jours pour faire passer les gens d'armes, et pour attendre ceulx qui n'estoient pas venuz. Puis se partirent et tirerent par deux chemins, pour les vivres, le Roy par ung, et mon dit seigneur par l'autre. Et lors fut refusée l'entrée d'aucunes places au Roy et à monseigneur le connestable en tirant leur chemin; puis emprès en furent pugniz. Et tout se rendit au Mont de Marsant; et celle nuyt alerent coucher aux champs à une petite place[1] à deux lieues de Tartas.

Et le landemain se rendirent en la lande de Tartas le Roy, monseigneur le Daulphin, monseigneur le connestable et tous les seigneurs et gens d'armes, non point en bataille, excepté chacun par soy, pour ce qu'ilz sceurent bien que les Angloys ne venoient point. Et se presenta ou champ monseigneur le connestable[2], et là luy furent renduz les ostages, le filx de monseigneur d'Albret, qui estoit ostage. Puis s'en alla le Roy

assigné au 1er mars; mais Charles VII fut retenu dans l'Ouest par les intrigues des anciens chefs de la Praguerie; d'ailleurs la journée de Tartas, d'abord fixée au 1er mai, avait été reportée à la nativité de saint Jean-Baptiste, c'est-à-dire au 24 juin. (Lettre de Charles VII au duc de Bretagne, du 19 janvier 1442, publiée par M. de Beaucourt, dans les *Pièces justificatives* de la *Chronique de Mathieu d'Escouchy*, III, 38-40; *Hist. de Charles VII*, par M. de Beaucourt, III, 238.)

1. Monstrelet, VI, 52, nomme cette place « Millien »; c'est aujourd'hui Meilhan, Landes, arr. de Saint-Sever, cant. de Tartas.

2. *Sic* dans S, fol. 95 v°; C, fol. 103 r°, ligne 6; B, fol. 38 r°; le passage depuis « non point en bataille... » est omis dans l'édit. de Th. Godefroy. (Édit. 1622, p. 122; Buchon, p. 393².)

loger en ung petit village et monseigneur le connestable alla loger à Sombroce[1], et fut à ung samedi, vigile de Saint Jehan Baptiste. Et estoient avecques mon dit seigneur, monseigneur de la Marche, monseigneur de Lomaingne, monseigneur de Fouers[2], monseigneur de Cominge et grant nombre de capitaines, et là sejournerent le landemain qui estoit dymenche; puis deslogerent le lundi au matin et vindrent mettre le siege devant Saint Sevé. Et le mercredi ensuivant le Roy y fist donner l'assault de son costé; et manda à mon dit seigneur le connestable qu'il ne feist point assaillir ses gens, et le cuidoit prendre sans luy, dont mon dit seigneur fut moult desplaisant. Puis après, quant il vit que ses gens estoient fort batuz, le Roy lui manda qu'il laissast aller ses gens assaillir; et fut en volenté mon dit seigneur de rien n'en faire; toutesfoiz fist-il assaillir. Et vous certifie qu'ilz ne tindrent pas ung quart d'heure qu'ilz ne fussent prins d'assault; et encores combatoient contre les gens du Roy que noz gens les venoient prendre et tuer sur la muraille. Et disoit monseigneur le Daulphin que les Bretons avoient tiré les mains aux gens du Roy ou qu'ilz ne fussent ja entrez. Et y eut esté fait de grans maulx, plus qu'il ne fut, si n'eut esté monseigneur le connestable; car par lui furent gardées maintes femmes d'estre forcées. Et pour ce qu'il ouyt crier « la force », il courut lui et monseigneur de la Marche soubdainement de nuyt et deurent estre tuez de meschans gens

---

1. *Sic* dans l'édition de Th. Godefroy (édit. 1622, p. 122). S, fol. 95 v°, fin, *Soubroce;* C, fol. 103 r°; B, fol. 38 v°, « Soubronce »; M. Buchon (p. 394¹, l. 2) « Souprosse ». Souprosse, Landes, arr. de Saint-Sever, cant. de Tartas.

2. Gaston, comte de Foix.

qui point ne les cognoissoient, si Dieu ne les eut preservez. Et là mesmes mon dit seigneur fist nourrir plus de cent enfans que les meres avoient laissez, les unes prinses et les autres fuyes, et fist admener des chievres pour les alecter, et ne veistes jamais telle pitié.

Chapitre LXXVI.

Du siege de Hacques.

Puis se partit le Roy et monseigneur et toute l'armée, quant ilz eurent sejourné quatre ou cincq jours, pour tirer devant Hacques[1]; et monseigneur coucha aux champs et fut son charroy destroussé. Et vous certifie qu'il n'avoit gueres de vivres, et n'avoit pour lui que une petite bouteille de vin qui ne tenoit pas ung pot, et souppa sur une fontaine qui bien y servit. Et le landemain, qui estoit vendredi, misdrent le siege à Hacques; et y eut belle escarmouche, et bien petit à menger, car il n'avoit que des oignons et du pourpié[2], et bien petit de pain et de vin. Toutesfoiz lui vint le landemain une pipe de vin qui lui cousta bon pris et lui dura plus que jamais vin lui avoit duré; car tout homme qui en envoioit[3] querir avoit sa bouteille emplie, mais qu'il apportast une bouteille d'eaue pour mettre

---

1. Hacques, l'ancienne « Aquæ Tarbellicæ ». Ce nom étant souvent précédé de la préposition « de » a fini par ne faire qu'un mot avec elle, et au lieu de la ville d'Hacques, d'Acqx (cf. *Chronique de Berry*, dans Godefroy, p. 421), on a dit la ville *de* « Dacqx » ou « Dax ». Th. Godefroy (édit. 1622, p. 123) n'a pas conservé l'ancienne forme qu'il remplace par « Dacs », terme complètement rajeuni par M. Buchon (p. 394¹).
2. Pourpier, qui se mange en salade.
3. Le copiste de N, fol. 50 v°, a transcrit « envoiot ».

par la bonde. Et pour certain les gens de guerre eurent là moult à souffrir, et dura le siege bien troys sepmaines ou plus, et firent ceulx de la ville de grans saillies sur noz gens et nous firent de grans dommages ; car ilz avoient de bons arbalestriers et nous venoient tirer jusques à la pointe de la lance, car nous n'avions nulz archiers, fors bien peu, et n'avions point de trait et estoient les plus orgueilleuses gens que l'en peut trouver ; mais après furent en telle necessité qu'ilz se fussent laissez prendre d'assault, sans cop ferir ; et jà se rendoient par les tours et par les gardes où ilz estoient ; et mon dit seigneur le connestable et monseigneur de la Marche les en garderent pour les grans maulx qui se font quant on prent une place d'assault ou d'emblée[1].

Et fut la dicte place rendue au Roy, et y fut le Roy et les seigneurs six ou sept jours ; puis s'en vint à Saint Sevé, et laissa Regnaud Guillaume[2] capitaine ; et de là s'en tira sur la riviere de la Gallonne[3] à la ville d'Agen, et monseigneur le connestable et monseigneur de la Marche tirerent au Mont de Marsant.

---

1. La ville fut prise le 2 ou le 3 août 1442. Il y a aux Archives de Nevers une lettre du chancelier de France aux habitants de cette ville qui semble contredire ce qu'avance ici Gruel ; on lit en effet dans ce document que « le jeudi deuxiesme d'aoust la ville de Asc fut prise d'assault du Roy nostre sire, entre cinq et six heures après midi ». (Archives de Nevers, CC 45 ; cf. *Hist. de Charles VII*, par M. de Beaucourt, III, 244, note 2.) D'autres documents donnent la date du 3, qui, selon M. de Beaucourt (*ibid.*), est celle de la capitulation.

2. Peut-être Arnault Guillem de Bourguignan, qui est qualifié bailli de Montargis en 1444 et en 1448. (Bibl. nat., Cabinet des titres, vol. 685, fol. 82 r° et 95 r°.)

3. La Garonne.

Chapitre LXXVII.

*Du mariage de monseigneur le connestable
o madame Jehanne d'Albret.*

Monseigneur de la Marche avoit parlé pluseurs foiz à monseigneur le connestable du mariage de luy et de sa niepce, la fille de monseigneur d'Albret ; et en ce voyage fut conclu le dit mariage. Et tira mon dit seigneur le connestable du Mont de Marsant à Nerac, où estoit monseigneur d'Albret et madame et monseigneur de la Marche. Et quant il fut à quatre lieues de là, il envoya missire Raoul Gruel et missire Guillaume de Vandel, et les attendit deux jours ; puis vint au dit lieu de Nerac, et là trouva monseigneur de la Marche, et ceste nuyt souppa o les dames et les vit à son aise, et dancerent.

Puis furent bientost faictes les fiansailles et les espousailles ; et fut le jour de la decollacion Saint Jehan Baptiste que mon dit seigneur espousa, an que desus[1]. Et estoient avecques lui de sa maison : monseigneur de Chasteillon, Guyon de Molac, missire Gilles de Saint Symon, missire Jehan de Broon, missire Raoul Gruel, missire Geffroy de Couvran, missire Guillaume

---

1. Le 29 août 1442 ; l'année est expressément indiquée dans S, fol. 97 v°; B, fol. 40 r°, et C, fol. 104 v°. On lit dans S : « ... et fut le jour sainct Jehan de Colasse, » variante reproduite, avec quelques différences graphiques, dans les deux autres mss., dans l'extrait de Du Chesne et dans la Compilation de Le Baud. (D, fol. 115 r°; L, fol. 362 v°, col. 1.) Jeanne d'Albret reçut en dot le comté de Dreux. (Bibl. nat., mss. fr. 4792, fol. 28, et 4802, fol. 53.)

de Vandel, Charles de Monmoransi, Olivier de Quelen, Jehan de la Houssaye, Pierres du Pan, Guillaume de Launay, Olivier du Val, Robert de Quedillac, Langourlay, Jehan de la Haye, le capitaine Olivier de Broon, Mahé Morillon, Jehan Budes, Jehan de la Boessiere, Maleschée, Jaquet, Daouet, et celui qui a dictié ceste cronique, nommé Guillaume Gruel, et pluseurs autres; et fut bien huyt jours ou plus à Nerac.

Puis s'en alla mon dit seigneur devers le Roy à Agen, et y fut environ troys jours, et conclut ce qu'il avoit à faire; puis s'en revint à Nerac et y fut deux ou troys jours; puis se partit et s'en alla à Chasteau-Geloux et à Saincte Basille, et de là à Mermande[1]; et

1. S, fol. 98 r° : « Et estoyent avecques luy de sa maison monseigneur de Chastillon, Guyon *de Molac*, monseigneur Gilles de Saint Symon, monseigneur *Jean de Broon*, messire *Raoul* Gruel, messire Geoffroy *de Couvran*, messire Guillaume de Vendel, Charles *de Montmorency*, Olivier *de Quelen*, *Jean* de la Houssaye, *Pierre du Pan*, Guillaume *de Launay*, Olivier *du Val*, Robert *de Quedillac, Langourlay, Jean de la Haye,* le capitaine Ollivyer de Broon, Mathé Morillon, *Jean Budes, Jean de Bouessière, Mareschée, Jacquet, Dahouet,* et celluy qui a dicté ceste cronicque, Guillaume Gruel, et pluseurs autres gens de grant faczon; et fut bien huict jours ou plus à Nerac. Puys s'en alla mon dict seigneur vers le Roy à Agen, et y fut environ troys jours; puys s'en partit et s'en alla à Chasteau *Geloux*, et à Saincte Bazille et de là à *Marmande*. » Le ms. S, dont nous avons imprimé en italiques les mots ayant fait l'objet d'une correction, ne mentionne donc pas le court séjour de Richemont à Nérac avant de se rendre à Castel-Jaloux. Tous ces noms propres sont diversement orthographiés dans C, fol. 104 v°; B, fol. 40 r° : ces mss. citent après « Guillaume de Launay » un « Henry de Launay, » mentionné aussi par Th. Godefroy (édit. 1622, p. 125; Buchon, 395¹, ligne 4). De plus, le personnage appelé dans N et S « Olivier Du Val » est nommé dans C, B et dans l'édition de Th. Godefroy « Olivier de Nael », et « Olivier de Néel » dans Buchon; C, B et Th. Godefroy donnent « Darionet » au lieu de « Daouet »; enfin B,

là se rendit le Roy, et y furent bien xv jours en attendant les gens d'armes. Et là le Roy dist à monseigneur le connestable qu'il convenoit que l'un d'eulx deux alassent faire venir les gens d'armes qui estoient vers Tholose et vers Bierne[1], et tenoient les champs pour ce que point n'estoient payez en ce temps là, et mouroient de fain eulx et leurs chevaulx. Et fut dit que, si le Roy ou monseigneur le connestable n'y alloient, que point ne reviendroient; ainsi fut advisé que mon dit seigneur iroit, et lors print le chemin et vint par Nerac pour faire partir madame pour s'en aller à Partenay et l'emmena quant et luy. Et en tirant à Tholose rencontra à une ville qui a nom Guavre maistre Robert de la Riviere, qui puis fut evesque de Rennes[2], qui venoit devers le Roy de par le duc Françoys pour avoir le congié de monseigneur le connestable son oncle pour venir devers le duc Françoys à sa feste[3]. Et le dit maistre Robert fist tant qu'il eut le congié de mon dit seigneur et le trouva à Tholose; et de là se partit mon dit seigneur et tira à Partenay, et madame quant et luy[4]. Et de là mon dit seigneur tira devers le duc son nepveu, et fut à sa feste à Rennes et firent grant chiere, et y fut bien ung moys

fol. 40 v°, remplace « Chasteau Geloux » par « Chasteau Louys ». Castel-Jaloux, cant., Lot-et-Garonne, arr. de Nérac. Sainte-Bazeille, *ibid.*, cant. de Marmande.

1. Béarn.

2. Il fut nommé évêque par lettres du 7 juin 1447, et mourut le 18 mars 1450. (*Gallia christiana*, édit. 1856, XIV, 758.)

3. La place du connétable de France était alors auprès du Roi et non à la Cour de Bretagne.

4. Le connétable et la nouvelle comtesse de Richemont arrivèrent à Parthenay au mois de novembre 1442. (Pièce just. XL.)

ou plus. Puis s'en vint à Fontenay le Conte devers madame, et fut là une piece pour ce que on s'estoit mort à Partenay; puis, quant la mort fut cessée, il s'en revint à Partenay, et y sejourna celle saison, excepté qu'il fut ung voyage devers le Roy à Tours et à Chinon[1].

Chapitre LXXVIII.

Comment les Angloys vindrent devant Angers, et, en s'en retournant, prindrent La Guerche.

L'esté après, mil CCCC XL troys, les Angloys vindrent [à] grant puissance et bien soubdainement devant Angiers, et logerent une nuyt à Saint Nicholas, et en estoit chief le duc de Sombresset, et le conte Dorset et Mathago; et estoient bien plus de sept à huyt mille combatans. Et de là allerent loger devant Pouencé et prindrent La Guerche; et furent plus de xv jours ou troys sepmaines devant Pouencé, cuidans qu'il se deut rendre. Et quant monseigneur le connestable le sceut, il fist grant diligence et tira à Angiers, et manda ce qu'il peut de gens d'armes, et de là tira à Chasteau Gontier, et là trouva monseigneur d'Alenczon. Puis y arriverent monseigneur le marechal de Loheac, monseigneur de Bueil et Loys son frere et pluseurs gens de bien, qui avoient fait une entreprinse de aller courir

[1]. Le connétable passa la première moitié de l'année 1443 à Parthenay, où sa présence est signalée par les actes, les 31 mars 1443 (Archives nat., R¹ 192, pièce 18), 2 avril (*Ibid.*, p. 16), 20 avril (*Ibid.*, avant-dernière chemise), 25 avril (*Ibid.*, R¹ 187, dernière chemise, pièce 37), 10, 16 et 20 mai (*Ibid.*, R¹ 192).

sur le siege, et le vindrent dire à monseigneur le connestable, qui leur dist : « Si vous voulés attendre jusques à demain, je auray deux cens lances de mes gens qui seront ennuyt[1] icy, et ainsi pourrons faire notre entreprinse seurement, et en telle maniere que les Angloys ne nous pourront grever. » Et ilz ne le voulurent croyre, et lui dirent qu'ilz yroient essayer le chemin. Puis après s'en allerent assés d'autres, et se partirent environ quatre heures après medi, et estoient allez repaistre en ung village, et celle nuyt Mathago, bien acompaigné de mille cincq cens Angloys, venoit courir devant Chasteau Gontier, et les trouva de nuyt dedans le logeis, et les mist en desarroy, et en fut de mors et de prins. Et fut prins Loys de Bueil et d'autres; et monseigneur le marechal[2] et monseigneur de Bueil se sauverent. Et puis demoura une piece monseigneur le connestable à Chasteau Gontier; après vint parler au Roy à Saulmur pour conclure ce qu'il avoit à faire[3].

Cependant les Angloys s'en allerent de devant Pouencé et tirerent en Normandie; et à celle heure monseigneur l'admiral de Coitivi fut esloingné de la Court sans perdre nulles de ses offices; et entra missire Pierres de Brezé en gouvernement et Jamet de

1. C'est-à-dire « cette nuit », « la nuit prochaine. » (La Curne de Sainte-Palaye, *Dictionnaire historique de l'ancien langage françois*, édit. Favre, 1875, I, 473.) Dans le patois normand actuel, « ennuit » signifie « aujourd'hui »; cette locution a tout à fait perdu son ancien sens.
2. *Sic* dans N, fol. 52 r°. Le maréchal de Lohéac : il est nommé dans S, fol. 99 v°; C, fol. 105 v°; B, fol. 42 r°.
3. Richemont séjourna en octobre et novembre 1443 à Saumur, où se trouvait alors la Cour. (*Hist. de Charles VII*, par M. de Beaucourt, III, 266; Bibl. nat., ms. Du Chesne, vol. 70, fol. 112 v°, 113 r° et v°.)

Tillay et petit Mennil. En l'yver après, monseigneur le connestable envoya ses gens en garnison à Grantville, missire Geoffroy de Couvran et Olivier de Broon[1]; puis s'en vint mon dit seigneur à Partenay[2].

Chapitre LXXIX.

Comment le mariage du Roy d'Angleterre et de madame Margarite, fille du Roy de Cecille, fut conclu.

L'an mil CCCC XL quatre, en esté, le conte de Son-

---

1. S, fol. 100 r° : « Et entra monseigneur Pierre *de Brézé* en gouvernement et Jamet *de Teillay,* et le *petit Movil;* et l'hiver apprès monseigneur le connestable envoya ses gens en garnison à Grantville : messire Geoffroy de Couvran et Ollivyer *de Broon.* » C, fol. 106 r° : « Et entra monseigneur Pierres de Braizé en gouvernement et Jamet de Taillay, et mesmes en l'yver après monseigneur le connestable envoya ses gens en garnisson à Grantville : missire Geffroy de Couvren et Olivier de Broon. » B, fol. 42 r° : « Et entra monsieur Pierre de Braizé en gouvernement et Jamet de Taillon; et mesmes en l'hyver après monseigneur le conestable envoya ses gens en garnison à Grandville : messire Geoffroy de Coubron et Ollivier de Broon. » Th. Godefroy (édit. 1622, p. 128; Buchon, p. 395[2]) met « le petit Mesnil. » L'amiral de Coëtivy disparaît en effet à cette époque de la liste des principaux conseillers de Charles VII, dressée par M. Vallet de Viriville; par contre, on y voit figurer Jamet du Tillay et Jean du Mesnil-Simon, sire de Maupas, sénéchal du Limousin; ce dernier est probablement celui que Gruel appelle le « petit Mennil. » Quant à Pierre de Brézé, il était conseiller depuis 1440; mais, en 1443, son influence augmenta beaucoup. (Vallet de Viriville, *Charles VII, roi de France, et ses Conseillers*, 1859, in-8°, p. 19-21.)

2. Richemont fit en janvier 1444 un voyage à Angers, où il se trouvait le 22 de ce mois. (Bibl. nat., ms. Du Chesne, vol. 70, fol. 113 r°.)

fort et le privés-seel d'Angleterre[1] vindrent à Tours devers le Roy, et y eut une grande convencion et fut traicté que le duc Françoys y viendroit; et le alla querir monseigneur le connestable à Nantes, et le admena devers le Roy à Tours. Et partit de Nantes pour faire le voyage, le mardi des feries de Pasques[2], et Dieu sache comment il estoit acompaigné; c'estoit belle chose à veoir les seigneurs, chevaliers et escuiers; car quant il alloit devers le Roy es Montiz[3], sa compaignie duroit depuis les Montiz jusques à la porte de Tours; et là y eut une grande convencion. Et fut conclu le mariage du Roy d'Angleterre et de madame Margarite, fille du Roy de Cecille; et furent prinses trieves jusques à deux ans[4]. Puis se departirent et s'en alla le duc en Bretaigne, et monseigneur le connestable à Partenay.

1. Adam Moleyns, « garde du privé seel du Roy d'Angleterre, docteur en lois et doyen de Salseberry. » (Monstrelet, VI, 97, 98; cf. Cosneau, *les Grands Traités de la guerre de Cent ans*, p. 184.)

2. S, fol. 100 v° haut : « Et le alla querir monseigneur le connestable à Nantes, *et l'amena devers le Roy à Tours et partit de Nantes pour faire le voyage le mardy des* féryes de Pasques. » Le membre de phrase imprimé en italiques a été ajouté en marge par le correcteur ordinaire de ce manuscrit. Le mardi de Pâques fut le 14 avril 1444 et non le 12 avril, comme M. Cosneau l'imprime dans son *Connétable de Richemont,* p. 347.

3. C'est sur la terre de Montils que Louis XI fit bâtir son château du Plessis-lès-Tours, à un kilomètre environ au sud-ouest de Tours.

4. S, fol. 100 v° : « ... Et furent prinses tresves jusques à deux ans; » C, fol. 106 r°, ligne 18 : « ... et furent prinsses treves jusque à   ans » [le chiffre manque]; B, fol. 42 v°, ligne 8 : « ... et furent prinses treves jusques à deux ans. » Cette trêve fut conclue dans un traité signé à Tours, le 28 mai 1444; le texte français en a été publié par M. Cosneau dans *les Grands Traités de la guerre de Cent ans,* p. 152 et s.

Chapitre LXXX.

*Comment madame Jehanne d'Albret trespassa
à Partenay en la fin de septembre.*

Puis après, l'an que desus mil CCCC XL quatre[1], fut advisé que monseigneur le Daulphin menroit les rotiers et pluseurs autres en Alemaigne[2], et le Roy de Cecille, et le connestable allerent en Lorraine; et devant Més furent logez pluseurs de leurs gens d'armes[3]. Et se partit mon dit seigneur le connestable pour faire le dit voyage environ la my-aougst, et laissa madame Jehanne d'Albret malade; toutesfoiz ne cuidoient ilz point qu'elle fust en dangier; et si trespassa elle environ la fin de septembre, dont mon dit seigneur fist bien grant deul, et passa tout l'yver en Lorraine, à Nansy et ailleurs.

1. S, fol. 100 v° : « Comment madame Jehanne d'Albret trespassa en la fin de septembre mil *quatre* cens quarante cinq. Puys l'esté après, mil quatre cens quarante cinq, fut advisé que monseigneur le Daulphin meneroict les *rotiers* et plusieurs autres en Allemaigne. » C, fol. 106 r°, ligne 20 : « Puis l'esté après, mil IIII° XLV, fut advisé que monseigneur le Daulphin mainroit les rotiers et plusieurs autres en Allemaigne. » B, fol. 42 v° : « Puys l'esté après, mil quatre cens quarante cinq, fut advisé que monsieur le Daufin meneroit les rotiers et plusieurs autres en Allemagne. » Th. Godefroy (édit. 1622, p. 129; Buchon, p. 396¹) reproduit la bonne date de N, fol. 52 v°, que nous suivons. (Voir dans l'*Introduction* le chapitre consacré à l'*Établissement du texte de la chronique*.)

2. Le Dauphin reçut alors « II^m l. t. pour don et IIII^m l. t. pour conduire les gens d'armes hors des pays obeissans au Roy... » (Bibl. nat., vol. 685 du Cabinet des titres, fol. 81 v°.)

3. Le 10 septembre, le territoire de la ville de Metz fut occupé par les troupes françaises. (*Relation du siège de Metz en 1444*, par

Chapitre LXXXI.

*Du mariage de monseigneur le connestable
o madame Katherine de Lucembourc.*

Puis ou commencement de l'esté, l'an mil CCCC XL cincq, fut parlé de son mariage, et traicté par monseigneur du Maine et monseigneur de Saint Paoul et autres, tant que le mariage se fist de lui et de madame Katherine de Lucembourc; et le derrain jour de juign fut accordé, et bientost en juillet furent espousez[1].

MM. de Saulcy et Huguenin, p. 84, citée par M. de Beaucourt dans la *Chronique de Mathieu d'Escouchy*, I, 27, note 1.) C'est vers cette époque que le connétable arriva en personne sur le théâtre des événements. (*Chronique du doyen de Saint-Thiébaut*, dans l'*Hist. de Lorraine* de D. Calmet, édit. 1728, II, *Preuves*, p. 251.) Pendant les mois de juillet et d'août, ses hommes d'armes bretons avaient ravagé les domaines de N. Rolin, chancelier de Bourgogne. (*Pièces just.* de la *Chronique de Mathieu d'Escouchy*, III, p. 92-94. Voir sur les expéditions de Suisse et de Lorraine les deux premiers chapitres du t. IV de l'*Hist. de Charles VII*, par M. de Beaucourt.)

1. S, fol. 101 r° : « Puys, en la fin de l'esté, fut parlé de son mariaige et traicté par monseigneur du Mayne et monseigneur de Sainct Paul et autres, tant que le mariaige se feist de luy et de madame Catherine de Luxembourg, et fut l'an mil quatre cens quarante six et le derrain jour de juing qu'il fut accordé et bientost, en juillet, furent espousez. » B, fol. 42 v° : « Puys, en la fin de l'esté, fut parlé de son mariage et traicté par Mr du Maine et Mr de Saint Pol et autres, tant que le mariage se fist de luy et de madame Catherine de Luxembourg, et fut l'an mil quatre cens quarante six, le dernier jour de juin, qui fut accordé et bientost, en juillet, furent espouzez. » C, fol. 106 r°, avant-dernière ligne : « Puix, en la fin de l'esté, fut parlé de son mariage et trecté par monseigneur du Maigne et monseigneur de Saint Pou et autres, tant que le mariage se fist de ly et de madame Katherine de Lusxambourc, et fut l'an mil IIII^c XLVI, le desrain jour de juign,

Puis y eut ung broulleys que le grant sennechal de Poictou mist sus pour ce qu'il se doubtoit que le Roy de Cecille et monseigneur le connestable, monseigneur du Maine et monseigneur de Saint Paoul [qui] estoient allez ensemble, feissent une Praguerie; et fut mal trouvé, car ilz n'y pensoient point. Puis de là s'en vindrent à Chalons et à Sarry[1].

Chapitre LXXXII.

De l'ordennance de vivre es gens d'armes.

Puis après, en ce temps, monseigneur le connestable fist passer les gens d'armes par Bourgoigne, malgré que le mareschal de Bourgoingne en eust, pour aller

qui fut acordé, et bientoust, en juillet, furent espoussez. » On voit que dans ces trois mss. la date d'année est différente et placée à un autre endroit que dans le ms. N, fol. 53 v°, dont nous suivons le texte. Le contrat de mariage fut signé le 30 juin 1445 et le mariage célébré le 2 juillet. (Voir dans l'*Introduction* le chapitre consacré à l'*Établissement du texte de la Chronique.*)

1. « Et à Sarry. » Pourquoi Th. Godefroy (édit. 1622, p. 130; Buchon, p. 396¹) a-t-il supprimé cette mention qui se trouve dans tous les mss. (N, fol. 53 v°; S, fol. 101 v°; C, fol. 106 v°, ligne 2; B, fol. 43 r°)? Sarry, Marne, arr. de Châlons-sur-Marne, cant. de Marson. Le connétable suivait presque constamment la Cour : des conférences s'ouvrirent à Châlons-sur-Marne entre les conseillers de la duchesse de Bourgogne, venue elle-même dans cette ville, et ceux de Charles VII, pour terminer le différend relatif aux conditions onéreuses du traité qui avait rendu au roi René sa liberté. La duchesse fit connaître, le 24 juin, ses dernières concessions, et un nouveau traité fut conclu le 6 juillet 1445. (*Chronique de Mathieu d'Escouchy*, I, 47-49; le Mémoire du 24 juin a été imprimé dans les *Preuves* de l'*Hist. de Bourgogne* par D. Plancher, IV, n° CXLIII, et analysé par M. Gachard dans son *Rapport*

querir les gens du Roy qui estoient à Monbliart[1]. Et quant ilz furent venuz, mon dit seigneur fist les monstres et cassa ceulx qui estoient à casser, et les gens de bien mist en ordennance, et les meschans et tout leur bagage en furent envoyés; et eurent lettre de passage de mon dit seigneur[2]. Et fut ainsi trouvée à celle heure l'ordennance de vivre es gens d'armes. Et fut, ce me semble, grâce de Dieu; car oncques hommes qui feust cassé ne luy dist que ce fust mal fait; et furent ordennez les capitaines, que tousjours a duré depuis[3]. Et ainsi fut ostée la pillerie de sus le peuple qui longtemps avoit duré, dont mon dit seigneur fut bien joyeux; car c'estoit l'une des choses que plus il desiroit, et tousjours avoit tasché à le cui-

sur les *Archives de Dijon,* p. 76, n° 210; le traité du 6 juillet a été aussi imprimé par D. Plancher, *ibid.,* p. 185.)

1. Le maréchal de Bourgogne fit appel aux seigneurs du duché pour arrêter le connétable et Joachim Rouault, dans leur marche sur Montbéliard. (Pièce just. XLI.)

2. M. Vallet de Viriville a publié dans la *Bibliothèque de l'École des chartes* (1846, p. 124, note 3) un sauf-conduit de ce genre, délivré, le 20 avril 1445, par le connétable, alors à La Marche-en-Bassigny (Vosges, arr. de Neufchâteau), au bâtard de Limeuil, « chargé de ramener dans leurs foyers un détachement de 160 cavaliers et leur bagage, licenciés par ordonnance. » M. Cosneau a réimprimé ce texte dans *le Connétable de Richemont,* p. 609, n° LXXXIII.

3. M. Vallet de Viriville a publié dans la *Bibliothèque de l'École des chartes* (1846, p. 124-125) des extraits d'une ordonnance sur ce sujet rendue le 26 mai par le Roi, alors à Louppy-le-Château (Meuse, arr. de Bar-le-Duc). Cet acte a été imprimé en entier par M. Cosneau dans *le Connétable de Richemont,* p. 610, n° LXXXIV. Deux autres règlements furent publiés par le Roi, le 4 **décembre** 1445 et le 1er janvier 1446, pour assurer le logement **des troupes**. (*Hist. de Charles VII,* par Vallet de Viriville, III, 60, 61.)

der faire; mais le Roy ne vouloit entendre jusques à celle heure.

Puis s'en vint mon dit seigneur à Partenay, et en fist amener madame. Et, bientost après, vint devers le duc François et le trouva à Rieux[1]; et Dieu sache s'il lui fist grant chiere. Et y avoit entre le duc Françoys et monseigneur Gilles son frere aucun differant, et n'estoient pas bien contens l'un de l'autre. Et incontinent que monseigneur le connestable le sceut, il envoya querir monseigneur Gilles et fist l'appointement[2].

Puis le duc requist à monseigneur le connestable qu'il feist venir madame de Richemont à Nantes, pour ce qu'il la vouloit veoir en Bretaigne, et aussi qu'elle veist la duchesse; et mon dit seigneur l'envoya querir et vint à Nantes, et là fut très bien festoyée. Et y estoient monseigneur le connestable, monseigneur Gilles et monseigneur Pierres. Puis s'en retourna monseigneur le connestable à Partenay et madame, et y passerent partie de l'yver[3]. Puis alla monseigneur

1. Le connétable était à Rieux le 13 octobre, jour où il contresignait l'acte par lequel le duc François remplaçait les chanoines de la chapelle de Saint-Donatien à Nantes par douze chartreux et un prieur. (Bibl. nat., ms. fr. 2708, fol. 136, 137; il fut confirmé à Nantes le 2 novembre suivant; on le trouve imprimé dans les *Preuves* de D. Morice, II, 1382-1385, avec les dates du 12 octobre pour 13 octobre et du 11 novembre pour 2 novembre.)

2. L'acte de réconciliation du duc François et de son frère Gilles, daté de Rieux, 19 octobre 1445, est publié dans les *Preuves* de l'*Hist. de Bretagne,* de D. Morice, II, 1386.

3. Le comte et sans doute la comtesse de Richemont étaient à Nantes dès le commencement de novembre; puis ils regagnèrent le Poitou, où un messager était expédié de Paris au connétable, au mois de janvier 1446. (Cf. l'acte cité ci-dessus, note 1; Bibl. nat., ms. lat. 9848, fol. 63 v°.)

devers le Roy à Tours, et là fut conclu de mettre le siege au Mans, ou cas que les Angloys ne le rendroient et ce qu'ilz tenoient de places en la conté. Et y envoia le Roy grant nombre de gens d'armes, et estoient chiefz : monseigneur le grant sennechal[1], monseigneur l'admiral[2], monseigneur de Bueil et pluseurs capitaines[3]. Et ne vouloit le Roy aucunement que monseigneur le connestable y allast ; toutesfoiz il fut mandé, car ilz ne vouloient riens faire les uns pour les autres, et faillist que mon dit seigneur y allast. Et, bientost après, les Angloys rendirent Le Mans et tindrent ce qu'ilz avoient promis, et fut la vigile de Pasques flories, l'an mil CCCC XL [et sept[4]].

Chapitre LXXXIII.

Comment la prinse de monseigneur Gilles de Bretaigne fut pourchassée sans le sceu de monseigneur le connestable.

Puis s'en vint monseigneur le connestable à Tours

1. Pierre de Brézé.
2. Prégent de Coëtivy.
3. Parmi ces capitaines, on peut citer : Germain Braque, Jamet de Tillay, Dunois. (Cf. un extrait du dixième compte de Xaincoins, publié par M. de Beaucourt, *Hist. de Charles VII,* IV, 308, note 1.)
4. Nous avons remplacé une mauvaise leçon de N, fol. 54 r° : « l'an mil CCCCXL six, » par la date exacte qui nous est fournie par S, fol. 102 v°; B, fol. 44 r°; C, fol. 107 r°. Pâques fleuries ou les Rameaux tombant en 1448 (n. st.), le 17 mars, la reddition du Mans par les Anglais eut donc lieu, suivant Gruel, le 16 de ce même mois. (Voir dans l'*Introduction* le chapitre relatif à l'*Établissement du texte de la Chronique;* Cosneau, *le Connétable de Richemont,* p. 393.)

devers le Roy, et de là à Partenay, et y fut une espace de temps. Et bientost après fut entreprins l'apointement du duc Françoys et de monseigneur de Laigle[1], qui ne voult point venir en Bretaigne, si monseigneur le connestable n'y estoit, et l'amena mon dit seigneur à Nantes devers le duc, et y fut longuement, et en la fin fut fait l'apointement, ainsi que on peut scavoir[2].

Monseigneur Gilles dist aucunes parolles à missire Jehan Hyngant, qui estoient fort rigoreuses, dont il fist le raport au duc Françoys. Et en celle saison le duc Françoys vint devers le Roy ; et cecy fist monseigneur le connestable. Et fut pourchassée devers le Roy la prinse de monseigneur Gilles, sans le sceu de monseigneur le connestable ; et fut donné à entendre moult de choses au Roy et au duc Françoys. Et fut conclu que missire Regnaud de Denesay iroit pour faire

1. Jean de Blois, comte de Penthièvre, seigneur de Laigle.
2. Le traité de paix fut conclu à Nantes, le 27 juin 1448 ; en voici l'analyse : « Traité de paix finale entre François, duc de Bretagne, son oncle Arthur de Richemont, ses frères Pierre, seigneur de Guingamp, Gilles, seigneur de Champtocé et de Châteaubriant, son cousin François, comte d'Étampes et seigneur de Clisson, d'une part, et Jean de Bretagne, comte de Penthièvre et vicomte de Limoges, agissant en son nom et au nom de son frère Guillaume, de leur nièce Nicolle, fille de feu Charles de Bretagne, second frère dudit Jean, d'autre part, par lequel (traité) le dit Jean de Bretagne et les siens recouvrent une partie de leurs biens confisqués, renoncent à leurs droits actuels sur le duché de Bretagne et sont reconnus comme légitimes héritiers du duché de Bretagne, dans le cas où le duc François, Arthur, Pierre, Gilles et François, comte d'Étampes, décéderaient sans lignée mâle. » On remarquera qu'il n'est pas fait mention dans cet acte d'une intervention spéciale de Richemont, qui agit au même titre que ses neveux. (Archives nat., J 246, n° 114 ; publié par D. Morice, *Preuves*, II, 1415-1424 ; D. Lobineau, II, 1085-1093 ; analyse insuffisante à la Bibl. nat., ms. fr. 3909, fol. 14 r°.)

l'execucion et menroit les c lances de monseigneur le grant senneschal. Et quant le duc fut parti et les gens d'armes, le Roy le dist à monseigneur le connestable, lequel parla bien à luy, en disant qu'il ne faisoit pas bien de vouloir ainsi destruire la maison de Bretaigne, et que par autre maniere povoit bien appaiser la chose, sans mettre le duc et son frere en telle maniere en guerre et dissencion; et fut mon dit seigneur très malcontent. Lors le Roy lui dist : « Pourvoyés-y, et faictes diligence, ou autrement la chose ira mal; car le duc et les autres vont touz deliberez de le prendre et mettre en la main du duc. » Et ainsi se partit monseigneur le connestable très mal content, et s'en vint en Bretaigne après le duc; mais ne le peut attaindre que la chose ne fust parfaicte; et arriva à Dynan avant que monseigneur Gilles fust amené, lequel avoit esté prins par missire Regnaud de Denesay. Car quant monseigneur Gilles sceut que c'estoient des gens du Roy, il leur fist ouvrir la porte du Guildou[1]; et ainsi estoit bien aisé à prendre; puis fut admené à Dynan, comme dit est. Et lors monseigneur le connestable requist au duc qu'il lui pleut veoir son frere; et fut amené monseigneur Gilles au chasteau de Dinan; et là vint le duc et monseigneur le connestable et mon-

1. Le 19 juin 1446, le duc de Bretagne, alors à Razilly, près Chinon, signait l'ordre d'arrestation de Gilles et chargeait l'amiral de Coëtivy d'aller s'emparer de sa personne au Guildo ou dans toute autre place où il se réfugierait. Le Guildo, qui appartenait à Gilles, du chef de sa femme, Françoise de Dinan, est aujourd'hui un port à l'embouchure de l'Arguenon, Côtes-du-Nord, arr. de Dinan, cant. de Ploubalay. (*Cartulaire des sires de Rays,* publié par P. Marchegay, 1857, p. 92, n° VII; *Compilation de Le Baud,* ms. fr. 8266, fol. 367 v°.)

seigneur Pierres; et monseigneur Gilles se mist à genoulx, et monseigneur le connestable, et monseigneur Pierres, supplians au duc qu'il lui pleut avoir merci de son frere, en plorant tous troys en toute humilité; mais le duc ne s'en fist que rire et n'en tint conte pour quelque chose qu'ilz lui peussent dire ne faire. Et quant monseigneur le connestable vit ce, il se departit et s'en vint à Rennes, puis à Nantes et à Partenay; et là sejourna jusques ad ce qu'il sceut au certain que le duc avoit assigné ses Estas à Redon; et là cuidoient condempner monseigneur Gilles par les Estas. Mais mon dit seigneur s'i rendit et parla priveement o aucuns des seigneurs de Bretaigne et autres tant que la chose fut rompue; et fut le duc malcontent de luy. Puis s'en revint mon dit seigneur à Partenay, et puis tira à Chinon devers le Roy.

Chapitre LXXXIV.

D'un débat qui fut entre monseigneur le connestable et monseigneur de Nevers.

L'an mil CCCC XL sept, à Chinon, y eut[1] une belle

---

1. S, fol. 104 r° : « Et puys tira à Chignon devers le Roy et l'an mil *quatre* cens quarante et huict y eut une belle assemblée de seigneurs devers le Roy... » C, fol. 108 r°, ligne 6 : « Puix tira à Chinon devers le Roy; l'an mil IIII^c XLVIII y eut une assemblée de seigneurs devers le Roy... » B, fol. 45 r° : « Puys tira à Chinon devers le Roy; l'an mil quatre cens quarante et huict y eut une assemblée de sieurs devers le Roy... » Cette « belle assemblée » n'eut lieu ni en 1447, ni en 1448, mais bien en 1446, à l'époque où le duc de Bretagne vint à la Cour pour faire hommage de son duché au Roi et pour s'entendre avec lui

assemblée de seigneurs devers le Roy, et y vint le duc Françoys; et y estoient : monseigneur le Daulphin, le Roy de Cecille, monseigneur d'Orleans, monseigneur de Bourbon, monseigneur d'Alenczon et monseigneur du Maine. Et de là monseigneur le connestable estoit allé veoir madame à Partenay.

Et cependant monseigneur de Nevers print le logeis de mon dit seigneur le connestable, et avoit autre logeis en la ville, et mon dit seigneur n'avoit que celuy. Et quant il arriva, il voult venir à son logeis; et l'en lui dist que monseigneur de Nevers y estoit, et n'en vouloit partir. Et mon dit seigneur vint tout droit descendre au dit logeis, et trouva monseigneur de Nevers, et luy dist que c'estoit son logeis, et qu'il failloit luy laisser, et qu'il avoit autre logeis, et qu'il s'i en allast. Et l'autre dist qu'il ne bougeroit. Et mon dit seigneur dist que si feroit; et en la fin faillit que monseigneur de Nevers s'en allast assés tost. Et depuis en furent grandes parolles devant le Roy, et s'i rendit toute la seigneurie. Et dist monseigneur de Nevers que le logeis lui estoit demouré pour l'amour de l'office. Et monseigneur lui dist, quant il ne seroit que Arthur de Bretaigne qu'il le garderoit bien de le deslogier. Et furent monseigneur de Bourbon et monseigneur de Heu pour acompaigner monseigneur de Nevers; et monseigneur n'y mena que lui et ses gens, dont le Roy de Cecille et monseigneur d'Alenczon et monseigneur du Maine furent mal contens qu'ilz n'y avoient esté pour l'acompaigner. Et fut mon dit sei-

au sujet de l'arrestation de Gilles de Bretagne. (Cf. notre *Étude critique* sur la *Valeur historique de la chronique de Richemont*, p. 65, 66, et *Histoire de Charles VII*, par M. de Beaucourt, IV, 183, 184.)

gneur mal content du duc Françoys ; car il estoit en la presence devant le Roy, et ne dist oncques mot, dont beaucoup de gens furent desplaisans ; et assés tost après furent bons amys. Et bientost après monseigneur s'en vint à Partenay, et y passa la pluspart de celle saison.

Chapitre LXXXV.

De la prinse de la ville et chasteau de Foulgeres.

L'an mil CCCC XL huyt, la vigile Notre Dame de mars, furent prins la ville et chasteau de Foulgeres[1] d'eschielle par les Angloys, dont estoit chief missire Françoys de Surienne, dit l'Aragonnays, dont les treves furent rompues. Et le vint dire à monseigneur le connestable à Partenay, Michel Machefer, et pareillement le Roy l'escripst à mon dit seigneur. Et le plus

---

1. S, fol. 105 r° : « Comment la ville et le chasteau de Fougeres furent prins la veille Nostre Dame de mars. L'an mil quatre cens quarante neuf, la veille Nostre Dame de mars fut prins la ville et chasteau de Fougeres d'eschielle par les Angloys. » B, fol. 46 r° : « L'an mil quatre cens quarante et neuf, la veille de Nostre Dame de mars, fut prinse Fougieres d'eschelle par les Angloys. » C, fol. 108 v° : « L'an mil IIII^c XLIX, la veille de Nostre Dame de mars fut prinse Fougieres d'echielle par les Angloys. » En 1449 (n. st.), Pâques tomba le 13 avril. La Notre-Dame de mars est la fête de l'Annonciation ; la prise de Fougères eut donc lieu le 24 mars 1449 (ou 1448, anc. st.) ; c'est aussi la date fournie par la *Chronique du Mont-Saint-Michel,* p. 44. (Cf. D. Morice, *Preuves,* II, 1508-1510 ; l'original de la lettre de Charles VII, qui mentionne la prise de Fougères, est aux Archives de la Loire-Inférieure, E 94.)

tost qu'il peut se partit de Partenay, et manda toutes
ses gens et tira à Nantes, et de là à Rennes, et là
trouva le duc qui fut bien aise de sa venue ; si fut tout
le monde. Et lors commencerent à conclure ce qu'ilz
avoient à faire pour le bon advis et conseil de mon dit
seigneur ; et en attendant que l'armée fut preste, il
conseilla à fortifier la ville de Saint Aulbin. Et lui
mesmes se partit le derrain jour d'avril et alla coucher
au dit lieu ; et là vindrent monseigneur le marechal de
Loheac, et Joachim Rouaut, et Oudet de Rie, et Denisot[1], qui par le congié du Roy vindrent servir le duc,
et y avoit une belle compaignie, tant de Bretaigne que
de France, et bientost fut Saint Aulbin fortifié. Puis
tira mon dit seigneur à Rennes devers le duc, et bientost après vindrent le duc et mon dit seigneur à Saint
Aulbin, et fut fait les courses devant Foulgeres, et à
l'une des foiz saillirent les Angloys et en fut de prins
et de mors.

Et cependant arriverent les cent lances de monseigneur le connestable que missire Geoffroy de Couvran
et Olivier de Broon amenerent, et dura la chose une
piece, et y eut fait des sommacions, tant du Roy que
du duc, et embassades d'un costé et d'autre. Et puis

1. S, fol. 105 v° : « Et luy mesmes se partit le derrain jour
d'apvril et alla couscher au dict lieu ; et là vinct monseigneur le
mareschal de Loheac, Jouachin *Rouault,* Oudet *de Rie,* et Denysot. » B, fol. 46 r° : « Et luy mesme se partit le dernier jour
d'avril et alla couscher au dict lieu ; et là vint monseigneur
le mareschal de Loeac, et Joachin Rouault et Oudet d'Effie et
Denizot. » C, fol. 108 v° : « Et luy mesme se partit le desrain jour
d'avril et ala coucher au dict lieu ; et là vint monseigneur le
mareschal de Loeac et Jouachin Rouault et Oudet d'Effie et
Denissot. »

quant on vit que ce n'estoient que dissimulacions, on commencza à faire guerre en Normandie, et fut prins le Pont de l'Arche et Conches par monseigneur le grant senneschal et Floquet, et crierent Bretaigne. Et le jour Saint Pierres fut prins Beuvron[1], et y estoit monseigneur Jaques de Saint Paoul, lieutenant de monseigneur, et y vint mon dit seigneur [avecques luy monseigneur de Loheac et monseigneur de Derval[2]], puis retourna devers le duc à Rennes[3].

Puis firent une entreprinse, à la requeste de mon-

---

1. Saint-James-de-Beuvron, Manche, arr. d'Avranches. La principale fête de saint Pierre est celle du 29 juin et c'est très vraisemblablement ce jour-là que la place fut prise; mais il y avait aussi la Saint-Pierre « en goule août, » qui se fêtait le 1er août, et il faut remarquer que Berry (dans Godefroy, p. 436) et J. Chartier (*ibid.*, p. 148) placent la reddition de cette place vers le milieu d'août. C'est cette dernière version qui a été adoptée par M. Luce dans la *Chronique du Mont-Saint-Michel*, I, 46, note 2. Nous ne savons où M. Hellot a vu que Gruel faisait remonter la prise de Saint-James-de-Beuvron au 16 juin. (*Cronicques de Normendie*, p. 285, note 317.)

2. Le passage entre crochets manque dans N, fol. 56 r°, et dans S, fol. 106 r°; nous l'empruntons au ms. C, fol. 109 r°; il se trouve dans ce dernier ms., en marge, et a été ajouté après coup; mais le copiste de B l'a intercalé dans le texte même (fol. 46 v°, 3e ligne avant la fin). Les éditions placent ce membre de phrase avant « et y vint mon dit seigneur » et non après, comme dans notre texte, ce qui semble indiquer qu'il était aussi en renvoi dans le ms. de Tournai. (Édit. 1622, p. 136; Buchon, p. 398¹, dernière ligne.)

3. Le 18 juillet 1449, Richemont signait une procuration datée du Gavre et donnant plein pouvoir à Guillaume Papin, son châtelain de Parthenay, d'accepter en son nom la curatelle de François d'Étampes. Le 13 août suivant, il était encore en Bretagne, à Redon, et prenait alors le titre de lieutenant général de Bretagne pour le duc son neveu. (Pièce just. XLII; D. Morice, *Preuves*, II, 1510, 1511.)

seigneur d'Etouteville, sur Tombelaine [1]; et y fut donné l'assault, et par faulte d'eschielles fut faillie à prendre d'assault, et en devoit monseigneur d'Etouteville fournir. Puis firent une autre entreprinse sur Saint Guillaume de Mortain, et y allerent pour faire l'execucion monseigneur le mareschal de Loheac, monseigneur Jaques de Saint Paoul, lieutenant de mon dit seigneur le connestable, monseigneur de Montauban, mareschal de Bretaigne, monseigneur de la Hunaudoye, monseigneur de Derval et Joachim Roaut, et pluseurs autres. Et fut donné l'assault qui dura depuis sept heures au matin jusques à la nuyt, et vous certifie qu'ilz se defendirent très bien; et le landemain se rendirent, et n'avoit plus homme en la place que cincq qui ne fussent blecez, et beaucoup de mors, et y eut fait de belles armes. Puis s'en retourna l'armée à Saint Jame de Beuvron, et de là à Saint Aulbin, et demoura pour monseigneur de Loheac, monseigneur de la Mervoille à xv lances, et pour Joachim, Micheau Guarangier à xv lances.

Et puis après le duc et mon dit seigneur firent leur armée, et fist tant monseigneur que le duc entra en Normandie, malgré tout son conseil, et vindrent mettre le siege à Coutances, et y arriva l'avant garde dès le soir devant [2]; en laquelle estoient : le mareschal

---

1. Tombelaine, forteresse située près du Mont-Saint-Michel. M. Luce a publié à la suite de la *Chronique du Mont-Saint-Michel* plusieurs pièces concernant les garnisons de cette place. Voir l'étymologie, fantaisiste il est vrai, mais néanmoins curieuse, donnée par l'auteur de la *Chronique des quatre premiers Valois*, qui fait venir ce mot de Tombe-Hélène (édit. donnée par M. Luce en 1862, p. 226-229).

2. L'armée ducale entra en Normandie au commencement de

de Loheac, monseigneur Jaques de Saint Paoul, lieutenant de monseigneur le connestable, monseigneur de Bossac, monseigneur de Briquebec et les c lances de mon dit seigneur le connestable et partie des gens de sa maison, et Joachim Rouault, Oudet de Rie et Denisot et pluseurs autres. Et le landemain arriva le duc et monseigneur le connestable, acompaignez de monseigneur de Laval, de monseigneur de la Hunaudaye, de monseigneur de Malestroit, de monseigneur de Coesquen et de monseigneur du Pont, et la pluspart des seigneurs, chevaliers et escuiers de Bretaigne. Et l'autre partie estoit o monseigneur Pierres pour mettre le siege à Foulgeres. Et celuy soir fut faicte la composicion, et le landemain fut rendue ; et partit l'avant garde pour aller à Saint Lo et vindrent gaingner le logeis. Et le landemain arriva le duc et monseigneur le connestable à tout la bataille, et dedans deux jours fut faicte la composicion, et se rendit Saint Lo. Et bientost après on alla devant Karentan, qui gueres ne dura, et fut print par composicion[1], et

septembre 1449 ; après avoir séjourné deux jours au Mont-Saint-Michel, elle quitta cette place le 8 septembre et investit Coutances le 10 ; le vendredi 12, la ville fut rendue aux assiégeants. (*Chronique du Mont-Saint-Michel*, p. 47, 48.)

1. Carentan se rendit le mardi 30 septembre 1449. Le 2 octobre, le connétable y signait le traité de reddition de Neuilly, place qui appartenait à l'évêque de Bayeux. François de Bretagne était encore à Carentan le 4 ; par acte daté de ce jour, il autorisa le receveur Jean de Saint-Fromont à lever les deniers qui lui étaient dus « par la maniere qu'il eust peu faire en precedant d'icelle reducion. » (M. Cosneau a publié la confirmation par Charles VII du traité de reddition de Neuilly dans son *Connétable de Richemont*, p. 622, n° XC ; Bibl. nat., ms. fr. 20405, pièce 43 ; *Chronique du Mont-Saint-Michel*, I, 51.)

aussi le Pont d'Ove[1] et la bastille de Beusiville[2], et La Haye du Puyz[3], et Briquebec[4], et Le Hommet[5] et Lausne[6], et fut le siege mis à Valoingnes, qui gueres ne dura.

Puis le duc et son Conseil tascherent à s'en revenir au siege qu'il avoit fait mettre devant Foulgeres, qui lui tenoit au cuer; car c'estoit son païs, et s'en voult revenir. Et en s'en revenant, par le conseil de monseigneur le connestable fist mettre le siege devant Gavray[7], et y vint monseigneur Jaques de Lucembourc, acompaigné de beaucoup de gens de bien, et y fut deux jours. Puis monseigneur de Blot alla querir monseigneur le connestable, et le lendemain il vint; et à sa venue fut prins le boulevert par monseigneur Jaques et ceulx qui estoient avecques luy. Et le jour après fut la place rendue par composicion et demoura en la main de monseigneur Jaques de Saint Paoul[8].

1. Les Ponts-d'Ouve, Manche, arr. de Saint-Lô, cant. de Carentan, hameau de Saint-Côme-du-Mont. (*Chronique du Mont-Saint-Michel*, p. 51, note 3.)

2. Beuzeville-la-Bastille, *ibid.*, arr. de Valognes, cant. de Sainte-Mère-Église.

3. La Haye-du-Puits, cant., *ibid.*, arr. de Coutances.

4. Bricquebec, cant., *ibid.*, arr. de Valognes.

5. Le Hommet-d'Arthenay, *ibid.*, arr. de Saint-Lô, cant. de Saint-Jean-de-Daye.

6. Laulne, *ibid.*, arr. de Coutances, cant. de Lessay.

7. *Sic* dans S, fol. 107 r°; « Gavroy, » dans C, fol. 109 v°; « Bouroy, » dans B, fol. 48 r°. Gavray, cant., *ibid.*, arr. de Coutances.

8. S, fol. 107 r° : « Puys monseigneur *Delbot* alla querir monseigneur le connestable et le landemain il vinct; et à sa venue fut *prins* le boullevert par monseigneur Jacques de Sainct Paul *et ceulx qui estoient avec luy; et le jour après fut la place rendue par composition et demoura en la main de monseigneur Jacques de*

Puis le duc et monseigneur tirerent au siege de Foulgeres, et là trouverent monseigneur Pierres et pluseurs seigneurs de Bretaigne, qui là tenoient le siege; et se logea le duc devant une des portes, et monseigneur le connestable devant l'autre. Puis firent assortir l'artillerie et y faire des approches et tout ce qui s'i povoit faire; et les Angloys firent une saillie et furent bien reboutez; puis après fut prins l'un des boulevers, et y fut perdu des gens d'un costé et d'aultre. Puis au long aller fut faicte composicion, et se rendirent les Angloys, leurs vies sauves et leurs biens, et encores eurent-ilz de l'argent[1]. Puis s'en vint le duc à Rennes et monseigneur le connestable s'en vint à Partenay et y séjourna celui yver[2].

Sainct Paul. » La partie de la phrase imprimée en italiques a été ajoutée au bas de la page par le correcteur ordinaire. B, fol. 48 r° : « Puys monsieur de Blot alla querir monsieur le connestable; et le landemain y vint; et à sa venue fut pris le boullevard par monsieur Jacques et ceux qui estoyent à luy; et le jour après fut la place rendue par composition et demoura en la main de monsieur Jacques de Saint Paul. » C, fol. 109 v° : « Puix monseigneur de Blot ala querir monseigneur le connestable, et le landemain y vint; et à sa venue fut prins le boullevert par monseigneur Jacques et ceulx qui estoient o ly; et le jour après fut la place rendue par composiction et demoura en la main de monseigneur Jacques de Saint Paul. » Jacques de Saint-Pol, frère puiné de Louis de Luxembourg, comte de Saint-Pol, est appelé quelques lignes plus haut « Jaques de Lucembourc »; Catherine de Luxembourg, troisième femme de Richemont, était leur sœur. (Cf. D. Morice, *Preuves*, II, 1722; *Chronique du Mont-Saint-Michel*, I, 47, note 3.)

1. D. Lobineau a publié dans les *Preuves* de son *Hist. de Bretagne* (II, 753) un « Extrait d'un vieux cahier escrit il y a plus de 200 ans, » qui place la reddition de Fougères au 4 novembre; la *Chronique du Mont-Saint-Michel* donne la date du 5 novembre (p. 53).

2. Richemont était à Josselin (cant., Morbihan, arr. de Ploer-

Et cependant les gens de mon dit seigneur qui estoient en garnison à Gavray, ceulx de Saint Lô et de Coutances firent une destrousse à Avanjoux[1] sur les Angloys de Vire et de Donfront; et y eut mort des gens de tous les coustés; mais le champ demoura à noz gens, et furent mors et prins et mis à fuyte tous les Angloys, et la chose bien combatue.

Chapitre LXXXVI.

Comment monseigneur le connestable print congié du duc pour aller en Normandie.

L'an que desus mil CCCC XLIX, monseigneur le connestable environ la Chandeleur[2] se partit de Partenay pour venir devers le duc, et pour tirer en Normandie vint à Nantes, et furent les eaues si grandes que ce fut merveilles, et sejourna huyt ou dix jours. Et la cause estoit pour ce que maistre Roland Le Coisic lui dist qu'il y avoit ung sorcier, et sur toutes choses

---

mel) le 1ᵉʳ décembre 1449, et y signait conjointement avec Jean d'Orléans, comte d'Angoulême, un acte conférant à leur neveu François d'Étampes, dont ils avaient la curatelle, pleine capacité pour administrer ses domaines. (Pièces just. XLII et XLIII.)

1. S, fol. 107 v°, 3ᵉ ligne avant la fin : « *Avantjoux;* » C, fol. 110 r°; B, fol. 48 v° : « Avangoux; » omis par Th. Godefroy (édit. 1622, p. 139; Buchon, p. 399¹). Vengeons, Manche, arr. de Mortain, cant. de Sourdeval.

2. Tout ce qui suit, jusqu'à ces mots « qui arriva à Saint-Lo... » (ci-dessous, p. 205, ligne 7), c'est-à-dire la majeure partie de notre chapitre LXXXVI, a été omis dans S, fol. 108 r°, ligne 7. Cette lacune considérable n'existe pas dans C, fol. 110 r°; B, fol. 48 v°.

desiroit à faire justice de tous sorciers et erreurs contre la foy ; et dès l'eure l'eut fait brûler si n'eut esté l'evesque Guillaume de Malestroit ; et lors y eut grant question entr'eulx desus ce sorcier. Puis après se partit et tira à Dinan devers le duc ; et là vindrent les nouvelles que les Angloys estoient descenduz à Chierbourc, et qu'ils avoient assiegé Valoingnes et y furent le caresme jusques à la Sepmaine Saincte[1].

Puis se partit monseigneur le connestable et à son partement monseigneur de Montauban[2] lui vint dire : « Monseigneur, je vous avertis, car on veult faire mauveise compaignie à monseigneur Gilles votre nepveu, et je m'en descharge. » Et incontinent monseigneur le vint dire au duc, et y eut grant altercacion, et lui demanda qui le lui avoit dit ; et il dist que ce avoit esté monseigneur de Montauban, et lors le duc se courroucza très fort o monseigneur de Montauban, et lui voult courir sus, qui ne l'eut destourbé.

Monseigneur le connestable avoit cuidé mener le duc en Normandie, lequel avoit grant desir d'y aller, si n'eut esté son Conseil, par qui il fut destourbé. Et

1. En 1450, Pâques fut le 5 avril. Le duc de Bretagne était non à Dinan, mais à Rennes, et le comte de Richemont au port de Messac, lorsque leur parvinrent deux messagers chargés de leur annoncer que les Anglais allaient assiéger Valognes. (Cosneau, *le Connétable de Richemont,* p. 628, n° XCIV.)

2. Il s'agit ici de Jean de Montauban, à qui fut confiée la garde de Gilles de Bretagne : sans être resté complètement étranger aux préparatifs du meurtre de ce dernier, il ne semble pas y avoir pris une part directe ; c'est son frère puîné Arthur qui conseilla ce fratricide au duc François et en dirigea l'exécution. (Cf. la « Déclaration ... touchant la mort de Gilles de Bretagne » et notamment celle de Jean Raiart, dans les *Preuves* de D. Morice, II, 1551-1554 ; *Biographie bretonne,* par P. Levot, II, 484, 485.)

quant monseigneur vit cela, il print congié, et s'en alla faire ses Pasques à Doul ; et au partir le duc lui fist promettre qu'il l'attendroit à Doul jusques au lundi après Pâques ; et ainsi le fist mon dit seigneur. Et le duc se voult rendre à Doul ainsi qu'il avoit promis ; mais les gens de son Conseil le garderent de y aller ; et demorerent beaucoup de gens qui avoient grant fain de aller o mon dit seigneur, et dirent au duc qu'il les laissast aller, et que si mon dit seigneur auroit grant nombre de gens, qu'il combatroit les Angloys, et mettroit tout à l'aventure ; ainsi demorerent dont depuis s'en repentirent.

Monseigneur s'en partit de Doul acompaigné de monseigneur de Laval, de monseigneur le mareschal de Loheac, de monseigneur Jaques de Saint Paoul, de monseigneur de Bossac, de monseigneur de Derval, et des autres gens de sa maison et autres, une belle compaignie et bonne, et vindrent pluseurs le conduire, et entre les autres Le Bourgoys, auquel il dist : « Jamais je ne teins demouré de bonne besoigne jusques à ceste fois. » Et Bourgoys lui respondit tout en lermoiant : « Je scey, monseigneur, que vous ne combatrés point. » Et lors monseigneur lui dist : « Je veu à Dieu, je les voiray, o la grâce de Dieu, avant retourner. » Et ainsi tira son chemin, et alla coucher à Grantville, et le landemain à Coutances. Et là eut des lettres de monseigneur de Clermont, de monseigneur de Kastres[1], de l'admiral de Coitivi, et du grant senneschal ; et en effect lui escripvoient que les Angloys

---

1. Jacques d'Armagnac, fils aîné de Bernard d'Armagnac, comte de la Marche. (*Chronique de Mathieu d'Escouchy*, I, 278.)

avoient prins Valoingnes, et que encores estoient au dit lieu, et qu'il leur sembloit qui devoit tirer à Saint Lo ; dont monseigneur fut bien malcontent ; et toutesfoiz le fist-il pour qu'ilz le luy avoient rescript; et tira à Saint Lo.

Et celle nuyt lui envoierent ung poursuivant qui arriva à Saint Lo au point du jour, qui luy vint dire que les Angloys estoient passez Les Vez[1], et qu'ilz tiroient à Bayeux, et qu'il se rendist à Trivieres, et qu'ils les chargeroient tousjours en l'attendant, et là se rendroient à luy. Et au point du jour, mon dit seigneur fut le premier qui ouyt appeller le guet et fist lever gens pour ouvrir la porte[2]. Et incontinent fist sonner ses trompetes à cheval, et se arma bien diligemment ; puis ouyt la messe.

Chapitre LXXXVII.

De la journée de Fremyny.

Le xve jour d'avril l'an mil CCCC cinquante, après que monseigneur le connestable eut ouy la messe à Saint Lo, il alla à la porte de l'eglise et monta à cheval, et n'avoit pas six hommes avecques lui au partir.

---

1. Les Veys, Manche, arr. de Saint-Lô, cant. de Carentan.
2. Ici on lit dans N, fol. 58 r° : « Et incontinent le poursuivant lui dist que les seigneurs luy mandoient que les Angloys estoient passés et qu'il se rendist à Trivieres et qu'ilz les chargeroient toujours en l'attendant. » Cette phrase, qui est la répétition de quelques-unes des lignes précédentes, a été rayée dans ce même ms. N; mais il faut noter qu'on la retrouve dans S, fol. 108 r°; C, fol. 111 r° et v°; B, fol. 50 r°.

Puis chevaucha environ une lieue et se arresta pour mettre ses gens en bataille; puis fist ses ordennances et mist le bastard de la Trimouille à bien xv ou xx lances devant. Après envoya son avant-garde, en laquelle estoient monseigneur Jaques de Saint Paoul, monseigneur le mareschal de Loheac, monseigneur de Bossac et leurs archiers. Puis ordenna pour gouverner ses archiers missire Gilles de Saint Symon, missire Jehan de Malestroit et Philipes de Malestroit. Puis ordenna pour la garde de son corps certains gentilz-hommes, dont les noms ensuivent : premier Regnauld de Veluyre, Pierres du Pan, Yvon de Treenna, Jehan Budes, Hector Meriadec, Jehan du Boys, Colinet de Lignieres et Guillaume Gruel.

Puis ordenna gens pour arriere-garde et chevaucha en bonne ordennance le plus diligemment que faire se povoit. Et tant que les premiers de ses gens arriverent à Trivieres et bientost apres arriva. Et à l'eure qu'il arriva, les Angloys saillirent de leur bataille environ cccc, qui misdrent en fuyte bien xiii^c archiers de ceulx qui estoient du cousté de monseigneur de Clermont, et gaingnerent des coleuvrines, dont on leur faisoit guerre; et si n'eussent été les gens d'armes qui tindrent bon, je croy qu'ilz eussent fait grant oultrage à noz gens. Et comme monseigneur arriva à ung molin à vent qui y est, tout estoit meslé, et le plus tost qu'il peut fist partir partie de son avant-garde, et ceulx qui gouvernoient ses archiers. Et les archiers allerent passer au bout de la bataille des Angloys et de ceulx qui avoient fait la saillie sur noz gens; noz ditz archiers en tuerent bien vi^{xx}. Puis après mon dit seigneur vint passer après ses archiers au plus près de la bataille des

Angloys, puis s'approcherent la bataille et archiers de noz gens. Et vindrent à monseigneur le connestable monseigneur de Clermont, monseigneur de Kastres, monseigneur l'amiral de Coitivi, monseigneur le grant sennechal, missire Jaques de Chabannes, Joachim Rouault, missire Geffroy de Couvran, Olivier de Broon, Oudet de Rie, Jehan de Rousivinen[1] et toute leur bataille, et joingnerent noz batailles ensemble.

Puis monseigneur le connestable dist à monseigneur l'admiral : « Allons, vous et moy, veoir leur contenance; » et mena mon dit seigneur l'admiral entre les deux batailles, et lui demanda : « Que vous semble, monseigneur l'admiral, comment nous les devons prendre, ou par les boutz ou par le millieu? » Et lors l'admiral respondit à mon dit seigneur qu'il faisoit grand doubte qu'ilz demourroient en leur fortificacion. Et monseigneur lui dist : « Je veu à Dieu, ilz n'y demourront pas o la grace de Dieu. » Et à celle heure monseigneur le grant sennechal lui vint demander congié de faire descendre son enseigne à ung taudeis que les Angloys avoient fait; et monseigneur pensa ung pou, puis luy dist qu'il estoit content; et bientost

---

1. S, fol. 109 v° : « Jehan de *Rosnivinen;* » C, fol. 112 r° : « Jehan de Rosenevinen; » B, fol. 51 r° : « Jean de Rosevenen. » On lit dans l'édition de Th. Godefroy (édit. 1622, p. 144) : « Jehan de Roussevinen; » Buchon met par une correction maladroite « de Rostrenen » (p. 400[2]); ce dernier était, d'après une note marginale de S que nous avons reproduite à la p. 160, note 1, mort à Paris dès 1440. Jean de Rosnyvinen mourut au commencement de 1454. (P. Levot, *Biographie bretonne,* II, 607. Sur Jean de Rosnyvinen, Guillaume de Rosnyvinen, son neveu, et les principaux représentants de cette famille au xv° siècle, voir à la Bibl. nat., les mss. fr. 26085, pièce 7209, et 22325, p. 321 à 336; aux Archives nat., JJ 185, fol. 50 v°.)

après ses gens furent au taudeis. Et incontinent, sans plus dire, tout le monde s'assembla pour donner dedans, et ainsi fut fait; et n'arresterent point les Angloys, et touz furent desconfitz, mors et prins, et en fuyte bien six mille[1].

Et fut prins monseigneur Thomas Kyriel, qui estoit lieutenant du Roy d'Angleterre, et missire Henri de Norberi et Jennequin Baquier, qui fut prinsonnier à Eustache de l'Espinay, et Mathago s'enfuyt; et ainsi furent les Angloys desconfitz. Et coucherent monseigneur et les autres seigneurs et capitaines sur le champ, les uns à Fremyny et les autres à Trivieres. Puis monseigneur fist bailler de l'argent pour enterrer les mors; aussi fist monseigneur de Clermont. Et le landemain allerent coucher à Saint Lo et menerent leurs prinsonniers, et allerent eulx refreschir et faire pencer les blecez.

Et envoierent devers le Roy pour scavoir où ilz yroient mettre le siege, ou à Vire, ou à Bayeux. Le Roy leur manda qu'ilz meissent le siege à Vire; et ainsi le firent; et y vindrent tous ceulx qui avoient esté à Fremyny. Et bientost se rendirent ceulx de Vire, et leur fut donné CCCC^m escuz pour la renczon de leur capitaine, missire Henry de Norberi[2]; et fut pour

---

1. M. Cosneau, adoptant la version de Gruel, ne parle du comte de Clermont que pour le blâmer. Il n'en est pas moins vrai que ce dernier avait le commandement en chef, qu'il a seul engagé la bataille, qu'il fut obligé d'envoyer à la recherche du connétable, dont le retard pouvait amener une défaite, et que, la question de savoir à qui revenait l'honneur de la journée ayant été soulevée, on l'attribua au comte de Clermont et non à Richemont. (*Cronicques de Normendie*, p. 145 et s., p. 312, fin de la note 436; J. Chartier, II, 200; D. Morice, *Preuves*, II, 1521.)

2. S, fol. 110 v°: « Et ainsi le feirent, et y vindrent tous ceux

se haster pour aller devers le duc Françoys qui venoit mettre le siege à Avranches. Et monseigneur le connestable, après qu'il eut eu la possession de Vire, il s'en partit, et avecques luy monseigneur de Laval, monseigneur Jaques[1], monseigneur le mareschal de Loheac, monseigneur de Bossac, monseigneur de Derval et tous les autres gens de sa maison, et missire Geoffroy de Couvran, Olivier de Broon et Jehan de Rosnivinen à toute leur charge. Et monseigneur de Clermont et son autre bande s'en allerent joindre o les autres gens du Roy pour mettre le siege à Bayeux.

Et le derrain jour d'avril, an que desus, arriva

qui avoyent esté à Fremigny; et bientost *se rendirent* ceux de Vire et leur fut donné quatre cens escus pour la *rençon* de leur cappitaine messire Henry de Norbery. » C, fol. 112 v° : « Et ainsi le firent touz ceulx qui avoient esté à Formigné; et bientost ce rendirent ceulx de Vire, et leur fut donné iiii^c mille escuz pour la ranson de leur cappitaine missire Henry de Norbery. » B, fol. 52 r° : « Et ainsi le firent tous ceux qui avoient esté à Formigné; et bientost se rendirent ceux de Vire, et leur fut donné quatre cens mil escus pour la ranson de leur cappitaine missire Henry de Norberi. » Le chiffre de la rançon donné par les mss. nous paraît singulièrement exagéré. Mathieu d'Escouchy, qui mentionne ce fait (édit. Beaucourt, I, 287), le fixe à 4,000 francs, et Th. Godefroy (édit. 1622, p. 145; Buchon, p. 401¹) à 4,000 écus.

1. *Sic* dans S, fol. 110 v°; C, fol. 112 v°; B, fol. 52 r°. Th. Godefroy pense qu'il s'agit de Jacques de Chabannes (édit. 1622, p. 145), sans doute parce que ce dernier personnage est mentionné dans le passage précédent (ci-dessus, p. 207), mais avec le simple titre de « missire » (comme p. 211), ce que n'a pas remarqué l'éditeur. Notre chroniqueur appelle habituellement « monseigneur Jaques » le frère puiné de Louis de Luxembourg, comte de Saint-Pol, et c'est de lui qu'il est ici question, de même que plus loin, lorsque Gruel parle du siège de Saint-Sauveur-le-Vicomte. (Cf. L, fol. 381 v°, col. 1; *Chronique de Mathieu d'Escouchy*, I, 290, et ci-dessus, p. 200, note 8.)

monseigneur le connestable à Avranches, et là trouva le duc et les seigneurs de Bretaigne, et estoit mon dit seigneur grandement acompaigné. Et celle nuyt logea à Pons soubs Avranches[1] pour ce qu'il n'avoit point encores de logeis. Puis le landemain, premier jour de may, vint au siege; et bientost lui vindrent les nouvelles que monseigneur Gilles, son nepveu, estoit mort, dont il fut bien courroucé[2]; puis le duc le lui dist, et eurent grandes parolles ensemble; toutesfoiz la chose se dissimula pour l'eure de paour de plus grant scandale. Puis fut assise l'artillerie, tant bombardes que engins volans et aultre artillerie; et fut fort batue la dicte ville d'Avranches, tant qu'elle estoit prenable d'assault, et fut faicte composicion, et la rendirent les Angloys, leur vie sauve, et perdirent tous leurs biens.

De là s'en vint le duc au Mont Saint Michel, et ja estoit malade, et monseigneur le connestable le vint conduire jusques là. Puis se disposa de s'en aller à Bayeux où estoit le siege, et mena avecques lui ceulx qui avoient esté à Fremyny, et le duc s'en retourna en Bretaigne; puis envoya après mon dit seigneur monseigneur de Montauban, mareschal de Bretaigne, qui amena cent lances, et les archiers; puis mon dit seigneur tira à Bayeux, et avant qu'il y fust il estoit rendu.

Et cependant alla monseigneur Jaques devant Saint Sauveur le Viconte[3]; puis après y alla monseigneur

---

1. Ponts, Manche, cant. d'Avranches, à 2 kilomètres de cette ville.

2. Il mourut étranglé dans la nuit du 24 au 25 avril 1450. (Cf. ci-dessus, p. 2, note 4.)

3. Saint-Sauveur-le-Vicomte, cant., Manche, arr. de Valognes.

le mareschal de Loheac, et celui de Bretaigne et autres gens de monseigneur; puis fut la dicte place rendue; puis s'en vindrent à Bayeux devers monseigneur. Et la vigile du Sacre[1] se partit mon dit seigneur le connestable de Bayeux pour aller mettre le siege devant Caan, et alla loger sur les champs à deux lieues de Caan à ung village nommé Cheus[2], et n'en partit point jusques au landemain du Sacre; et le vendredi matin se rendirent à luy ceulx qui avoient esté à Fremyny, c'est assavoir : monseigneur de Clermont, monseigneur de Kastres, monseigneur de la Tour, monseigneur l'admiral de Coitivi, monseigneur le grant senneschal, missire Jaques de Chabannes avecques la belle compaignie qu'il avoit[3]. Et vous certifie que c'estoit belle chose à veoir que de veoir sa compaignie, et bien à doubter; et vint logier du cousté devers l'abbaye de Saint Estienne, lui et monseigneur de Clermont, et tous les autres seigneurs et capitaines, et y avoit bien VIII^c lances et les archiers à son siege. Et de

1. Le Sacre, ou fête du Saint Sacrement, fut, en 1450, le jeudi 4 juin.
2. Dans N, fol. 60 v°, la quatrième lettre ressemble beaucoup à une *n;* mais il faut lire « Cheus ». Cf. S, fol. 112 r°; C, fol. 113 v°; B, fol. 53 r°; L, fol. 383 v°, col. 1. Cheux, Calvados, arr. de Caen, cant. de Tilly-sur-Seulles, à 13 kilomètres de Caen. Gruel se trompe donc en plaçant cette localité à deux lieues seulement de Caen. On lit dans les *Cronicques de Normendie* (p. 152) : « Et... lesdis mareschaux [de France et de Bretaigne]... chevaucherent tant qu'ilz arriverent à deux lieues prez de Caen, en ung village nommé Cheux. »
3. Charles VII fit alors une nouvelle levée de troupes; sur sa demande, la ville de Rouen décida, le 28 mai 1450, d'envoyer aux sièges de Caen et de Falaise deux cents personnes, « tant arbalestriers, archers que guisarmiers. » (Extrait d'un Registre des Délibérations, publié dans les *Mémoires de la Société des antiquaires de Normandie,* XIV, 347.)

l'autre cousté devers Fallaise cernerent les gens du Roy ; c'est assavoir : monseigneur de Dunays, qui estoit chief de celui cousté, et Poton.

Puis environ huyt ou ix jours [après], le Roy vint à passer à ung pont que on avoit fait sur la riviere[1] au desus Caan, et le Roy de Cecille et monseigneur du Maine y estoient bien acompaignez, et alla loger à une abbaye nommée Ardenne[2], et monseigneur de Heu et monseigneur de Nevers et certain nombre de gens, que on leur avoit baillé, allerent loger à l'abbaye des Dames, de l'autre cousté de la ville de Caan. Puis après on commencza du cousté de monseigneur le connestable à faire des approches couvertes et descouvertes, dont Le Bourgoys en conduisoit une et missire Jaques de Chabannes l'autre. Mais celle du Bourgois fut la premiere à la muraille, et puis l'autre arriva et fut minée la muraille en l'endroit en telle maniere que la ville eut esté prinse d'assault, si n'eut esté le Roy qui ne le voult pas, et ne voulut bailler nulles bombardes de ce cousté de paour que les Bretons ne assaillissent. Et si y avoit dedans la ville le duc de Sombresset et bien troys mille Angloys, sans ceulx de la ville. Puis fut faicte composicion, et s'en alla le duc et les dames et tous les Angloys, eulx et leurs bagages sauves[3]. Et

1. Cette rivière est l'Orne, qui traverse Caen et va se jeter dans la Manche à Ouistreham, localité située à 17 kilomètres en aval de Caen, et faisant partie du cant. de Douvres.

2. Il existe encore des restes importants de cette abbaye, située au nord-ouest de Caen. Le Roi coucha une nuit à l'Abbaye-aux-Dames, ou abbaye de la Trinité. (Archives nat., JJ 185, fol. 49 r°; *Chronique de Mathieu d'Escouchy*, I, 309 ; *Cronicques de Normendie*, p. 154.)

3. Voir le traité de reddition dans nos Pièces justificatives, n° XLIV.

furent amenez les ostages à monseigneur le connestable, entre lesquelz estoit ung nommé maistre Ver[1], lequel estoit parent du Roy d'Angleterre, Hus Cepancier[2] et missire Charles de Hermaville, et jusques à XII ostages, dont avoit la garde missire Gilles de Saint Symon, Guillaume Gruel et Jehan de Benays. Puis fut rendue la ville et chastel, et apporterent les clefz à monseigneur le connestable, puis alla conduire le duc et la duchesse de Sombresset.

Bientost après fut conclu que monseigneur le connestable yroit mettre le siege devant Chierbourc[3], et le Roy et son autre armée alla mettre le siege devant Fallaise. Et ainsi se partit mon dit seigneur, et avecques lui monseigneur de Clermont et l'armée qu'il avoit à Fremyny, et le mareschal de Bretaigne tira à Karantan et à Valoingnes, et de là à Chierbourc ; et fut mis le siege à Chierbourc. Et se logea mon dit sei-

1. Maître Robert Ver, frère germain du comte d'Oxford, avait pris part à l'attaque dirigée contre Valognes par le duc de Somerset ; il s'était réfugié à Caen avec les vaincus de Formigny. (Robert Blondel, p. 160, 175, 176, 219.)

2. Hugues Spencer, ancien bailli du Cotentin. (Robert Blondel, p. 169, 219.)

3. La veille du jour où la ville de Caen devait être remise au pouvoir du Roi de France, le connétable prenait ses dispositions pour le siège de Cherbourg : le 30 juin, il invitait les officiers royaux des diverses vicomtés de Normandie à lui envoyer des charpentiers, tailleurs de pierre et manœuvres, équipés et payés pour un mois ; le rendez-vous était fixé à Valognes pour le 6 juillet. La vicomté d'Avranches dut fournir 20 charpentiers, 6 maçons, 120 manœuvres et 3 sergents ; la vicomté de Vire envoya 5 charpentiers, 2 maçons, 30 manœuvres, 1 sergent et 1 commis, dont la solde pour un mois se monta à 240 livres 10 sols tournois. (Pièce just. XLV ; Cosneau, *le Connétable de Richemont*, p. 637, n° CI.)

gneur d'un cousté et monseigneur de Clermont de l'autre, et l'admiral de Coitivi et le mareschal et Joachim de l'autre cousté devant une porte; et y fut le siege bien ung moys[1], et y fut rompu et empiré IX ou X bombardes que grandes que petites. Et y vindrent des Angloys par la mer, entre autres une grosse nef, nommée la nef Henry Escan, et y commencza ung peu de mortalité, et y eut monseigneur bien à souffrir, car il avoit toute la charge.

Puis fist mettre quatre bombardes devers la mer en la greve, quant la mer estoit retirée, et, quant la mer venoit, toutes les bombardes estoient couvertes manteaulx et tout, et estoient toutes chargées, et en telle maniere abillées que, dès ce que la mer estoit retirée retraicte, on ne faisoit que mettre le feu dedans, et faisoient aussi bonne passée comme si elles eussent esté en terre ferme; dont les Angloys furent plus esmerveillés que de nulle autre chose. Et illecq fut tué monseigneur l'admiral de Coitivi d'un canon, dont monseigneur fut très courroucé, car ce fut domage; puis environ huyt ou dix jours après fut tué Le Bourgoys d'une couleuvrine, dont ce fut grant perte et domage, et furent touz deux tuez en une trenchée qu'ilz faisoient faire.

Puis après les Angloys firent composicion et baillerent ostages à monseigneur le connestable, lequel les bailla en garde à missire Gilles de Saint Symon, Guillaume Gruel et Jehan de Benays. Et en ce temps

---

1. Ceci est parfaitement exact : Cherbourg se rendit le 12 août, jour où fut signé le traité de reddition, confirmé dans le même mois par Charles VII. (Cosneau, *le Connétable de Richemont*, p. 640, n° CII.)

furent apportées les nouvelles de la mort du duc Françoys. Puis après la ville et chastel de Chierbourc furent renduz en la main de mon dit seigneur, lequel les bailla à garder à monseigneur l'admiral de Bueil et à ses gens; et fut l'an mil [CCCC] L, la sourveille de my-aoust.

Puis se partit mon dit seigneur la vigile Notre Dame de my-aougst, et vint disner à Valoingnes[1], et de là tira à Quarentan[2], à Caan, et de là à Phalaise, et à Alenczon[3], et au Mans, et au Chasteau du Ler[4], où le Roy estoit, qui l'avoit attendu troys jours, et vouloit parler à luy pour aucunes choses, et aussi touchant le gouvernement de Normandie[5]. Puis après que mon

---

1. S, fol. 114 r° : « ... et fut l'an mil quatre cens cinquancte, la surveille de la my-oust. Puys se partit monseigneur le 14° jour d'oust et vint desner à Valongnes, et de là à Quarenten... » C, fol. 115 r° : « ... et fut l'an mil IIII^c L, la sourveille de la my-aougst. Puix se partit monseigneur le connestable le xii° jour d'aougst, et vint disner à Vallongnes, et de là à Carantan. » B, fol. 55 r° : « ... et fut l'an mil quatre cens cinquante, la sourveille de la my-aoust. Puys se partit monseigneur le connestable le douziesme jour d'aoust, et vint disner à Valongnes, et de là à Carantan. » Cherbourg se rendit le 12 et non le 13 août. (Cf. dans l'*Introduction* le chapitre consacré à l'*Établissement du texte de la chronique*.)

2. Carentan, cant., Manche, arr. de Saint-Lô.

3. La graphie de ces noms varie suivant les mss.; il est d'ailleurs facile d'y reconnaître : Caen, Falaise et Alençon.

4. Château-du-Loir, cant., Sarthe, arr. de Saint-Calais.

5. Le connétable reçut le gouvernement de la Normandie vers le mois d'octobre 1450, date de son entrée en fonctions; il touchait de ce chef 500 livres tournois par mois, outre une pension de 7,500 livres tournois par an, pour laquelle il donnait quittance à Macé de Launoy, receveur général pour le Roi en Normandie, le 8 octobre 1451. (Bibl. nat., ms. fr. 20405, pièces 38 et 40, publiées par M. A. de la Borderie dans la *Revue de Bretagne et de*

dit seigneur eut parlé au Roy, et conclu ce qu'ilz avoient à faire, le Roy se partit et alla à Vanjoux[1], et mon dit [seigneur] tira à Partenay devers madame et y fut ung bien peu, car le duc Pierres l'envoya querir pour estre à sa feste à Rennes, et là furent huyt jours ; puis s'en vindrent à Nantes faire l'entrée du duc[2].

En l'an susdit environ la Toussains allerent le duc Pierres et monseigneur le connestable devers le Roy, et le trouverent à Monbason[3], et là fist le duc au Roy telle redevance, comme il doibt, à cause de la duché, et hommage à cause de la conté de Montfort ; et furent environ xv jours à Monbason devers le Roy[4]. Puis s'en vindrent à Tours et de là à Nantes par la riviere, et deslogerent du dit lieu de Tours au point du jour, pour ce que monseigneur le connestable avoit fait prendre Olivier de Mes à Marcorsi près Paris, par Eustache de l'Espinay et Olivier de Quelen et certain

Vendée, livraison de juillet 1885, p. 6 et 8 ; *Chronique de Berry*, p. 458 ; Cosneau, *le Connétable de Richemont*, p. 652, n° CVIII.)

1. S, fol. 114 v°, ligne 1 : « à Avanjours. » C, fol. 115 r°, avant-dernière ligne : « à Vanjours. » B, fol. 55 r° : « à Vanjour. » Aujourd'hui Vengeons, Manche, arr. de Mortain, cant. de Sourdeval.

2. Le duc Pierre II fit son entrée solennelle à Nantes, sinon le 12 octobre, au moins peu de jours après. (D. Morice, *Preuves*, II, 1548.)

3. Montbazon, cant., Indre-et-Loire, arr. de Tours.

4. Le duc Pierre II fit hommage au Roi pour son duché de Bretagne le 3 novembre. (D. Morice, *Preuves*, II, 1544-1548. Il y a un original de cet acte aux Archives nat., J 245, n° 104, des copies dans le Mémorial, P 2298, p. 1403-1409, et à la Bibl. nat. dans le ms. fr. 3907, fol. 112 v°.) On y retrouve toujours la formule pleine de réticences qui caractérise les hommages des ducs de Bretagne : « Monseigneur, je vous fais ce que mes predecesseurs ont accoutumé faire à messeigneurs vos predecesseurs et à vous, et non autrement. »

nombre d'archiers, et l'avoit fait tirer par la riviere à Nantes, nonobstant quelconque opposicion ou appellacion pour en faire justice et pour venger la mort de monseigneur Gilles, son nepveu. Et en fut le Roy et ceulx de son Conseil très courroucez[1]; mais il failloit ainsi l'endurer. Puis se passa celui yver, et s'en vint mon dit seigneur à Partenay, et y fut jusques au temps nouveau[2]; puis alla devers le Roy à Loches, et fut l'an mil IIII^c L ung[3], et le Roy lui bailla la charge de la Basse Normandie; et s'i en alla, et y fut toute celle saison. Puis s'en vint à Partenay, et de là tira devers le Roy à Tours et y fut certain temps[4]; puis le Roy le renvoya en Normandie[5]; et fut l'an mil CCCC LII, et lui bailla charge de veoir toutes les monstres de tous les gens d'armes estans en Normandie[6], et de scavoir

---

1. Le Roi fut en effet très mécontent de ce procédé, et fit arrêter Eustache de l'Espinay. (D. Morice, *Preuves*, II, 1550.)

2. Gruel omet de nous dire que Richemont assista au Parlement qui s'ouvrit à Vannes le 25 mai 1451. (D. Morice, *Preuves*, II, 1564 et s.)

3. Cette date a été ajoutée en marge dans N, fol. 62 r°, par le copiste même du ms.

4. C'est sans doute pendant ce voyage à la Cour que le connétable fit de pressantes démarches auprès du duc d'Orléans pour rentrer en possession d'un « scellé » ou acte de cautionnement qu'il avait confié à ce dernier pour l'aider à réunir les sommes exigées par les Anglais pour sa rançon. La lettre de réclamation du connétable est datée de Sainte-Catherine-de-Fierbois, 26 avril, et se rapporte évidemment à l'année 1452 : quatre jours plus tard, Richemont, alors à Loches, accusait au duc d'Orléans réception de l'acte en question, et lui envoyait un reçu en bonne forme. (Cosneau, *le Connétable de Richemont*, p. 581-583, n° LXXV.)

5. Les lignes qui précèdent, depuis : « et s'i en alla..., » se trouvent en renvoi dans la marge du bas dans N, fol. 62 r°.

6. S, fol. 115 r° : « Puys alla devers le Roy à Loches, et fut

comme tout le païs estoit gouverné, et de y donner la provision. Et lors alla mon dit seigneur à Caan, et à toutes les bonnes villes de Normandie, et y fut toute celle saison; puis s'en vint à Partenay veoir madame. Et bientost après alla devers le Roy, lequel voult qu'il retournast en Normandie, et qu'il y menast madame sa femme[1].

l'an mil quatre cens cinquante et *ung, et le Roy* luy bailla la charge *de la Basse Normandie, et fut l'an* 1452, *et luy bailla la charge* de veoir toutes les monstres de tous les gendarmes estant en Normandye. » (Le membre de phrase imprimé en italiques est une addition interlinéaire du correcteur habituel de ce ms.) C, fol. 115 v° : « Puix alla devers le Roy à Loches, et le Roy luy bailla la charge de la Basse Normendye, et se y en alla, et y fut toute celle ceson; puix s'en vint à Partenay, et de là tira devers le Roy à Tours, et y fut certain temps; puix le Roy le renvoiea en Normendie, et fut l'an mil IIII^c LII, et luy bailla charge de veoir toutes les monstres de touz les gens d'armes estans en Normandie. » B, fol. 55 v° : « Puys alla devers le Roy à Loches, et le Roy luy bailla la charge de la Basse Normandye. Puys s'en vint à Partenay et de là tira devers le Roy à Tours, et y fut certain temps. Puys le Roy le renvoya en Normandye, et fut l'an mil quatre cens cinquante deux; et luy bailla charge de voyr touttes les montres de tous les gens d'armes estans en Normandye. » Malgré l'addition du correcteur, le ms. S reste incomplet en cet endroit, puisqu'il omet les voyages de Richemont à Parthenay et à Tours. Le texte des mss. C et B se rapproche davantage de celui de N; cependant le premier ne donne pas la date du voyage de Richemont à Loches (1451), et le second, qui n'indique pas davantage cette date, omet en outre de mentionner le séjour de Richemont en Normandie après qu'il en eut reçu le gouvernement. Il convient aussi de remarquer que les quelques lignes placées en renvoi au bas de la page dans N sont précisément celles qui font défaut dans S. Dans le texte original, il devait y avoir dans ce passage une certaine confusion.

1. En juin 1452, Richemont vint à Paris, où il signait une quittance d'une somme de 149 livres, 15 sols, 11 deniers tournois, qui lui avait été versée par Jamet Godart, vicomte de Coutances, sur les revenus de la seigneurie de Gavray donnée par le Roi au

Et, l'an mil CCCCLIII, mon dit seigneur s'en vint devers le duc Pierres son nepveu; pui s'en retourna en Normandie, à Vire, et là se rendit madame sa compaigne, et y furent certain temps; et de là s'en alla demourer à Phalaise, et y furent une bonne piece, et ne se trouva pas à son aise, et s'en revint à Partenay. Et, l'an mil CCCCLIIII retourna ma dicte dame en Normandie, et logea une saison à Ceix[1]; et cependant monseigneur alloit par le païs; puis s'en revindrent à Partenay et y furent jusques au temps nouveau.

Et, lan mil CCCCL cincq, mon dit seigneur le connestable alla devers le Roy à Bourges, et y fut longtemps; puis fist venir madame auprès de Bourges à Ysouldun[2];

connétable. (Bibl. nat., ms. fr. 20405, pièce 39, éditée par M. A. de la Borderie dans la *Revue de Bretagne et de Vendée*, 1885, juillet, p. 7.) Ce qui détermina ensuite le Roi à exiger la présence continuelle de Richemont en Normandie fut sans doute le bruit alors très répandu que les Anglais méditaient une descente sur les côtes de Normandie. De retour dans son gouvernement, le connétable fit ravitailler et fortifier diverses places, notamment Granville et Caen. (Pièces just. XLVII, XLVIII.)

1. Séez, canton, Orne, arrond. d'Alençon. Le registre d'hommages du bailliage de Caen, conservé aux Archives nationales, sous la cote P 271, nous permet de suivre Richemont dans ses voyages continuels à travers la Normandie pendant les années 1453 et 1454. En 1453, sa présence nous est signalée à Falaise les 2, 8, 11, 14, 17, 19, 22, 28 mai, 2 juin, 18, 21 juillet, 22 août et 19 octobre; à Bayeux, les 6, 8, 10, 11 juillet, 26 septembre; à Caen, les 24, 28 septembre, 26 octobre. En 1454, on trouve des actes d'hommages et autres datés de Falaise, 31 janvier; Parthenay, 24 avril; Rouen, 4 juillet; Dieppe, 6 juillet; Caen, 4 août; Bayeux, 8, 9 août et 10 septembre; Valognes, 21 août; le Mans, 28 septembre. (Arch. nat., P 271, pièces LXII-CLIX, et R¹ 187; Bibl. nat., ms. fr. 20405, pièce 42.)

2. Issoudun; ce nom ne se trouve pas dans B, fol. 56 v°: c'est le seul ms. dans lequel il soit omis. (Cf. S, fol. 115 v°, ligne 5; C, fol. 116 r°, 4ᵉ ligne avant la fin.)

puis y vint le duc Pierres devers le Roy[1]; et là vint le cardinal d'Etouteville.

Et, bientost après, le Roy envoya monseigneur le connestable en Savaye et monseigneur de Dunoys devers le duc de Savaye à Geneve, et là les receut grandement, et y furent bien ung moys[2]. Puis s'en vindrent devers le Roy et amenerent quant et eulx monseigneur de Savaye et madame, monseigneur de Pimont et madame la princesse, et s'en vindrent par eaue jusques à Lyon, sur le Rosne; et de là vindrent à Saint Porsaint; et furent devers le Roy à une petite place près Souvegny, et y furent pluseurs foiz, et au dit lieu de Saint Porsaint tout l'yver.

Et là vint le cardinal d'Avignon[3] qui venoit en Bre-

1. Le duc Pierre se mit en route au mois de juillet 1455 pour se rendre à Bourges. (D. Morice, *Preuves*, II, 1689.)

2. S, fol. 115 v° : « Et là vinct le cardinal d'Etouteville, et, bientost apprès, le Roy envoya monseigneur le connestable en *Savoye, et monseigneur de Dunoys devers le duc de Savoye et à Geneve Guenievre* (?), et les receut grandement. » La partie imprimée en italiques a été ajoutée entre les lignes et en marge par le correcteur habituel. B, fol. 56 v° : « Et feist venir ma dicte dame auprès de Bourges. Puys vint le duc Pierre devers le Roy; et là vint le cardinal d'Etoutteville, et, bientost après, le Roy envoya Mr le connestable en Savoye et Mr de Duras (*sic*) devers le duc de Savoye à Geneve, et les receut grandement. » C, fol. 116 r° : « Et fist venir ma dicte dame amprès de Bourges, à Ysoudun. Puis vint le duc Pierre devers le Roy; et là vint le cardinal d'Etouteville, et, bientost après, le Roy envoiea monseigneur le connestable en Savoye, et monseigneur de Dunays, devers le duc de Savoye à Genievre, et là les reçeut grandement. »

3. Alain de Coëtivy, d'abord évêque de Cornouailles, puis archevêque d'Avignon et cardinal du titre de Sainte-Praxède. Il reçut en outre, le 17 juin 1456, à titre de commende, l'évêché de Dol, et mourut, non en 1450, comme l'avance B. d'Argentré (*Hist. de Bretagne*, édit. 1618, p. 85), mais le 22 juillet 1474. (*Gallia christiana*, 1856, XIV, 1061; cf. ci-dessus p. 107, note 5.)

taigne, pour lever Saint Vincent[1]. Puis en karesme monseigneur print son congié, et s'en vint veoir madame à Partenay, et y fut certain temps ; puis le Roy l'envoya à Paris et voult qu'il y demourast une espace de temps pour aucunes choses[2]. Et cependant qu'il estoit au dit lieu de Paris, il fist l'apointement de ceulx de l'Université et des Mendians ; et si avoit bien le Roy failli à le faire, et tous les seigneurs de Parlement ; et toutesfoiz ilz furent contens d'en tenir ce que monseigneur en ordonneroit[3]. Puis lui vindrent

1. Saint Vincent Ferrier, Frère Prêcheur, né à Valence (Espagne), le 23 janvier 1350 (ou 1357), mort à Vannes, le 5 avril 1419, d'après M. P. Levot (*Biographie bretonne,* II, 960), au mois de mai 1420, suivant Le Baud (*Hist. de Bretagne,* édit. 1638, p. 457) ; il fut inhumé, le 7 avril, dans le chœur de la cathédrale de cette ville en présence de Jeanne de France, duchesse de Bretagne, et d'un grand concours de prélats et de seigneurs. Vincent Ferrier fut solennellement canonisé par le pape Calixte III, le 29 juin 1455 ; l'élévation de ses reliques eut lieu le 4 juin 1456. (*Vie de saint Vincent Ferrier,* par l'abbé J.-M. Mouillard, Vannes, 1856, in-8º ; — *Saint Vincent Ferrier, durée de son apostolat en Bretagne (1418-1419),* par R. Blanchard, dans la *Revue de Bretagne* de mai 1887, p. 380 ; — *Les Sermons de saint Vincent Ferrier,* par A. de la Borderie, *ibid.,* février 1889 et fasc. suivants.)
2. Richemont était à Paris le 15 juin 1456, ainsi que le montre un acte daté de ce jour, où il rappelle les ordres jadis donnés par lui relativement à la mise en état de défense du château de Caen, dans le cas où les Anglais feraient une descente en Normandie, ainsi qu'on le craignait depuis longtemps. (Pièce just. LI ; Bibl. nat., ms. fr. 20405, pièce 37, publiée par M. A. de la Borderie, dans la *Revue de Bretagne* de juillet 1885, p. 11 et 12.)
3. La querelle de l'Université de Paris et des Frères Mineurs, soulevée par une bulle du pape Nicolas V, qui permettait aux Ordres Mendiants de confesser, ne fut terminée qu'en 1458. Nous ne voyons pas bien quelle part d'influence personnelle le connétable de Richemont peut revendiquer dans la transaction qui mit fin à ce différend ; en tous cas ce serait, à notre connaissance, le seul indice du pouvoir « presque dictatorial » que M. Vallet de

les nouvelles de la maladie [de] son nepveu le duc Pierres, et se partit de Paris, et s'en vint à Orleans et y arriva la vigile de Pasques Flouries[1].

Chapitre LXXXVIII.

Comment monseigneur le connestable, avant que le duc Pierres mourut, fist prendre aucuns des gens du duc.

L'an mil CCCC cincquante six[2], se partit monseigneur le connestable d'Orleans[3], le lundi de la Sepmaine Saincte et s'en vint à Tours; et là sceut que madame sa compaigne estoit fort malade, et, malgré tout son Conseil, laissa à tirer devers le duc Pierres, qui aussi estoit fort malade[4], et tira à Partenay devers madame et y arriva le Vendredi Saint; et y fut longuement pour la maladie de ma dicte dame. Puis s'en vint à Nantes devers son

---

Viriville lui attribue sur les Parisiens. (*Hist. de Charles VII*, III, 358, 359; D. Félibien, II, 842, 843.)

1. Le 9 avril 1457.

2. Richemont, dont nous avons signalé la présence à Paris dès le mois de juin 1456 (cf. ci-dessus p. 221, note 2), y passa vraisemblablement une grande partie de l'hiver suivant, et ne quitta cette ville qu'au commencement d'avril 1457 pour se rendre à Orléans où il arriva le 9 de ce mois, veille des Rameaux (Pâques fut en 1457 le 17 avril). Il faut donc lire dans notre texte « l'an mil CCCC cinquante sept », nouveau style.

3. « D'Orléans » fait défaut dans S, fol. 116 r°, B, fol. 57 r°, et C, fol. 117 r°.

4. *Sic* dans N, fol. 63 r°, S, fol. 116 r°, et dans C, fol. 117 r°, ligne 3; B, fol. 57 r°, présente une légère lacune : « L'an mil quatre cens cinquante six, mon dict seigneur se partit le lundy de la Sepmaine Saincte et s'en vint à Tours, et là sceut que madame sa compagne estoit fort malade et tira à Partenay. » Le Lundi Saint fut en 1457 le 11 avril.

nepveu, et admena quant et luy madame, et y fut longuement jusques au decès de son dit nepveu. Et cependant, deux jours avant la mort de son dit nepveu, fist prendre Henry de Villeblanche, missire Michel de Partenay, Bogier et Coethlogon, pour ce que tousjours avoit sa suspeczon que missire Henry eut esté coulpable de la mort de monseigneur Gilles son nepveu, et cuidoit attaindre la chose; et pour ceste cause les avoit fait prendre, pour en cuider scavoir la verité.

Le duc Pierres, son dit nepveu, trespassa le jeudi XXIIe jour de septembre l'an [mil quatre cens LVII][1], et est enterré à Notre Dame de Nantes[2].

Chapitre LXXXIX.

De l'entrée et feste du duc Artur à Rennes[3].

Le XXIXe jour du moys d'octobre, l'an mil CCCC cin-

---

1. N, fol. 63 r°, met ici « l'an que dessus », c'est-à-dire 1456 (cf. le début du chapitre LXXXVIII); pour plus de clarté, nous restituons la vraie date d'après la *Compilation* de Le Baud. (L, fol. 370 v°, col. 2; cf. dans l'*Introduction* le chapitre consacré à l'*Établissement du texte de la chronique*.) S, fol. 116 v° : « Le duc Pierres son dict nepveu trespassa le jeudy vingt deuxiesme jour de septembre l'an dessus dit » [1456]. B, fol. 57 r° : « Le dict Pierre son dict nepveu trespassa le jeudy vingt deuxiesme de septembre l'an mil quatre cens cinquante six. » C, fol. 117 r° : « Le dict Pierre son dict neveu trespassa le jeudi XXIIe jour de septembre l'an mil IIII^c LVI. »

2. Le lieu de la sépulture n'est indiqué ni dans les autres mss., ni dans l'édition de Th. Godefroy. (Édit. 1722, p. 154; Buchon, p. 404, col. 1.)

3. Il y a ici dans N, fol. 63 v°, une place blanche pour une miniature qui n'a pas été exécutée.

quante [sept]¹, se partit monseigneur le connestable de Nantes, pour aller à Rennes faire son entrée et feste ; et là fist sa feste de Toussains ; et y avoit belle compaignie de seigneurs, barons, chevaliers et escuiers, entre lesquelz estoient monseigneur d'Estempes, monseigneur de Marle², monseigneur de Laval, monseigneur de Rohan, monseigneur Jaques de Saint Paoul, monseigneur du Guavre, monseigneur de la Roche, monseigneur de Guemené, monseigneur de Malestroit, monseigneur de Derval, monseigneur de Quintin, monseigneur de la Hunaudoye, monseigneur de Coesquen, monseigneur du Pont, monseigneur l'admiral et tous les autres seigneurs, s'ilz n'estoient mors ou malades ou enfans.

Et, bientost après, s'en vint à Nantes faire son entrée et y fut jusques après la feste des Roys. Puis le Roy lui fist scavoir qu'il allast devers luy à Tours bien acompaigné tant d'evesques que d'autres seigneurs de son païs chevaliers et escuiers, pour la cause d'une grande embassade du Roy de Hongrie, qui estoient venuz devers luy, pour le mariage de madame Magda-

---

1. On lit dans N, fol. 63 v° : « L'an mil CCCC cinquante six ; » nous corrigeons sur l'autorité de Le Baud. (L, fol. 391 r°, col. 1 ; cf. dans l'*Introduction* le chapitre relatif à l'*Établissement du texte de la chronique*.) S, fol. 116 v° : « *Comment monseigneur le connestable alla à Rennes faire son entrée quant il fut faict duc. Le vingt neufiesme jour du moys d'octobre, l'an mil quatre cens cinquante et six, se partit monseigneur le connestable de Nantes, pour aller à Rennes faire son entrée et feste.* » B, fol. 58 r° : « Puys se partit de Nantes, pour aller à Renes faire entrée et feste le xxix° jour d'octobre l'an dessus dict. » C, fol. 117 r° : « Puix se partit de Nantes, pour aller à Rennes faire entrée et feste, le xxix° jour d'octobre, l'an dessus dict. »

2. « De Maillé » dans S, fol. 116 v° ; C, fol. 117 r° ; B, fol. 57 v°.

lene sa fille. Et, cependant qu'ilz estoient à Tours, vindrent les nouvelles que le Roy de Hongrie estoit mort ; et ne mena pas tant de gens comme il eust [pu] ; nonobstant, il y alla bien acompaigné, et fut l'an mil IIII^c L sept[1]. Et passa par Angiers où il fut bien receu, et y fut huyt jours ; car il fut malade de colerique passion ; et puis tira son chemin à Tours. Et arriva devers le Roy au dit lieu de Tours ; et vindrent au devant de lui tous les seigneurs et gens du Roy ; et vint descendre au logeis du Roy. Et faisoit porter devant luy deux espées à Philipes de Malestroit, son escuier d'escurie, l'une à cause de la duché de Bretaigne, l'autre à cause de l'office de connestable ; et eut bonne chiere de tout le monde, et y fut bien environ ung moys.

Puis voult s'en revenir en son païs, et offrit au Roy faire telle redevance qu'il demande à cause de la duché de Bretaigne. Et lui fut dit que le landemain, qui estoit dymenche, il seroit receu, et y vint cuidant estre receu. Et quant il fut venu, le Roy et ceulx de son Conseil vouloient qu'il feist hommage lige à cause de la duché ; et mon dit seigneur respondit qu'il n'en feroit rien.

---

[1]. Cette date manque dans S, fol. 117 r°, C, fol. 117 v°, et B, fol. 58 r°, mais devait se trouver dans T, puisqu'on la voit dans l'édition de Th. Godefroy. (Édit. de 1622, p. 155 ; Buchon, 404, col. 1.) L'ambassade hongroise parvint au commencement de décembre à Tours et fut admise en présence du Roi le 18 ; la veille de Noël, un messager annonça la mort du Roi de Hongrie, pour lequel les ambassadeurs venaient solliciter la main de Madeleine de France. Le duc de Bretagne, ignorant sans doute cet événement, arriva néanmoins à la Cour dans le courant de janvier 1458. (*Continuation de la chronique de Berry*, dans l'édition de D. Godefroy, p. 477 ; *Hist. de Charles VII*, par Vallet de Viriville, III, 401 et 404 ; D. Morice, *Preuves*, II, 1724.)

Et pour ce qu'il n'estoit pas le plus fort dissimula et dist qu'il ne le feroit pas tant qu'il eût parlé aux Estaz de son païs; et sur ces termes s'en vint en son païs de Bretaigne. Et vous certifie que jamais ne fust retourné devers le Roy, ne ne lui eut fait nulle redevance, si n'eut esté pour sauver la vie à monseigneur d'Alenczon, son nepveu, qu'il alla à Vandosme, et là fist la redevance au Roy telle que ses predecesseurs avoient fait, et non aultrement[1]; lequel lui tint, et paravant avoit tenu plus estranges termes que à nul de ses predecesseurs. Et me semble que c'estoit mal recongneu les grans, bons et loyaulx services, qu'il avoit fait à luy et au Royaume; car oncques bien ne lui fist.

1. Le Conseil qui devait juger le duc Jean d'Alençon, d'abord convoqué à Montargis, fut, à cause d'une épidémie qui sévissait dans cette ville, transféré à Vendôme. Arthur refusa d'abord de se rendre au mandement du Roi qui le citait en qualité de pair. (D. Morice, *Preuves,* II, 1729; *Continuation de la chronique de Berry,* dans D. Godefroy, p. 478.) Il ne figure pas en effet dans la liste des hauts dignitaires présents au Conseil lors de l'ouverture des débats, le 26 août 1458 : le comte de Dunois occupait, aux pieds du Roi, à droite, la place destinée au connétable de France. (Cf. une liste des membres du conseil tenu à Vendôme, à la Bibl. nat., dans le ms. fr. 5738, fol. 17 r°, à la bibliothèque Sainte-Geneviève, dans le ms. fr. L2f, fol. 131 v°.) Richemont se rendit cependant à Vendôme, un peu plus tard, et, lorsque le 10 octobre fut prononcé le jugement condamnant à mort le duc d'Alençon, il implora en faveur du coupable la clémence de Charles VII, qui commua la peine; Jean d'Alençon, retenu prisonnier, vit presque tous ses biens confisqués. (*Chronique de Mathieu d'Escouchy,* II, 359; cf. l'arrêt prononcé contre le duc d'Alençon, à la Bibl. nat., ms. fr. 2718, fol. 190 et s.) Le 14 octobre suivant, Arthur III faisait hommage au Roi pour son duché « en la maniere accoutumée ». (Cet acte d'hommage est publié dans les *Preuves* de D. Morice, II, 1732; il y en a des originaux aux archives de la Loire-Inférieure, E 91, et aux Archives nationales, J 245, n° 107.)

Et pour ce que aucuns dient qu'il lui donna Partenay, je le croy bien; mais ce fut malgré lui; car s'il l'eut eu en ses mains, jamais ne l'eut eu. Mais monseigneur de Partenay le fist son heritier, et lui bailla la possession et fist faire à tous ses gens le serement à mon dit seigneur de lui estre bons, loyaulx et vrays obeissans, apres sa mort; et ainsi furent ilz, et lui furent bons et loyaulx.

Puis, après la condempnacion de monseigneur d'Alenczon, le duc s'en vint en son païs; et s'en vindrent ensemble, lui et monseigneur d'Orleans, jusques à Frontevaux pour veoir madame de Frontevaux leur niepce[1]; puis prindrent congié l'un de l'autre, et s'en vint le duc en son païs. Pleust à Dieu que jamais n'eut esté à Vandosme; car oncques puis ne fut sain jusques à la mort, et pluseurs font grand doubte qu'il fut avancé : Dieu en sceit la verité. Le bon prince s'en vint à Nantes, et là fut bien receu et y trouva la duchesse et fist grant chiere.

Et, bientost après, eut question encontre l'evesque de Nantes nommé Guillaume de Malestroit; lequel lui fist du pis qu'il peut, et faisoit comme mauveis et desloyal homme; car le duc l'avoit fait evesque, et son oncle le chancelier[2] s'estoit demis en luy à la

1. Marie de Bretagne, abbesse de Fontevrault, fille de Richard de Bretagne, comte d'Étampes, et de Marguerite d'Orléans. (Citation empruntée à l'*Hist. d'Orléans,* par Symph. Guion, et contenue dans le ms. fr. 22309 de la Bibl. nat., fol. 292 r°; cf. L, fol. 361 r°, col. 2.)

2. En marge du fol. 118 v° de S on lit cette note : « Ce chancelier, evesque de Nantes, avoit nom Jean de Malestroict et resigna au dit Guillaume de Malestroict. » Jean de Châteaugiron, de Malestroit, sacré évêque de Saint-Brieuc en 1405, devint chan-

requeste du duc. Et le dit chancellier dist au duc :
« Je feroye pour vous plus que pour homme qui vive ;
mais par le corps Notre Dame vous en repentirés ; car
c'est le plus mauveis ribauld traître que vous veistes
oncques, et si vous le congnoissoies comme moy,
vous n'en parleroyes jamais. »

Et depuis la conception Notre Dame fut tousjours
le bon prince malade jusques à Noel, nonobstant que
tousjours estoit sur piés, et point ne se couschoit, et
jeuna les Quatre Temps, et la vigile de Noel se confessa et le jour aussi, et fut à matines et à la messe de
mynuyt et à la grant messe du jour et à vespres. Et
le jour de saint Estienne ouyt la messe, et dist ses
heures à genoulz bien et devotement, comme bon et
loyal crestien ; car, je croy, en son temps n'avoit meilleur catholique que luy, ne qui plus amast Dieu et
l'Eglise qu'il faisoit ; et le plus pacient homme qui fust
en son temps ; car par quelque reproche ou vilennie
que on deist de luy, il ne vouloit prendre vengence,
et du tout s'en soubmettoit en Dieu. Aussi Dieu luy a

celier de Bretagne ; il fut transféré, en 1419, à l'évêché de Nantes.
En août 1440, il soutenait un procès devant le Parlement de Paris
contre Adam de Cambrai. (Bibl. nat., ms. fr. 22322, p. 617 ;
Archives nat., X^{1a} 1482, fol. 147 v°.) Il mourut le 14 septembre 1443 et fut enterré dans la nef de la cathédrale de Nantes.
(Bibl. nat., ms. fr. 22322, *ibid.*) Guillaume de Malestroit, successeur du précédent, refusa de faire hommage au duc pour le temporel de l'évêché de Nantes. Le duc Arthur ayant voulu exercer
sur les domaines de cette église les droits de suzeraineté qu'il
revendiquait, l'évêque lança contre ses officiers une excommunication, confirmée, le 16 février 1459, par le pape Pie II, et frappa
d'interdit tous les domaines que le duc possédait dans les limites
de l'évêché. (Archives de la Loire-Inférieure, E 74³, avant-dernier
cahier, fol. 1 et s. ; D. Morice, *Preuves,* II, 1733, 1735, 1736.)

tousjours gardé sa bonne renommée, et plus après la mort que devant. Ne pour quelzques mauveis termes que luy tint le Roy Charles son maistre, oncques mal ne deist de luy ne ne le laissa à bien servir. Et scey bien qu'il estoit rempli de toutes bonnes vertus; car oncques ne ouyt blasphemer le nom de Dieu qu'il ne reprint ceulx qui le blasphemoient et les punissoit, s'ilz estoient telz qu'il le peut faire.

Oncques homme en son temps n'ayma plus justice, ne ne mist peine de la faire à son povoir, qu'il faisoit. Oncques hommes ne hayt plus hereses et sorciers et sorcieres qu'il heoit, et bien y parut; car il en fist plus bruler en France, en Poictou et en Bretaigne que nul autre en son temps. Et povoient bien dire les sorciers et sorcieres et hereses, quant il mourut, que leur ennemy mortel estoit mort.

Oncques prince en son temps ne fut plus humble, ne plus charitable, ne plus misericors, ne plus liberal ne plus large, ne plus habandonné en bonne maniere, sans prodigalité. Et pour sa doulceur, benignité et bon recueil ha plus esté obey et fait de choses que n'eut fait par cruaulté ou grans dons.

Et, oultre ce, a esté le moins avaricieux prince qui fust en son temps; et bien y a paru en pluseurs manieres; car dès l'eure qu'il print l'espée, le Roy lui offrit la duché de Touraine; mais, pour ce qu'il veoit le Roy avoir fort à besoingner et le Royaume en grant necessité, refusa pour lors la dicte duché, disant qu'il ne la prendroit point jusques ad ce qu'il eut fait quelque grant service au Roy et au Royaume, et que le Roy fut au-dessus de ses besoignes; nonobstant que le Roy Charles VIe de ce nom la lui avoit donnée, et par aucun temps vi qu'il s'en appelloit duc[1]. Et suis certain que s'il eut voulu croire aucuns de son Conseil, à

---

1. Il y a en effet des actes dans lesquels Richemont prend le titre de duc de Touraine, notamment dans le traité de son mariage avec Mme de Guyenne. (Pièce just. XII.) Mais on ne le trouve pas ainsi qualifié avant le 23 février 1423 et il abandonna complètement, lors de son entrée au service de Charles VII, ce titre qu'il avait reçu, non de Charles VI, mais, selon toute vraisemblance, après la mort de ce dernier, du régent anglais, son allié. Richemont figure, à la date de 1423, dans la liste des ducs de Touraine, dressée par M. J.-X. Carré de Busserolle. Mais il semble utile d'établir une distinction entre les ducs vassaux du Roi d'Angleterre et les ducs vassaux du Roi de France. Charles, plus tard Charles VII, reçut le duché de Touraine en apanage, par lettres du 15 juillet 1419. C'est à partir de son avènement au trône, en 1422, qu'il y a deux séries de ducs ; tandis que le comte de Richemont porte le titre de duc de Touraine, qu'il devait évidemment, comme le comté d'Ivry, à la générosité de Henri V ou du régent Bedford, Charles VII déclare par lettres données à Bourges, le 27 mai 1423, enregistrées à la Chambre des comptes, le 2 juin suivant, la Reine Marie d'Anjou, son épouse, titulaire du duché de Touraine. Le 19 avril 1424, Charles VII, pour récompenser Archambault, comte de Douglas, d'être venu en France le servir contre les Anglais, lui confère la possession du duché de Touraine. Le comte de Douglas étant mort à Verneuil, le 17 août de la même année, le duché passa, en vertu de lettres du 21 octobre 1424, entre les mains de Louis III d'Anjou, Roi de Sicile, qui devait en jouir jusqu'à ce qu'il eût été payé d'une somme de 100,000 francs, à lui promise à l'occasion de son mariage avec Isabelle de Bretagne ; d'après M. Carré de Busserolle, il rendit le duché au Roi en 1431. D'un autre côté, Richemont abandonna, vers l'époque de son entrée au service de Charles VII, le titre de duc de Touraine ; mais le Roi d'Angleterre disposa de nouveau de ce duché le 8 septembre 1434, pour en transporter la possession à Jean, comte d'Arondel, seigneur de Mautravers. (Carré de Busserolle, *Dictionnaire géographique, historique et biographique d'Indre-et-Loire et de l'ancienne province de Touraine*, t. VI, p. 150, dans les *Mémoires de la Société archéologique de Touraine*, t. XXXII ; notre *Étude critique* sur la *Valeur historique de la chronique de Richemont*, p. 77 ; Pièce just. XII ;

la prinse de Paris, et avoir excedé les termes de raison, il eut gaingné deux cens mille escuz ; mais il ne l'eut pour rien fait, et ne gaingna rien que bonne renommée et l'amour des gens[1].

Il estoit preudomme, chaste et vaillant autant comme prince peut estre[2]. Et me semble que homme ne devoit rien doubter en sa compaignie ; car homme en son temps ne fut de meilleur conduyte [que] luy pour conduire une grant bataille ou grant siege, et pour toutes approches en toutes manieres. Et tous les jours, une foiz de journée au moins, parloit de la guerre et y prenoit plaisir plus que à nulle autre chose. Sur toutes choses amoit gens vaillans et bien renommés, et amoit et soustenoit le peuple plus que nul autre, et faisoit largement des biens aux pouvres mendians et autres pouvres de Dieu. Et quant je ne cesseroye jamais de dire, je n'en sçauroye dire la dixiesme partie de ce que je croy et pense qu'il en a fait[3].

Celui bon duc trespassa de ce monde le jour de saint Estienne, landemain de Noel, environ six heures après medi, et rendit à Dieu son esperit, le XXVIe jour

Chalmel, *Histoire de Touraine,* II, 186 ; *le Cabinet historique,* V, 2e partie, p. 25, n° 4830, p. 103-105, n° 5082 ; Blanchard, *Compilation chronologique,* col. 239 et 241 ; Arch. nat., P 2298, p. 49 et 121, JJ 175, p. 365 ; cf. Bibl. nat., ms. Fontanieu 118, au 8 septembre 1434.)

1. Le *Bourgeois de Paris* (p. 318) prétend que les Anglais « finèrent avec luy [le connétable] par grant finance », ce qui paraît beaucoup plus vraisemblable.

2. Sur l'appréciation du caractère de Richemont par Gruel, voir notre *Étude critique* sur la *Valeur historique de la chronique de Richemont,* p. 72 et s.

3. Cette dernière phrase a été omise dans B, fol. 60 v°, et dans C, fol. 119 v°.

de decembre, l'an mil IIII<sup>c</sup> L [huict]¹. Et repose son corps en l'eglise des Chartreux², près Nantes, lesquelz furent fondez par luy en une eglise³, laquelle s'appelloit avant la Chapelle au Duc, que le bon duc Jehan son pere avoit fondée ; et depuis, lui l'augmenta et fist edifier le monastiere ; et depuis sa mort, la duchesse Katherine son espouse⁴ a fait parachever les cloaistres, fait faire les chaeres, donné calices, livres, chappes, chasubles o leurs appartenances et fait beaucoup d'autres grans biens.

Pour ce, tous ceulx et celles qui liront ce livre et l'oiront lire vueillent prier pour l'ame du bon prince, que Dieu luy veille pardonner ses mesfaitz, *Amen*, et pardonner à celuy qui a dictié ce livre et mis en histoire partie des faitz du bon duc Artur ; car il ne scauroit si bien faire comme il sceit et pense. Et la pluspart en a veu, au moins depuis qu'il fut connestable de France ; et ce qui est de paravant a ouy dire de la

1. Nous remplaçons la leçon fautive du ms. N, fol. 66 r°, « l'an mil IIII<sup>c</sup> L sept » par la date exacte donnée par S, fol. 120 r°, C, fol. 119 v°, B, fol. 60 r°, D, fol. 115 v°, et L, fol. 392 r°, col. 1. (Cf. dans l'*Introduction* le paragraphe consacré à l'*Établissement du texte de la chronique*.)

2. L'inscription du tombeau de François II, dernier duc de Bretagne, placé dans la cathédrale de Nantes, nous apprend que les restes d'Arthur III y ont été déposés le 28 août 1817.

3. Cf. ci-dessus p. 149 et l'acte cité p. 189, note 1.

4. Elle mourut en 1489. Les termes de ce passage montrent qu'elle vivait encore au moment où Gruel achevait sa chronique. La duchesse Catherine ne cessa jamais d'enrichir de ses dons l'abbaye où reposait le corps de son mari, et où elle voulait être enterrée elle-même ; le 19 avril 1484, elle donnait aux Chartreux un riche tableau renfermant de précieuses reliques. (Cf. l'acte de donation publié par M. A. de la Borderie dans la *Revue de Bretagne* de juillet 1885, p. 16, 17.)

bouche au bon prince, et à ceulx qui estoient avecques lui et en sa compaignie avant qu'il fust connestable[1], et n'y a riens mis qu'il a peu scavoir qui ne soit à la verité.

1. C, fol. 119 v°, vers fin, et B, fol. 61 r°, omettent dans cet explicit depuis « car il ne scauroit si bien faire... » jusqu'à « et n'y a rien mis... », c'est-à-dire le passage des plus précieux où G. Gruel indique les sources de sa chronique.

PIÈCES JUSTIFICATIVES

I.

Extrait de la Compilation des cronicques et ystoires des Bretons jusqu'en 1457, de Pierre Le Baud[1]. (Bibl. nat., ms. fr. 8266, fol. 339 r°.)

II.

1506. — Déclaration des biens possédés dans le ressort de la Cour et seigneurie de Dinan par Robert Gruel, écuyer, seigneur de Saint-Jean et de la Garde-Guérin, mort au mois d'avril 1506, après Pâques, faite au procureur de la Cour de Dinan, par Charles Gruel, seigneur de la Garde et de la Mote, héritier du dit Robert. (Archives de la Loire-Inférieure, série B, Chambre des comptes, sénéchaussée de Dinan, paroisse de Saint-Briac, pièce LXX.)

III.

Nantes, 5 [septembre] 1522. — Arrêt du Parlement de Bretagne, relatif à l'héritage de Charles Gruel, revendiqué par Charles de Beaumanoir, seigneur de Besso. (Bibl. nat., ms. fr. 22319, p. 50-52.)

1. Le manque de place nous oblige au dernier moment à ne pas imprimer cet extrait, qui aurait permis à nos lecteurs de constater eux-mêmes l'étroite parenté que nous avons signalée ci-dessus (p. xxviii et suiv.) entre la chronique de Gruel et la première compilation de Le Baud. C'est également pour ne pas sortir des limites qui nous étaient fixées que nous avons dû remplacer par des analyses plusieurs autres documents intéressants.

IV.

Tournai, 29 novembre 1618. — Lettre dans laquelle le chanoine D. de Villers propose à Peiresc de lui communiquer un manuscrit de la chronique de Gruel. (Bibl. nat., ms. fr. 9543, fol. 200.)

Monsieur, je vous ay, passé quelque temps, escrit et envoié quelques bagatelles; pour le present vous envoie un *Vidimus*, qu'ay faict copier, des joustes de L'Espinette quy se firent à Lille, l'an 1361. Je vous prie le lire et m'escrire vostre advis si je doibs poursuivre le principal et faire copier dont est faict mention en ce *Vidimus*. J'ay la *Vie ms. d'Artus de Bretaigne, comte de Richemont, conestable de France, puis duc de Bretaigne,* escrite par quelcun de sa suite; si je pensois que ne l'eussiez par delà, vous l'envoirois; car elle merite aussy bien d'estre imprimée que celle de Bourbon, La Trimouille, Baiart, du Guesclin; cependant je vous supplie, s'il est possible, me faire avoir ces petis traittés que trouverés en ce mémorial; j'en ay plusieurs fois escrit à Monsieur Van Torre, mais en vain, parce qu'il me disoit qu'ils ne se recouvreront plus, ce que ne me puis persuader, tous les financiers en doibvent estre prouveus. On m'a dit que Monsieur Rouillart[1] at aussi tourné *Job*, ne scay si en françois ou latin.

Vous baisant les mains,

Monsieur,

Vostre tres affectioné et bien humble serviteur,

D. DE VILLERS. [Avec paraphe.]

De Tournay, ce xxixe de novembre.

Je croy qu'aurés veu Monsieur de Schilder (?).

[*Au dos est écrit :*]

Villiers. Tournay, 29 nov. 1618.

Avec les Joustes de 1361, la *Vie d'Artus de Bretaigne, Job,* de Rouillard.

---

1. Sur Sébastien Roulliard, voir la *Nouv. Biog. gén.*

V.

Paris, 20 juillet 1620. — *Lettre de Peiresc au chanoine D. de Villers, mentionnant la restitution à ce dernier d'un manuscrit de la chronique de Gruel.* (Bibliothèque de Carpentras, Lettres de Peiresc, vol. VI.)

Monsieur, j'ay une extrême affliction d'entendre l'oppiniatreté de la maladie qui vous détient maintenant et prie à Dieu de bon cœur qu'il vous remette en bonne et ferme santé aussitost et pour aussi longtemps comme les meilleurs amis le souhaitent pour vous; il faut prendre bon courage et espérer que ce ne sera rien, Dieu aydant. Je vous renvoie votre *Arthur de Bretaigne* dont M. Godefroy a prie coppie, et il le va faire imprimer comme sortant de votre bibliothèque, avec les éloges que tous les gens de lettres vous doibvent. Je vous en remercie très humblement et vous supplie d'excuser le retardement, causé de ce que M. Godefroy transcrit toujours de sa propre main tout ce qu'il veut faire imprimer; et puis vous ne m'en aviez guère pressé, s'il me semble[1]...

VI.

Paris, 26 juin 1411. — *Don de dix mille francs d'or fait par Charles VI à Jean, duc de Bretagne, pour le défrayer d'un voyage à Paris, où le dit duc était venu, accompagné de plusieurs chevaliers et écuyers, pour soutenir le Roi contre ses ennemis*[2]. (Bibl. nat., ms. fr. 20405, pièce 17.)

1. Le reste de la lettre ne contient que des nouvelles de la Cour et du Roi. La copie de ce document très intéressant nous a été fort gracieusement communiquée par M. Barrès, conservateur de la bibliothèque et du musée d'Inguimbert, à Carpentras.

2. La pièce 21 du même ms. renferme le reçu de cette somme de 10,000 francs, délivré par le duc de Bretagne à Alexandre Le Boursier, receveur général des aides ordonnées pour la guerre, le 12 juillet 1411.

VII.

Vannes, château de l'Hermine, 1ᵉʳ octobre 1412. — Quittance délivrée par Jean, duc de Bretagne, à Jean Le Vavasseur, receveur des aides à Évreux, d'une somme de mille livres tournois à déduire de cinquante mille livres tournois promises par Charles VI au duc, qui a fait don de la dite somme à son frère, le comte de Richemont. (Bibl. nat., ms. fr. 20405, pièce 18.)

VIII.

Janvier 1415. — Requête adressée à Charles VI, son père, par la duchesse de Bretagne, qui demande la restitution de Saint-Malo au duc et l'exécution de divers autres engagements pris envers lui. (Archives nat., P 2298, p. 73.)

IX.

Paris, 3 juin 1415. — Versement fait par Cardot de Laittre, commissaire des aides à Caen, à Jean de la Fontaine, receveur général, de la somme de 3,000 livres tournois, destinées au comte de Richemont pour une expédition contre le sire de Parthenay. (Archives du Calvados, occupation anglaise, fonds Danquin, Caen, à la date.)

Les commissaires sur le fait de l'aide presentement mis sus par le Roy, nostre sire, pour resister aux Anglois, faire wider hors du royaume plusieurs pillars et gens de campagne, et pourvoir à autres affaires touchans le dict seigneur et le bien de son dict royaume, ont fait recevoir par Jehan de la Fontaine, receveur general du dict aide, de Cardot de Laittre, commis en l'eslection de Caen à recevoir icellui aide, sur ce qu'il puet et pourra devoir à cause de sa recepte du derrenier terme d'icellui aide, et dont le dict Jehan de la Fontaine a pour ce baillée sa cedule au contrerooleur, et en ceste mis son signe, la somme de trois mille livres tournois, par Macé Heron, tresorier des guerres d'icellui seigneur pour tourner et convertir à cause de son office ou paiement de monseigneur le comte de Richemont, et des gens d'armes et de trait de sa compaignie, ordonnez pour mettre à subjecion et reduire à l'obeissance du Roy nostre dict seigneur, le sire de Partenay et ses aliez.

Escript à Paris, le troisiesme jour de juing, l'an mil quatre cent et quinze.

[Traces de trois signets.]

J. DE LA FONTAINE.

X.

3 juin 1422. — *Mention de la présence de Richemont dans le conseil du Roi d'Angleterre, tenu à Paris.* (Arch. nat., X^{1a} 1480, fol. 253 r°.)

XI.

Lille, 25 février 1423. — *Sauf-conduit donné par le duc de Bourgogne au duc de Bretagne et à tous ceux qui l'accompagneront à l'entrevue projetée entre les deux princes, dans le but de pourvoir au gouvernement du royaume, excepté toutefois à ceux qui ont participé au meurtre de Jean Sans-Peur ou l'ont approuvé.* (Archives de la Loire-Inférieure, E 93, pièce 5.)

XII.

Dijon, 3 octobre 1423. — « *Traictié du mariage de messire Artur de Bretaigne, duc de Touraine, et de madame Marguerite de Bourgoingne, duchesse de Guienne.* » (Original aux Archives de la Côte-d'Or. Chambre des comptes de Dijon, B 295, ancienne layette 67, liasse 7, n° 117; copie à la Bibl. nat. dans le ms. fr. 4628, fol. 554 et s.; extrait publié avec des incorrections, par D. Plancher, dans l'*Histoire de Bourgogne*, III, *Preuves*, p. cccxii, cccxiii, n° CCCXI.)

XIII.

Dijon, 23 octobre 1423. — *Engagement pris par le comte de Richemont de rendre au duc de Bourgogne, à première réquisition, et moyennant compensation, la châtellenie de*

Montbard, cédée au dit comte en déduction de six mille livres tournois de rente, données en dot à Madame de Guyenne, comtesse de Richemont. (Archives de la Côte-d'Or, B 297, liasse 5, cote 13.)

XIV.

Dijon, 25 octobre 1423. — Ratification par Madame de Guyenne de l'engagement pris par son mari dans l'acte précédent, au sujet de la châtellenie de Montbard. (Archives de la Côte-d'Or, B 297, liasse 5, cote 14.)

XV.

Gyé-sur-Seine, 15 octobre 1423-31 décembre 1424. — Extraits du premier compte de Guillaume Bonnote, receveur et garde pour le comte de Richemont, duc de Touraine, de la terre et châtellenie de Gyé-sur-Seine. (Archives de la Côte-d'Or, B 4943.)

[Fol. 1 r° :] Premier Compte de Guillaume Bonnote, receveur, procureur et garde... de la terre et chastellerie et appartenances de Gyé sur Seine pour monseigneur le duc de Touraine, conte de Richemont et d'Ivry et seigneur du dit Gyé, des rentes, yssues et revenues d'icelle terre, et des receptes et missions par lui faictes en la dicte chastellenie; depuis le xv° jour du mois d'octobre M IIII^c XXIII, que le dit receveur fut premier mis et institué ou dit office, ainsi qu'il appert par lettres de l'institution du dit office, le *vidimus* desquelles fait soubz le seel de la chastellenie du dit Gyé est cy rendu, jusques au darrain jour de decembre ensuivant; et dès le premier jour de janvier l'an que dessus mil IIII^c XXIII, jusques au darrain jour [de] decembre mil IIII^c XXIIII.

[Fol. 22 v° :] Deniers bailliés par le dit receveur ou temps de ce present compte. A monseigneur le comte de Richemont, à lui payé pour les causes contenues ou mandement de mon dit seigneur, cy rendu, donné à Troyes, le vij° jour de fevrier mil CCCC XXIII, comme par icellui peut apparoir   vj^{xx} l. t.

[Fol. 25 r⁰ :] A Morice de Langnères, escuier, garde et capitaine de Tonnerre, pour mon dit seigneur ; à lui paié par mandement de mon dit seigneur, donné à Gyé, le vᵉ jour du mois de février [mil] IIIIᶜ XXIII... Pour ce   x l. x s. t.

[Fol. 25 v⁰ :] Despense commune pour tout le temps dessus dit [15 oct. 1423-31 déc. 1424]. Au receveur de mon dit seigneur [de Richemont] pour certains voyaiges qu'il a faiz tant pour aler de Gyé par devers mon dit seigneur à Dijon et à Montbar, par son ordonnance, où il a vacqué xx jours pour les causes contenues ou mandement de mon dit seigneur, donné au dit Monbar, le xxvᵉ jour de novembre mil CCCC XXIII, cy rendu... Pour ce   x l. t.

A lui [G. Bonnote] pour semblable cause [pour voyage]. C'est assavoir pour xvj autres jours qu'il a vacqué tant pour avoir esté prisonnier ou chastel de Bar sur Seine, comme aussi pour avoir esté par devers mon dit seigneur de Gyé à Chastillon sur Seine et d'illec à Montbar par son ordonnance et commandement pour les causes contenues es lettres de mandement de mon dit seigneur, donné au dit Montbar, le xxᵉ jour de décembre mil CCCC XXIII, cy rendu. Au seur de x sols par jour valent   viij l. t.

A lui [G. Bonnote] pour la despense de foing et d'avene et autres pour les chevaulx et varlets de mon dit seigneur, qui par longtemps ont esté à servir au dit Gyé; et aussi pour plusieurs autres fraiz et missions que le dit receveur a fais et paiés, pour les causes contenues et dont plus à plain est faicte mencion en ung roolle de parchemin, en la fin duquel est le mandement de mon dit seigneur par lui donné à Mascon, le xxvᵉ jour de janvier, l'an mil IIIIᶜ XXIIII[1], la somme de lxxviij l. xvj s. ij d. t.

[Fol. 26 r⁰ :] A lui [G. Bonnote] pour iiij boisseaulx [d']avene baillés pour la despence des chevaulx de messire Guillaume Giffart, bailli du dit Gyé, et autres chevaulx qui estoient empruntés à Montbar, sur lesquelx les paiges et autres serviteurs de mon dit seigneur estoient venus d'illec au dit Gyé le iiijᵉ ou vᵉ jour

---

1. *Sic;* il faut lire 1423 (a. s.), le compte de G. Bonnote se terminant au 31 décembre 1424, et cet article étant placé entre un du 20 décembre 1423 et un autre du 5 février 1423 (a. s.).

de fevrier mil CCCC XXIII, quant mon dit seigneur ala d'illec en Bretaigne et aussi pour foing prins en l'ostel du dit receveur pour yceulx chevaulx; pour tout viij s. iv d.

XVI.

23 octobre 1423-31 décembre 1424. — *Extraits du compte de Jean Vignier, receveur du comté de Tonnerre, pour le duc de Touraine, comte de Richemont et d'Ivry.* (Archives de la Côte-d'Or, B 6403.)

[Fol. 1 r° :] Compte de Jehan Vignier, chastellain de Duesmes et de Sainct Mars, et receveur de la conté de Tonneurre et chastellenies de Crusi, de Laingnes et de Griselles, pour monseigneur le duc de Thorenne, conte de Richemont et d'Ivry, des receptes et mises par lui faictes en la dicte conté et es dictes chastellenies du dict conté, dès le xxiij° jour du moys d'octobre, l'an mil quatre cens vint et trois, que icelle conté fut baillié à madame de Guyenne avec pluseurs autres revenues, par assignacion de six mille frans de revenue chacun an, que mon dit seigneur de Bourgoingne lui a promis bailler par le traictié de mariage fait entre le dit monseigneur de Richemont et elle, et ycelles (*sic*) assignés sur les terres cy après déclairées, jusques au derrenier jour du moys de decembre ensuigvant, et dès le premier jour du moys de janvier tout ensuigvant jusques au derrenier jour du moys de decembre l'an mil quatre cens vint et quatre inclux.

Et rent cy *vidimus* d'unes lettres patentes de monseigneur de Bourgoingne, données le ix° jour [de novembre?] mil CCCC XXIII, par lesquelles mon dict seigneur a, par maniere de provision, ordonné à mon dict seigneur de Richemont et à madame sa femme, ses suer et frere, et octroyé qu'ilz ayent et prennent entierement à leur prouffit toutes les revenues du conté de Tonneurre, des villes, chastels et chastellenie de Crusy, Laingnes et Griselles, des villes, chasteaulx et chastellenie et terres de Monbart, de Poilly, et d'Argnay-le-Duc ou bailliage d'Auxois, et aussi de Duesme, d'Aignay, de Saint Marc ou bailliage de la Montaigne, de Glennes et Rossillon ou bailliage d'Ostum (*sic*), qui sont escheues et eschairont depuis le dit xxiij⁰ jour d'octobre en telle valeur, et pour tel pris que, par l'assiete et prisée qui en sera faicte, sera trouvé, jusques ad ce que, après la dicte prisée, parfaicte delivrance en sera faicte à mes dicts seigneurs et dame de Richemont; le dit *vidimus* cy rendu avec l'executoire des commissaires à faire la dicte prisée.

[Fol. 9 r⁰ :] A Morisse de Langnieures, escuier capitaine et garde du chastel et ville de Tonneurre, que mon dit seigneur de Thorenne lui a donné pour une fois, avec vint frans qui se repranront cy-après en despence d'argent, pour lui aydier à faire les provisions et garnisons de sa capitennerie du dit Tonneurre, pour ce lui paie par mandement patant de mon dict seigneur, donné à Gyé, le cinquiesme jour de fevrier l'an mil quatre cens vint et trois, et par sa quittance cy rendue, ij s. t.

[Fol. 28 r⁰ :] Autre recepte d'argent d'arreraiges, debtes et sommes de deniers deuz en la dicte conté de Tonneurre, qui estoient deus à monseigneur le duc de Bourgoigne par avant la cession et transport fait de la dicte conté à mon dit seigneur de Thorenne, pour la cause contenue en son mandement patant donné à Challon, le derrenier jour de novembre mil IIII⁰ XXIII ; et lesquelx arreraiges mon dit seigneur de Thorenne de sa grâce a remis et moderés à pluseurs personnes debteurs d'iceulx arreraiges, à la somme de viij^xx xviij frans, comme il appert par son mandement patant, donné à Monbar, le xxix⁰ jour de janvier mil IIII⁰ XXIII.

[Fol. 35 r⁰ :] A lui [J. Vignier] qui, de l'ordonnance de maistre Nicolas Briffault, receveur general de mon dict seigneur, fut à Gyé par devers mon dict seigneur ou mois de fevrier mil IIII⁰ XXIII, d'illeuc en la compaignie de mon dit seigneur au siege de Montaguillon, esquelx lieux, et en alant et retournant à Monbar, il a vacqué dix jours entiers au seur de xx sols tournois par chacun jour, que ainsi lui a esté ordonné et tauxé par mon dit seigneur, comme il appert par son mandement patent, donné en son chastel de Monbar, le xxix⁰ jour de janvier mil IIII⁰ XXIII, pour ce x l. t.

XVII.

1er *novembre 1423. — Don de dix queues de vin fait par le duc de Bourgogne à sa sœur, la comtesse de Richemont, alors à Montbard.* (Archives de la Côte-d'Or, « Compte d'Adam Canet, châtelain de Beaune et de Pommard, » B 3203, fol. 7 r°.)

XVIII.

13 janvier 1424. — Extraits du compte de Jaquot Espiart, receveur d'Auxois, pour le duc de Bourgogne, du 1er janvier 1424 au 31 décembre 1424. (Archives de la Côte-d'Or, B 2790, fol. 14 r°.)

... Deniers bailliés contampt à ceulx qui en doibvent compter dès le premier jour de janvier l'an mil IIII^c XXIII jusques au derrenier jour de decembre l'an mil IIII^c XXIIII.

A Jehan Fraignot, receveur general de Bourgogne... la somme de mil francs en deniers paiez à monseigneur de Richemont, pour appointement à lui fait par mon dict seigneur [de Bourgogne] pour le fait de vj^m francs que mon dict seigneur a promis assigner à madame de Guienne, sa seur, par sa lettre de recepte faicte le xiiie jour de janvier l'an mil IIII^c XXIII, pour ce   mil francs.

A lui la somme de iiij^c francs en deniers paiez à monseigneur de Richemont, sur xvij^c francs restans à paier de ij^m francs que monseigneur donna pieçà à madame de Guienne sa sueur, pour elle emmesnaiger, par sa lettre de recepte, donnée le xiij^e jour de janvier l'an mil IIII^c vint et trois. Pour ce   iiij^c francs.

XIX.

Comptes de Robin Denisot : 1° comme receveur, pour le connétable de Richemont, du domaine de Fontenay-le-Comte, faisant partie du douaire de la comtesse de Richemont, veuve, en premières noces, de Louis de France, duc de Guyenne, du 2 novembre 1427 au 4 juin 1430 ; 2° comme receveur, pour le dit connétable de Richemont, des ventes des bois et forêts de Vouvant et Mervent, du 25 juin 1430 au 24 juin 1435. (Bibl. nat., ms. fr. 8818, notamment fol. 1 r°, 89 r°, 96, 98 r°, 98 *bis* r°, 108 r°; ms. fr. 8819, notamment fol. 2 r°, 40 v°, 48 v°, 49, 50 r°, 51 r°.)

XX.

Montbard, 30 mars 1425. — Mention d'un mandement de Madame de Guyenne qui, ayant le gouvernement de ses terres de Bourgogne, de Tonnerrois et de Gyé-sur-Seine, en l'absence du comte de Richemont, duc de Touraine, son mari, ordonne le paiement de ses gages d'un an à Pierre Salmont, procureur de Richemont dans le comté de Tonnerre. (Archives de la Côte-d'Or, « Compte de Jehan Vignier, receveur du comté de Tonnerre, » B 6404, fol. 27 v°.)

XXI.

Redon, 24 octobre 1428. — Vidimus délivré par la Cour du duc de Bretagne, le 1ᵉʳ février 1442, d'un testament du connétable de Richemont qui, dans le cas où il mourrait sans héritiers directs, lègue à son neveu, Pierre de Bretagne, tout ce qu'il possédera à l'époque de son décès, et notamment les terres et seigneuries provenant de la succession de Jean Larchevêque[1]*.* (Archives de la Loire-Inférieure, E 24.)

Sachent touz que par notre Court de duc de Bretagne, soubz les seaulx gardez à Redon, nous avons veu, leu et examiné de molt à molt une lettre pattante à double queue seellée en cire vermoille non viciée, non corrompue et non cancellée en nulle ne aucune partie d'icelle, mes estoit saine et entiere passement et seel contenant la forme qui ensuit :

Artur, fils de duc de Bretaigne, conte de Richemont, seigneur de Partenay, connestable de France, à touz ceulx qui ces presentes lettres verront, salut. Comme jà piecza, il ait pleu à

---

1. Cf. ci-dessous Pièce justificative XXXII.

monseigneur le Roy pour certaines causes et consideracions ad ce [le] movans nous donner, octroier, ceder et transporter les terres et seignouries de Partenay, Voulvent, Mairevent, Le Couldroy Salbart, Secondigné, Beceleu et Chastellaillon pour estre le perpetuel heritage de nous et de nos hoirs procreez en loyal mariage, et ou cas que n'averions hoirs au temps de notre trepassement, que les dites terres et seignouries feussent et soint à notre très chier et très amé neveu Pierre de Bretaigne, fils de notre très redoubté seigneur et frere monseigneur le duc de Bretaigne et [à] ses hoirs, et lequel don et transport feu notre très chier et très amé cousin et pere messire Jehan Larcevesque, jadis seigneur des dites terres et qui icelles par avant avoit transportés en certaine somme et maniere à mon dit seigneur le Roy, ait eu ferme et agreable, si comme tout ce et autres choses touchant ceste matiere apparrent plus à plain par lettres sur ce solempnement faictes; et il soit ainsi que notre dit très redoubté seigneur nous ait requis de le faire seur que notre dit neveu soit notre heritier tant des dictes terres que autres quelxconques en quelque pays qu'elles soient situées et assises, et que d'icelles nous pleust faire et instituer notre dit neveu dès à present notre heritier, tant pour l'amour singuliere que avons à notre dit neveu, comme pour consideracion de la somme de quinze mille livres qu'il nous octroia autresfois pour nous aider à certains poiemens que avons fait à notre dit feu pere et cousin, et de laquelle nous ayons jà piecza eu sept milles livres, savoir faisons que tousjours voulon obbeir à notre dit très redoubté seigneur, ainsi que en ce cas et tous autres somes desirans de faire. Et pour la très singuliere amour et dillection que avons à notre dit neveu, icelui ou cas que yrons de vie à trespassement sens heir procroié de notre char, avons fait, constitué et ordenné notre heritier seul et pour le tout de toutes et chacunes noz terres et seignouries, que aurons au jour de notre trespas quelque part et en quelque seignourie qu'elles soint situées ou assise, pour valoir à notre dit neveu en tant que touche les terres que aurons ou pais et duché de Bretaigne sur le droit d'appennage qui nous pourroit appartenir à cause de la subcession de notre feu et très redoubté seigneur et pere, que Dieu pardoint, et de toutes lesquelles terres et seignouries, incontinent après notre deceix; et ou cas que yrions de vie à trespassement sens heirs procroié de notre corps, comme dit est, voulons que notre dit neveu soit notre heritier et subcesseur, et que d'icelles il puisse prandre royaument et de fait la possession et saesine pour en joir comme notre heritier et ainsi que dit est. Et d'abundant voulons et consentons que la dite somme de sept mille livres que avons receue, avecques que recevrons d'icelle somme de quinze mille livres, vaille à notre dit très redoubté seigneur et frere sur le droit d'appennage qu'il nous doit ou pourra devoir. Et pour plus grant seurté des choses dessus dites avons signé ces presentes de notre main, et fait seeller de notre seel; et promettons en bonne foy les choses en cestes presentes contenues tenir et inviolablement garder sens faire ne venir à l'encontre.

Ce fut fait et donné à Redon, le vignt et quatriesme jour du moys d'octobre l'an de grâce mil quatre cens vignt et huict. Ainsi signé : Artur. Par monseigneur le conte connestable, messire Jehan Chevry, Guillaume Giffart, Guillaume de Broon, chevaliers, Guillaume de Vendel, le chastelain de Partenay et autres presens. Galet.

Donné cest present *vidimus* par notre dite Court, le premier jour de fèverier, l'an mil IIII^c quarante et ung.

XXII.

6 avril 1429. — Engagements pris par Jean, duc d'Alençon : 1° de rendre au duc de Bretagne le rubis de la caille, le rubis d'Étampes et les deux frères, qu'il a reçus du dit duc de Bretagne comme garantie d'une somme de 27,750 écus restant à verser sur le prix de vente de la terre de Fougères, si la dite somme est payée aux termes convenus d'ici la Saint-Michel 1429; 2° de donner avant les dits versements, au duc de Bretagne, des lettres de Jeanne d'Orléans, sa femme, et de Charlotte d'Alençon, sa sœur, portant confirmation de la vente de la terre de Fougères et renonciation de tous les droits qu'elles pourraient revendiquer sur la dite terre. (Archives de la Loire-Inférieure, E 178.)

XXIII.

Senlis, 4 septembre 1429. — Lettres de sûreté accordées par Charles VII au duc de Bretagne pour son fils aîné, qui doit venir à la Cour de France. (Archives de la Loire-Inférieure, E 105.)

XXIV.

22 février 1431. — Promesse de Georges de la Trémoille de défendre contre leurs ennemis le duc de Bretagne et les siens, de les maintenir en la bonne grâce du Roi, à condition que le dit duc agira de même à son égard. (Archives de la Loire-Inférieure, E 181.)

XXV.

Angers, 3 avril 1433. — Confirmation par Marie de Bretagne, duchesse douairière d'Alençon, d'un traité conclu, le 19 février 1432, par les ambassadeurs du duc, son fils, avec le duc de Bretagne, son frère, en vue de faire lever le siège mis par ce dernier devant Pouancé, le dit traité remettant la garde de la ville et seigneurie de la Guierche à un capitaine choisi au gré du duc de Bretagne. (Archives de la Loire-Inférieure, E 178.)

XXVI.

Rouen, 25 août 1434. — Confirmation par le roi d'Angleterre du traité de reddition de Sillé-le-Guillaume au comte d'Arondel, en date du 12 mars précédent. (Arch. nat., JJ 175, pièce 360.)

XXVII.

« *Extrait du compte de Guillaume Ripault*[1], *clerc des comptes,*

---

1. Guillaume Ripault était, à la fin de 1415, clerc d'Étienne Buignet, argentier; il reçut alors 25 livres tournois « pour bons

receveur general de toutes finances es pays de Champagne, Brie, Beauvoisis, Picardie, Normandie et autres pays estans outre et sur les rivieres de Seine et Yonne, du 18 avril 1436 au dernier decembre 1438. » (Bibl. nat., Cabinet des titres, vol. relié 685.)

[Fol. 50 r° :] Deniers payez par l'ordonnance de monseigneur le connestable :

Guillaume de Vaudré, escuyer, pour un cheval achepté de luy et donné à Anthoine de Chabannes, escuier   c l. t.

Monseigneur le bastard d'Orleans pour partie de ses despens et de ses gens d'armes et de traict de sa compagnie à la reduction de Paris   iij^c salus d'or.

Le sire de Gaucourt pour ses despens à Paris, où le Roy l'avoit envoyé devers monseigneur le connestable, tant pour la reduction de la dite ville que pour la provision des frontieres es marches deçà Seine   c salus d'or.

Monseigneur le connestable xviij^c iiij^{xx} vij l. t. pour employer en l'achapt et payement de la recouvrance du chastel de Saint Germain en Laye occupé par les Anglois, et xij^c l. t. pour le payement des gens d'armes de son hostel.

A Estienne Chevalier, secretaire de monseigneur le connestable ij^m x l. t. qu'il avoit debouursé et payé à plusieurs barons, chevaliers, escuyers et gens d'armes auxquels ensuit :

Monseigneur de la Suze pour ses despens et de ses gens à Paris après la reduction de la dite ville   vj^{xx} salus.

[Fol. 50 v° :] Monseigneur Guy de Blanchefort, chevalier, capitaine de gens d'armes, pour semblable cause   c salus.

---

services en la poursuite des finances touchant l'argenterie et pour avoir une robe. » (7e compte de François de Nerly, trésorier du duc de Guyenne, du 1er octobre au 18 décembre 1415, dans le vol. relié 685 du Cabinet des titres, fol. 26 r°.) En 1423, il est « receveur de la portion de l'aide accordée au Roy au pays de Berry, le vj septembre 1423. » (5e compte de Guillaume Charrier, du 1er novembre 1422 à la fin de décembre 1423, *ibid.*, fol. 29 v°.) Nous le trouvons qualifié de « changeur du Tresor » dans le « compte de Jehan de Xaincoins, du 1er octobre 1446 au dernier septembre 1447. » (*Ibid.*, fol. 107 r°.)

Anthoine de Claix (?), capitaine de gens d'armes, pour pareille cause . xl salus.

Le bastard de Bourbon pour semblable c salus.

Nicolas Bois, capitaine de gens d'armes, pour semblable
lx salus.

Jehan d'Acher pour semblable xl salus.
Pierre Chevré semblablement xx salus.
Alain Forty, escossois, capitaine de gens d'armes, xl salus.
Bouzon de Fages pour semblable L salus.
Yvain de Robesson semblablement xl salus.
Monseigneur le bastard d'Orleans pour semblable iij^c salus.
Pierre Daugy, escuyer, capitaine de gens d'armes xl salus.
Arnault Guillem de Bourguignen pour semblable xl salus.

Guy, seigneur de la Roche, et Charles, son frère, pour semblable , c salus.

Loys de Soyecourt, escuyer, seigneur de Mouy, pour semblable
xx salus.

Jehan de Chastillon, seigneur de Troissy, pour semblable
xxx salus.

Tugdual Bourgeois, escuyer d'escurie du Roy, xxx salus.
Pierre de Louvain, capitaine de gens d'armes, xx salus.
Le bastard de Culant pour semblable xx salus.

Merigon de Castillon, capitaine de gens d'armes, pour semblable xx salus.

Bouzon de Fages pour partie de ses frais et de ses gens
x salus.

Monseigneur de Rostrenen pour ses desfray allant de Paris devers le Roy luy remonstrer le fait et gouvernement du pays
c l. t.

Le bastard de Bourbon pour luy ayder à entretenir les gens d'armes et de trait de sa compagnie, estans sous monseigneur le connestable au service du Roy, v^c l. t.

Bouzon de Fages pour semblable iiij^{xx} l. t.

. . . .

Gahache Janebé, capitaine de gens d'armes, 16 hommes d'armes et 5 hommes de trait pour 15 jours qu'ils ont esté au service du Roy, sous monseigneur le connestable, à l'encontre des ennemis tant pour le fait du siege que mon dit seigneur avoit

entention de mettre devant la ville et chastel de Creil, comme autrement, vij l. t. pour homme d'arme et lxx s. pour homme de trait vj^{xx} ix l. t.
et pour son estat ix l. t. v s.

[Fol. 54 r°:] Pierre Le Verrat, escuyer, pour luy et neuf compagnons ordonnez à estre jour et nuit à la garde des portes de Saint Denis, la bastide Saint Anthoine, Saint Jaques, Saint Honoré et la planche de Corcelles, à Paris, lx l. t.

Yvonnet de la Riviere, escuyer de la compagnie de Tugdual Bourgeois, pour avoir un cheval au lieu du sien qu'il a perdu à la besogne de Saint Denis xxxix l. t.

Alain Giron, capitaine de gens d'armes et de trait, pour aller de Paris à Senlis touchant le fait de Creil xx l. t.

Philipes de Bourbon, escuyer, lieutenant à la bastide de Saint Anthoine du seigneur de Ternant, prevost de Paris et capitaine d'icelle, pour certaines reparations et ouvrages fais en la dite bastide, depuis le 22 avril xvij l. t. xvij s.

Rogier de Pierrefitte, lieutenant de monseigneur Jacques de Chabannes, chevalier, capitaine du bois de Vincennes, pour reparations faites au dit lieu du bois de Vincennes xviij l. t. v s.

Monseigneur le bastard d'Orleans, pour son desfray en la ville de Beauvais, où il estoit venu devers mon dit seigneur le connestable pour aucunes entreprises qu'il avoit au pays de Normandie sur aucunes villes occupées par les ennemis lx l. t.

Poton de Sainteraille, pour son desfray à Beauvais et à Paris pour semblable lx l. t.

. . . .

Jacques de Pailly, dit Forte-Espice, pour semblable lxx l. t.
Mahé Morillon, pour semblable xl l. t.
Michaut Poitevin, dit le grant Michaut, xij l. t.

Le sire de Ternant, prevost de Paris, pour un mois de luy et ses gens à la garde de Paris et de la bastide Saint Anthoine vij l. t.

M. Etienne Chevalier, secretaire et maistre de la Chambre aux deniers de monseigneur le connestable, vj^c l. t. prestez à mon dit seigneur.

[Fol. 54 v°:] Monseigneur le bastard d'Orleans, pour le payement de 100 hommes d'armes et 100 archers de la compagnie que monseigneur le connestable luy avoit chargé amener pour estre au siege qu'il entendoit faire briefvement devant la ville de Creil, au pris de vj l. t. pour paye pendant 15 jours xij^c l. t.

Etienne de Vignolles, dit La Hire, pour vj^{xx} payes au dit pris vij^c xx l. t.

et [pour] son estat et [celui] de Poton de Xaintraille ij^c l. t.

. . . .

Le sire de Gaucourt pour ses despens à Paris et à aller en la compagnie du dit connestable au dit siege [de Creil] c l. t.

Charlot de la Rocheguyon pour avoir un cheval c salus.

Messire Denis de Chailly, bailly de Meaux, chevalier, commis par monseigneur le connestable à la garde et gouvernement de la ville et chastel de Melun et autres du pays de Brie, iij^c l. t. sur ses gages et de ses compagnons.

Monseigneur le bastard d'Orleans, auquel monseigneur le connestable a baillé la charge et gouvernement du siege qu'il avoit devant Creil, pour l'entretenement de ses gens d'armes pendant 15 jours xiij^c l. t.

Pierre Le Verrat, escuyer commis de par monseigneur le connestable à la garde des portes de la ville de Paris, vj^{xx} l. t.

Alain Giron, bailly de Senlis, pour le payement de 40 payes de gens d'armes et de trait, qu'il avoit en garnison en la dite ville durant 15 jours, commençant le 1er aoust, à raison de cent sols par paye ij^c l. t.

. . . .

Le sire de l'Isle Adam, pour 30 payes qu'il tenoit à Pontoise, à c s. [sols] pour paye ij^c l. t.

[Fol. 52 r°:] Guillaume de Madre (?), capitaine du Pont Sainte Maixance, pour 6 payes en la dite place xxx l. t.

Messire Jacques de Chabannes, pour 16 payes au bois de Vincennes iiij^{xx} l. t.

Mahé Morillon et le bastard Foucaut, pour 66 payes à Lagny iij^c xxx l. t.

Messire Jehan Foucaut, chevalier, pour ses despens à Paris xxx l. t.

Messire Jacques de Chabannes, pour semblable lxij l. t. x s.

Messire Guy de Blanchefort, pour soy desfrayer en la ville de Paris, où il estoit venu pour le fait de la frontière de Caux xx l. t.

Monseigneur le connestable, pour 60 payes des gens d'armes et de trait de son hostel envoyez au siege de Creil iij__c__ lx l. t.

Guillaume de Vendel, escuyer, maistre d'hostel de monseigneur le connestable, c l. t. pour distribuer à certains capitaines.

Jehan Luillier, escuyer, pour luy avoir un cheval c l. t.

M. Jehan Tudert, grand doyen de Nostre Dame de Paris, conseiller et maistre des requestes de l'ostel, pour ses peines et salaires à vacquer et entendre à l'entretenement des gens de guerre du pays de la France et du bien et gouvernement de la ville de Paris vj^{xx} v l. t.

Guillaume de Vendel, escuyer, maistre d'hostel de monseigneur le connestable, pour un voyage ou pays de Champagne et duché de Luxembourg l l. t.

Messire Denis de Chailly, bailly de Meaux, chevalier, pour ses gages et de ses gens es mois d'aoust, septembre, octobre [14]36, es villes de Melun, Moret, Provins et autres cl l. t.

Jon du Puch (Puy), capitaine de Brenne en Leonnois, pour son entretenement et de ses gens d'armes et de trait à la garde de la dite ville iiij^{xx} l. t.

Paul de Lestrac, escuyer d'escurie de monseigneur le connestable, pour son entretenement et de ses compagnons en la ville de Provins viij^{xx} xiij l. t.

Antoine de Chabannes, escuyer, pour son entretenement et de ses gens d'armes et de trait et ses despens fais à Paris pour aller en la frontiere de Caux c l. t.

Monseigneur le connestable pour le payement des gens d'armes et de trait de son hostel iiij^c l. t.

Monseigneur de Rostrenan, chevalier, pour son entretenement à Paris et de ses gens ou monseigneur le connestable l'a ordonné son lieutenant pour pourvoir aux affaires necessaires pendant son absence c l. t.

[Fol. 52 v° :] Geoffroy Chausson [Morillon?], escuyer, maistre d'hostel de monseigneur le connestable, pour deux chevaux prins de luy, donnez à Jamet Guinefort et Colin du Charmoy, escuyers de la frontiere de Caux ij^c l salus.

Guillaume de Vendel, escuyer, maistre d'hostel de monseigneur le connestable, envoyé à la ville de Chaalons dès le mois de juillet 1436 et en plusieurs autres villes voisines, pour parler à certains capitaines de gens d'armes et appointer avec eux touchant la deffense du dit pays de Champagne ij^c L l. t.

Estienne Bernard, dit Moreau, tresorier d'Anjou, pour estre venu en la ville de Lisle devers le dit connestable, luy exposer de par le Roy certaines choses touchant la garde et deffense des pays de Champagne, Picardie et autres voisins xl escus d'or.

. . . .

Estienne de Vignolles, dit La Hire, escuyer, bailly de Vermandois, pour son estat et de ses gens à la garde des villes et chastel de Soissons iij^c l. t.

Monseigneur de Rostrenan, chevalier, conseiller et chambellan du Roy, lieutenant de monseigneur le connestable, pour un voyage en Languedoc devers le Roy, pour luy dire certaines choses de par monseigneur le connestable et les gens de son Conseil pour le bien et la conservation de la ville de Paris
iij^c escus d'or.

. . . .

Messire Berangon d'Arpajon, chevalier, chambellan de monseigneur le connestable, pour avoir des habillements de guerre
c l. t.

Messire Jehan Foucault, chevalier, chambellan de mon dit seigneur, *idem* c l. t.

Alain Giron, capitaine de Senlis, en recompense de la perte qu'il avoit faite en certaine entreprise sur la ville de Creil, qui avoit esté descouverte, et pour luy avoir un cheval au lieu de ceux qu'il a perdu ij^c l. t.

Galobie de Panessac, capitaine de gens d'armes en la frontiere de Caux, pour l'entretenement de luy et des gens de sa compagnie lxxv l. t.

Bernard de Bourguignan, capitaine de gens d'armes en la dite frontiere, *idem* lxxv l. t.

[Fol. 53 r°:] Eustache Gruel, Bertrand de la Court, Guillaume Wilpil, David Le Galois et Yvon Josse, de la garnison de Pierrefons, pour les desfrayer en la ville de Rheins où ils avoient esté mandez, à chacun vj l. t.

Monseigneur de Troissy pour se desfrayer à Rheins, où il estoit venu devers monseigneur le connestable, pour besongner en aucunes choses pour la garde et deffense du pays et pour aller en la ville d'Amiens devers le comte de Saint Pol   l l. t.

Yvon de Beaulieu pour ses despens à aller et ses gens au pays d'Auvergne devers le Roy   xij l. t.

[Fol. 53 v° :] Bertrand de Beaulieu pour semblable   xij l. t.
David Le Galois   lx s.
Eustache Gruel   [lx] s.
Guillaume Wilpil   lx s.
Adam Criqueton   lx s.
Yvon Josse   lx s.
Bertrand de la Court   lx s.

Estienne de Vignolles, dit La Hire, pour son estat et s'entretenir et pour mieux et diligemment vacquer à garder le pays dont il a la charge, des pilleries et roberies des gens de guerre   ij^c l. t.

[Fol. 54 r° :] Alain Giron, capitaine et bailly de Senlis, sur ce qui luy es deu pour 4 mois finis le dernier may 1437, pour luy et ses gens en la garde de la dite ville de Senlis   vij^c l. t.

Le commandeur de Giresme, capitaine de Provins, pour semblable iiij^c l. t. et ij^c x l. t. pour ses despens à Troyes et pour avoir un cheval.

Messire Denis de Chailly, chevalier, capitaine de Melun, pour semblable c l. t., et pour la garde de la ville de Moret   ij^c l. t.

. . . .

Tugdual Bourgeois, capitaine de Pierrefons, pour un an du 1er juin   ij^c l. t.

Jacques Dauoet, escuyer, capitaine de Vivier en Brie, pour son entretien et de ses gens en la dite place,   c l. t.

Estienne de Lespinasse, escuyer, de la garnison de Senlis,   l l. t.

Pierre de Villeries, secretaire de mon dit seigneur le connestable, pour ses despens d'avoir esté à Paris, à Chaalons, à Rheins et à Laon, pour faire venir les deniers des aydes   xl escus.

Bouson de Fages, escuyer, ij^c escus sur iiij^c escus a luy ordonnez par monseigneur le connestable par traitté fait avec luy pour la widange et delivrance de Pons sur Seine.

Antoine de Chabannes, escuyer, capitaine de gens d'armes,

sur ses gages de luy et de ses gens qu'il tient es frontieres au pays de Caux, ij^c escus.

Henry de Launay, escuyer, pour un cheval pris de luy et donné à Jehan B., escuyer, homme d'armes de la frontiere de Caux xl escus.

M. Jehan Baubignon, maistre des requestes de l'hostel, en recompense des frais et mises qu'il a faits, en la compagnie de mon dit seigneur le connestable et de monseigneur le chancellier, partant de Paris en la ville de Lisle, pour estre et conseiller avec eux sur le fait de la delivrance du Roy de Scecille, et aussy pour besongner avec monseigneur le duc de Bourgogne et les gens de son Conseil, en plusieurs matieres touchant le bien et conservation de ce royaume lxxv l. t.

Gauvain Le Roy, capitaine de Chevreuse, sur ses gages et de ses gens d'armes en la garde de sa place iiij^{xx} l. t.

Guillaume Le Roy, capitaine de Montlhéry, pour semblable [cause] iiij^{xx} l. t.

[Fol. 54 v° :] Messire Jehan Foucault, chevalier, et Mahé Morillon, c escus d'or sur ij$^{[c]}$ escus à quoy monseigneur le connestable et les gens du Conseil du Roy ont traitté à eux pour la rançon et finance de Milles de Saux, leur prisonnier tenant le party des Anglois, executé à Paris pour ses demerites, lequel avoit esté pris à Beaumont en Brie et depuis par l'ordonnance de monseigneur le connestable delivré au prevost de Paris, pour en faire justice.

. . . .

Messire Denis de Chailly, chevalier, capitaine des ville et chastel de Melun, avec lequel a esté appointé de nouvel pour tenir certain nombre de gens de guerre à la garde et seurté de la dite ville et chastel, à commencer du 1er décembre 1437,
ij^m xx l. t.

Messire Nicolle de Giresmes, chevalier, capitaine de la ville de Provins, pour un quartier d'an finy le dernier fevrier 1437
lx l. t.

Thibault Cailhau, capitaine de Moret en Gastinois, pour la garde du dit lieu, pour un quartier [d'an] L l. t.

Messire Jehan Foucault et Mahé Morilhon, capitaines de

Lagny, pour leur entretien et de leurs gens d'armes estant en garnison en la dite ville, sur ce qui peut leur estre deu iij^c l. t.

[Fol. 55 r°:] Messire Nicolle de Giresmes, chevalier, capitaine de Provins, pour son entretien et de ses gens d'armes en la garde et deffense de la dite ville xij^c l. t.

Henri de Launay, escuyer d'escurie du Roy et de monseigneur le connestable, pour un voyage de Paris à Bourges devers le Roy
L l. t.

[Fol. 55 v°:] Messire Denis de Chailly, bailly de Meaux, capitaine des villes et chasteaux de Melun, Moret, Crecy et Coulommiers, pour la garde des dites villes et chasteaux, pour un an du 1er juillet 1438 vj^{xx} xiij l. t. vj s. viiij d. sur iiij^m l. t.

Messire Gilles de Saint-Simon, chevalier, pour ses despens à aller devers le Roy de la part de monseigneur le connestable
xlj l. t. v s.

. . . .

Deniers payez à monseigneur le connestable.

Monseigneur le connestable vj^m l. t. outre et par dessus sa pension pour le mois, du 1er octobre 1436.

Item, v^m l. t. sur vj^m l. t. pour cause des voyages et armée qu'il avoit fais pour le fait du siege de Saint Denis.

Item, M l. t. pour la dite rayson.

Item, vj^m l. t. outre et par dessus sa pension.

[Fol. 56 r°:] M. Jehan Courtinelles, notaire et secretaire du Roy, pour un voyage, partant du siege devant la ville de Monstreau, allant à Rheins querir iiij^m escus d'or, prestez par monseigneur le chancellier, et faire venir certaines matieres de poudres de canon pour le fait du dit siege L l. t.

M. Ragnier de Bouligny, maistre des comptes, ordonné general commissaire et contrôleur sur le fait et gouvernement de toutes les finances es pays deçà Seyne et Yone, aux gages de vj^c l. t., et iiij l. t. xvj s. par jour pour ses voyages, du 14 avril 1437 jusques au 1er janvier 1438, v^c xxxj l. t. v s., et pour ses voyages iij^c xxxvj l. t., et pour deux autres voyages à Yevre le Chastel en la compagnie de monseigneur le connestable, pour besongner avec monseigneur le chancellier et le bastard d'Orleans sur le fait de la recouvrance de Montargis ; et le 4 novembre suivant, de la ville de Blois devers le Roy, en la compagnie de monseigneur le connestable, pour besongner sur le fait des finances ⁣ iij^c xxiiij l. t.

. . . .

Regnault de Longueval, escuyer, pour ses despens [pour estre venu] à Chaalons devers monseigneur le connestable luy exposer de par plusieurs capitaines de la frontiere de Caux certaines choses touchant la garde du dit pays ⁣ xj l. t.

XXVIII.

Châlons-sur-Marne, 24 novembre 1435. — Défense faite par le connétable aux gens de guerre d'occuper les possessions du chapitre de Verdun. (Bibl. nat., collection Moreau, vol. 249, fol. 230 r°.)

Artur, fils de duc de Bretaingne, conte de Richemont, seigneur de Partenay, connestable de France, à tous chiefs de guerre, seneschaulx, nobles, chevaliers, escuiers, cappitaines de gens d'armes et de trayt, et autres suians les armes, cappitaines et gardes de bonnes villes, pons, passages, juridictions, lieux et destroys, justiciers, officiers, subgés, amis, alliés et bienvueillans de monseigneur le Roy, ou à leurs lieutenans, ausquels ces presentes seront monstrées, salut et dilection. Savoir vous faisons que nous avons prins et mis, prenons et mettons en la protection, seureté et saulvegarde de mon dit seigneur le Roy et de nous, les terres, villes et villages appartenans à chappitre de Verdun et par especial les villes de Hermeville, Va (?), Woa (?), Boinville, Bethelainville, Saint Hilly (?), Boure, Moirs, Morgemolin, Formesey, Jonquery, Fraine, Ethon, Muresy, Merle, Merho (?), Dombra, Uterville (?), Puvillé, Manre, Crepin, Flaba, Ville devant Chaumont, Escuré, Chesne sur Meuse, Consenvoy[1], et generalement

---

1. La plupart de ces localités font partie du département de la Meuse ; quelques-unes, des départements voisins ; voici, croyons-nous, l'orthographe actuelle de ces différents noms, dont plusieurs sont assez défigurés par le copiste de notre texte : Herméville, Wame ou Wameau (?), Woël (?), Boinville, Bethelainville, Illy (?), Bure, Moirey, Morgemoulin, Fromezey, Jonquery, Fresnes-en-

toutes les autres terres appartenans au dit chappitre de Verdun, avecque les manans, habitans et demourans en iceulx, leurs biens, bestiaulx, familliers et choses quelconques.

Sy vous mandons très expressement, de par mon dit seigneur Roy et nous, que es dites terres, villes et villages du dit chappitre de Verdun vous ne logiés, sejourniés, fouragiés, ne meffaites, ne souffrés meffaire, ne y prenés, ne souffrés prendre bestiaulx, biens, ne autres choses quelconques, ainçois faittes, souffrés et laissiés les dis habitans et demourants en icelles paisiblement demourer en leurs hostels, et faire leurs labours et besoingnes, sans leur meffaire en quelque maniere que ce soit, et en faites chacun de vous endroit soy qu'en doyés estre envers mon dit seigneur et nous recommandés de bonne obeissance. Et affin que aucun ne puist de ce pretendre ignorance, nous mandons par ces mesmes presentes au premier huissier, sergent, herault ou poursuyant, qui sur ce sera requis, que nostre presente seuretté et saulvegarde signiffie à tous les dis gens de guerre, et mesmement à messires Jacques de Chabannes, le bastard de Bourbon, Gaultier de Brusac, le bastard de la Trimouille, Jehan de Blanchefort, Guillaume de Lestrac, Pierre Daugy, et tous autres qu'il appartendra, en leur deffendant, de par mon dit seigneur le Roy et nous, que, au contraire de ces presentes ne facent, attentent ou innovent aucune chose, et se fait l'avoient, qu'ils le reparent, ou facent reparer incontinant et sans delay, sur peinne d'encourir les peinnes qui en tel cas appartiennent.

Donné à Chaallons, le xxiiije jour de novembre, l'an de grace mil quatre cens trente cinq.

De par monseigneur le conte connestable,

Signé : GILET, avec paraphe[1].

Woëvre, Eton, Murcy, Merles, (Merho?), Dombras, (Uterville?), Peuvillers, Manre, Crepion, Flabas, Ville-devant-Chaumont, Ecurey, le Chêne (?), Consenvoye.

1. A la suite de la transcription de cet acte, on lit dans le vol. de Moreau : « Je soussigné, soûprieur de l'abbaïe de Saint Airy de Verdun, certifie que j'ai fais la présente copie sur l'original même et qu'elle lui est entierement conforme. Fait en la dite abbaïe, le 5 juin 1786. D. Michel Colloz [avec par.]. L'original est écrit sur un parchemin, qui a un pied, quatorze lignes et

XXIX.

Poitiers, 8 mars 1436. — *Nomination de Richemont, lieutenant général de Charles VII dans l'Ile-de-France, la Champagne, la Brie, le Beauvaisis, la Normandie, la Picardie.* (Bibl. nat., ms. fr. 2861, fol. 213-215.)

XXX.

Paris, 16 et 18 avril 1436. — *Délibérations du Parlement de Paris qui délègue plusieurs de ses membres vers le connétable de Richemont, pour lui annoncer la soumission de la Cour au Roi, et lui demander l'autorisation de continuer à rendre la justice, autorisation accordée par le connétable jusqu'à nouvel ordre du Roi.* (Archives nat., X^{1a} 1481, fol. 120 v°-121.)

XXXI.

Paris, 10 mai 1437. — *Décision du Parlement ordonnant à Regnault de Thumery, changeur, de délivrer au connétable de Richemont, qui l'emploiera au paiement des gens d'armes et notamment des garnisons de Saint-Denis, du bois de Vincennes et de Lagny, une somme d'argent provenant d'un procès pendant entre les frères Guillaume, Hugues et Jean Lamy, d'une part, et Jean de Creux, d'autre part, et déposée chez le dit de Thumery.* (Archives nat., X^{1a} 1482, fol. 20 r°.)

XXXII.

Questembert, 8 juillet 1437. — *Approbation par François, fils aîné du duc de Bretagne, du testament par lequel Richemont institue Pierre de Bretagne son héritier*[1]. (Archives de la Loire-Inférieure, E, cassette 1, liasse 2.)

demie de largeur, sur six pouces sept lignes de hauteur, sans replis. Il est encore muni d'une partie du sceau du connétable Artur ; elle est de cire rouge, attachée et suspendue par une bande qui fait partie du parchemin, sur lequel l'original est écrit. »

1. Cf. ci-dessus Pièce justificative XXI. — On trouve dans

XXXIII.

Paris, 10 et 22 octobre 1437. — *Mention de la prise de la ville de Montereau et de la reddition du château au Roi de France.* (Archives nat., X^{1a} 1482, fol. 37 v°-38 r°.)

Venredi xj° jour d'octobre (1437).
Ce jour, environ midy, sont venues nouvelles certaines, comme le Roy, nostre sire, Charles le septiesme, en sa compaignie monseigneur Charles d'Anjou, monseigneur le comte de Richemont, connestable de France, monseigneur le comte de la Marche et de Perdriac, le comte de Tanquarville, le sire de Lebret, le bastard d'Orleans, les seigneurs de Chauvigny, de Linieres, de Gaucourt, de la Creste, le bailly de Vitry, Poton de Sinterailles, messire Jehan Foucaut, messire Jaques de Chabannes, Brusac, Le Bourgois, et autres capitaines de gens de guerre et de traict, hyer environ midy gaignerent de bel assault la ville de Monstereau où faut Yonne, contre la resistence et defense de Thomas Guerard, Anglois, capitaine, et autres gens de guerre du party anglois jusques au nombre d'environ iiij° hommes de guerre, tenans la dicte ville et chastel de Monstereau avecques les habitans d'icelle ville, laquelle place le Roy, nostre dit seigneur, tenoit assiegée six septmaines ot samedi derrain passé. Auquel assault le Roy, nostre dit seigneur, a esté, et se y est exposé en sa propre personne, et vaillamment s'est mis ens les fossés en l'eau jusques au-dessus de la cinture, et passé oultre à pié de mur, et monté par une eschelle durant l'assault l'espée ou poing et entré dedans, que encores y avoit très peu de ses gens; et si tost qu'il fut dedans et que plusieurs des dits Anglois se retrairent ou chastel à grant haste et confusion, s'en ala à l'eglise du dit lieu rendre graces à Nostre Seigneur de sa victoire; et defendi à tous sur peine de la hart que homme ne pillast l'eglise ne les gens de la ville, qui dedans s'estoient retraiz, ne violast femme ou fille. Pour lesquelles bonnes nouvelles par toutes les eglises

l'*Inventaire de René de Bourgneuf* l'analyse d'une confirmation émanant aussi de François de Montfort, mais datée du 15 août 1437. (Arch. nat., KK 1101, pièce 776.)

de Paris a esté chanté solemneement *Te Deum laudamus*. Et le samedi ensuivant ont esté faictes moult nobles processions générales, partant de Nostre Dame de Paris à Saincte Geneveve et de Saincte Geneveve à Nostre Dame où la grant messe a esté dicte solomncement, et le sermon. Et cependant en sont venues les lettres que le Roy, nostre dit seigneur, a envoyé, contenant creance de maistre Robert de la Porte, maistre en theologie de l'ordre et couvent des Augustins de Paris. *Deo gratias*. Et le mardi xxij^e [jour] du dit moys le dit Thomas Guerard et ses compagnons se rendirent et le dit chastel au Roy, nostre dit seigneur; lequel, à la requeste de monseigneur le Daulphin, pour ce que s'estoit la premiere armée dont il avoit esté, laissa aler les dits Anglois atout leurs biens, et bailla la garde du dit lieu de Monstereau au dit bastard d'Orleans, qui fort avoit frayé, comme l'en l'a dit, et le dit notoirement, ou fait et entretenement du dit siege, et baillé des finances de messeigneurs d'Orleans et d'Angolesme, prisonniers en Angleterre.

XXXIV.

Après 22 octobre[1] *1437. — Perception dans le bailliage de Chalon de l'aide accordée par les États au duc de Bourgogne, pour payer partie des frais du siège de Montereau par Charles VII et racheter de Fort-Épice la place de Mailly-le-Château*[2]. (Archives de la Côte-d'Or, B 3685, fol. 22 r°.)

Compte de Jehan de Janly, receveur particulier ou bailliaige de Chalon, de l'ayde de sept mille cinq cens frans, octroiés à monseigneur le duc par les gens des trois Estas de son duchié de Bourgoigne, ou mois d'octobre l'an mil CCCC trante sept; pour icelle somme convertir tant ou paiement de la somme de xij^m frans, que mon dict seigneur, à la requeste et pour contemplacion de ceulx de la bonne ville de Paris, qu'il a tousjours eu et a en grande recommandacion, a octroiés et accordé et

---

1. Date de la reddition du château de Montereau (cf. Pièce justificative XXXIII), à laquelle la délibération des États semble postérieure.

2. Cf. sur cet événement *les Écorcheurs en Bourgogne*, par J. de Fréminville, p. 57.

mandé estre levés sur ses subgés de ses pays de par deçà, pour les emploier ou fait et entretement du siege que le Roy, nostre seigneur, a mis et tenu en sa personne devant les villes et chastel de Monstereal où fault Yonne, occupés par les Anglois, anciens ennemis de ce royalme, comme pour paier la finance accordée à Fort Espice pour recouvrer de ses mains la place de Mailly le Chastel qu'il a prinse et detenue sur mon dict seigneur depuis le traictié de la paix; de laquelle place le dict Fort Espice journement faisoit courses et dommaiges innumerables par lui et ses gens ou pays et sur les subgés de mon dict seigneur, mesmement es bailliages d'Auxois, Tonnerrois, de Noyers et Auxerrois, et aussi en la conté de Nevers.

. . . .

XXXV.

Troyes, 21 juillet 1438. — Mandement au receveur des deniers de la ville de Troyes de payer un messager chargé de porter au connétable, alors à Paris, des lettres contenant les plaintes des habitants de Troyes contre les gens de guerre. (Archives municipales de Troyes, carton BB VIII, 8ᵉ chemise, 1ʳᵉ liasse.)

Les gens commis aux euvres et distribution des deniers communs de la ville de Troyes à Jaquinot Philippe, receveur des dits deniers, salut.

Nous vous mandons que des dits deniers vous paiez, baillez et delivrez à Jehan Richart, messagier, demourant à Troyes, la somme de cinquante cinq solz tournois pour sa peine et salaire d'avoir esté à Paris par devers monseigneur le connestable porter lettres de par la ville, contenant les griefz et oppressions que le povre peuple a à souffrir à cause des gens de guerre, qui chascun jour sont sur le païs, comme le bastard de Vertuz et autres, et par rapportant les presentes la dicte somme de cinquante cinq solz tournois vous sera allouée en voz comptes et deduite de vostre recepte. Tesmoins noz saings manuels cy mis le xxjᵉ juillet mil IIIIᶜ XXXVIII. Et a demouré en faisant le dict voyaige, alant, venant et sejournant xij jours entiers.

J. Lebartier,   De Pleurre,
    N. Damriquart,   Fresguise.

XXXVI.

Tours, 23 juillet 1439. — *Vidimus délivré le 30 juillet 1439, par Étienne Vilée, garde du sceau royal de la prévôté de Bourges, de lettres de Charles VII portant défense au connétable de Richemont de faire la guerre aux habitants de Verdun, qui avaient, en cas de légitime défense, tué Pierre Daugy, capitaine de Grandpré, et plusieurs de ses compagnons.* (Bibl. nat., collection Moreau, vol. 250, fol. 150, 151.)

A tous ceulx qui verront ces presentes lettres, Estienne Vilée, licentié en droit canon et civil, garde du seel real de la prevosté de Bourges, salut en Nostre Seigneur.

Savoir faisons que Jehan de Chasteaufort, juré du Roy nostre sire et du dit seel, notaire, usant de nostre auctorité et pouvoir, nous a relaté et tesmoigné de verité lui, le xxxe jour de juillet, l'an mil quatre cens trente et neuf, avoir veu, tenu et leu de mot à mot unes lettres patentes du Roy nostre sire, seellées de son seel en cire jeaulne et simple queuë, si comme il apparoit de premiere face saines et entieres contenant la forme qui s'ensuit :

Charles, par la grâce de Dieu, Roy de France, à nostre très cher et amé cousin le conte de Richemont, connestable de France, salut et dilection. Oye avons l'umble supplication et requeste des jurés, citoyens, bourgois, manans et habitans et université de la cité de Verdun, contenant que, comme feu Pierre Daugy, capitaine de Grant Pré, par lui et ses complices, puis trois ans ença, leur ait fait guerre continuelle, et sans cause au moins raisonnable; par lequel temps ait icellui Pierre et ses complices fait aux dis citoyens plusieurs grans maulx, violences, domaiges, et oppressions innumerables, prinses et expoliations de plusieurs leurs biens et de plusieurs corps d'ommes, desquelx les aucuns, par trop dure prison, ou faulte de vivres, il ait fait morir en prison très inhumainement et à grant misere, sans qu'il ait voulu poursuivre les dis citoyens par voie de justice, jaçois ce que par plusieurs fois lui aient volu estre à droit, et lui aient offert voloir sortir en nostre Court de Parlement à Paris, sur tout ce dont quereler les vouldroit, dont le dit feu Pierre ait esté reffusant et delaiant, et pour ce, pour obtenir provision sur ce se soient les dis citoyens ou leur commis transportés par devers vous, comme chef de nostre guerre, vous suppliant et requerant que par vous feust au dit feu Pierre deffendue toute œuvre de fait et de guerre à l'encontre d'iceulx citoïens, qui sont en nostre protection et sauvegarde especial, offrans ester à droit en nostre Court de Parlement à Paris, pour à lui faire tout ce que raison donroit; de quoy faire avés esté pareillement reffusant et delayant, combien que par les dis citoïens en aïés esté par plusieurs et iteratives fois deuement et diligemment requis, et qui pis est, icellui feu Pierre, continuant la dite guerre et perseverant en son mauvais propos encontre iceulx citoïens, se logea en la place de Commenieres, prouchaine de la dite cité de Verdun, en laquelle il a tenu longuement grosse compaignie de larrons, qui souvent sont venus courre à grant puissance et force d'armes devant la dite cité et par diverses fois ont prins et ravy plusieurs leurs biens, vassaulx et chastels, et en oultre plusieurs hommes, desquelx encores de present y a partie en la dite place de Grant-Pré detenus prisonniers; pourquoy iceulx citoïens, qui tels doumaiges, violences et oppressions n'ont peu tollerer, souffrir ny supporter, voyans et considerans que par vous et justice n'y estoit aucunement pourveu ny remedié, et comme contrains et malgré eulx, ont prins la deffense en eulx, et tellement que, par rencontres et entreprinses l'une partie sur l'autre, s'est ensuye la mort du dit feu Pierre Daugy et aultres ses complices, et la destrousse de plusieurs ses gens, à l'occasion desquelles choses, vous avés les dis citoïens en grant indignacion, et tant que, comme de ce ils dient estre acertainés, avés entention eulx molester et domager, et comme l'on leur a donné à entendre de leur faire sier, couper et aracher leurs vignes et blés, laquelle chose leur porroit reddonder en trop grant inconveniant, doumaige et prejudice irreparable, se sur ce ne leur estoit pourveu de remede convenable, humblement requerant nostre grâce et remede de justice à eulx estre impartie. Pourquoy nous, ces choses considerées, mesmement qu'iceulx supplians et citoïens sont en nostre protection et sauvegarde especial et lesquelx, avecques leurs femmes, familles, serviteurs, possessions, drois, choses et biens quelxconques, nous avons prins et mis, prenons et mettons d'abondant par ces presentes à la conservation de leur droit tant seulement, vous mandons, commandons et expressement deffendons que de toutes euvres de fait et de guerre contre les dis citoïens vous desistés et deportés en tout et à plain, et que contre eulx ne leurs biens, en commun ne en particulier, ne entreprenés ne souffrés par aucuns de vos gens et serviteurs estre entreprins, par voie de fait, de guerre, ne aultrement ; mais tout ce que fait aurés au contraire, faictes le reparer et remettre tantost et sans delay au premier estat et deu ; et se, à l'occasion des choses dessus dites ou aultres, voulés iceulx citoïens aucunement quereler ou poursuir, faictes de ce demande et action par voie de justice par devant les gens tenans nostre Court de Parlement, auxquels ils se sont soubmis et soubmettent quant à ce ; car ainsi nous plaist-il et voulons estre fait, et aux dis citoyens l'avons octroyé et octroyons de grâce especial par ces dites presentes nonobstant les dites destrousses, entreprinses et rencontranses faites comme dit est, et lettres surreptices impetrées ou [à] impetrer à ce contraires ; et pour ce que les dessus dis citoïens pourront avoir à besongner de ces presentes en plusieurs et divers lieux, voulons et nous plaist, et à iceulx citoïens avons octroyé et octroyons que aux vidimus de ces presentes, fais et passés soubz sceaulx royaulx, foy plainiere soit adjoustée et execution faite, comme à l'original.

Donné à Tours, le xxiij^e jour de juillet, l'an de grâce mil quatre cens trente et neuf, et de nostre regne le dixseptiesme, soubs nostre seel ordonné en l'absence du grant.

Ainsi soubscriptes : Par le Roy en son Conseil.

COURTIVELLES.

En tesmoing de laquelle vision, nous garde dessus nommé, et à la relation du dit juré, auquel nous creons très fermement le dit seel real de la dite prevosté de Bourges avons mis et apposé à ces presentes lettres, les jour et an dessus premiers dis.

Signé : CHATEAUFORT, avec paraphe.

Collation est faite.

Je soussigné, soûprieur de l'abbaie de Saint-Airy de Verdun, certifie que j'ai fais la présente copie sur l'original du vidimus mentionné cy-dessus, et qu'elle lui est entièrement conforme.

Fait en l'hôtel de ville de Verdun, le 21 avril 1785.

D. Michel COLLOZ.

[Avec paraphe.]

XXXVII.

Rouen, 30 juillet 1440. — Dispositions prises par le Roi d'Angleterre pour faire mettre le siège devant Harfleur. (Archives nat., K 66, n° 1[26].)

Henry, par la grace de Dieu, Roy de France et d'Angleterre, à noz amez et feaulx les tresoriers et generaux gouverneurs de noz finances en France et Normendie, salut et dilection.

Comme pour obvier aux grans maulx et dommaiges que font et ont intencion de faire à l'encontre de noz pays et subgetz noz ennemis et adversaires occupans la ville de Harefleu qui longuement ont pillé, robé, appatissé et deservit nos diz pays et subgetz, il ait esté advisé par grant advis et meure deliberacion de Conseil ouquel estoient noz tres chiers et tres amez cousins le conte de Sommerset, nostre lieutenant general sur le fait de la guerre en France et Normendie, les contes et seigneurs Dorset de Talbot et Fauquemberge, que le siege seroit mis et tenu prouchainement devant la dicte ville de Harefleu par nostre dit cousin le conte Dorset, qui pour ce faire doit avoir le nombre de cinq cens hommes d'armes et quinze cens archiers; et avec ce, soubz nostre dit cousin le comte de Sommerset sera le nombre de cent hommes d'armes et trois cens archiers pour faire à l'encontre de nos diz adversaires tous exploiz de guerre possibles et necessaires et nous servir sur les champs et autrement ainsi que la necessité le requerra; tous lesquelz hommes d'armes et de trait seront prins et fournis des gens de noz garnisons et retenues de Normendie et pays de conqueste; et affin que faulte n'ait ou fournissement d'icelui nombre, et que la chose ne soit retardée, maiz mise à desirée conclusion, a esté ordonné que pour et ou lieu de hommes d'armes à cheval, s'ilz deffailloient, puissent estre prins et mis archiers, c'est assavoir : pour chacun homme d'armes, trois archiers; et ou cas que aucuns de ceulx des dictes garnisons, qui sont mandez, seront deffaillans de venir au dit siege ou sur les champs, comme dit est, aux jours prefix et ordonnez, autres pourront par nos diz cousins, ou l'un d'eulx, estre mis en leurs lieux, soient hommes d'armes ou archiers, ou, pour et ou lieu de chacun homme d'armes, trois archiers, comme dit est; tous aux gaiges, c'est assavoir : pour chevalier banneret, quatre solz esterlins par jour; pour chevalier bachelier, deux solz esterlins; pour homme d'armes à cheval, douze deniers esterlins par jour, avec regards acoustumez; pour homme d'armes à pié, dix livres tournois par mois; et pour chacun des diz archiers, six deniers esterlins par jour monnoye d'Angleterre ou autre monnoye à la valleur coursable en France en la maniere acoustumée.

Si vous mandons et enjoignons expressement que par nostre bien amé Pierre Baille, receveur general de nos dictes finances, vous faictes paier, bailler et delivrer des deniers de sa recepte, à nos diz cousins et autres cappitaines ou chiefz de monstres, ou conduiseurs des dictes gens d'armes et de trait, les gaiges et regards d'eulx et d'icelles gens d'armes et de trait jusques au dit nombre de six cens hommes d'armes et dix huit cens archiers ou au dessoubz; c'est assavoir à nos diz cousins, ou l'un d'eulx pour ceulx dont, sans moyen d'autre, ilz auront ou aura la charge; et semblablement pour ceulx qui seront mis ou lieu des diz deffaillans, ausquelz deffaillans seront rabatuz les deniers qui, en leur faulte et negligence de venir au dit siege, seront baillez aux dessus diz ; et si perdront leurs gaiges pour deux mois; et aux autres cappitaines, ou chiefz, ou conduiseurs du sourplus des dictes gens, a chacun d'eulx pour lui et ceulx dont il aura la charge ou gouvernement, pour un mois au commencement d'icelui, commençant au regard de chacun, le jour de ses premieres monstres qui sur ce seront prouchainement faictes à Caudebech, ou ailleurs ilec environ, aux pris dessus diz; et pareillement de mois en mois, d'ilec en avant au commencement de chacun d'iceulx, tant que le dit siege durera, selon les monstres ou reveues qui sur ce seront faictes en la maniere acoustumée. Lesquelz paiemens faiz, entendons qu'ilz nous tiengnent lieu sur les gaiges ordinaires des dictes gens d'armes et de trait des dictes garnisons, comme il appartient. Et par rapportant ces presentes, les dictes monstres, ou reveues et quittances souffisans seulement, tout ce que par le dit receveur aura esté paié à ceste cause sera alloué en ses comptes et rabatu de sa recepte par nos amez et feaulx les gens de noz comptes à Rouen, ausquelz nous mandons que ainsi le facent, sans contredit ou difficulté quelzconques.

Donné à Rouen, le penultieme jour de juillet, l'an de grace mil CCCC et quarante, et de nostre regne le XVIIIe.

Par le Roy, à la relacion du Grant Conseil.

PERMEL. [Avec paraphe.]

XXXVIII.

Rouen, 22 août 1440. — *Mandement du Roi d'Angleterre à Simon Morhier de faire payer la solde pour un mois de 18 hommes d'armes et 104 archers destinés à renforcer la garnison de Pontoise, menacée d'un siège.* (Archives nat., K 66, n° 1[34]; copie à la Bibl. nat., collection Fontanieu, vol. 118 à la date.)

Henry, par la grace de Dieu, Roy de France et d'Angleterre, à nostre amé et feal conseiller Symon Morhier, chevalier, l'un de noz tresoriers et general gouverneur de toutes noz finances en France et Normendie, salut et dilection.

Comme pour resister à noz ennemis et adversaires, lesquelz, ainsi que avons esté bien advertiz, entreprennent sur nostre ville de Pontoise, en intencion de icelle mettre et avoir en leur main par siege, assault, ou autrement, nous ayons ordonné que du nombre de quatre cens hommes d'armes et les archiers, ordonnez eulx mettre sus prouchainement soubz nostre tres chier et tres amé cousin le comte de Sommerset, lieutenant et general gouverneur sur le fait de la guerre en France et Normendie, dont monstres sont ordonnez estre faictes à Bernay ou environ pour nous servir sur les champs partout ou mestier sera, soit en toute haste envoyé au dict lieu de Pontoise dixhuit hommes d'armes à cheval et cent quatre archiers des gens des garnisons et retenues ordinaires de nostre tres chier et amé cousin le sire de Fauquemberge, qui sont comprins ou nombre des dicts iiii^c hommes d'armes de nostre dit cousin de Sommerset, qui entendront diligemment à la garde, seurté et deffense d'icelui lieu de Pontoise, oultre et par dessus la garnison ordinaire d'icelle ville; nous vous mandons que par nostre amé Pierre Baille, receveur general des dictes finances, vous faictes paier, bailler et delivrer des deniers de sa recepte, à nostre amé et feal Jehan Stanlawe, escuier, l'autre tresorier et general gouverneur des dictes finances, et cappitaine dudict lieu de Pontoise, ou aux chiefs, ou chief de monstres ou conduiseur des diz dix-huit hommes d'armes, et cent quatre archiers, en ce prins et comptez trois archiers pour hommes d'armes, se mestier est, les gaiges et regars d'iceulx xviii hommes d'armes et ciiii archiers ou au dessoubz pour un mois, commençant le jour de leurs monstres sur ce faictes ou à faire au dict lieu de Bernay, ou au Pont de l'Arche, ou ilec environ, lequel paiement ainsi fait, voulons, comme raison est, qu'il nous tiengne lieu sur les gaiges et regars ordinaires d'icelles gens. Et par rapportant avec ses presentes les dictes monstres et quittance souffisante seulement, tout ce que par le dict receveur aura esté paié à ceste cause sera alloué en ses comptes et rabatu de sa recepte par noz amez et feaulx les gens de noz [comptes] à Rouen, ausquelz nous mandons que ainsi le facent, sans contredit ou difficulté [quelzconques].

Donné à Rouen, le xxij^e jour d'aoust, l'an de grace mil CCCC quarante, et de [nostre regne, le] XVIIIe.

Par le Roy a la relation [du Grant] Conseil.

[PERMEL. (Avec paraphe.)[1]]

XXXIX.

Saint-Mihiel, 9 mars 1441. — Lettres de sûreté accordées par Richemont, sur l'ordre du Roi, aux habitants de Verdun qui avaient combattu et tué plusieurs hommes d'armes du connétable. (Bibl. nat., collection Moreau, vol. 250, fol. 211, 212.)

Artur, fils de duc de Bretaigne, conte de Richemont, seigneur

1. Les parties entre crochets manquent dans l'original; elles

de Parthenay, connestable de France, à tous ceulx qui ces presentes lettres verront, salut.

Comme despieça, à l'occasion des faveurs, confors et aides fais et donnés par les citoyens bourgois et habitans de la ville de Verdun, ainsi que rapporté nous avoit esté, au sire de Commarcy et aux siens lors nos adversaires, et qui soubz nos lettres de seureté et sauvegarde, que environ trois ans et demi a, nous estans en la ville de Réims, donnasmes pour le bien des païs de monseigneur le Roy à feu demiseau Evrard de la Marche pour la place de Chauvency et ses gens et autres estans en icelle, afin de faire wider les gens de guerre qu'il y tenoit pour doubte, comme il disoit, du dit de Commarcy, qui, à l'occasion de la dite place, lui faisoit et portoit guerre, et par ce faire cesser les courses, prinses et autres maulx et dommaiges que l'on maintenoit les dis gens de guerre faire es dis pays et sur les vassaulx et subgets de mon dit seigneur, avoient prinse la dite place et la detenoient et occupoient, sans la vouloir rendre ne remettre es mains du dit feu Evrard, quelque mandement ou commandement qui de par mon dit seigneur et nous, par lettres patentes et autrement, lui en eust esté fait, en enfraingnant directement nos dites seureté et sauvegarde, et commettant envers mon dit seigneur pure rebellion et desobeissance, debat feust meu entre nous et les dis de Verdun, et pour ce que faire n'en avoient voulu reparation, leur eussions fait faire et porter guerre par nos gens, durant laquelle guerre et le siege que feismes mettre et tenir devant le dit lieu de Chauvency, tendant pour la reparation de nos dites seureté et sauvegarde, le recouvrer et remettre es mains du dit deffunt, soient ensuivies les mort, prinse et destrousse de aucuns de nos dis gens par les dis de Verdun, aux escarmouches et autres exploits de guerre qu'ils faisoient les ungs contre les autres, mesmement en certaine destrousse ou conflit advenu au lieu de Fleury, et soit advenu aussi que le dit de Commarcy et ses dis gens, accompaigniés d'aucuns de ceulx du dit lieu de Verdun et entre autres de Jean de Saulx, chevalier, bailly de l'éveschié d'ilec, eulx sai-

ont été facilement restituées à l'aide de la pièce que nous publions sous le n° XXXVII.

chans feux Alain Giron, en son vivant bailli de Senlis, Pierre
Daugy, escuier d'escuerie de mon dit seigneur, Geoffroy Morillon, nostre escuier d'escuerie, et leurs gens, estans en nostre
service, retournans du dit siege de Chauvency ou des environs,
logés à Rommaigne soubs Montfaucon, les vindrent ilec ruer
jus, partie d'iceulx tuer et meurtrir, et entre autres les dis Alain
Giron, Pierre Daugy et Geffroy Morillon, et une autre partie
prindrent et menerent prisonniers la pluspart d'icelle au dit
Verdun avecques leurs chevaulx, harnoits et autres biens, où
ils ont estés detenus prisonniers par long temps; et assés tost
après entrerent dedans le dit lieu de Commenières, lors estant
en nostre main, prindrent tous les biens qu'ils y trouverent, et
icellui lieu demolirent et abatirent de tous poins, et il soit ainsi
que derrenierement les dis de Verdun saichans mon dit seigneur estre sur la riviere de Meuse, assés près de leurs marches,
doubtans que, à la reparation et admende des choses dessus
dites ainsi faites et advenues, il voulsist proceder contre eulx
par puissance, voye de fait ou autrement, dont plusieurs inconveniens à leur très grant dommaige se feussent peu ensuivre,
ont envoiés aucuns d'entre eulx par devers mon dit seigneur
lui remonstrer et de leur part exposer   choses, et entre
autres que, à l'occasion des divisions et guerres dernieres de ce
royaume, eulx, qui de tous temps ont esté en la garde des roys
de France, predecesseurs de mon dit seigneur, ont par ses
anciens ennemis et autres adversaires pour ce que avant
            son sacre, à laquelle sa venue en ensuivant ce que
par avant ils avoient fait, ils se mirent en sa garde, et depuis
sa dite venue, pour tousjours demonstrer la grant et bonne
amour et affection qu'ils avoient envers lui et à son service, ils
               vassaulx, serviteurs, subgets et aliés
et leur donne tout aide, faveur et confort, esté très grandement
endommaigiés et semblablement par ses dis gens, vassaulx,
serviteurs, subgets et aliés en plusieurs et maintes manieres
            que par cy devant et du   torts et entrefaites dessus declarés, ils ont, pour honneur de mon dit seigneur, patiemment portés et endurés, sans oncques, pour ceste
cause, ne pour doubte de puissance ennemie, s'estre de leur
bon vouloir envers lui, et que en fai   et entrefaites,

ils ne cuidoient ne n'entendoient nullement contempner mon dit seigneur ne nous aussi, mais comme à ce contrains pour la garde, tuition et deffense de leur cité, de eulx et de leurs biens les leur a convenu faire, en lui supplians que consideration aux choses à lui par eulx ainsi remontrées et exposées, et que tousjours ont incliné à ses bons plaisirs et commandemens, et encor ont entention de faire, il lui pleust oublier et oster hors de son cuer toute rancune que à l'occasion des exploits et entrefaites fais et advenus, comme dit est, et de leurs circonstances et deppendances, ils pourroient estre encourus envers lui, leur pardonner, remettre, quitter et abolir, et semblablement au dit [de Commercy] à tous nobles, bourgois et habitans du dit pays de Barrois et du dit eveschié de Verdun, et autres qui, es dis destrousses et conflicts, et demolition du dit lieu de Commenieres et autrement leur ont esté servans, favorisans et aidans, tout ce en quoy à la toutes autres choses, qui de l'accident des dictes guerres et divisions dernières de ce dit Royaume pourroient deppendre, les recevoir et tenir en ses bonnes grace, amour et benivolence, et pareillement le nous faire faire, et en ses dites gardes les conserver et maintenir. Pour quoy mon dit seigneur, considerant ce que dit est, inclinant à leur dite supplication et requeste non, voulant la desertion des dis citoyens, bourgois, manans et habitans, ne de leurs dis aliés, servans, aidans et complices, mais les services par eulx, comme dit est, à lui et aux siens leur redonder en aucune gratuité, ainsi que par raison faire se doit, à ce que doresenavant soient plus tenus, enclins et envieux à perseverer en leurs bons vouloirs et affections envers lui, leur a remis, quitté et pardonné tout ce en quoy à cause des choses dessus exprimées et declairées, de chacune d'icelles et de leurs deppendances, ils pourroient avoir envers lui et les siens mesprins, les receu en sa bonne grace, amour et benivolance, et les a mis en sa garde comme par cy devant ils ont accoustumé
moiennant certaine admende civile, en quoy ils ont juré et composé envers mon dit seigneur, et dont ils l'ont fait content; [le Roy] leur a promis les faire tenir quictes et deschargés de toutes querelles, actions et poursuites, que pour et de par lui l'on pourroit faire et intenter ou temps advenir à l'encontre

d'eulx, et sur ce faire contenter toutes parties interressées, tant au regard de la demolition de la dite place de Commenieres que autrement, et oultre plus nous ait ordonné et commandé pareillement le leur quitter et pardonner.

Savoir faisons que nous, pour obeir aux bons plaisir et commandement de mon dit seigneur, comme raison est, avons, en tant que à nous et aux nostres touche et peut touchier, quitté et pardonné, quittons et pardonnons, par ces presentes, aux dis citoyens, bourgois, manans et habitans du dit lieu de Verdun, au dit sr Jehan de Saulx et à tous autres qui en ce que dit est les ont servis, favorisés et aidés, tout ce en quoy, pour les causes dessus dites, nous pourroient avoir meffait, les ostés de nostre malivolence, et les reprins et mis en nos bienveillance et amour, sans que jamais par nous ou les nostres leur en puist ou doye aucune chose estre demandée ne leur en porte dommaige.

Si donnons en mandement par ces mesmes presentes, de par mon dit seigneur et nous, à tous ses justiciers, officiers, vassaulx, subgets, serviteurs et souldoyers, requerans ses amis, aliés et bienveillans et nostres que de ses quittances, abolicions, remission et pardon, ensemble de sa dite garde, et aussi de nos dis pardon et quittance, facent, seuffrent et laissent doresenavant joïr et user les dessus dis et chacun d'eulx, sans aucunement aler ne venir à l'encontre, ne au contraire leur faire, donner ne souffrir estre fait ne donné aucun arrest, dommaige, destourbier ne empeschement en quelque maniere ne pour quelconque cause ou occasion que ce soit.

En tesmoing de ce, nous avons fait mettre nostre seel à ces presentes. Donné à Saint Mihiel, le ixe jour de mars, l'an de grace mil quatre cens et quarante.

Sur le replis est écrit : Par monseigneur le conte connestable
DE WILLERIES, avec paraphe.

Je soussigné, soûprieur de l'abbaye de Saint Airy de Verdun, certifie que j'ai fait la presente copie sur l'original même, et qu'elle lui est entierement conforme, à quelques mots près, qui sont déchirés.

Fait en l'hôtel de ville de Verdun, le 11 avril 1785.

D. Michel COLLOZ.
[Avec paraphe.]

XL.

[Parthenay,] 20 *mai* 1443. — *Décharge donnée à Macé Le Maçon, receveur de Parthenay, par Bertrand Rataud, chevalier, maître d'hôtel de la comtesse de Richemont, d'une somme de* 245 *l.* 19 *s.* 1 *d., employée au payement du vin bu notamment pendant le séjour du comte et de la comtesse de Richemont à Parthenay, au mois de novembre* 1442. (Archives nat., R¹ 192, avant-dernière pièce.)

XLI.

Dijon, 21 *mai* 1445. — *Quittance délivrée à Jean de Visen, receveur général de Bourgogne, par Salins le héraut, d'une somme de* 15 *francs, à lui payée pour divers voyages faits par ordre du maréchal de Bourgogne.* (Archives de la Côte-d'Or, B 11882, pièce 1.)

Je, Salins le herault, confesse avoir eu et receu de Jehan de Visen, conseillier de monseigneur le duc et son receveur general de Bourgogne, la somme de quinze frans tant sur mon voiage que j'ay fait par ordonnance de monseigneur le mareschal de Bourgogne devers plusieurs seigneurs et nobles du duchié de Bourgogne, leur porter lettres de par lui pour venir et estre en son aide et compaignie au lieu de Baulmes, afin de resister à l'entreprinse que font le connestable de France et Joachim Rouaul a tout grant membre de gens de guerre de passer par les duchié et conté de Bourgogne pour aler à Montbeliart, en intencion de faire et pourter ou dict conté tous les maulx et dommaiges qu'ilz pourront, et de leur empescher le dit passaige par le dit monseigneur le mareschal, auquel je pourte lettres de response des dicts plusieurs des diz seigneurs et nobles, comme sur le voiaige que je faiz presentement pour porter les dites responses à mon dit seigneur le mareschal et aussi sur autres voiaiges par moy ja faiz. De laquelle somme de quinze frans je suis et me tien pour bien content et en quitte mon dit seigneur le duc, son dit receveur et tous autres. Tesmoing le seing manuel de Guillaume Garnier, clerc notaire juré de la Court de mon dit seigneur le duc, cy mis à ma requeste, le xxje jour de may l'an mil IIII{c} quarante cinq, presens Pierre Jarry et Perrenot Vignier, demourans au dit Dijon.

GARNIER. [Avec paraphe.]

◆ XLII.

Tours, 1er août 1449[1]. — Vidimus du 23 novembre 1449 des lettres par lesquelles Bertrand de Beauvau, chevalier, seigneur de Précigny, bailli de Touraine et des exemptions d'Anjou et du Maine, établit Jean d'Orléans, comte d'Angoulême, et Arthur de Bretagne, comte de Richemont, comme curateurs de François d'Étampes, leur neveu; les dites lettres de curatelle renfermant une procuration donnée par le connétable de Richemont à Guillaume Papin, châtelain de Parthenay, chargé de le représenter, procuration datée du château du Gavre, le 18 juillet 1449. (Archives de la Loire-Inférieure, E 5.)

XLIII.

Josselin, 1er décembre 1449. — Plein pouvoir donné à François d'Étampes, par ses curateurs Jean d'Orléans, comte d'Angoulême, et Arthur de Richemont, d'administrer ses domaines, sous la direction de sa mère Marguerite d'Orléans, comtesse douairière d'Étampes. (Archives de la Loire-Inférieure, E 5.)

XLIV.

Caen, 24 juin 1450. — Vidimus, délivré le 29 novembre 1480 par May de Houllefort, bailli de Caen, du traité de reddition de la ville et du château de Caen à Charles VII. (Copie sur papier aux Arch. nat., K 68, n° 45.)

Copie de certain vidimus fait soubz le grant seel aux causes

---

1. Cette date est celle des lettres de curatelle.

du bailliage de Caen, seellé en cire vert sur double queue par moy, Estienne Robin, secretaire de madame la duchesse d'Orleans et clerc de sa Chambre des comptes, veu, leu, tenu et diligemment regardé de mot à mot, duquel la teneur s'ensuit :

A tous ceulx qui ces presentes lettres verront, May de Houllefort, escuier, seigneur de Hamars et de Vienne (?), conseiller, chambellan du Roy, nostre sire, son bailli de Caen, et conservateur des droiz, privileges, franchises, libertés et choses appartenant à la dicte ville de Caen, salut.

Savoir faisons que aujourd'hui, xxixe jour de novembre, l'an mil IIII^c quatre-vingts, nous avons veu, tenu, leu mot apres mot, et diligeamment regardé en la maison commune de la dicte ville de Caen, ou livre escript en parchemin, ouquel sont contenues et enregistrées par ordonnance de justice les faitz et choses appartenant à la dicte ville, le traicté et appoinctement fait par le feu Roy Charles, que Dieu absoulle, avecques feu monseigneur le duc de Sommerset pour la redducion des ville et chastel du dict Caen, selon les articles, saines et entieres, desquelles la teneur ensuit :

Traictié et appoinctement fait par le Roy avecques monseigneur le duc de Somerset pour la redducion des ville et chastel de Caen.

Premierement mon dit seigneur le duc baillera et delivrera reaument et de fait es mains du Roy ou de ses commis les ditz ville et chastel de Caen dedens le premier jour de juillet prouchain venant, à heure de medy, ou cas toutesvoies que dedens icelui jour les gens du Roy par puissance ne seroient levés et mis hors du logis par eulx prins au lieu de Vauceulles devant les dites villes.

Item pour ce faire et acomplir baillera mon dit seigneur le duc dix huit hostages ; c'est assavoir douze des gens de guerre et six de ceulx des ditz ville [et chastel] de Caen, lesqueulx, les dites choses faictes et acomplies, seront delivrez franchement et quictes.

Item, en faisant et acomplissant les choses dessus dites, le Roy sera content que mon dit seigneur le duc, madame sa femme, ses enffans et toutes autres manieres de gens de quelque estat, nacion ou condicion qu'ils soient s'en puissent aller ou bon leur semblera ou royaulme d'Angleterre ou ailleurs en leur party, excepté à Faloize et Dampfront, avecque tous leurs chevaulx, hernois, trousses, ars, arbelestes et autre artillerie dont homme se peult aider au coul, biens, lettres, obligacions, papiers, memoires et toutes escriptures, quelles qu'elles soient et choses quelxconques à eulx appartenant, soit par eaue, ou par terre, à pié ou à cheval. Et pour ce faire leur seront bailliez bons, sceurs et loyaulx saufz-conduitz jusques à tel novembre (?) que mestier sera durant le terme de trois mois, avecques navire, charroy, chevaulx à somme et gens pour les conduire pour mener et emporter leurs dits biens et choses dessus dites à leurs despens raisonnablement; et aussi conduit se mestier est, sans ce que aucun arrest, destourbier ou empeschement leur soit fait, mis, ou donné, pour quelconque cause que ce soit en fournissant et acomplissant les choses dessus dites.

Item, et s'il advenoit par mutacion de temps et fortune que le dit temps durant, aucuns des dites gens, leur navire ou autres choses ne peussent passer et aller au dit royaulme d'Angleterre, que leurs dits saufz-conduitz leur soient prolongués par le bailli de Caen ou autre demourant es villes de Harfleu, Honnefleu, ou Dieppe aiant à ce povoir suffisant du Roy.

Item, et pour ce qu'il y a plusieurs es ditz villes et chastel de Caen blêmez et mallades et femmes en gesine qui bonnement dedens le dit temps ne s'en pourroient aller, le Roy sera content que à ceulx et celles de telle essence et autres, qui, après la redducion d'icelles villes et chastel, voudront demourer en icelles villes ou es forsbourgz, soit baillié bon et sceur saufconduit pour eulx en aller et amener leurs ditz biens ainsi que dessus est dit, durant ung mois après leur convalescence.

Item, que s'aucuns des dessus dits vendoient ou vouloient vendre aucuns de leurs dits biens, chevaulx, hernois et autres choses, ou iceulx eschangier à autres choses quelxconques, faire le pourroient, à telles personnes que bon leur semblera, et les deniers ou autres choses emporter sceurement.

Item, et aussi demourront tous prisonniers estans es ditz ville et chastel francz et quictes de toutes les foy et promesses qu'ilz ont envers les Anglois. Et pareillement rendront les dits Anglois tous les scellés qu'ilz ont du party du Roy quictes.

Item, et pendant le dit temps de la dite reducion des ditz ville et chastel et jusques au jour d'icelle reducion les gens du Roy ne aucuns d'iceulx ne entreront par force en aucune des ditz ville et chastel sans le congié de mon dit seigneur le duc.

Item, et que pendant le temps de la dite reducion mon dit seigneur le duc pourra envoier ses heraulx et pourssuivants en Angleterre pour le fait de leur secours, navire et autres choses à eulx necessaires.

Item, le Roy sera content recepvoir en sa bonne grace tous les habitans des dites villes de Caen, tant gens d'eglise, nobles, bourgois que autres quelxconques demourans et residans en icelle, et en tant que mestier seroit leur donner abolicion et les restituer à leur bonne fame et renommée et seront restituez en leurs biens, heritages et possessions queulxconques ou qu'ilz soient en tant que touche les dits heritages; et les tendra en leurs franchises et libertez et en leurs privilleges dont ilz ont anciennement acoustumé de joir, et mesmement au temps de la descente du feu roy d'Angleterre derrain trespassé.

Item, et sera le Roy content que les dessus dits se puissent faire paier de leurs debtes mobiliaires et arrerages quelxconques à eulx loyaulment deues, reserve des debtes et arrerages qui pourroient avoir esté receues par les officiers du Roy avant la dite reducion.

Toutes lesquelles choses et chacune d'icelles de point en point et d'article en article, nous, Jehan, conte de Dunois et de Longueville, lieutenant general du Roy sur le fait de sa guerre, promettons par la foy et serment de notre corps faire avoir agreables au Roy et en baillier ses lettres à mon dit seigneur le duc, dedens le jour de demain, en baillant et delivrant par mon dit seigneur le duc le sourplus des hostages qui restent à bailler du nombre dessus dit; en baillant aussi par mon dit seigneur le duc [promesse] de tenir, attendre et acomplir ce que dessus est dit de point en point et tout sans fraulde, barat ne mal engin.

En tesmoing de ce avons signées ces presentes de nostre main le xxiiij[e] jour de juing, l'an mil IIII[c] cinquante [1].

---

1. Dans le même mois de juin 1450, après la reddition de Caen,

En tesmoing desquelles choses ces presentes ont esté signées de Jehan Hebert, clerc et notaire pour les affaires communes de la dicte ville, et seellées du grant seel au causes du dict bailliage en l'an et jour dessus premiers ditz.

Ainsi signé : HEBERT.

XLV.

Vire, 5 juillet 1450. — « Assiette sur les manans et habitans de la viconté de Vire par nous Jehan Gilet, viconte du dit lieu, en obtemperant au mandement de monseigneur le connestable de France, donné à Caen le derrein jour de juing mil quatre cent cinquante, de la somme de 240 livres tournois, à quoy monte le payement pour ung mois de cinq charpentiers, deux maçons, trente maneuvriers, ung sergent et ung commis pour eulx mener et conduire, mandez estre envoyez au siege de Chierebourg, ainsi que par le mandement cy attaché appert, comprins les frais sur ce faiz... Icelle assiette faicte le cinquiesme jour de juillet ou dit an 1450, presens et appellez Henry Orenge, lieutenant de l'esleu au dit lieu de Vire, Jehan Chastel, advocat, et Guillaume Michiel, procureur du Roy au dit lieu, Henry Du Parc, nostre lieutenant, et autres. » (Archives du Calvados, Occupation anglaise, fonds Danquin, Vire, au 5 juillet 1450.)

XLVI.

La Guerche, 21 avril 1451. — Mandement de Charles VII aux généraux conseillers des finances de faire payer pour trois mois et sans montres, par Macé de Launay, 600 lances et 450 petites paies, destinées à l'expédition de Guyenne[1]. (Bibl. nat., ms. fr. 25712, n° 247.)

[Charles, par la grace de Dieu, Roy de France, à noz amez et

---

le roi, alors à l'abbaye d'Ardenne, voisine de la ville, accordait aux habitants des lettres d'abolition. (Archives nat., JJ 180, fol. 66 r°.)

1. La pointe supérieure gauche de cette pièce a été déchirée, de telle sorte que nous avons dû abréger le début de ce document

feaulx les generaulx conseillers] par nous ordonnez sur le fait et gouvernement de toutes noz finances, salut et [dilection]. Savoir vous faisons que. . . . . pour le fait de nostre guerre que avons presentement entention de brief faire en nostre païs de Guienne pour la recouvrance [d'icelui païs].....

Nous..., par l'advis et deliberacion de [nostre Conseil], avons ordonné et ordonnons par ces presentes le nombre de six cens lances fournies et de quatre cens cinquante petites [paies estans de present] par nostre commandement et ordonnance ou dit païs de Normandie, estre paiées par le dit Macé de Launay, sans monstres et reveues, et par [rapportant] quittances des diz cappitaines au regart d'eulx et des gens de leur charge pour les diz trois mois au seur de trente et ung franc par [mois chacun]e lance fournie, l'estat du cappitaine en ce comprins, et de dix francs aussi par mois chacune petite paie, des deniers par nous [ordonnez] estre mis sus ou dit païs pour le paiement dessus dit, c'est assavoir : soubz nostre cousin, le conte de Dunois, cent lances fournies et [quatre] vings seize petites paies seulement, pour ce que Saquet de Jaucourt, chevalier, et Hector du Sel n'en ont que trente-six, et les quatre qui restent de quarante [petite]s paies, que l'en cuidoit que les diz Saquet et Hector eussent, ont esté tousjours paiez soubs Charlot des Marés, oultre les soixante que le dit [Cha]rlot avoit acoustumé tenir au dit lieu de Dieppe; soubz le sire de la Varenne, cent lances fournies et quatre-vings petites paies; soubz [Fl]oquet, cent lances fournies et quarante petites paies; soubz le sire de Torcy, cent lances fournies; soubz Odet d'Adie, vingt lances fournies; soubz le sire de Loheac, soixante lances fournies; soubz Geoffroy de Couvran, chevalier, quarante lances fournies; soubz le sire d'Estouteville, pour le Mont Saint Michel, cinquante petites paies; soubz Jehan de Lorraine, pour Grantville, cent petites paies; soubz Charlot des Marés, pour Dieppe, soixante-quatre petites paies; soubz[1]   , pour Fescamp, huit petites

intéressant. Nous avons mis entre crochets quelques mots dont le rétablissement était nécessaire à l'intelligence du texte.

1. La place du nom a été laissée en blanc.

paies; soubz Jamet de Tillay, deux petites paies; soubz[1]
pour Arques, dix petites paies. Lequel paiement voulons que le
dit Macé de Launay ait et prengne des receveurs particuliers du
dit païs et par ses simples quittances, lesqueles voulons valoir
acquict aus diz receveurs particuliers en la reddicion de leurs
comptes. Si vous mandons et expressement enjoignons que par
le dit Macé de Launay faites faire les diz paiemens ainsi aux
personnes et par la forme et maniere devant declarée. Et par
rapportant ces presentes, signées de nostre main, et quittance
de chacun des diz chiefz de guerre et cappitaines cy dessus
declarez, en tant que chacun touchera le paiement de lui et de
ses gens, nous voulons tout ce qui à ceste cause paié aura esté
par le dit Macé de Launay, estre alloué en ses comptes et rabatu
de sa recepte par noz amez et feaulx gens de nos Comptes,
ausquelx nous mandons ainsi le faire sans difficulté, nonobstant
que par monstres et reveues autrement que dessus est dit
n'appere du nombre des diz genz de guerre, ce que ne voulons
avoir lieu pour les diz trois mois pour les causes que dessus, et
quelxconques ordonnances, mandemens ou deffenses à ce contraires. Et pour ce que de ces presentes l'en aura affaire en
plusieurs lieux, voulons que au vidimus d'icelles foy soit adjoustée comme à l'original.

Donné à La Guierche, le vint ung^{me} jour d'avril, l'an de grâce
mil CCCC et cinquante avant Pasques, et de nostre regne
le xxixme.

[Signé :] CHARLES. [Avec paraphe.]

Par le Roy, Jaques Cuer et maistre Estienne Chevalier,
presens,

DE LA LOERE. [Avec paraphe.]

XLVII.

Bayeux, 12 août [1452][2]. — *Ordre du connétable de Richemont au vicomte de Coutances de faire porter du blé à*

---

1. La place du nom a été laissée en blanc.
2. Nous datons cette pièce de 1452, parce que le bruit courut
en cette année que les Anglais se disposaient à descendre sur les

Granville, menacé par les Anglais, et d'y envoyer six charpentiers et douze maçons. (Bibl. nat., ms. fr. 20437, fol. 22, pièce 1.)

De par le conte de Richemont, seigneur de Partenay, connestable de France.

Viconte de Coustances, ou vous son lieutenant. Nous vous mandons que, incontinent ces lettres veues, sur tant que doubtez mesprandre envers le Roy, faictes diligence de faire porter et mener les blez que vous avons chargé et mandé à la place de Grantville; aussy d'y faire aler et envoier six cherpentiers, douze maçons, et leur bailler xx frans pour eulx tenir en la dite place, et nous obligeons vous en faire avoir bon acquict et descharge; car nous doubtons, ainsi que avons sceu, que les Anglois, qui sont sus la mer en bien grant puissance, ne viennent asseger la dite place de Grantville, et pour ce faictes la plus grant diligence que porrez de faire mener le dit blé et envoier les dits cherpentiers et maçons audit lieu de Grantville; car si deffaut y a, pancez que nous en prandrons à vous, et gardez qu'il n'y a faulte.

Escript à Baieux, le xij⁰ jour d'aoust.

ARTUR. [Avec paraphe.]

GOGUET.

[*Au dos :*] Au viconte de Coustances, ou son lieutenant.

côtes de Normandie; c'est vraisemblablement à cette époque que Richemont prit soin de ravitailler les places qui avaient à redouter une attaque prochaine : le 31 octobre 1452, le connétable, alors à Caen, faisait, toujours sous l'empire de la même crainte, fortifier le château de cette ville. (Bibl. nat., ms. fr. 20405, pièce 37, publiée par M. A. de la Borderie, dans la *Revue de Bretagne*, juillet 1885, p. 11 et 12. Cf. Cosneau, *le Connétable de Richemont*, p. 643, n° CIV.)

XLVIII.

Séez, 29 octobre [1452][1]. — Ordre du connétable de Richemont au vicomte de Coutances de payer le blé mis dans Granville.
(Bibl. nat., ms. fr. 20437, fol. 22, pièce 2.)

De par le comte de Richemont, seigneur de Partenay, connestable de France.

Viconte de Coustances. Nous vous envoions presentement les lettres que le lieutenant de beau cousin Jehan de Lorraine nous a escriptes du nombre et parties des blez et où ilz ont esté pris ès paroisses d'entour Grantville pour l'avitaillement et seurté de la dite place comme vous porrez veoir plus à plain par icelles lettres. Si vous mandons paier et contenter ceulx de qui les dits blez ont esté pris et fournir le parsus de blez jucques à la somme de deux cens ou xij^{xx} livres, ainsi que vous avons jà pieça mandé et ordonné, affin que la dite place demeure tousjours bien avitaillée de vivres et nous vous en ferons avoir bon acquict et descharge du Roy; et gardez que en ce n'ait faulte. Nostre-Seigneur soit garde de vous.

Escript à Sées, le xxixe jour d'octobre.

ARTUR. [Avec paraphe.]

GOGUET.

[*Au dos :*] A nostre tres chier et bien amé le viconte de Coustances ou son lieutenant.

XLIX.

Paris, 2 juin 1453. — Condamnation par le Parlement du comte de Saint-Pol, forcé d'exécuter les clauses du contrat de mariage passé le 30 juin 1445 entre le connétable de Richemont et Catherine de Luxembourg, sœur du dit comte, c'est-à-dire de faire assiette de 3,000 l. de rente dont il devra payer les arrérages au connétable et à sa femme, de leur verser 5,000 écus d'or, sauf à déduire les paiements déjà faits,

---

1. Cette pièce nous parait être de la même année que la précédente.

et en outre de payer les dépens du procès[1]. (Archives nat., X¹ᵃ 1483, fol. 88 v°.)

L.

Montils-lez-Tours, 7 mai 1454. — Ordre de Charles VII aux généraux conseillers des finances de faire exécuter divers paiements par Pierre Deshaies, receveur des aides dans l'élection de Falaise, notamment au vice-amiral Jean de Fleury, envoyé au Roi par Richemont, et à Jamet de Tillay, bailli de Vermandois, chargé de passer les montres en Normandie. (Bibl. nat., ms. 25712, pièce 282.)

LI.

Montils-lez-Tours, 7 mai 1454. — Ordre de Charles VII aux généraux conseillers des finances de faire exécuter divers paiements par Robin Le Gay, receveur des aides dans l'élection de Bayeux, notamment à Jean de Roisse, qui, en compagnie du connétable de Richemont, de l'archevêque de Narbonne et de Jean Le Boursier, avait surveillé les côtes de Normandie, menacées d'une descente des Anglais. (Bibl. nat., ms. fr. 25712, pièce 285.)

Charles, par la grâce de Dieu, Roy de France. A noz amez et feaulx les generaulx conseillers, par nous ordonnez sur le fait et gouvernement de toutes noz finances, salut et dilection.

Nous voulons et vous mandons que, par nostre amé Robin Le Gay, commis à recevoir en l'election de Bayeux la portion de l'aide par nous mis sus en nostre païs et duchié de Normandie, pour le paiement des gens de guerre logez et establiz en icellui, et pour deux quartiers d'an, commençans le premier jour de juillet prouchain venant mil CCCC cinquante et quatre, vous, des deniers de sa recepte, mis sus pour les fraiz oultre et

---

[1]. Le 24 novembre 1453, le comte de Saint-Pol, faisant valoir « certaines lettres d'Estat », obtint du Parlement un sursis jusqu'au 20 décembre suivant, pour procéder à l'exécution de cet arrêt. (Archives nat., X¹ᵃ 1483, fol. 119 r°.)

par dessus le principal du dit aide, faites paier, bailler et delivrer aux personnes cy dessoubz nommées les sommes de deniers cy après declairées, auxquelles nous les avons tauxées et ordonnons par ces presentes, pour les causes et en la maniere qui s'ensuit, c'est assavoir : aux esleuz de la dite election pour leurs peines et salaires de faire l'assiette du dit aide pour les dits deux quartiers, soixante livres tournois à departir entre eulx par egal portion ; au greffier des dits esleuz pour ses peines et salaire de faire les commissions et autres escriptures neccessaires pour ladite assiette, pour les dits deux quartiers, douze livres tournois ; à nostre bien amé Jehan de Roisse, escuier, pour avoir fait aucunes diligences sur la coste de la mer, ou mois de septembre(?) ou dit an mil IIII^c cinquante quatre (*sic*), en la compaignie et par le commandement de nostre tres cher et amé cousin, le conte de Richemont, connestable de France, et de noz amez et feaulx conseillers l'arcevesque de Nerbonne et Jehan Le Boursier, chevalier, seigneur d'Esternay, l'un de vous, generaulx, pour le fait de l'armée d'Angleterre, qu'on disoit ilec vouloir descendre, vingt cinq livres tournois. Et, avec ce, souffrez et consentez à icellui Robin Le Gay, commis susdit, prendre et retenir par ses mains des deniers dessus dits la somme de deux cents livres tournois, pour ses peines et salaires de recevoir et faire venir ens les deniers du dit aide, pour les dits deux quartiers. Et par rapportant ces presentes, avecques quittances des personnes dessus nommées, réservé du dit commis tant seullement, nous voulons les parties dessus declairées, montans ensemble à la somme de deux cens quatre-vings-dix-sept livres tournois, estre allouées es comptes et rabatues de la recepte du dit commis par noz amez et feaulx gens de noz Comptes, ausquels mandons ainsi le faire sans aucune difficulté.

Donné aux Montilz lez Tours, le vij^{me} jour de may, l'an de grâce mil CCCC cinquante et quatre, et de nostre regne le XXXIIme.

Par le Roy,
Chaligaut. [Avec paraphe.]

TABLE DES MATIÈRES

A

Abbé (Roland), 105.
Abbeville, 126, 127.
Acher (Jean d'), 249.
Agen, 177, 179.
Aidie. Voy. Aydie.
Aignay-le-Duc, 30 *n.* 3, 241.
Albergati (Nicolas), cardinal de Sainte-Croix, 102, 106 *n.* 2.
Albert Le Grand (le P.). Voy. Le Grand (Albert), carme.
Albret (Anne d'Armagnac, femme de Charles II d'), 178.
Albret (Charles Ier d'), connétable de France, 8, 14, 16-18.
Albret (Charles II d'), 77, 174, 178, 260.
Albret (Guillaume d'), seigneur d'Orval, 34, 60, 64.
Albret (Jeanne d'), seconde femme de Richemont. Voy. Richemont (Jeanne d'Albret, comtesse de).
Alençon, 215.
Alençon (Charlotte d'), 246.
Alençon (Jean Ier, comte d'), combat le duc de Bourgogne, 8; appelle Richemont à son secours contre ses sujets révoltés, lxxii, 9-10; combat les Anglais, 16; est tué à Azincourt, 18.
Alençon (Jean II, duc d'), compagnon de la Pucelle, 70, 71; prend part à la victoire de Patay, 73; se rend à Nantes, 78; traite avec le duc de Bretagne, lxxix, 247; accompagne Richemont à Saumur, 82; devant Sillé-le-Guillaume, 83, 84; plaide contre Jean de Malestroit, 137 *n.* 2; guerroie en Normandie, 155; prend parti pour le Dauphin pendant la Praguerie, 157, 159; à Château-Gontier, 181; à Chinon, 194; accusé de trahison, 226, 227; prend divers engagements au sujet de la vente de Fougères au duc de Bretagne, 246.
Alençon (Jeanne d'Orléans, femme de Jean II duc d'), 246.
Alençon (Marie de Bretagne, duchesse d'), née en 1391, † 1446; 3, 79, 247.
Allemagne, 185.
Alnwick (Guillaume), évêque de Norwick, 102 *n.* 1.
Amboise, 70, 158.
Amboise (Françoise d'). Voy. Bretagne (Françoise, duchesse de).
Amiens, lxxiv, lxxxvi, 29, 103, 128, 146 *n.* 2, 254.
Amiens (bailli d'). Voy. Brimeu (Jean de).
Amiens (évêque d'). Voy. Harcourt (Jean d').
Ancenis, 129.
Angers, iii, vi, 34, 35, 37, 40, 60, 157, 181, 225, 247.
Angleterre, lxxxii, 19, 20, 277.
Anjou, 166 *n.* 2, 253, 275.
Anjou (Charles d'), comte du Maine, lxxxix *n.* 4, 81, 83-85, 129, 138, 154, 159, 163, 164,

166, 169, 170, 172, 186, 187, 194, 212, 260.
ANJOU (Isabelle de Luxembourg, femme de Charles d'), 163.
ANJOU (Louis III, d'). Voy. LOUIS III, d'Anjou.
ANJOU (Marguerite d'). Voy. MARGUERITE d'Anjou, reine d'Angleterre.
ANJOU (Marie d'). Voy. MARIE d'Anjou, reine de France.
ANJOU (René d'). Voy. RENÉ d'Anjou, roi de Sicile.
ANJOU (Yolande d'). Voy. BRETAGNE (Yolande, duchesse de).
ANNE de Bretagne, reine de France, XXX.
Antrain, 43, 45.
ARAGONNAIS (l'). Voy. SURIENNE (François de).
ARC (Jeanne d'), XXIX, 68 et s.
Arcey, 112 n. 1.
Ardennes (abbaye d'), près Caen, 212.
ARDENNES (le Sanglier des). Voy. MARK (Évrard III de la).
Argenteuil, 164.
ARGENTON (d'), 37.
Armagnac, 139.
ARMAGNAC (Anne d'). Voy. ALBRET (Anne, femme de Charles II d').
ARMAGNAC (Bernard VII, comte d'), 8, 14, 138, 139.
ARMAGNAC (Bernard d'), comte de la Marche, LXXVII, LXXXIX n. 4, 60, 61, 66, 75, 135, 138, 154, 157, 160, 164, 168, 175, 177, 178, 260.
ARMAGNAC (Jacques d'), comte de Castres, 204, 207, 211.
ARMAGNAC (Jean IV, comte d'), LXXVII.
Arnay-le-Duc, 30 n. 3, 98 n. 2, 241.
ARPAJON (le seigneur d'), 37, 69.
ARPAJON (Berangon d'), 253.
Arques, 281.
Arras, IX, XII, LXV, LXXXI, 14, 98, 100, 102, 103, 106, 108, 109, 112.

Artois, 125 n. 1.
ARTOIS (Bonne d'), comtesse de Nevers. Voy. BOURGOGNE (Bonne d'Artois, duchesse de).
ARTOIS (Charles d'), comte d'Eu, LXXXIX n. 4, 17, 18, 154, 160, 164, 168, 194, 212.
ARUNDEL (Jean, comte d'), 84, 86 n. 1, 109, 230 n. 1, 247.
Arzillières, 94.
ASELIN (Jean), 120.
Assis-sur-Serre, 88 et *Errata*.
AUGY (Pierre d'). Voy. DAUGY (Pierre).
Aulnois, 92.
AULON (Jean d'), 123.
AUMALE (comte d'). Voy. HARCOURT (Jean VIII d').
Aunis, LXXIX.
AUNOY (Jean d'), dit LE GALOIS, 143.
Auray, 142.
Autun, 98, 241.
Auvergne, XIII, 32, 42, 47, 66, 160, 254.
Auxerrois, 262.
Auxois, 241, 243, 262.
Avanjoux. Voy. *Vengeons*.
AVAUGOUR (Charles de Blois, seigneur d'). Voy. BLOIS (Charles de).
AVAUGOUR (Guillaume d'). Voy. BLOIS (Guillaume de).
Avignon (cardinal d'). Voy. COETIVY (Alain de).
Avranches, X, 44, 52, 155, 156, 209, 210.
Avranches (vicomté d'), 213 n. 3.
AYDIE (Odet d'), que Gruel appelle de RIE, 196, 199, 207, 280.
Azincourt, XXX, 17, 19, 129.

B

BAILLE (Pierre), 269.
Bâle (concile de), 102 n. 1.
BAQUIER (Jennequin), 208.
Bar, 96, 97, 144, 272.
BAR (Jean, dit monseigneur de), fils puîné du duc Robert et de Marie de France (cf. *Bi-*

bliothèque de *l'École des chartes*, t. LI, p. 569, n. 5), 18.
BAR (Jehannot), 98 n. 2.
Bar-sur-Aube, 161.
Bar-sur-Seine, 162 n. 2, 240.
BARRE (de la), 105, 153.
BARRE (Guillaume de la), x.
BAUBIGNON (Jean), 255.
Baulme, 274.
BAVIÈRE (Marguerite de). Voy. BOURGOGNE (Marguerite de Bavière, duchesse de).
BAYART (Pierre Terrail, seigneur de), 235.
Bayeux, 199 n. 1, 205, 208-211, 281, 284.
Béarn, 180.
Beaucaire, LXXVI, 36, 39.
Beauce, 70, 73, 113, 147.
BEAUFORT (le seigneur de), 51, 52.
BEAUFORT (Henri), cardinal de Winchester, 102.
BEAUFORT (Jean), comte de Dorset, 151, 160 n. 3, 181, 266.
BEAUFORT (Thomas), duc d'Exeter, 18.
Beaugency, 68 et s., 88, 157.
Beaujeu, 162 n. 2.
Beaulieu (abbé de). Voy. BOUTIER (Guillaume).
BEAULIEU (Bertrand de), 254.
BEAULIEU (Yvon de), 159, 254.
BEAUMANOIR (le seigneur de), XIX, 30, 32, 34, 37, 40, 51, 69, 74, 76, 77.
BEAUMANOIR (Charles de), seigneur de Besso, 234.
Beaumont en Brie, 255.
Beaumont-le-Vicomte, 10.
BEAUMONT (Alain de), 9.
BEAUMONT (André de), seigneur de Lezay, 76.
BEAUMONT (Thomas de), 115.
Beaune, 98.
Beauté, 141.
Beauvais, 89, 90, 124, 250.
Beauvaisis, 248, 259.
BEAUVAU (Bertrand de), seigneur de Précigny, 275.
BEAUVAU (Pierre de), seigneur de la Bessière, 85.

Beauvoir-en-Brie, 130, 131.
Beceleuf, 245.
BEDFORD (Jean, duc de), se rend aux conférences d'Amiens, LXXIV, LXXXVI, 29; sur les frontières du Maine, marche vers Rouen, 60; offre la bataille à Charles VII près de Montépilloy, 74; donne le duché de Touraine à Richemont, 230 n. 1; songe à faire assassiner le duc de Bourgogne, LXXV.
BELLIER (Guillaume), 64.
BELLIÈRE (vicomte de la), 9, 13, 34, 40, 51, 57.
BELOSSERAYE (Josselin de la), 96, 104, 105.
BENAIS (Jean de), 213, 214.
Benon, 77.
BERNARD (Étienne), dit MOREAU, 253.
Bernay, 269.
Berry, 37, 247 n. 1.
BERRY (Gilles LE BOUVIER, dit), chroniqueur, XXXII et s.
BERRY (Jean, duc de), frère de Charles V, prend Richemont à son service, dirige la guerre contre les Bourguignons, LXXIII, 7-10; fait montrer ses joyaux au duc de Guyenne et à Richemont, 11, 12; donne un précieux rubis à Jeanne de France, duchesse de Bretagne, 12; prend part au siège de Soissons, 14.
Besançon (archevêque de). Voy. ROUGEMONT (Thibaud de).
BESSIÈRE (le seigneur de la). Voy. BEAUVAU (Pierre de).
BESSON (Jean), 58.
Bethelainville, 257.
Beuvron. Voy. *Saint-James de Beuvron*.
Beuzeville-la-Bastille, 200.
Bigorre, 47.
BISET (Henri), 58.
BLANCHEFORT, 90, 92, 140 n. 2.
BLANCHEFORT (le petit), 151, 158.
BLANCHEFORT (Guy de), 248, 251.

BLANCHEFORT (Jean de), 150, 151 n. 1, 156, 258.
Blanchetaque (la), 127.
Blois, 88, 157, 158, 257.
BLOIS (Charles de), seigneur d'Avaugour, 20 n. 1.
BLOIS (Guillaume de), seigneur d'Avaugour, LXXV n. 3, LXXVI, 36, 191 n. 2.
BLOIS (Jean de), comte de Penthièvre, seigneur de Laigle, LXXVII n. 3, 191.
BLOIS (Nicolle de), 191 n. 2.
BLOIS (Olivier de), comte de Penthièvre, 20.
BLONHEBON (le seigneur de), 30.
BLOT (le seigneur de), 200.
Bodinaye (domaine de la), II, IV, V, VI, XVIII.
BOESSIERE (Jean de la), 49, 99, 147, 179.
BOGIER, 223.
Boinville, 257.
BOIS (Nicolas), 249.
BOIS (Jean du), 206.
Bois-Malesherbes. Voy. *Malesherbes*.
BOISRIOU. Voy. BOYSRIOU (Bertrand du).
BOCHARDON, 60.
BONENFANT (Georges), 30.
BONNET (Jean), 85.
BONNOTE (Guillaume), LXXXV, 239, 240.
BOQUEAUX (Charles de), 91.
Bordeaux, 107 n. 5, 164 n. 5.
BOSSAC (le seigneur de). Voy. BROSSE.
BOUAYS GLAVY. Voy. GLAVY (Bouays).
BOUCICAUT (J. Le Meingre de), 17.
BOUERE (la), V n. 2.
BOULIGNY (R. de), 256.
BOUEXIÈRE (de la). Voy. BOESSIÈRE.
BOURBON (bâtard de), 14, 115, 140 n. 2, 249, 258.
BOURBON (Agnès de Bourgogne, femme de Charles Ier, 5e duc de), 98, 99.

BOURBON (Alexandre, bâtard de), 162.
BOURBON (Charles Ier, comte de Clermont jusqu'en janvier 1434, puis 5e duc de), LXXVII, LXXXVIII, LXXXIX n. 4, 41, 42, 47, 60, 61, 65, 66, 98-100, 103, 111, 141, 147, 154, 157, 162 n. 2, 194.
BOURBON (Jean Ier, 4e duc de), 14, 16, 18, 162 n. 2.
BOURBON (Jean II, comte de Clermont jusqu'en décembre 1456, puis 6e duc de), XXXIII, 204, 206-209, 211, 213, 214.
BOURBON (Louis de), comte de Vendôme, LXXXIX n. 4, 18, 100, 111, 138, 157.
BOURBON (Philippe de), écuyer, 250.
Bourbonnais, XIII, 42, 99, 159, 160.
Bourbonnais (sénéchal de), 159.
Bourg-Déols, 48.
BOURGEOIS. Voy. KERMOYSAN.
Bourges, 8, 49, 58, 65, 66, 100, 219, 230 n. 1, 256.
BOURGES (Henry), 94.
Bourgogne, IX, XXX, LXXX, 30, 89, 110, 112-114, 117, 244.
Bourgogne (chancelier de). Voy. ROLIN (Nicolas).
Bourgogne (maréchal de). Voy. NEUFCHASTEL.
BOURGOGNE (Agnès de). Voy. BOURBON (Agnès, femme de Charles Ier, duc de).
BOURGOGNE (Antoine de), duc de Brabant, 17, 18.
BOURGOGNE (Bonne d'Artois, duchesse de), 33.
BOURGOGNE (Isabelle de Portugal, duchesse de), 98, 102, 163, 187 n. 1.
BOURGOGNE (Jean de), comte de Nevers et d'Étampes, LXXX, 194, 212.
BOURGOGNE (Jean Sans Peur, duc de), ne garde pas Richemont près de sa personne, 7; logé avec ses troupes à Paris, assiège Bourges, 8; en

guerre contre le duc d'Orléans, 14 ; ses meurtriers, 238.

Bourgogne (Marguerite de Bavière, duchesse de), 29, 31.

Bourgogne (Marguerite de), duchesse de Guyenne. Voy. Richemont (Marguerite, comtesse de).

Bourgogne (Philippe le Hardi, duc de), prend la garde des enfants de Jean le Vaillant, duc de Bretagne, LXXII, 4 ; meurt à Halle en Brabant, LXXIII, 6.

Bourgogne (Philippe le Bon, duc de), xxx ; négocie le mariage de Richemont avec Madame de Guyenne, LXXXV, 25 et s. ; reçoit une ambassade du duc de Bretagne et de Richemont, épouse Bonne d'Artois, 33 ; autorise Richemont à se rendre près du Roi de France, LXXIV, 35 ; passe près de Laon, 89 ; négocie avec Richemont, LXXVII, 91 ; a une entrevue avec Richemont et le duc de Bourbon à Nevers, 98 ; se rend à Dijon, 99 ; va au-devant des ambassadeurs français envoyés à Arras, 102 ; a des entrevues particulières avec Richemont, 103 ; accorde des lettres d'abolition aux Parisiens, 118 *n*. 1 ; est consulté par Richemont sur les opérations militaires, 128 ; se plaint des ravages des gens de guerre, 140 *n*. 2 ; accorde un sauf-conduit au duc de Bretagne, 238 ; fait un don à sa sœur Marguerite, comtesse de Richemont, 243, 255.

Bourgogne (Philippe de), comte de Nevers, 17, 18.

Bourguignon (Pothon de), 108.

Bourguignon (Arnault-Guillem de), 177 *n*. 2, 249.

Bourguignon (Bernard de), 253.

Bournonville (Enguerrand de), 14.

Bours (Regnault de), 70.

Boursieres (le seigneur de), 55.

Boussac (le seigneur de). Voy. Brosse.

Boutier (Brigitte), femme d'Arthur Ier Gruel, VIII *n*. 2, IX *n*. 1.

Boutier (Guillaume), abbé de Beaulieu, x.

Boutier (Jean), IX *n*. 1, x.

Boutier (Marie), dame de la Motte, femme de Raoul Gruel, VIII, x.

Bouzon. Voy. Fages.

Boysriou (Bertrand du), 30.

Brabant (Antoine de Bourgogne, duc de). Voy. Bourgogne (Antoine de).

Braisne, 252.

Branche (Henry), 74.

Bray-sur-Seine, 135, 141.

Brebuan, v *n*. 2.

Brécart (Arthur), 107.

Brécart (Jacqueline), fille naturelle de Richemont, femme d'Arthur Brécart, 107 *n*. 2.

Bressuire (de), 37, 83.

Bretagne, LXXIII, LXXXII, LXXXIV, LXXXV, 1, 2, 7, 8, 11, 16, 20, 23, 24, 26, 37, 42, 43, 45, 50, 51, 156, 184, 189, 196, 210, 216, 220, 221, 225, 226, 241.

Bretagne (amiraux de). Voy. Fou (du). — Penhoet (de).

Bretagne (chancelier de). Voy. Malestroit (Jean de).

Bretagne (Etats de), reconnaissent Philippe le Hardi, duc de Bourgogne, comme régent des enfants de Jean le Vaillant, 5 *n*. 1 ; demandent au Roi d'Angleterre la liberté de Richemont, 20 ; détournent le duc de Bretagne de se rendre à l'entrevue d'Amiens, LXXIV, 29 ; décident que Richemont se rendra près du Roi de France, 33 ; réunis à Redon pour juger Gilles de Bretagne, 193.

Bretagne (maréchaux de). Voy. Chateaugiron (Armel de). —

Dinan (Bertrand de). — Montauban (Jean de).
Bretagne (Parlement de), ii, 234.
Bretagne (seigneurs de), vii, 83, 193, 199, 201, 210.
Bretagne (président de). Voy. Hospital (Pierre de l').
Bretagne (Anne, duchesse de). Voy. Anne de Bretagne, reine de France.
Bretagne (Arthur de), comte de Richemont, connétable de France. Voy. Richemont (Arthur, comte de).
Bretagne (Blanche de). Voy. Lomaigne (Blanche de Bretagne, vicomtesse de).
Bretagne (François Ier, duc de), iii, iv, xiv, xxix, lxxxiii; sa naissance, 129 n. 1; épouse Yolande d'Anjou, 78; approuve un testament de Richemont, 259; fonde le monastère des Chartreux de Nantes, 149, 189 n. 1; fait venir Richemont en Bretagne, 180; se rend près du Roi à Tours, 184; se réconcilie avec son frère Gilles de Bretagne, 189; fait la paix avec Jean de Blois, seigneur de Laigle, se rend à la Cour, 191, 194, 195; à la prise de Coutances, de Saint-Lô, de Carentan, 199; à Gavray, 200; à la prise de Fougères, à Rennes, 201; mécontent de Jean de Montauban, 203; assiège Avranches, 209; meurt, 215.
Bretagne (François II, comte d'Étampes, puis duc de), iii, xii, 191 n. 2, 224, 275.
Bretagne (Françoise d'Amboise, duchesse de), ii, iv, lxxix, 76.
Bretagne (Françoise de Dinan, femme de Gilles de), 192 n. 1.
Bretagne (Gilles de), † le 19 juillet 1412; 3e fils de Jean le Vaillant et de Jeanne de Navarre, 2; est emmené par le duc de Bourgogne, 4; fait partie de la maison du duc de Guyenne, se querelle avec Richemont, 8.
Bretagne (Gilles de), fils de Jean VI; 155 n. 3; se réconcilie avec son frère François Ier, duc de Bretagne, 189; le mécontente, lxxxiii, 191; traite avec les Penthièvre, 191 n. 2; est fait prisonnier, 192; est jugé par les États de Bretagne à Redon, 193; est en danger, 203; meurt assassiné, 210; ses meurtriers, 222.
Bretagne (Isabelle de), 230 n. 1.
Bretagne (Jean IV, ou V, le Vaillant ou le Conquérant, duc de), né en 1338, † le 2 novembre 1399; lxxii; conquiert son duché, se marie trois fois et a quatre fils et trois filles de sa troisième femme, Jeanne de Navarre, 2; meurt au château de Nantes, 4.
Bretagne (Jean V, ou VI, duc de), né le 24 décembre 1389, † le 28 août 1442; lxxiv, lxxv, lxxvii, lxxix, lxxxii, lxxxvi, lxxxvii; fils aîné de Jean le Vaillant et de Jeanne de Navarre, 2; est emmené par le duc de Bourgogne, 4; épouse Jeanne de France, 5; se montre mécontent de Richemont, 12; rentre en possession de Saint-Malo, 13; est fait prisonnier par Olivier et Charles de Blois, 20; est mis en liberté, 21 n. 1, 22; va voir Richemont à Pontorson, reçoit sa visite à Vannes, 23; donne la seigneurie du Gavre et plusieurs autres à Richemont, 28 n. 1; se rend à Amiens à une entrevue avec le duc de Bourgogne, 29; se fait payer par Bedford les frais de son voyage, 30 n. 1; se rend à une entrevue avec le roi de France à Saumur et à Saint-Florent, 40-42; fait mettre le siège à Saint-James

de Beuvron, 43; veut livrer Pontorson aux Anglais, 55, 56; fait venir le connétable à Nantes, 78; fait rendre la liberté à Jean de Malestroit, 79; mande Richemont, 129, 141, 142; reçoit des dons de Charles VI, 236, 237; traite avec le duc d'Alençon, 246.

Bretagne (Jeanne de France, duchesse de), xxix; épouse Jean VI, 5; va voir Charles VI à Paris, lxxiii, 11; le duc de Guyenne, son frère, reçoit de grands dons, 12; demande au Roi la restitution de Saint-Malo au duc de Bretagne, 13 n. 1, 237; demande au Roi d'Angleterre la liberté de Richemont, 20; assiste à l'inhumation de saint Vincent Ferrier, 221 n. 1; meurt, iv, 80, 81.

Bretagne (Jeanne de Navarre, duchesse de). Voy. Jeanne de Navarre, duchesse de Bretagne, etc.

Bretagne (Marguerite de). Voy. Rohan.

Bretagne (Marguerite d'Orléans, comtesse d'Étampes, femme de Richard de), xii, 110, 275.

Bretagne (Marie de), 227 n. 1.

Bretagne (Marie de). Voy. Alençon (Marie de Bretagne, duchesse d').

Bretagne (Pierre II, duc de), iii, iv, lxix, lxix; son mariage avec Françoise d'Amboise, va à Parthenay, 76; institué héritier de Richemont, 244-246, 259; à Nantes, 189; traite avec les Penthièvre, 191 n. 2; demande à son frère François Ier, duc de Bretagne, la grâce de Gilles de Bretagne, 193; assiège Fougères, 199, 201; à Rennes, à Nantes, fait hommage au Roi à Montbazon, à Tours, à Nantes, 216; à Bourges, 220; est malade, 222; meurt, 223.

Bretagne (Richard de), comte d'Étampes, né en 1395, † en 1438; 4e fils de Jean le Vaillant et de Jeanne de Navarre, 3; accompagne la duchesse de Bretagne à Paris, 11; est fait prisonnier par Olivier et Charles de Blois, 20; est détourné par Richemont de servir le Dauphin, 23; reçoit un don de Charles VII, 34 n. 1; se rend à une convocation de Richemont, 37; accompagne le duc de Bretagne à Saumur, 40; prend part au siège de Saint-James de Beuvron, 45; fait part de la naissance de son fils François au connétable de Richemont, 101.

Bretagne (Tanguy, bâtard de), 72 n. 3, 155.

Bretagne (Yolande d'Anjou, duchesse de), lxxix, 78.

Breteuil, 92, 150 n. 2.

Brézé (Jean de), 168.

Brézé (Pierre de), sénéchal de Poitou, puis de Normandie, 81, 83, 85, 166, 168, 182, 187, 190, 192, 207, 211, 280.

Brichanteau (le seigneur de), 116 n. 1, 120.

Bricquebec, 200.

Bricquebec (le seigneur de), 199.

Brie, 112, 130, 146, 147, 248, 251, 259.

Brimeu (Florimond de), sénéchal de Ponthieu, 126, 127.

Brimeu (Jean de), bailli d'Amiens, 127.

Broon (Guillaume de), 246.

Broon (Jean de), 137, 178.

Broon (Olivier de), 154, 170, 179, 183, 196, 207, 209.

Brosse (Jean de), seigneur de Sainte-Sévère et de Boussac, maréchal de France, 53, 56, 62, 150 n. 2.

Brosse (Jean II de), seigneur de Boussac, 199, 204, 206, 209.

Brusac (Gaultier de), 51, 52, 108, 140 n. 2, 258, 260.
Brusac (Mondot de), 51 n. 1.
Bruyères-et-Montbérault, 92.
Budes (Jean), 105, 153, 179, 206.
Bueil (Jean, seigneur de), amiral de France, lxviii, 81, 83-86, 181, 190, 215.
Bueil (Louis de), 181, 182.
Bure, 257.
Bureau (Jean), 147.
Busson (le seigneur du), 16, 18.

C

Caen, xiv, 211-213, 215, 218, 221 n. 2, 237, 275-279.
Cailhau (Thibaut), 255.
Calais, ix, 19, 103, 125, 126, 128.
Cambrai, lxv.
Cambray (Adam de), 101.
Care (Pierre), 150, 151.
Carentan, 199, 213, 215.
Cassel, 126.
Castel-Jaloux, 179.
Castillon, 137 n. 4.
Castillon (Merigon de), 249.
Catuit, xxx, 19.
Caudebec, 110, 267.
Cauléon, v, n. 2.
Caux (Pays de), 110, 124, 126, 251-253, 255, 257.
Chabannes (Antoine de), 87, 108, 129, 140 n. 2, 150, 156, 157, 159, 168, 248, 252, 254.
Chabannes (Jacques de), 207, 211, 212, 250, 251, 258, 260.
Chailly (Denis de), 103 n. 2, 131, 146, 251, 252, 254-256.
Chailly (Guillebaud de), 131 n. 1.
Chalon-sur-Saône, 242, 261.
Châlons-sur-Marne, lxvii, 92-98, 164 n. 5, 187, 252, 254, 257, 258.
Chambrelain (Guillaume), 143, 153.
Champagne, xii, 92, 93, 99, 112, 139, 144, 148, 161, 248, 252, 253, 259.

Champtoceaux, 22.
Chapelle (le bâtard), 67, 80, 108, 126, 146.
Chapelle (Guyon de la), seigneur de Molac, 44.
Chapelle (Guyon de la), dit de Molac, fils du précédent, 178.
Chapelle (Jean de la), seigneur de Molac, 137 n. 2.
Charenton-le-Pont, 122, 141.
Charles VI, Roi de France, xxix, 236; assiège Bourges, 8; traite avec les ducs d'Orléans et de Berry, 10; reçoit la visite de sa fille Jeanne, duchesse de Bretagne, 10-12; rend Saint-Malo au duc de Bretagne, 13; assiège Soissons, 14; mande Richemont, 15; meurt, 28.
Charles VII, xiii, xiv, va à Cosne contre les Anglais, 23; envoie des ambassadeurs à Richemont, 32; reçoit Richemont à Angers, 34, 35; à Chinon, 35; le fait connétable de France, 36; se rend à Bourges et fait la paix avec le connétable de Richemont, 38, 39; reçoit à Saumur le duc de Bretagne, 40 et s.; va en Touraine, 50; au château de Poitiers, à Chinon, accepte La Trémoille à sa Cour, 54; envoie des ambassadeurs à Richemont, 62; s'empare de Chinon où se trouvait Mme de Guyenne, 64; interdit à Richemont l'entrée des villes, 65; traite à Bourges avec les autres seigneurs révoltés, 66; défend à Richemont de rejoindre l'armée royale, 70; le renvoie dans ses terres, 74; va en Touraine et à Poitiers, négocie avec Richemont, 75, 76; lui fait bon accueil, se rend à Lyon, à l'assemblée de Vienne, envoie le connétable en Champagne, 87; décide de convoquer les Etats généraux à Tours, 100; jure

la paix d'Arras, 107, 108; à Poitiers, 110, 111; accorde des lettres d'abolition aux Parisiens, 118 n. 1; reçoit la visite de Richemont et le renvoie à Paris, 128, 129; assiège Montereau, 132, 133, 260, 261; défend au connétable de faire la guerre aux habitants de Verdun, 263; à Melun, entre à Paris, 138; assiste au service funèbre du comte d'Armagnac, à Paris, se rend à Orléans, à Tours, 139; fait cesser les pillages des gens de guerre, 140 n. 2; ordonne le siège de Meaux, 145; accorde des lettres de rémission à Jean de Blanchefort, 150 n. 2; se rend de Paris à Orléans, 154; mande Richemont près de lui pendant la Praguerie, 157, 158; pardonne au petit Blanchefort, 158; se rend à Poitiers, 159; pendant la Praguerie, 159, 160; va en Champagne, 161; à Laon, assiège Creil, 163; assiège Pontoise, 164-171; à Orléans, en Touraine, 172; dans l'Ile-de-France, à Conflans, à Paris, 172 n. 1; entreprend l'expédition de Tartas, 173-180; à Tours, à Chinon, 181; à Saumur, 182; à Tours, 184; rend une ordonnance concernant les gens d'armes, 188 n. 3; fait assiéger Le Mans, 190; apprend au connétable le projet d'arrestation de Gilles de Bretagne, 192; traite la reddition de Caen, 275-279; fait mettre le siège à Vire, 208; à Falaise, 213; au Château-du-Loir, 214; à Vengeons, 216; à Montbazon, 216; fait arrêter Eustache de l'Espinay, 217 n. 1; à Loches, à Tours, 217; envoie Richemont et Dunois en Savoie, 220; mande Richemont à Tours, 224; accorde des lettres de sûreté au duc de Bretagne pour son fils aîné, 247.

Charmoy (Colin du), 252.

Charrier (Guillaume), 247 n. 1.

Chartres (vidame de). Voy. Vendôme (Jean de).

Chartres (Regnault de), archevêque de Reims, chancelier de France, lxxxviii, 64, 100, 111, 256.

Chartreux, de Dijon, 6.

Chartreux, de Nantes, 149, 189 n. 1, 232.

Chartreux, de Paris, lxv, 117, 148, 149.

Châteaubriant, 24, 79.

Chateaubriant (le seigneur de), 34, 35, 40, 51, 53.

Château-du-Loir, 215.

Chateaufort (Jean de), 263, 265.

Chateaugiron (Alain de), 9 n. 2.

Chateaugiron (Armel de), maréchal de Bretagne, 9, 13, 18.

Chateaugiron (Geoffroy de), seigneur de Combour, 40.

Chateaugiron (Jean de), seigneur de Combour, 7, 8, 16, 18, 22.

Chateaugiron (Jean de), seigneur de Derval, xxiii, xxviii, xxix, 197, 198, 204, 209, 224.

Chateaugiron (Patri III de), 57.

Château-Gontier, 181, 182.

Château-Landon, 133.

Chateauneuf (sire de), xiv, 37, 76.

Châteauvillain, 99 n. 1.

Chatel (Jean), 279.

Chatel (Guillaume du), 168.

Chatel (Tanguy du), lxxv n. 3; lxxvi, 33, 36, 38.

Châtelaillon, 15, 77, 245.

Châtellerault, 60, 61.

Chatillon (seigneur de). Voy. Laval.

Chatillon (Jean de), seigneur de Troissy, 253.

Châtillon-sur-Seine, 240.

Chauconin, 146.

Chaumont (Guillaume de), seigneur de Quittry, 58, 70, 81, 83, 85.

Chauny, 91.
CHAUSSÉE (Jean de la), 85.
CHAUSSON (Geoffroy), 252.
Chauvency, LV, 144, 270.
Chauvigny, 61.
CHAUVIGNY (Guy, seigneur de), 37, 260.
CHAUVIN (Aymeri), 85.
CHAUVIN (Jean), chevalier, capitaine de Dol en 1459, XVI.
CHENU (Guillaume), 172.
Cherbourg, XIV, LXVIII, 203, 213, 215, 279.
Cheux, 211.
CHEVALIER (Étienne), 248, 250.
CHEVRÉ (Pierre), 249.
Chevreuse, 120, 122, 255.
CHEVREUSE (Marguerite de), 119 n. 3.
CHEVRY (Jean), 246.
Chinon, LXVII, 34-36, 40, 46, 57, 59, 61, 64, 81, 100, 181, 193.
Chinon-sur-Loire, près Nevers, 131 n. 1.
CHRISTIAN (Raoulin), 161 n. 1.
CHYPRE (cardinal de). Voy. LUSIGNAN (Hugues de).
CLAIX (Antoine de), 249.
CLARENCE (Thomas, duc de), 10, 17.
Clermont (évêque de). Voy. GOUGE (Martin).
CLERMONT (comtes de). Voy., jusqu'en janvier 1434 : BOURBON (Charles Ier, duc de) ; et jusqu'en décembre 1456 : BOURBON (Jean II, duc de).
Clermont-Ferrand, 174.
CLIFTON (Robert), 171.
Clisson, 110.
COETIVY (Alain III, seigneur de), 44.
COETIVY (Alain de), cardinal de Sainte-Praxède, dit le cardinal d'Avignon, XIV, 107 n. 5, 220.
COETIVY (Christophe de), 107 n. 5.
COETIVY (Olivier de), 107, 126, 152, 153, 167.
COETIVY (Prégent de), amiral de France depuis 1439, 77, 80, 83, 85, 107 n. 5, 164, 165, 167, 182, 190, 192 n. 1, 204, 207, 211, 214.
COETLOGON (Olivier de), 223.
COETQUEN (le seigneur de), 199, 224.
COETQUEN (Jean de), 16, 18.
COETQUEN (Raoul de), 41.
COETQUIS (Philippe de), archevêque de Tours, 62.
COMBORRE (Jean de), seigneur de Treignac, 36, 37.
COMBOUR (le seigneur de). Voy. CHATEAUGIRON (de).
Commenières, 264, 271-273.
Commercy, 96.
Commercy (damoiseau de). Voy. SAARBRUCK (Robert de).
COMMINGES (Mgr de). Voy. FOIX.
Compiègne, 88-90, 92.
Conches, 161, 197.
Conflans-Sainte-Honorine, 168, 170-172.
Consenvoye, 258.
Corbeil, 21 n. 1, 112, 129, 145, 147.
Cordeliers (abbaye des), près Meaux, 146.
CORWEN (Guillaume), 93, 96, 143 n. 1.
Cosne, 23.
Cotentin, 213 n. 2.
Coudray Salbart (le), 245.
COUEDOR (Jean), XVI n. 2.
Coulommiers, 256.
COULON (Michel), LXVIII n. 3.
COULONCES (baron de). Voy. HAYE (Jean de la).
COURBANTON, 146.
COURT (Bertrand de la), 253, 254.
COURTINELLES (Jean), 256.
Coutances, 198, 202, 204, 218 n.1, 282, 283.
COUVRAN (Geoffroy de), 137, 144, 178, 183, 196, 207, 209, 280.
Craon, 60.
Crécy, 103 n. 2, 131 n. 1, 256.
Creil, 87, 125, 126, 163, 250-253.
Crepion, 258.
Crépy-en-Valois, 154.
CRESTE (le seigneur de la), 260.

CREUX (Jean de), 259.
CRIQUETON (Adam), 254.
CROY (Antoine, seigneur de), 103.
CROY (Jean de), 112 *n*. 1.
Cruzy-le-Châtel, 30 *n*. 3, 241.
CULANT (bâtard de), 249.
CULANT (Philippe de), sire de Jaloignes, 164.

D

Damemarie, 117.
DAOUET (Jacquet), 179, 254.
DAUGY (Pierre), LXV, 72, 144, 249, 258, 263, 264, 271.
Dax, LXXXIV, 176.
Decize, 33, 98.
DENESAY. Voy. DRESNAY (Regnaud de).
DENISOT, 196, 199.
DENISOT (Robin), LXXXV, 243.
DERVAL (Jean de). Voy. CHATEAUGIRON (Jean de).
DESHAIES (Pierre), 284.
DEUST. Voy. UST (Olivier d').
Dieppe, 106, 107, 126, 277, 280.
Dijon, 6, 27, 29-31, 98, 106 *n*. 2, 238-240, 274.
Dinan, II, 192, 203, 234.
DINAN (Bertrand de), maréchal de Bretagne, est fait prisonnier par Olivier et Charles de Blois, 20; fortifie Pontorson, 53.
DINAN (Françoise de). Voy. BRETAGNE (Françoise de Dinan, femme de Gilles de).
Dol, XV, XVI, 156, 204.
DOLON (Jean). Voy. AULON (d').
Dombras, 258.
Domfront, 202, 277.
DORSET. Voy. BEAUFORT.
DOUGLAS (Archambault, comte de), 230 *n*. 1.
DRESNAY (Regnaud de), 191, 192.
Dreux (comté de), 178 *n*. 1.
Duesme, 30 *n*. 3, 241.
Dun-le-Roi, 39, 49, 99.
DUNOIS (Jean, bâtard d'Orléans, comte de), 34, 58, 71, 73, 87, 88, 90, 91, 104, 111, 113, 117, 125, 133, 135, 138, 157, 159, 160, 212, 220, 226 *n*. 1, 248-251, 256, 260, 261, 278.
DUNOIS (Marie Louvet, comtesse de), 39.
DURANT (Micheau), 146.
Durtal, 69, 82.

E

Écosse, 51.
Écosse (connétable d'). Voy. STUART (J.).
Écosse (roi d'). Voy. JACQUES Ier.
Écurey, 258.
ÉDER (Guillaume), 44.
Épense, 97.
ESCORAILLES (Louis d'), 69.
ESEXTRE (duc d'). Voy. BEAUFORT (Thomas).
ESPIART (Jacquot), LXXXV, 243.
ESPINAY (Eustache de l'), 107, 208, 216, 217 *n*. 1.
ESTOUTEVILLE (Louis d'), 198, 280.
ESTOUTEVILLE (Guillaume, cardinal d'), 220.
Étampes, 129.
ÉTAMPES (comtesse d'). Voy. BRETAGNE (Marguerite d'Orléans, femme de Richard de).
ÉTAMPES (François, comte d'). Voy. BRETAGNE (François II, duc de).
ÉTAMPES (Isabeau d'), 141.
ÉTAMPES (Richard, comte d'). Voy. BRETAGNE (Richard de).
ÉTAMPES (Robinet d'), 103.
Éton, 258.
Étrepy, 96.
Eu, 126.
EU (Charles d'Artois, comte d'). Voy. ARTOIS (Charles d').
Évreux, 146 *n*. 2, 237.

F

FAGES (Bouzon de), 123, 139, 161 *n*. 3, 249, 254.
Falaise, 211 *n*. 3, 212, 213, 215, 219, 277, 284.
FASTOLF (John), 55, 72, 74.
FAUQUEMBERGE (William de), 110, 266, 268.

Fayette (Gilbert Motier, seigneur de la), maréchal de France, lxxxviii, 101.
Fécamp, 107, 280.
Ferré, 136.
Ferré (Pierre), 136 *n.* 2.
Ferrier (saint Vincent), 221.
Fetandir (Henry), 171.
Flabas, 158.
Flandre, 32, 126.
Flèche (la), 69.
Fleury, 270.
Fleury (Jean de), vice-amiral, 284.
Floquet (Robert de Floques, dit), 140 *n.* 2, 146, 166, 168, 197, 280.
Foix (Gaston, comte de), 175.
Foix (Jean Ier, comte de), lxxvii, 47.
Foix (Mathieu de), comte de Comminges, 175.
Fontaine (Jean de la), 237.
Fontenay-le-Comte, 39, 67 *n.* 1 et 2, 77, 103 *n.* 1, 181, 243.
Fontevrault, 227.
Forest (Guillaume de la), 9, 18.
Formigny, xiv, xxxiii, lxxxviii, 205-208, 210, 211, 213.
Fort-Épice. Voy. Pailly (Jacques de).
Forty (Alain), 249.
Fou (du), 41.
Fou (vicomte du), amiral de Bretagne, 224.
Foucaut (le bâtard), 251.
Foucaut (Jean), 103, 112, 114, 129, 130, 131 *n.* 1, 251, 253, 255, 260.
Fougères, xxxiii, lxvii, lxxxiv, 195, 199, 200, 201, 246.
Fraignot (Jean), 243.
France (Jeanne de). Voy. Bretagne (Jeanne de France, duchesse de).
Fresnay-le-Vicomte ou *Fresnay-sur-Sarthe,* 75.
Fresnes-en-Woëvre, 257.
Fretart (Olivier), 81, 145.
Fromezey, 257.
Frotier (Pierre), lxxv *n.* 3, lxxvi, 36.

Fueillée (Alain de la), 69.
Fueillée (Olivier de la), 16, 18.
Fuite (Jean de la), 151.
Fuxet (Jean), v *n.* 2.

G

Garnier (Guillaume), 275.
Garonne (la), 177.
Gâtine (bailli de), 85 *n.* 1.
Gaucourt (Raoul, seigneur de), lxxix, 58, 62, 64, 73, 81, 157, 160, 248, 251, 260.
Gavray, 202, 218 *n.* 1.
Gavre (le), 28, 197 *n.* 3, 275.
Gavre (de), 224.
Gençais ou *Gençay,* 77.
Genève, 220.
Gerberoy, lxv, 93 *n.* 2, 108, 109, 124, 143 *n.* 1.
Giac (Pierre de), xxviii, lxv *n.* 3, lxxviii, 39, 46 et s.
Gien-sur-Loire, 39, 58.
Giffart (Guillaume), 30, 240, 246.
Giffart (Jean), 18, 137 *n.* 4.
Giffart (Olivier), 137.
Gilet (Jean), 279.
Girard (Regnauld), seigneur de Bazoges, lxxix.
Giresme (Nicole, dit le commandeur de), 131, 146, 254-256.
Giron (Alain), lxv, 49, 58, 144, 250, 251, 253, 254, 271.
Gisors, 123.
Glavy (Bouays), 140, 161 *n.* 3.
Glennes, 30 *n.* 3, 241.
Glocester (Humphroy, duc de), lxxv.
Godart (Jamet), 218 *n.* 1.
Godefroy (Théodore), 236.
Gon (Jean), 103 *n.* 2.
Gouge (Martin) de Charpaigne, évêque de Clermont, chancelier de France, 36, 37.
Gough (Mathew), dit Mathago, 181, 182, 208.
Gournay, 93 *n.* 2, 143 *n.* 1.
Grandpré, 263, 264.
Grange (Jean de la), 53 *n.* 1.

Granville, 183, 204, 218 *n*. 1, 280, 282.
Gravelle (la), 59, 60.
Grève (le seigneur de la), 37.
Griselles, 30 *n*. 3, 241.
Gruel (Arthur Ier), fils de Raoul Gruel, viii, x.
Gruel (Arthur II), petit-fils de Raoul Gruel, et seigneur de Saint-Jean et de la Motte, viii.
Gruel (Arthur), seigneur de la Haye-Boutier, en 1513, viii *n*. 2.
Gruel (Charles), x, 234.
Gruel (Claude), seigneur de la Frette, x.
Gruel (Eustache), viii *n*. 2; au siège de Montereau, 136; fait partie de la garnison de Pierrefonds, à Reims, 253.
Gruel (Guillaume Ier), écuyer sous les ordres d'Olivier de Montauban en 1357, de Maurice Mauvinet en 1363, ii, iv.
Gruel (Guillaume II) l'aîné, iii-vii.
Gruel (Guillaume III) le jeune, auteur de la *Chronique d'Arthur de Richemont*, né vers 1410, mort entre 1474 et 1482, i, iii, iv, v, vi, viii, xi et s.; est commis à la garde de Robert de Saarbruck, 95; est chargé par le comte d'Étampes d'annoncer la naissance de son fils François au connétable de Richemont, 101; au siège de Meaux, 153; à Formigny, 206; commis à la garde des otages après la reddition de Caen et de Cherbourg, 213, 214; assiste au mariage de Richemont avec Jeanne d'Albret, 179.
Gruel (Raoul), moine de Saint-Méen en 1320, ii.
Gruel (Raoul), frère aîné de Guillaume Gruel, biographe de Richemont, iii, v, vii, ix, x, xviii, xix, xxxi, xxxix, 24, 26, 27, 30, 33; est envoyé par le connétable vers le duc d'Orléans pendant les conférences d'Arras, 103; est fait chevalier, 155; envoyé par Richemont à Nérac, assiste à son mariage avec Jeanne d'Albret, 178.
Gruel (Robert), x, 234.
Gruel (Simon), en 1398, ii.
Guarangier (Michel), 198.
Guavre, 180.
Gueintre (la), rivière, 57.
Guéméné (de), 40, 224.
Guérard (Thomas), 138, 260, 261.
Guerche (la), 181, 247, 279, 281.
Guervasic, 21.
Guesclin (Bertrand du), 235.
Guildo (le), 192.
Guillaume (Regnaud), 177.
Guinefort (Jamet), 252.
Guyenne, 279.
Guyenne (Louis de France, duc de). Voy. Louis (le Dauphin).
Guyenne (Madame de). Voy. Richemont (Marguerite, comtesse de).
Guyou (Pierre), 85.
Gyé-sur-Seine, 30 *n*. 3, 239, 240, 242, 244.

H

Hainaut (bailli de), 112 *n*. 1.
Ham, lxxx, lxxxvii, 90-92, 126 *n*. 4.
Humars, 276.
Hans, 93.
Harcourt (Christophe d'), lxxxviii, 101, 111.
Harcourt (Guillaume d'), comte de Tancarville, 260.
Harcourt (Jean d'), évêque d'Amiens, 106 *n*. 2.
Harcourt (Jean VIII d'), comte d'Aumale et de Mortain, 32, 33.
Harcourt (Louis d'), archevêque de Narbonne, 284.
Harfleur, 15, 107, 160, 161, 266, 277.

TABLE DES MATIÈRES.

HARPEDENNE (Jean), seigneur de Belleville et de Montagu, 64.
HAYE (Jean de la), 107, 179.
HAYE (Jean de la), baron de Coulonces, 57.
HAYE-BOUTIER (la). Voy. BOUTIER (Brigitte). — GRUEL (Arthur), en 1513.
Haye-du-Puits (la), 200.
HÉBERT (Jean), 279.
HENRI V, Roi d'Angleterre, XXIX, LXXIII, assiège Harfleur, 15; gagne la bataille d'Azincourt, 17, 18, 126; meurt, 27.
HENRI VI, Roi d'Angleterre, fait assiéger Harfleur, 160 *n*. 3, 266-268; épouse Marguerite d'Anjou, LXXXII, 184; confirme le traité de reddition de Sillé-le-Guillaume, 247; renforce la garnison de Pontoise, 268.
HERMAVILLE (Charles de), 213.
Herméville, 257.
Hermine (château de l'), à Vannes, 237.
HÉRON (Macé), 237.
HERPADAME. Voy. HARPEDENNE.
HERPAGEON (de). Voy. ARPAJON (d').
Hesdin, 110, 126.
Hommet-d'Arthenay (le), 200.
Honfleur, 277.
Hongrie (roi de). Voy. LADISLAS.
HOSPITAL (Pierre de l'), président de Bretagne, accompagne Richemont à Montluel, 35.
HOULLEFORT (May de), 275, 277.
Houssaye (la), V *n*. 2, XVIII.
HOUSSAYE (Alain de la), 9 *n*. 3.
HOUSSAYE (Eustache de la), V *n*. 2, 9.
HOUSSAYE (Jean de la), 179.
HUNAUDAYE (le seigneur de la). Voy. TOURNEMINE.
HUNTINGDON (comte de), 102.

I

Ile-de-France, XII, XXIX, 111, 112, 147, 160, 172 *n*. 1, 173, 259.

Illy, 257.
ISABEAU de Bavière, reine de France, 108.
Issoudun, 48, 219.
Ivry, 239.

J

JACQUELINE, fille naturelle de Richemont, femme d'Arthur Brécart. Voy. BRÉCART (Jacqueline).
JACQUES Ier, roi d'Écosse, 21.
JAILLE (de la), 70.
JALOIGNES (maréchal de). Voy. CULANT (Philippe de).
JANEBÉ (Gahache), 249.
JANLY (Jean de), 261.
Janville, 68, 111, 112, 129.
Jargeau, 68.
JARRY (Pierre), 275.
JAUCOURT (Saquet de), 280.
JEANNE de Navarre, duchesse de Bretagne, puis reine d'Angleterre, † 1437, troisième femme de Jean le Vaillant, 2; épouse en secondes noces Henri IV, roi d'Angleterre, 4; revoit son fils Arthur, fait prisonnier à Azincourt, XXX, 19; lui fait des présents, 20; meurt, 134.
Joinville, 145 *n*. 1.
Jonquery, 257.
JOSSE (Yvon), 253, 254.
Josselin, 201 *n*. 2, 275.
JOYEUSE (Jeanne Louvet, dame de), 39.

K

KEMP (Jean), archevêque d'York, 102 *n*. 1.
KERMECH (Jeanne de), 160 *n*. 1.
KERMOYSAN (Tudual de), dit le Bourgeois 79, 105, 114, 124, 129 *n*. 3, 136, 137, 147, 153, 167, 204, 212, 249, 250, 254, 260.
KYRIEL (Thomas), 208.

L

Labbé (Olivier), v n. 2.
Ladislas, roi de Hongrie, 224, 225.
Lagny, 103 n. 2, 112, 115 n. 1, 130, 131 n. 1, 142, 256, 259.
La Hire. Voy. Vignoles.
Laigle, 10.
Laigle (seigneur de). Voy. Blois (Jean de).
Laignes, 30 n. 3, 241.
Laitre (Cardot de), 237.
Lallier (Michel de), 119.
Lamy (Guillaume), 259.
Lamy (Hugues), 259.
Lamy (Jean), 259.
Landugen (Alain de), v n. 2.
Langnères (Maurice de), 240, 242.
Langourlay, 179.
Langres, 139 n. 1, 161.
Languedoc, 253.
Lansac (Mondot de), 128.
Laon, lxv, 88-90, 92, 163, 234.
Larchevêque (Jean), seigneur de Parthenay, lxxviii, 15, 37, 103 n. 3, 237.
La Réole, 107 n. 5.
La Rochelle, lxxix, 77.
Laulne, 200.
Launay (Guillaume de), 179.
Launay (Henri de), 255, 256.
Launay (Macé de), 279-281.
Launay (Perrot de), v n. 2.
Launay (Simon de), 30.
Laurougle (Denis), 146.
Laval, 60.
Laval (André de), seigneur de Lohéac, maréchal de France, 51, 71, 73, 84, 181, 182, 196-199, 204, 206, 209, 211, 280.
Laval (Gilles de), seigneur de Rais, maréchal de France, 40, 41, 83, 84.
Laval (Guy, seigneur de), 34, 40, 60, 71, 73, 142, 199, 204, 209, 224.
Laval (Louis de), seigneur de Châtillon, 145, 153, 178.
Laval (Yolande de), 101 n. 2.

Le Baud (Pierre), chanoine, xvii, xxiii et s., lxvi-lxx.
Le Boursier (Alexandre), 236 n. 2.
Le Boursier (Jean), 284.
Le Brun (Jean), 21 n. 1.
Le Camus de Beaulieu, lxxviii, 50, 53 et s.
Le Chevrier (Jean), xvi.
Le Coisic (Roland), 202.
Le Couldrin, 81.
Le Crotoy, 127, 128.
Le Galois (David), 253, 254.
Le Galois d'Aunoy. Voy. Aunoy (Jean d').
Le Gay (Robin), 284.
Le Grand (Albert), carme, iii-v, xxiv.
Le Léonnais (Jean), v n. 2, xviii.
Le Maçon (Macé), 274.
Le Maçon (Robert), 64.
Le Roy (Gauvain), 119, 255.
Le Roy (Guillaume), 119 n. 3, 255.
Le Sage (Raoul), 21 n. 1.
Lescouet (Maturin), 104, 126.
Lespinasse (Étienne de), 254.
Lestrac (Guillaume de), 258.
Lestrac (Pierre de), 252.
Les Veys, 205.
Le Vavasseur (Jean), 237.
Le Veer (Guillaume), 16, 18.
Le Veer (Jean), 51, 52.
Le Veer (Olivier), 85.
Le Verrat (Pierre), 250, 251.
Levesque (Guillaume), v n. 2, 57.
Lezay (le seigneur de). Voy. Beaumont.
Lignères (le seigneur de), 37, 260.
Lignières (Colinet de), 206.
Ligny, 88, 95-97.
Lille, 125 n. 1, 142, 235, 253, 255.
Limeuil (bâtard de), 188.
Limoges, 66, 174.
L'Isle-Adam, 168, 169.
L'Isle-Adam. Voy. Villiers de l'Isle-Adam.
Loches, 34, 81, 128, 217.
Lohéac. Voy. Laval (André de).
Lomaigne (de), 175.

TABLE DES MATIÈRES. 301

Lomaigne (Blanche de Bretagne, vicomtesse de), † 1446; fille de Jean le Vaillant et de Jeanne de Navarre, 3.
Londres, 19.
Longueval (Regnault de), 257.
Loré (Ambroise de), 146.
Lorgeril (Simon de), 137.
Lorraine, LXXXIV, 185.
Lorraine (Antoine de), comte de Vaudemont, 95, 99 *n.* 1.
Lorraine (Jean de), 280, 283.
Loudun, 60, 70.
Louis (le Dauphin), duc de Guyenne, prend Arthur de Richemont à son service, LXXII, LXXIII, 10; va à Bourges, 11; prend part au siège de Soissons, 14.
Louis (le Dauphin), plus tard Louis XI, LXV, 138, 139, 154, 157, 159, 164, 166, 169, 174, 175, 185, 194.
Louis III d'Anjou, roi de Sicile, 230 *n.* 1.
Louppy-le-Château, 188 *n.* 3.
Louvain (Pierre de), 249.
Louvet (Jean), seigneur de Mirandol, président de Provence, LXXV *n.* 3, LXXVI, 33, 36, 39.
Louvet (Jeanne), 39.
Louvet (Marie), 39.
Louviers, 161.
Louvois, 92 *n.* 4.
Luillier (Jean), 252.
Lusignan, 34.
Lusignan (Hugues de), cardinal de Chypre, 102.
Luxembourg, 146 *n.* 2, 252.
Luxembourg (Catherine de). Voy. Richemont (Catherine, comtesse de).
Luxembourg (Isabelle de), épouse Charles d'Anjou, comte du Maine, 163.
Luxembourg (Jacques de), dit aussi Jacques de Saint-Pol, 197, 199, 200, 204, 206, 209, 224, 254.
Luxembourg (Jean de), 14.
Luxembourg (Jean de), 88, 91, 92, 115.
Luxembourg (Louis de), comte de Saint-Pol, 168, 169, 186, 187, 200 *n.* 8, 209 *n.* 1, 283.
Luxembourg (Louis de), évêque de Thérouanne, 122.
Lyon, XXXI, LXXVII, 87, 220.

M

Machefer (Michel), 195.
Mâcon, 240.
Madeleine de France, 224, 225.
Madeuc (Roland), 51.
Madre (Guillaume de), 251.
Mailly (Jean de), évêque de Noyon, 112 *n.* 1.
Mailly-le-Chastel, 99 *n.* 1, 261, 262.
Maine, XXVI, LXXII, 9, 60, 275.
Maine (comte du). Voy. Anjou (Charles d').
Mairevent, 80.
Maisoncelles, 19.
Maladrerie (la), 71.
Malechée, 95, 179.
Malesherbes, 119 *n.* 3, 132.
Malestroit (Geoffroy de), 16, 18.
Malestroit (Guillaume de), évêque de Nantes, archevêque de Thessalonique, XXIV, 203, 227.
Malestroit (Jean de), évêque de Saint-Brieuc, puis de Nantes, chancelier de Bretagne, envoyé comme ambassadeur pour demander au Roi d'Angleterre la liberté de Richemont, 20; le suit à Angers, 34; accompagne le duc de Bretagne à Saumur, 40; fait manquer le siège de Saint-James de Beuvron, 44, 45; est conduit prisonnier à Chinon, promet de faire conclure la paix entre le Roi et le duc de Bourgogne, 46; est emprisonné à Pouancé, puis relâché, 79; accompagne Richemont en 1434, 88; 227 *n.* 2.
Malestroit (Jean de), écuyer, puis chevalier, 130, 131, 137, 144, 206.

MALESTROIT (Jean, seigneur de), 199, 224.
MALESTROIT (Philippe de), 206, 225.
Manre, 93, 258.
Mans (le), LXVII, 190, 215.
Mantes, 113, 170.
Marans, 77.
MARCHE (comte de la). Voy. ARMAGNAC (Bernard d').
Marche-en-Bassigny (la), 188 n. 2.
Marcillé-Robert, 137 n. 4.
Marcoussis, 120, 122, 216.
MARETZ (Charles des), 106, 280.
MAREUIL (Gilles de), 105.
MARGUERITE d'Anjou, reine d'Angleterre, LXXXII, 184.
MARIE d'Anjou, reine de France, 50, 230 n. 1.
MARIE de Bretagne. Voy. ALENÇON (Marie, duchesse d').
MARK (Évrard III de la), 144, 270.
Marle, 163.
MARLE (le seigneur de), 224.
Marmande, 179.
Marne, 152.
MARZELIERE (le seigneur de la), 51, 52.
MATHAGO. Voy. GOUGH (Mathew).
Maubuisson, 164, 166, 169.
Mauléon, 76, 77.
MAUVINET (Maurice), II.
MAY DE HOULLEFORT. Voy. HOULLEFORT.
Meaux, XIII, LXXXVIII, 25, 103 n. 2, 130, 131, 143-145, 149-153, 251, 256.
Meaux (bailli de). Voy. CHAILLY.
MEEL (Olivier de), 216.
Meilhan, 174 n. 1.
Melun, 21, 25, 88, 99 n. 1, 138, 251, 252, 254-256.
MÉRIADEC (Henri de), 105.
MÉRIADEC (Hector de), 206.
Merles, 258.
Mervent, 15, 244, 245.
MERVOILLE (le seigneur de la), 198.
Méry, 139 n. 2.

Meslay-du-Maine, 60.
MESNIL-SIMON (Jean du), 183.
Messac, 203 n. 1.
Metz, 97, 145 n. 1, 185 n. 3.
Meulan, 106, 169.
Meung-sur-Loire, 34, 68, 72, 73.
Meuse (rivière), 271.
Mevennus ou *Mevennius* (Sanctus). Voy. Saint-Méen.
MICHAUT (le grand). Voy. POITEVIN (Michaut).
MICHEL (Guillaume), 279.
MILLON (Bertrand), 155.
Moirey, 257.
MOLAC. Voy. CHAPELLE (de la).
MOLEYNS (Adam), 184.
Montagne (bailliage de la), 241.
Montaguillon, 242.
Montaigu, 163.
Montargis, LXXXIV, 39, 57 et s., 139 n. 2, 177 n. 2, 226 n. 1, 256.
Montauban, 24.
MONTAUBAN (seigneurs de), 137 n. 4.
MONTAUBAN (Arthur de), XXIV, 203 n. 2.
MONTAUBAN (Bertrand de), 16, 18.
MONTAUBAN (Guillaume de), VI, IX, 13, 20-22, 34, 40, 51.
MONTAUBAN (Jean de), XXIV, XXV, 21 n. 2, 198, 203, 210, 213, 214.
MONTAUBAN (Marguerite de), 9 n. 3.
MONTAUBAN (Olivier de), II.
MONTAUBAN (Robert de), 37, 49, 51, 69.
Montbard, 30 n. 3, 31 n. 1, 32, 239-244.
Montbazon, 216.
Montbéliard, 188, 274.
Mont-de-Marsan, 174, 177, 178.
Montéclair, 161.
Montépilloy, 74.
Montereau, LXXXVIII, 132, 133, 138, 145 n. 1, 256, 260-262.
Montfort (comté de), 216.
MONTFORT (les), LXXXIII.
Montils-lez-Tours, 184, 284.
Montivilliers, 107.
MONTLAUX (le seigneur de), 37.

Montlhéry, 119 n. 3, 120, 122, 166 n. 2, 255.
Montluel, 35.
MONTMORENCY (Charles de), 179.
Mont-Saint-Michel, 51, 198 n. 2, 210, 280.
Montsurs, 60.
MOREAU. Voy. BERNARD (Etienne).
Moret, 252, 254-256.
Morgemoulin, 257.
MORHIER (Simon), 116 n. 1, 268.
MORILLON (Geoffroy), LXV, 117, 144, 252, 271.
MORILLON (Mahé), 30, 103, 112, 114, 117, 129, 130, 179, 250, 251, 255.
Mortain, XXXIII, 198.
MOTE (Alain de la), 44.
MOTE (Guillaume de la), 44.
Motte-Boutier (la), VII et n. 5, XVIII.
Motte-Gruel (la), XVIII, n. 2.
MOUY (seigneur de). Voy. SOYECOURT (Louis de).
Murcy, 258.
Mussy-l'Évêque, 162 n. 2.

N

Nancy, 185.
Nantes, LXXXIII, 46, 78, 149, 184, 189, 191, 193, 196, 202, 216, 217, 222, 224, 227, 232.
Nantes (évêques de). Voy. MALESTROIT.
Nantouillet, 147.
Narbonne (archevêque de). Voy. HARCOURT (Louis d').
Narcy, 95.
NAVARRE (Jeanne de). Voy. JEANNE de Navarre, duchesse de Bretagne, etc.
Nemours, 133.
Nemours (duché de), LXXII n. 5.
Nérac, XIII, 178-180.
NERLY (François de), 247 n. 1.
NEUFCHASTEL (Thibault, seigneur de), maréchal de Bourgogne, 187, 274.
Neuilly, 199 n. 1.
Nevers, LXXXI, 98, 262.

NEVERS (Bonne d'Artois, comtesse de). Voy. BOURGOGNE (Bonne d'Artois, duchesse de).
Niort, 157, 159.
Nogent, 140.
NORBERY (Henry de), XXXIII, XXXVIII, 208.
Normandie, XIV, XXXIV, LXXXIV, LXXXV, LXXXVIII, 9, 29, 32, 43, 55, 137 n. 3, 154, 155, 165, 166 n. 2, 168, 182, 197, 198, 202, 203, 215, 217-219, 248, 250, 259, 266, 280, 284.
Normandie (recouvrement de), XXXII et s.
Norwick (évêque de). Voy. ALNWICK.
Noyers, 272.
Noyon (évêque de). Voy. MAILLY (Jean de).

O

Oise (rivière), 167, 170.
ORENGE (Henri), 279.
Orléans, LXXXI, LXXXIII, LXXXIX, 68-70, 88, 111, 128, 129, 139, 154, 172.
ORLÉANS (bâtard d'). Voy. DUNOIS (comte de).
ORLÉANS (Charles, duc d'), IX, 7-10, 14, 16, 18, 103, 194, 222, 227, 261.
ORLÉANS (Jean d'), comte d'Angoulême, 261, 275.
ORLÉANS (Jeanne d'). Voy. ALENÇON (Jeanne, femme de Jean II, duc d').
ORLÉANS (Louis, duc d'), guerre soulevée par son assassinat, 7.
Orne (rivière), 212 n. 1.
Orville, 143, 144.
ORVILLE (Mme d'), 143.
OUSCHART (Jean), 50, 52, 56.
OUYREBI (de). Voy. WILLOUGHBY (Robert de).
Oxford (comte d'), 213 n. 1.

P

PALLIERE (Giraud de la), 58, 70, 73.

PAILLY (Jacques de), dit FORT-ÉPICE, 99, 100, 250, 261, 262.
PALU (François de la), seigneur de Varembon, 113, 117, 142.
PAN (Guillaume du), 30.
PAN (Pierre du), 30, 116, 121, 179, 206.
PANESSAC (Galobie de), 73, 108, 123, 166-168, 253.
PAPIN (Guillaume), 197 n. 3, 275.
PARC (Bertrand du), VIII n. 2.
PARC (Henri du), 279.
Paris, XII, XIII, LXXXI, LXXXVII, 25, 104, 106, 108, 111, 113, 116-118, 121-124, 128, 129, 132, 134, 138-148, 154, 157, 160, 164, 170, 172, 218 n. 1, 221, 222, 231, 238, 248-256, 259-264, 283.
Paris, Bastille, 120, 122, 250.
Paris, Chartreux, 117.
Paris, Châtelet, 119 n. 2.
Paris, Courcelles, 250.
Paris, Halles, 118, 120.
Paris, Jacobins, 160 n. 1.
Paris, Mendiants (ordre des), 221.
Paris (Notre-Dame de), 118 n. 1, 120, 121.
Paris, Parlement, 221.
Paris, place de Grève, 119 n. 2, 120.
Paris, pont Notre-Dame, 119.
Paris, porte Baudes, ou Baudet, 121.
Paris, porte Saint-Denis, 121, 250.
Paris, porte Saint-Honoré, 250.
Paris, porte Saint-Jacques, 118, 250.
Paris (prévôt de). Voy. LORÉ (Ambroise de), 146.
Paris, rue Saint-Jacques, 119.
Paris, Saint-Martin-des-Champs, 139.
Paris, Université, 221.
Parthenay, XII, XIV, LXVII, 15, 62, 63, 65-67, 74-76, 78, 80, 81, 87, 100, 101, 110, 111, 129, 172, 173, 180, 181, 183, 184, 189, 191, 193-196, 201, 202, 216-219, 221, 222, 227, 245, 274.
Parthenay (châtelain de), 246.
PARTHENAY (héraut), 120.
PARTHENAY (seigneur de). Voy. LARCHEVÊQUE (Jean).
PARTHENAY (Michel de), 223.
Patay, LXXXIV, 73.
PEIRESC (Fabri de), XXXIV, 235, 236.
Pellerais (la), V n. 2.
PENENSAC. Voy. PANESSAC.
PENHOET (Jean de), amiral de Bretagne, 34, 35, 40 n. 1.
PENMARCH (Christophe de), évêque de Saint-Brieuc, VIII n. 2.
PENNEMARC, 80.
PENTHIÈVRE (les), LXXXIII.
PENTHIÈVRE (Olivier de). Voy. BLOIS (Olivier de).
PERIOU (Jean), 33.
PERONNIT, écuyer navarrais, gouverneur de Richemont, 4.
Peuvillers, 258.
PHILIPPE (Jaquinot), 262.
Picardie, 6, 29, 75, 89, 90, 125, 248, 253, 259.
PIÉMONT (prince de), 220.
PIÉMONT (princesse de), 220.
PIERREFITE (Roger de), 141, 250.
Pierrefonds, 253, 254.
PLESSIS (Jean du), 112 n. 1.
Plessis-lès-Tours, 184 n. 3.
Ploërmel, VIII n. 2.
PLOISY (Jean de), 143 n. 3.
Poilly, 241.
Poissy, 117, 169, 170.
POITEVIN (Michaut), 250.
Poitiers, 40, 53, 76, 110, 111, 129, 159, 259.
POITIERS (Jean de), seigneur d'Arcey, 112 n. 1.
Poitou, LXXIX, LXXXV, 37, 67, 69, 77, 83, 146 n. 2, 166 n. 2, 189 n. 3.
Poitou (sénéchal de). Voy. BRÉZÉ (Pierre de).
Pont-sur-Seine, 254.
PONT (du), 199, 224.
PONTAILLER (Guy de), seigneur de Talemer, 112 n. 1.
Pontaubault, 52.

Pont-de-l'Arche, 197, 269.
Ponthieu (sénéchal de). Voy. Brimeu (Florimond de).
Pontoise; lxxxviii, lxxxix, 105, 112, 113, 117, 124, 142, 144, 147, 164, 170-172, 268, 269.
Pontorson, lxxxiv, 22, 23, 50, 52, 54 et s.
Ponts, près Avranches, 210.
Ponts-d'Ouve, 200.
Porhoet (de). Voy. Rohan.
Porte (Robert de la), 261.
Poton de Saintrailles. Voy. Saintrailles (Poton de).
Pouancé, 79, 181, 182, 247.
Pouilly-en-Auxois, 30 n. 3.
Praguerie, xiii, 157, 187.
Prie (Jean de), 37, 66.
Provence, 36, 39.
Provence, (président de). Voy. Louvet.
Provins, 252, 254-256.
Puy (Jean du), 252.

Q

Quédillac, ii-v, xviii.
Quédillac (Robert de), 179.
Quelen (Olivier de), 179, 216.
Questembert, 259.
Quintin (le seigneur de), 224.
Quiste (Robin de), 57.
Quittry (seigneur de). Voy. Chaumont (Guillaume de).

R

Raguenel (Jean), vicomte de la Bellière. Voy. Bellière.
Raguier (Antoine), 132 *n.* 2.
Raiart (Jean), 203 *n.* 2.
Rais (Gilles de). Voy. Laval.
Ramée (Charles de la), 72.
Rataud (Bertrand), 274.
Razilly, 192 *n.* 1.
Ré (île de), 77.
Reclesne, 30 *n.* 3.
Redon, 193, 197 *n.* 3.
Reims, lxv, 92, 253, 254, 256, 270.
Reims (archevêque de). Voy. Chartres (Regnault de), chancelier de France.
René d'Anjou, Roi de Sicile, lxxxiii, 93, 95-97, 100, 106 n. 1, 125, 142, 185, 187, 194, 212, 255.
Rennes, ii, vii, xiv, xviii, xxii, xxiii, lxxix, 24, 27 *n.* 1, 43, 45, 180, 193, 196, 197, 201, 203 *n.* 1, 216, 224.
Rethélois, 146 *n.* 2.
Rhône (fleuve), 220.
Richard II, roi d'Angleterre, 158.
Richard (Jean), 262.
Richemont (comté de), 1.
Richemont (Arthur, comte de), connétable de France, duc de Bretagne 3e du nom, né le 24 août 1393, † 26 déc. 1458, iii, iv, vi, ix, x, xii et s., xxviii et s.; 2e fils de Jean le Vaillant et de Jeanne de Navarre, fille de Charles le Mauvais, 2; né au château de Sucinio, 3; placé sous la direction de l'écuyer Peronnit, 4; suit le duc de Bourgogne à Paris, 5; — en Picardie, en Flandre, 6; accompagne le corps de Philippe le Hardi de Halle à Dijon, 6; revient à Paris, entre au service du duc de Berry, va en Bretagne, soumet les rebelles de Saint-Brieuc, soutient les ducs d'Orléans et de Berry, 7; va demander le secours du duc de Bretagne, se querelle avec son frère Gilles, 8; amène 1,600 hommes d'armes, passe par le Maine et la Normandie, 9; prend Sillé-le-Guillaume, Beaumont-le-Vicomte, Laigle, se rend auprès du Roi, entre au service du duc de Guyenne, 10; l'accompagne à Bourges, 11; rejoint à Paris la duchesse de Bretagne, 12; fait rendre Saint-Malo au duc par le Roi, 13; prend part au siège de Soissons et à celui d'Arras, 14; prend Vouvant, Mervent, Secondigny, Châtelaillon, assiège Parthenay, apprend que le Roi d'Angleterre est devant

20

Harfleur, 15, 237; se rend à l'appel du Roi de France, III, 16; est blessé et pris à Azincourt, 17, 18; est emmené à Londres, où il revoit sa mère, Jeanne de Navarre, devenue Reine d'Angleterre, 19; en reçoit des présents, 20; est demandé au Roi d'Angleterre par la duchesse et les États de Bretagne pour remplacer le duc Jean prisonnier, 20-22; va au siège de Melun, où il rencontre Guillaume de Montauban, 21; reste en Normandie, sous la garde de Suffolk, va à Pontorson, refuse de s'enfuir, 22; est visité par le duc de Bretagne son frère, rejoint le Roi d'Angleterre, se rend à Vannes, 23; — à Rennes, où il fait élever de nouvelles fortifications, 24; à Paris, au conseil du Roi d'Angleterre, 238; assiste aux sièges de Melun et de Meaux, 25; demande au duc de Bourgogne la main de sa sœur Mme de Guyenne, lui envoie Raoul Gruel en ambassade, 26; apprend la mort du Roi d'Angleterre, 27; se considère comme délivré par cette mort, 28; se rend, avec le duc son frère, aux conférences d'Amiens, où est arrêté son mariage, accompagne le duc de Bourgogne à Dijon, 29; y épouse Mme de Guyenne, 30, 238, 239; va demeurer à Montbard, 31; accompagne le duc de Bourgogne en Flandre, va à Saint-Malo, reçoit des ambassadeurs de Charles VII, 32; doit se rendre à la Cour, 33; visite le Roi à Angers, 34; va en Bourgogne, puis à Montluel, retourne auprès du Roi à Chinon, 35; est fait connétable, 36; va en Bretagne réunir des troupes, 37; suit le Roi, fait expulser ses anciens conseillers, 38; est rejoint à Bourges par Mme de Guyenne, 39; conduit le Roi de Poitiers à Saumur, 40; accompagne le duc Jean VI de Saumur en Bretagne et revient vers le Roi, 42; assemble une armée à Antrain, assiège Saint-James de Beuvron, 43, 44; tente vainement d'empêcher ses troupes d'abandonner ce siège, 45; fait arrêter le chancelier de Bretagne, se rend auprès du Roi, 46; fait prendre Giac à Issoudun, 48; refuse de lui rendre la liberté et le fait exécuter, 49; va en Touraine, fortifie Pontorson, 50; repousse les Anglais, 52; retourne vers le Roi, 53; place La Trémoille près du Roi, 54; veut secourir Pontorson, 55; visite Mme de Guyenne à Chinon, 57; rassemble des troupes à Gien, engage une couronne pour les solder, fait ravitailler Montargis, 58, 59; empêche La Gravelle de tomber au pouvoir des Anglais, se rend à Craon, à Angers et à Loudun, 60; entame des négociations avec le duc de Bourbon et le comte de la Marche, se voit refuser l'entrée de Châtellerault, entretient les seigneurs à Chauvigny, les accompagne à Chinon, 61; ne peut rentrer en grâce auprès du Roi, prend possession de la seigneurie de Parthenay, 62; est rejoint à Parthenay par Mme de Guyenne, perd sa pension, est traité en rebelle, et entretient une guerre civile avec La Trémoille et Jean de la Roche, 65; se rend à Limoges pour soutenir le duc de Bourbon et le comte de la Marche, séjourne à Parthenay, fait assiéger Sainte-Neomaye, 66; lève des troupes pour secourir Orléans, 69; voit ses services refusés par le Roi, et se rend néanmoins au siège de Beaugency, 70; rencontre Jeanne d'Arc, 71; ordonne le guet au siège de Beaugency, empêche le pont de Meung-sur-Loire de tomber au pouvoir des Anglais, 72; prend part à la victoire de Patay, 73; couche sur le champ de bataille, est chassé par le Roi, 74; se rend à Parthenay, essaie vainement de prendre d'assaut Fresnay-le-Vicomte, échappe à une tentative d'assassinat, se rend à Parthenay, 75; refuse de se rendre à une entrevue avec La Trémoille, donne asile et secours à Madame de Thouars, prépare le mariage de Pierre de Bretagne et de Françoise d'Amboise, 76; soutient une guerre contre les gens du Roi, fait décapiter le capitaine de Châtelaillon, conclut la paix, 77; assiste à Nantes au mariage du comte de Montfort et de Yolande, fille du Roi de Sicile, revient à Parthenay, 78; se rend à l'appel du duc de Bretagne, mécontent de l'enlèvement de son chancelier par le duc d'Alençon, empêche la prise d'assaut de Pouancé, 79; séjourne à Parthenay, apprend la prise de Mairvent, qu'il fait rentrer en son pouvoir, 80; assiste à l'enterrement de Jeanne de France, duchesse de Bretagne, entre dans un complot contre La Trémoille, 81; se propose de faire lever le siège de Saint-Céneri-le-Gérei, 82; empêche la reddition de Sillé-le-Guillaume aux Anglais, 83-86; arme plusieurs chevaliers, 85; se rend près du Roi, à Vienne, puis à Parthenay, 87; à Orléans, Melun, Ligny, Senlis, Compiègne, 88; secourt Laon, 88; accorde un sauf-conduit aux défenseurs du mont Saint-Vincent, 88, 89; secourt Beauvais, 89, 90; revient à Laon, fait prendre Ham, empêche le pillage des gens d'armes, 90; négocie avec le duc de Bourgogne, secourt Chauny, 91; approuve la remise de Ham à Jean de Luxembourg, se rend à Compiègne, à Reims, assiège Louvois (?), punit des larrons, se rend à Châlons, 92; prend Manre, Ham, se rend près de René d'Anjou, 93; à Vitry-en-Perthois, à Châlons-sur-Marne, fait pendre Henri Bourges, 94; envoie des secours à Robert de Saarbruck, le fait arrêter, 95; le laisse échapper, puis le contraint à remplir ses engagements, 96; prend Epense, 97; se rend à Châlons-sur-Marne, à Troyes, à Dijon, à Beaune, à Autun, à Decize, à Nevers, 98; à Bourges, à Dun-le-Roi, 99; à Tours, à Chinon, à Parthenay, rend l'hommage au Roi pour sa seigneurie de Parthenay, est désigné pour se rendre à l'assemblée d'Arras, 100; à Parthenay, 101; se rend à Arras, 102; a des entrevues particulières avec le duc de Bourgogne et son chancelier, consulte le duc d'Orléans, 103; à Senlis, occupe les environs de Paris, 106; envoie des gens d'armes dans la Haute-Normandie, 107; — devant Gerberoy, se rend auprès du Roi, 108; à Parthenay, envoie Henri de Villeblanche au duc de Bourgogne, conduit la comtesse d'Étampes à la Cour à Poitiers, 110; à Parthenay, à Poitiers, reçoit la direction des entreprises contre Paris, à Orléans, à Janville, 111; couche à Corbeil, à Lagny-sur-Marne, à Pontoise, 112; reçoit bon accueil des capitaines bourguignons, appelle près de lui Dunois et les garnisons de la Beauce, se dirige sur Paris, 113-118; entre dans Paris, 118-123, 259; favorise une entreprise de Gauvain Le Roy sur Montlhéry, 120; concourt à une expédition sur Gisors, va à Beauvais, à Gerberoy, à Pontoise et à Paris, 124; assiège Creil, négocie avec le duc de Bourgogne la délivrance de René d'Anjou, 125; à Cassel, à Azincourt, à Hesdin, à Abbeville, à Eu, à Dieppe, 126; au Crotoy, à Abbeville, 127; consulte le duc de Bourgogne, se rend à Amiens, à Paris, à Orléans, à Loches, 128; à Parthenay, à Ancenis, à Orléans, à Janville, à Étampes, à Corbeil, à Paris, 129; envoie Jean de Malestroit prendre Beauvoir-en-Brie, 130; fait décapiter Miles de Saulx, 131; fait assiéger Malesherbes, se rend à Paris, 133; prend part à une tentative sur Montereau, prend Château-Landon, Nemours, 133; se rend à Paris, où il apprend la mort de sa mère, 134; au siège de Montereau, 135, 260; à Paris, 138, 262; à Troyes, 139; fait noyer Bouzon de Fages, fait pendre Bouays Glavy, revient à Paris, 140; ne peut entrer à Vincennes, fait prendre la place de Beauté, se rend à Saint-Maur-les-Fossés, à Charenton, à Sainte-Menehould, à Paris, 141; se rend à Auray, réconcilie le duc de Bretagne et le sire de Laval, se rend à Lille pour négocier la délivrance de René d'Anjou, à Senlis, à Lagny-sur-Marne, 142; à Paris, met garnison à Saint-Denis, 143; assiège Meaux, 144-154; assiège Avranches, 155; se retire à Dol, 156; se rend à Angers, à Paris, à Beaugency, 157; se rend à l'appel du Roi pendant la Praguerie, 158, 159; à Paris, 160; en Champagne, 161; fait noyer le bâtard de Bourbon, 162; à Laon, assiège Creil, 163; à Paris, assiège Pontoise, 164-171; à Paris, en Touraine, à Parthenay, en Bretagne, 172; à Parthenay, 173, 274; à Clermont, à Toulouse, à Mont-de-Marsan, à Meilhan, 174; à Souprosse, à Saint-Sever, 175; à Dax, 176; à Mont-de-Marsan, 177; épouse Jeanne d'Albret, 178, 179; à Agen, à Nérac, à Castel-Jaloux, à Sainte-Bazeille, à Marmande, 179; à Nérac, à Toulouse, à Parthenay, à Rennes, 180; à Fontenay-le-Comte, à Parthenay, à Tours, à Chinon, à Angers, à Château-Gontier, 181, 182; à Saumur, 182; à Angers, à Parthenay, 183; à Nantes, à Tours, à Parthenay, 184; en Lorraine, 185; épouse Catherine de Luxembourg, 186, 283; se rend par la Bourgogne à Montbéliard, 187, 188, 274; passe les montres, se rend à La Marche-en-Bassigny, 188; à Parthenay, à Rieux, à Nantes, 189; à Tours, au siège du Mans, 190; à Tours, à Parthenay, à Nantes, 191; à Dinan, 192; supplie le duc de Bretagne de faire grâce à Gilles de Bretagne, se rend à Rennes, à Nantes, à Parthenay, à Redon, à Chinon, 193; à Parthenay, a une discussion avec le duc de Nevers, 194; apprend la prise de Fougères, 195; à Nantes, à Rennes, à Saint-Aubin, 196; à Saint-James-de-Beuvron, à Rennes, 197; assiège Coutances, 198; à la prise de Saint-Lô, de Carentan, 199; des Ponts-d'Ouve, de Beuzeville-la-Bastille, de La Haye-du-Puits, de Bricquebec, du Hommet-d'Arthenay, de Laulne, de Valognes, de Gavray, 200; de Fougères, à Parthenay, à Josselin, 201; à Nantes, 202; veut faire brûler un sorcier, a une altercation avec le duc de Bretagne à propos de Gilles de Bretagne, 203; à Dol, à Granville, à Coutances, 204; à Saint-Lô, 205; à Formigny, 206-208; à Vire, à Avranches, 209; apprend la mort de Gilles de Bretagne, à Bayeux, 210; à Cheux, à Caen, 211-213; à Cherbourg, 213-215, 279; à Valognes, à Carentan, à Caen, à Falaise, à Alençon, au Mans et au Château-du-Loir, 215; à Parthenay, à Rennes, à Nantes, à Montbazon, à Tours; fait prendre Olivier de Meel, 216; à Parthenay, à Loches, en Basse-Normandie, à Tours, 217; en Normandie, 218; en Bretagne, en Normandie, à Bourges, 219; en Savoie, 220; à Parthenay, à Paris, 221; à Orléans, à Tours, à Parthenay, à Nantes, 222; fait emprisonner Henri de Villeblanche, 223; à Nantes, à Rennes, 224; à Angers, à Tours, 225; à Vendôme, 226; à Fontevrault, à Nantes, 227; est malade, 228; son éloge, 229-231; sa mort, 231, 232; son testament, 244-248, 259.

RICHEMONT (Catherine de Luxembourg, comtesse de), LXVI, LXVII, LXXXV, 186, 189, 200 n. 8, 216, 218, 219, 232, 283.

RICHEMONT (Jeanne d'Albret, comtesse de), X, LXVI, LXVII, LXXXV, 178, 185, 274.

RICHEMONT (Marguerite de Bourgogne, duchesse de Guyenne, puis comtesse de), IX, XIII, LXXXIII, LXXXV; épouse Richemont, 26 et s.; se rend à Bourges, puis à Chinon et reçoit son douaire comme veuve du dauphin Louis, 39; à Chinon, à Saint-Florent, 40 et s.; à Chinon, 62, 64; à Saumur, à Thouars, à Parthenay, 65, 76, 78, 100, 110; accompagne Richemont à Paris, 129; à Paris, 139 n. 1; sauve la vie aux habitants de la place de Beauté, se rend à Bray-sur-Seine, à Paris, 141; meurt, 172; son contrat de mariage avec Richemont, 238; sa dot, 239; reçoit un don du duc de Bourgogne son frère, 243; fait payer Pierre Salmont, procureur de Richemont dans le comté de Tonnerre, 244.

RIE (Jean de), 67 n. 3.
RIE (Odet de). Voy. AYDIE (Odet d').
Rieux, 189.
RIEUX (Jean III de), 40.
RIEUX (Pierre de), maréchal de France, 84, 88, 90, 104, 107, 124.
RIOUX (Jean), V n. 2.
RIPAULT (Guillaume), LXXV, 247.
RIPELAY (John), 171.
RIQUEINAN (Georges), 79.
RIVIÈRE (Robert de la), évêque de Rennes, 180.
RIVIÈRE (Yvonnet de la), 250.
ROBESSON (Yv. de), 249.
ROBIN (Étienne), 276.
ROCHE (de la), 224.
ROCHE (Charles de la), 249.
ROCHE (Guy de la), frère de Charles, 249.
ROCHE (Jean de la), 65, 67, 159.
ROCHEGUYON (Charles de la), 251.
RODBURN (Thomas), évêque de Saint-David, 102 n. 1.

20*

ROHAN (Alain de), 101 *n.* 2.
ROHAN (Alain IX de), comte de Porhoet, 34, 37, 40, 224.
ROHAN (Marguerite de Bretagne, comtesse de Porhoet, femme d'Alain IX, vicomte de), † 13 avril 1428; fille de Jean le Vaillant et de Jeanne de Navarre, 3.
ROHAN (Édouard de), 16, 18.
ROISSE (Jean de), 284.
ROLIN (Nicolas), 102 *n.* 1, 103, 112.
Romagne-sous-Montfaucon, 271.
Roos (de), 55.
ROSNYVINEN (famille de), 207 *n.* 1.
ROSNYVINEN (Jean de), 115, 207, 209.
ROSTRENEN ou ROSTRELEN (le seigneur de), XIII, 34, 37, 51, 52, 69, 70, 73, 74, 76, 77, 83, 115, 125, 128, 129, 136, 145, 146, 153, 160, 249, 252, 253.
ROUAULT (Joachim), 164, 166, 188 *n.* 1, 196, 198, 199, 207, 214.
Rouen, 124, 147, 211 *n.* 3, 247, 266, 268, 269.
Rouergue, 37.
ROUGÉ (Anne de), 9 *n.* 2.
ROUGEMONT (Thibaud de), archevêque de Besançon, 30, 31.
ROULLIARD (Sébastien), 235.
Roussillon, 30 *n.* 3, 241.
ROUXEL (Robert), 21, 30.
Rozlandrieux, VIII *n.* 2.

S

SAARBRUCK (Robert de), damoiseau de Commercy, XI, XII, LXXXVII, 94-96, 144, 270-272.
Sablé, 69, 84, 86.
Saint-Aignan, 140 *n.* 2.
Saint-Aubin, XXXIII, 196, 198.
SAINT-BELIN (Geoffroy de), 91.
Saint-Brieuc, XXIX, 7.
Saint-Brieuc (évêque de). Voy. PENMARCH (Christophe de).

Saint-Celerin. Voy. *Saint-Céneri-le-Gérei*.
Saint-Céneri-le-Gérei, 82.
Saint-Cloud, 7, 122.
Saint-Denis, 8, 103-105, 113-117, 121, 122, 143, 164, 250, 256, 259.
Saint-Étienne (abbaye de), à Caen, 211.
Saint-Faron (abbaye de), près Meaux, 146.
Saint-Florent. Voy. *Saint-Hilaire-Saint-Florent*.
SAINT-FROMONT (Jean de), 199 *n.* 1.
Saint-Germain-en-Laye, 161, 248.
SAINT-GILLE (Guillaume de), 69.
Saint-Hilaire-Saint-Florent, 40-42.
Saint-James-de-Beuvron, XXIII, LXXXIV, LXXXVIII, 43 et s., 197, 198.
SAINT-JEHAN (Regnault de), 104, 105 *n.* 1.
Saint-Lô, XXXIII, 199, 202, 205, 208.
Saint-Maixent, 66, 159.
Saint-Malo, 13, 32, 237.
Saint-Malo (évêché de), V *n.* 2 et 3.
Saint-Marc-sur-Seine, 30 *n.* 3.
Saint-Mars, 241.
Saint-Maur-les-Fossés, 141.
Saint-Méen (monastère de), II.
Saint-Melaine (monastère de), II.
Saint-Mihiel, 96, 97, 269, 273.
Saint-Omer, 125, 128.
Saint-Ouen-des-Vallons, 60.
SAINT-PAUL (Roland de), 51.
SAINT-POL (Mlle de). Voy. LUXEMBOURG (Isabelle de).
SAINT-POL (Jacques de). Voy. LUXEMBOURG (Jacques de).
Saint-Pourçain, 220.
Saint-Quentin, LXV.
Saint-Sauveur-le-Vicomte, 150 *n.* 2, 210.
Saint-Sever, LXXXVIII, 175, 177.
SAINT SIMON (Gilles de), 75, 85,

88, 95, 97, 107, 110, 160, 178, 206, 213, 214, 256.
Saint-Vincent (Mont), près Laon, 88.
Sainte-Bazeille, 179.
Sainte - Catherine - de - Fierbois, 217 n. 4.
Sainte-Croix (cardinal de). Voy. Albergati (Nicolas).
Sainte-Menehould, 93, 141.
Sainte-Neomaye, 66.
Sainte - Praxède (cardinal de). Voy. Coetivy (Alain de).
Saintonge, LXXIX.
Saintrailles (Poton de), LXXXIX, 58, 73, 74, 88, 90, 91, 95, 97, 108, 109, 123, 125, 140 n. 2, 157, 164-166, 168, 169, 212, 250, 260.
Salins (héraut), 274.
Salisbury, LXXV.
Salmont (Pierre), 244.
Sarry, 187.
Saulvestre (Jean). Voy. Sauvestre.
Saulx (Jean de), 270.
Saulx (Miles de), 130, 131, 255.
Saumur, 40-42, 47, 65, 82, 182.
Sauvage (Eonnet), XVI n. 2.
Sauvestre (Jean), 67, 85.
Savoie, 46, 220.
Savoie (Amédée VIII, duc de), LXXIV, 35.
Savoie (Anne de Chypre ou de Lusignan, femme de Louis Ier, duc de), 220.
Savoie (Louis Ier, duc de), 220.
Scales (Thomas, sire de), 44, 55, 72, 74, 79, 151, 165.
Schilder (de), 235.
Secondigny, 15, 245.
Secouralles (Louis de). Voy. Escorailles (Louis d').
Sée (la), 155 n. 2.
Séez, 219, 283.
Seine (fleuve), 136, 248.
Sel (Hector du), 280.
Senedavi (Raoulete de), femme de Jean Boutier, x, XVI.
Senlis, 88, 106, 142, 247, 250, 253, 254.

Senlis (bailli de). Voy. Giron.
Sicile (reine de). Voy. Yolande, reine de Sicile.
Sicile (roi de). Voy. René d'Anjou.
Sillé-le-Guillaume, XXVII, XXXII n. 1, XXXIX, 10, 82-86, 247.
Soissons, 14, 253.
Solidor, x.
Somerset (Edmond Beaufort, comte, puis duc de), 212, 213, 266, 268, 269, 276.
Somerset (Éléonore Beauchamp, duchesse de).
Somerset (Jean Beaufort, comte, puis duc de), 151, 181.
Somme (la), rivière, 16, 127.
Sonfort (comte de). Voy. Suffolk.
Souprosse, 175.
Souvigny, 220.
Soyecourt (Louis de), seigneur de Mouy, 164, 165, 249.
Spencer (Hugues), 213.
Stanlawe (John), 269.
Stuart (J.), connétable d'Écosse, 50, 51, 56, 58, 59.
Sucinio, 3.
Suffolk (Guillaume de la Pole, comte de), LXXV, 22, 23, 44, 59, 102.
Surienne (François de), dit l'Aragonnais, LXVII, 195.
Suze (le seigneur de la), 115, 116, 132, 248 et Errata.

T

Talbot (Jean, s. de), 55, 59, 72, 74, 107 n. 5, 110, 124, 151, 167, 266.
Talemer, 112 n. 1.
Tancarville (le comte de). Voy. Harcourt.
Tanguy, bâtard de Bretagne. Voy. Bretagne (Tanguy, bâtard de).
Tartas, XIII, LXXXIX, 173, 174.
Ternant (Philippe, seigneur de), 113, 114, 117, 250.
Terrant (Jean de), 112 n. 1.

Thérouanne (évêque de). Voy. LUXEMBOURG (Louis de).
THIEN (bâtard de), 150.
Thouars, 65, 76, 77.
THOUARS (Louis d'Amboise, vicomte de), IV, 37, 76, 83.
THOUARS (Mme de), 76, 77.
THUMERY (Regnault de), 134 *n.* 1, 259.
TILLAY (Jamet de), 88, 167, 183, 281, 284.
Tombelaine, XXXIII, 198.
TOMELIN (Olivier), 57.
Tonnerre, 240, 241.
Tonnerre (comté de), 30 *n.* 3, 241, 244, 262.
TONNERRE (Catherine de l'Ile-Bouchard, comtesse de), 48.
TORCY (sire de), 280.
TORRE (van), 235.
Touche (la), près Nantes, 46.
Toulouse, 174, 180.
TOUR (de la), 37, 211.
TOUR (Arcade de la), 105 *n.* 1.
TOUR (Vanchelin de la), bailli de Vitry, 145, 260.
Touraine, LXXIX, 50, 76, 84 *n.* 1, 172, 229, 230 *n.* 1, 238, 239.
TOURNEMINE (Gilles), seigneur de la Hunaudaye, XIX, 57, 198, 199, 224.
Tours, LXV, LXXXII, 100, 109 *n.* 1, 139, 181, 184, 190, 216, 217, 222, 224, 225, 263, 275.
Tours (archevêque de). Voy. COETQUIS (Philippe de).
TREENNA (Yvon de), 206.
TREIGNAC. Voy. COMBORRE (Jean de).
TREMEDERNE (Jean de), 51, 52.
TRÉMOILLE (bâtard de la), 206, 258.
TRÉMOILLE (Georges de la), LXXVIII, LXXIX, 48, 49, 54, 62, 65, 67, 74-77, 81, 247.
Trévières, 205, 206, 208.
Trinité (abbaye de la), de Caen, 212 *n.* 2.
TROISSY (Jean de), bailli de Senlis, 64, 145, 253.
Troyes, 98, 139, 140, 239, 254, 262.

TUDERT (Jean), doyen de N.-D. de Paris, 252.

U

UST (Olivier d'), 30.

V

VAL (Olivier du), 30, 179.
Valognes, 200, 203, 205, 213, 215.
Vannes, 7, 23, 101 *n.* 2, 160 *n.* 2, 217 *n.* 2, 237.
VANNES (Jean de), 141.
VARAMBON (le seigneur de). Voy. PALU.
Vaucouleur, 56.
Vaucouleurs, 161.
VAUCOURT (Louis de), 104.
VAUDEMONT (comte de). Voy. LORRAINE (Antoine de).
VAUDRÉ (Guillaume de), 248.
VAUDRÉ (Pierre de), 91.
VAUDREY (Philibert de), 33, 67 *n.* 3.
VENDEL (de), 30.
VENDEL (Guillaume de), 60, 137, 178, 179, 246, 252.
Vendôme, 226, 227.
VENDÔME (Jean de), vidame de Chartres, seigneur de Lassay et de Pousauges, 84.
VENDÔME (Louis de Bourbon, comte de). Voy. BOURBON (Louis de).
Vengeons, 202, 216.
Venin (Tour du), à Saint-Denis, 116, 121, 122.
VER (Robert), 213.
Verberie, 89.
Verdun, 67 *n.* 3, 150 *n.* 2, 257, 258, 263, 266, 269, 272, 273.
Vermandois, 167 *n.* 1.
Vermandois (bailli de). Voy. LA HIRE.
Verneuil, 37.
VERTUS (bâtard de), 262.
Vienne (Isère), LXXVIII, LXXX, 87.
Vienne (la), rivière, 70.
VIENNE (Philippe de), 139 *n.* 1.
Vigneul (le), 8, 117.

Vignier (Jean), LXXXV, 241, 242.
Vignier (Perrenot), 275.
Vignoles (Amadoc de), frère de La Hire, 73, 87.
Vignoles (Etienne de), dit La Hire, LXXX, 58, 70, 73, 87, 88, 90, 91, 95, 103, 108, 109, 123, 125, 146, 150, 152, 164-166, 168, 251, 253, 254.
Vignoles (Pierre-Regnauld de), 80.
Vilée (Étienne), 263.
Villeblanche (Henri de), IX, 103, 110, 115, 116, 118, 223.
Ville-devant-Chaumont, 258.
Villeries (Pierre de), 254.
Villers (D. de), 235, 236.
Villiers de l'Isle-Adam (Jean de), 113-115, 117, 125, 142, 251.
Vincennes, 27, 116, 141, 147, 250, 259.
Vincent Ferrier (saint). Voy. Ferrier (Vincent).
Vincestre. Voy. *Winchester*.
Vire. XXXIII, XXXVIII, 202, 208, 209, 219, 279.
Vire (vicomté de), 213 *n.* 3.
Visen (Jean de), 274.
Vitry, 145 *n.* 1.
Vitry (bailli de), 260. Voy. Tour (la).
Vitry-en-Perthois, 94-96.

Vivier-en-Brie, 254.
Vivonne (Antoine de), 76.
Vouvant, 15, 244, 245.

W

Wame, 257.
Wameau, 257.
Warwick (Richard Beauchamp, comte de), 8, 55, 59.
Waucourt (Louis de), 105 *n.* 1.
Wideville (Richard). Voy. Wydevile.
Willoughby (Robert de), 55, 79, 122.
Wilpil (Guillaume), 253, 254.
Winchester (cardinal de). Voy. Beaufort (Henri de).
Woël, 257.
Wydevile (Richard), 151.

X

Xaincoins (Jean de), 247 *n.* 1.

Y

Yèvre-le-Châtel, 256.
Yolande d'Aragon, reine de Sicile, LXXIV, LXXXIX *n.* 4, 33, 41, 50, 53.
Yonne (rivière), 135, 136, 248.
York (Richard, duc d'), 168.

ERRATA.

P. LXXVII, note 3, *au lieu de :* Cosneau, p. 527, n° XLVI, *lisez :* Cosneau, p. 525, n° XLIII.

P. 35, ligne 15, et p. 45, ligne 2, *au lieu de :* Porhoet, *lisez :* Penhoet.

P. 35, note 1, *au lieu de :* Ajouté... dans S. Cette partie, *lisez :* Ajouté... dans S cette partie.

P. 66, dernière ligne, *au lieu de :* Saincte Neomage, *lisez :* Saincte Neomaye.

P. 88. *Remplacer la note 4 par celle-ci :* Assis-sur-Serre, Aisne, arr. de Laon, cant. de Crécy-sur-Serre.

P. 91, ligne 19, *au lieu de :* Geoffroy de Saint-Belin, dit La Hyre, *supprimez :* dit La Hyre, *ou lisez :* Geoffroy de Saint-Belin, [compagnon du]dit La Hyre.

P. 116. *Remplacer la note 2 par celle-ci :* René de Laval, seigneur de la Suze.

www.ingramcontent.com/pod-product-compliance
Lightning Source LLC
Chambersburg PA
CBHW071859230426
43671CB00010B/1401